富媒体 智能化

高等教育财经类核心课程系列教材
高等院校应用技能型精品规划教材

财政学

FINANCE

（第二版）

理论·实务·案例·实训

李　贺 ◎ 主　编
李春红 ◎ 副主编

上海财经大学出版社

图书在版编目(CIP)数据

财政学:理论·实务·案例·实训/李贺主编. —2版. —上海:上海财经大学出版社,2019.7

高等教育财经类核心课程系列教材

高等院校应用技能型精品规划教材

ISBN 978-7-5642-3276-4/F·3276

Ⅰ.①财… Ⅱ.①李… Ⅲ.①财政学-高等学校-教材 Ⅳ.①F810

中国版本图书馆CIP数据核字(2019)第101909号

□ 责任编辑 石兴凤

□ 书籍设计 贺加贝

财政学

——理论·实务·案例·实训

(第二版)

李 贺 主 编

李春红 副主编

上海财经大学出版社出版发行

(上海市中山北一路369号 邮编200083)

网 址:http://www.sufep.com

电子邮箱:webmaster@sufep.com

全国新华书店经销

上海新文印刷厂印刷装订

2019年7月第2版 2019年7月第1次印刷

787mm×1092mm 1/16 18.5印张 474千字

印数:7 001—10 000 定价:49.00元

第二版前言

《财政学》第二版教材兼顾“就业导向”和“生涯导向”，紧紧围绕中国经济发展新常态下高等职业和应用技能型人才培养的目标，依照“原理先行、实务跟进、案例同步、实践到位”的原则，全面展开财政学的内涵，坚持创新创业和改革的精神，体现新的课程体系、新的教学内容和教学方法，以提高学生整体素质为基础，以能力为本位，兼顾知识教育、技能教育和能力教育，力求做到：从项目引导出发，提出问题，引入含义，设计情境，详尽解读。教材自问世以来受到了各方面的欢迎，经多次加印，发行量不断扩大，这也是激发我们不断前进的动力。为了适应财政体制不断发展和改革的需要，充分反映经济科学前进的步伐，适应培养目标模式的转变，我们将本书修订改版。鉴于本课程的理论和实际应用型较强，我们采用富媒体·智能化二维码技术（含视频、案例精析、课件）的形式，让它以崭新的面貌呈现在读者面前，为推进经济科学的发展贡献一分力量。

本教材共分四篇：财政基础理论、财政支出理论、财政收入理论、财政管理理论。教材在认真总结了本课程教学特点的基础上力求阐述财政学的基本理论，重点对财政实践活动作出详细的介绍和解读，突出以培养学生实践应用技能为主线的教育特色，强调职业素养与专业能力的全面提升。

根据培养高等职业和应用技能型院校人才的需要，本书力求体现如下特色：

（1）结构合理，体系规范。作为教科书，本书在内容上特别注意吸收最新的财政改革与实践，按理论与实务兼顾的原则设置内容。教材将内容庞杂的基础知识系统性地呈现出来，力求做到“必需、够用”原则，体系科学规范，内容简明实用。

（2）与时俱进，紧跟动态。财政学的体系和思路，立足于我国财税改革的现实基础，本着理论联系实际的原则，系统、全面地阐述了财政基本理论，广泛吸收和反映了当今国内外的最新研究成果，及时反映了我国财政改革的进程和内容，最新政策截至2019年5月。

（3）突出应用，实操技能。本书从高等教育的教学规律出发，与实际接轨，介绍了最新的财政发展和改革动态、理论知识和教学案例，在注重必要理论的同时，强调实际的应用；主要引导学生“学中做”和“做中学”，一边学理论，一边将理论知识加以应用，实现理论和实际应用一体化。

(4)栏目丰富,形式生动。 本书栏目形式丰富多样,每个项目设有"知识目标""技能目标""素质目标""项目引例""知识精讲""同步案例""应知考核""应会考核""项目实训"等栏目,并添加了二维码视频和二维码相关解析,体现富媒体特色。教材的材料分析题,丰富了教材内容与知识体系,使得学生学以致用,也为教师教学和学生更好地掌握知识内容提供了首尾呼应、层层递进的可操作性教学方法。

(5)课证融合,双证融通。 本书能满足读者对财税基础知识学习的基本需要,重点放在财政收支部分——基本理论和基本方法上,但为了满足较高层次读者的需要,适当增加了财税知识的应用能力,并与初级、中级经济师财税专业考试的大纲相衔接,做到考证对接。

(6)职业素养,素质教育。 为体现高等职业和应用技能型教育的特色,我们力求在内容上有所突破,激发学生的学习兴趣和学习热情,设计适合学生掌握的考核要点,以培养和提高学生在特定业务情境中分析问题、解决问题的能力,从而强化学生的职业道德素质。

(7)课程资源,配套上网。 为了配合课堂教学,编著者精心设计和制作了教师课件 PPT、习题参考答案、课程教学大纲、配套实验课程大纲、配套习题、模拟试卷及相关法律法规等实现网上运行,充分发挥网络课程资源的作用,探索课堂教学和网络教育有机结合的新途径。

本教材适用于高等职业和应用型教育层次的国际经济与贸易、人力资源管理、旅游管理、物流管理、国际商务、劳动与社会保障、工商管理、财务管理、会计学、财税学、金融学、市场营销和电子商务等专业方向的学生使用,同时也可作为自学考试的辅助教材。本书财税知识更新截至 2019 年 7 月。

本教材得到了出版单位的大力支持,以及参考文献中的作者的贡献,谨此一并表示衷心的感谢!本教材在编写过程中参阅了参考文献中的教材、著作、法律、法规、网站,由于编写时间仓促,加之编者水平有限,本教材难免存在一些不足之处,恳请专家、学者批评指正,以便我们不断地更新、改进与完善。为了做到与时俱进,本书将不断地更新最新的政策调整,也将不断地进行改版。

视频 2018 年全国财政收支运行情况良好

视频 2019 年实施更大规模减税降费

开篇导视

内容更新与修订

编 者

2019 年 6 月

目　录

第一篇　财政基础理论

第二篇　财政支出理论

第三篇 财政收入理论

第四篇 财政管理理论

第一篇·财政基础理论

项目一

财政导论

○ **知识目标：**

理解：财政的产生和发展、财政学的思想演化。

熟知：财政的含义、财政的构成要素、财政的主要特征。

掌握：公共财政的含义、特征、形式；政府与公共财政。

○ **技能目标：**

能够充分认识和理解财政学的研究对象，并应用财政学的研究方法分析现实社会中的财政焦点问题。

○ **素质目标：**

运用所学的财政导论知识研究相关案例，培养和提高学生在特定业务情境中分析问题与决策设计的能力；结合行业规范或标准，强化学生的职业道德素质。

○ **项目引例：**

财政与百姓生活

随着"90后""00后"进入大学，我国高等教育日益走向大众化。从1978年改革开放启航，神州大地发生了翻天覆地的变化。对没有经历过计划经济年代、没有体会过物资匮乏的年轻学生来说，如何理解改革开放以来的沧桑巨变呢？联系身边的现实例子是最好的办法。

我国从2008年开始实施"支援中西部地区招生协作计划"，在原来的高校招生计划之外，安排高等教育资源相对丰富、录取率较高省份的高校专门面向高等教育资源不足、录取率较低的中西部省份增加招生名额，至2016年共安排133万人，2017年共安排28.7万人，帮助越来越多的有志青年圆了大学梦，使他们有更多的机会到名牌大学深造。这样做的原因是什么呢？

2017年7月，江西省遂川县就业局办起育婴师护理员培训班，农村居民不用掏钱，而是由财政支付短期培训费，结业后还同时得到上岗证。当地还出台政策，对自主创办小微企业、稳定经营6个月以上的建档立卡贫困户，给予每人5 000元的创业补贴，符合条件的给予10万元以下的创业担保贷款贴息扶持。全国各地也都出台类似的政策，究竟为什么这样做呢？

2017年11月，上海市宝山区一个新建成的公租房项目开放选房，符合条件的居民每月只需支付800元租金就能拎包入住40平方米的单身公寓。为什么政府要干预住房市场？为什么要建设公共租赁住房？为什么由财政给予房租补贴？

上述现象的背后，是政府的职责范围问题，即政府与市场的界限问题。其根本问题是：为什么需要财政？财政能干什么？

○ **知识精讲：**

任务一 财政基础概述

一、财政的含义

(一)“财政”一词的来历

“财政”一词最早起源于西欧。13～15 世纪,拉丁文 finis 是指结算支付期限的意思,后来演变为 finance,则有支付款项、裁定款项或罚款支付的含义。到 16 世纪末,法国政治家波丹将法语 finance 作为“财政”一词使用,认为财政是“国家的神经”,随后逐步泛指国家及其他公共团体的理财。日本自 1868 年明治维新以后,从西欧各国引入 finance 一词,吸收中国早已存在并分开使用的“财”和“政”二字的含义,创造了“财政”一词并传入中国,逐步取代以前的各种名称,确立了财政的含义。综观我国几千年留存下来的古籍,可以看到“国用”“国计”“度支”“理财”等一类用词,都是关于当今的财政即政府理财之道的记载;还有“治粟内史”“大农令”“大司农”一类用词,则是有关当今财政管理部门的记载。我国使用“财政”一词,最早见于清朝光绪二十四年,即 1898 年,在戊戌变法《明定国是》诏书中有“改革财政,实行国家预算”的条文。“财政”一词的使用,是当时维新派在引进西洋文化思想指导下间接从日本引进的。

(二)含义

在中国,对财政的含义有不同的解释,本书的定义为:财政是国家或政府为了实现其职能,主要利用价值形式,参与市场经济中社会财富的分配与再分配过程中所形成的以国家为主体的分配活动及其产生的分配关系。

二、财政的构成要素

(一)财政分配的主体是国家或政府

财政分配是国家集中性的分配,当然,国家是财政分配的主体,以其他社会组织或团体为主体的分配,都不属于财政分配。这是财政分配区别于其他分配范畴的基本特征。作为国家经济存在的财政分配,其分配的主体只能是国家。所谓国家为主体,是指国家在财政分配中居于主导地位,掌握着财政分配的权力,并形成国家与其他分配主体之间的分配关系。

(二)财政分配的客体(或对象)主要是社会剩余产品

社会产品的价值由三部分构成:一是生产资料耗费的补偿价值(C);二是劳动力再生产价值(V);三是剩余产品价值(M)。

从 C 的这部分价值来看,主要是固定资产的折旧资金和原材料、燃料等所需的流动资金,它们都是补偿生产单位简单再生产顺利进行的必要条件,也是生产单位应有的基本权利。

从 V 的这部分价值来看,主要是在物质生产过程中活劳动消耗的价值补偿,即工资,它是劳动力生命运动与繁衍延续的物质保障。V 的这部分价值可以构成财政分配的一部分,其比重大小主要由一国生产力与工资水平以及税收制度的构成所决定的,一般不构成财政分配对象的主要来源部分。

从 M 的这部分价值来看,就是通常所说的剩余产品价值。显然,它就是国家财政集中性分配的主要对象。因为只有剩余产品价值才需要而且可能从一般分配中独立出来,形成一种超越生产单位和个人之外的特殊分配过程。剩余产品价值是国民收入的主导部分,而财政在剩余产品价值分配中又起关键作用,财政可以通过剩余产品价值的分配有效地控制国民收入以至整个社会财富的分配。俗话说，把“蛋糕”做得大一点，实际上是指扩大剩余产品价值，为财政创造一个宽松的分配环境。

(三)财政分配的目的是满足社会公共需要

社会公共需要是相对于私人需要和微观主体需要而言的。所谓社会公共需要，是指政府向社会供给安全、秩序、公民基本权利和经济发展的社会条件等方面的需要。诸如政府的行政管理、国防、文化教育、公共卫生、生态环境保护的需要，基础设施和政策供给的服务等。私人需要可以通过市场价格、竞争机制得以实现；社会公共需要则要通过政府的收支活动来满足，这是财政学研究的核心内容之一。

(四)财政分配的形式主要利用价值形式

马克思在阐述分配与生产的关系时曾指出：“就对象说，能分配的只是生产的成果。就形式说，参与生产的一定形式决定分配的特定形式，决定参与分配的形式。”可以说，财政分配采取什么样的形式，并不是由财政本身所决定，而是由生产力发展水平决定的。

三、财政的主要特征

财政特征是财政有别于其他分配范畴的主要标志。一般认为，财政的主要特征表现在以下三个方面：

(一)阶级性和公共性

由财政或政府的关系产生了财政的阶级性和公共性并存的鲜明特征。阶级性强调财政为统治阶级服务；公共性突出财政的公共性质。

(二)强制性和有偿性

强制性是指财政运行是凭借国家政治权力，通过财政法律制度来予以强制实施。有偿性是指国家取得财政资金后按财政预算支出使用。

(三)收支性和平衡性

收支性是指财政运行中有收有支的活动。平衡性是指财政支出等于财政收入即收支平衡，如果略有结余或财政赤字则属于非平衡性。

四、财政的产生和发展

(一)财政的产生

国家财政是一个经济范畴，同时也是一个历史范畴。国家财政不是从来就有的，它是社会生产力和生产关系发展到一定历史阶段，伴随着国家的产生而产生的。在整个社会产品分配中分化独立出一种由国家直接参与的社会产品的分配，就是财政分配。剩余产品不仅是产生私有制的经济条件，也是产生阶级、国家的经济条件，而国家又是产生财政的政治条件。财政是随着国家的产生而产生、国家的发展而发展的。

综上所述，生产力的发展与剩余产品的出现是财政产生的物质基础，成为财政产生的经济条件；私有制、阶级和国家的出现是财政产生的政治条件，财政是因国家的产生而产生的。

(二)财政的发展

1. 奴隶制国家的财政

奴隶制国家的财政收入主要有：(1)王室土地收入，即国王强制奴隶从事农业、畜牧业、手工业等劳动创造的财富。(2)贡物收入和掠夺收入。贡物收入包括诸侯与王公大臣的贡赋以及被征服的国家缴纳的贡品；掠夺收入是指在战争中掠夺其他国家和部族的财物。(3)军赋收入，即为保证战争和供养军队需要而征集的财物。(4)捐税收入。这主要是对自由民中占有少量生产资料的农民、手工业者和商人征收的捐税，如粟米之征、布缕之征、关市之征等。

奴隶制国家的财政支出主要有：(1)王室支出。主要包括国王和王室成员的生活享用，如穿衣、吃饭、赏赐和宴请宾客、建造宫殿、游乐等，还包括为国王及其王室成员建造陵墓、丧葬支出等。(2)祭祀支出。(3)军事支出。(4)俸禄支出。(5)农业、水利等生产性支出。

奴隶制国家财政的基本特点是：(1)国家财政收支和国王家族的收支没有严格划分。(2)国家财政以直接剥削奴隶的劳动收入为主。(3)国家财政收支基本上采取力役和实物的形式。

2. 封建制国家的财政

封建制国家的财政，作为维持国家政权的财力保证，体现了代表地主阶级利益的国家对农民阶级的剥削关系。

封建制国家的财政收入主要有：(1)田赋捐税收入。(2)官产收入。(3)专卖收入，如长期实行的盐铁官营专卖而增加的财政收入。(4)特权收入。

封建制国家的财政支出主要有：(1)军事支出。军事支出成为封建制国家的重要支出。(2)国家机构支出。(3)王室费用。这项支出在封建制国家中占有很大的比重。(4)文化、教育、宗教支出。(5)建设性生产及公共工程支出。

封建制国家财政的基本特点是：(1)国家财政收支和国王个人收支逐步分离。(2)财政分配形式由实物形式向货币形式转化，实物形式与货币形式并存，并有力役形式，这是与商品生产和商品交换的发展相适应的。(3)税收特别是农业税收成为国家财政的主要收入。(4)产生了新的财政范畴——国家预算。

3. 资本主义国家的财政

资本主义生产关系是在封建社会内部产生和发展起来的。在封建制度解体和资本主义制度确立的过程中，公债、税收以及关税制度等财政杠杆借助于国家的政治强力，曾作为资本原始积累的重要手段，促进了封建制生产方式向资本主义生产方式的过渡。

资本主义国家的财政收入主要有：(1)税收。税收是资本主义国家最主要的财政收入。(2)债务收入。资本主义国家收不抵支是经常出现的财政现象，为了弥补财政赤字，政府便利用发行公债的形式取得财政收入。(3)国有企业收入。

资本主义国家的财政支出主要有：(1)军事支出。军事支出在资本主义国家特别是垄断资本主义国家的财政支出中占据重要地位。(2)国家管理经费支出，包括行政、立法、司法三方面的管理费用。(3)社会文化、教育、卫生、福利支出。(4)经济和社会发展的支出。

资本主义国家财政的基本特点是：(1)财政收支全面货币化。资本主义是高度发达的商品经济，货币渗透到一切领域，财政收支全面采取货币形式。(2)在资本主义经济发展中，财政逐渐成为国家转嫁经济危机、刺激生产、干预社会经济的重要手段。(3)发行国债、实行赤字财政和通货膨胀政策，成为国家增加财政收入的经常的和比较隐蔽的手段。(4)财政随着资本主义国家管理的加强更加完善，有比较健全的财政机构和较为严密的财政法律制度。

4. 社会主义国家的财政

社会主义财政建立在以生产资料公有制为主体、多种经济方式并存的所有制结构基础上，它是国家筹措、供应和管理社会资金，进行社会主义现代化建设的强有力的工具，体现着国家、企业、个人三者在根本利益一致基础上的社会主义分配关系。社会主义财政收入主要来源于劳动人民为社会创造的纯收入，国家财政通过税收、利润等形式集中起来。社会主义财政支出主要用于经济建设和社会科教文卫等事业。

社会主义国家财政具有以下特点：

(1)社会主义财政以国家为主体，凭借国家的政治权力和生产资料所有者的代表身份参与一部分社会产品分配，表现了社会主义财政分配的特殊性，以区别于一切剥削阶级凭借拥有的生产资料对劳动者的剥夺和对产品的占有。

(2)社会主义财政的目的是为实现国家政治职能和经济职能，对内要巩固和发展人民民主专政，对外要防御外来入侵，以适应不同历史时期政治经济形势发展的需要，确保实现国家职能的资金保障。

(3)社会主义财政在社会主义市场经济条件下进行各项财政分配活动所形成的分配关系，使财政有可能自觉运用相关经济法律，利用价值形式分配财政资金，调节和引导国民经济持续健康发展。

任务二　公共财政理论

一、公共财政的含义

视频

看政府的钱准备怎么花

公共财政可以定义为：在市场经济条件下，主要为满足社会公共需要而进行的政府收支活动模式或财政运行机制模式。公共财政是为市场提供公共产品和服务的政府分配行为，它是市场经济条件下政府财政的基本选择与必然要求，是与市场经济相适应的财政模式或类型。它仅存在于市场经济环境中，其活动范围限于市场失灵的领域。

二、公共财政的特征

(一)以弥补市场失灵为行为准则

在市场经济条件下，市场在资源配置中发挥基础性的作用，但也存在市场自身无法解决或解决得不好的公共问题。例如，宏观经济波动问题、垄断问题、外部性问题等。解决这些问题，政府是首要的“责任人”。政府解决公共问题，对社会公共事务进行管理，需要以公共政策为手段。而公共财政的制定和执行，又以公共资源为基础和后盾。公共财政既是公共政策的重要组成部分，又是执行公共政策的保障手段。相对于计划经济条件下大包大揽的生产建设型财政而言，公共财政只以满足社会公共需要为职责范围，凡不属于或不能纳入社会公共需要领域的事项，公共财政原则上不介入；而市场无法解决或解决不好的，属于社会公共领域的事项，公共财政原则上必须介入。

(二)公平性

公共财政政策要一视同仁。市场经济的本质特征之一就是公平竞争，体现在财政上就是必须实行一视同仁的财政政策，为社会成员和市场主体提供平等的财政条件。不管其经济成分，不管其性别、种族、职业、出身、信仰、文化程度乃至国籍，只要守法经营，依法纳税，政府就不能歧视，财政政策上也不应区别对待。不能针对不同的社会集团、阶层、个人以及经济成分，制定不同的财税法律和制度。

(三)非市场营利性，又称公益性

公共财政只能以满足社会公共需要为己任，追求公益目标，一般不直接从事市场活动和追逐利润。如果公共财政追逐利润目标，它就有可能凭借其拥有的特殊政治权力凌驾于其他经济主体之上，就有可能运用自己的特权在具体的经济活动中影响公平竞争，直接干扰乃至破坏经济的正常运行，破坏正常的市场秩序，打乱市场与政府分工的基本规则；财政资金也会因用于谋取利润项目而使公共需要领域投入不足。公共财政的收入，是为满足社会公共需要而筹措资金；公共财政的支出，是以满足社会公共需要和追求社会公共利益为宗旨，不能以盈利为目标。

(四)法制性

公共财政要把公共管理的原则贯穿于财政工作的始终，以法制为基础，管理要规范和透明。市场经济是法制经济。一方面，政府的财政活动必须在法律法规的约束规范下进行；另一方面，通过法律法规形式，依靠法律法规的强制保障手段，社会公众得以真正决定、约束、规范和监督政府的财政活动，确保其符合公众的根本利益。具体而言，获得财政收入的方式、数量和财政支出的去向、规模等理财行为必须建立在法制的基础上，不能想收什么就收什么，想收多少就收多少，或者想怎么花就怎么花，要依法理财，依法行政。

三、公共财政的形式

(一)税收收入

税收收入是现代国家最重要的公共收入形式，是世界各国公共收入的主要来源，一般占各国经常性公共收入的90%以上。

(二)债务收入

债务收入包括国内发行的公债，国库券，经济建设债券，向国外政府、各级组织和商业银行的借款等。

(三)国有资产收益

国有资产收益是政府凭借其资产所有权取得的股息、红利、租金、资金占有费、土地批租收入、国有资产转让及处置收入等。

(四)政府费收入

政府费收入是指政府各部门收取的各种费用和基金性收入，包括行政执法过程中收取的各种规费和公共财产使用费。它们是地方政府的主要收入。我国现阶段政府费收入主要有五类：(1)规费收入；(2)共产使用费；(3)特别课征；(4)各种摊派性费用；(5)特许金。

(五)其他收入形式

其他收入形式是指上述几种收入之外的政府各项杂项收入，常见的有：(1)罚没收入；(2)对政府的捐赠；(3)通货膨胀税。

四、政府与公共财政

视频

公正财政，保障民生

政府部门为满足个人公共需要，要从事如何筹措公共收入以及如何安排公共支出的活动。这就是最基本的公共财政的社会活动方式，而财政学就是研究政府活动或公共活动的经济学。1776年，亚当·斯密(Adam Smith，1723—1790)《国民财富的性质和原因的研究》的出版，意味着财政学的产生。在亚当·斯密的思想体系中，信奉市场主体的作用，而将政府主体的作用只置于“守夜人”角色。20世纪30年代的资本主义经济危机使政府单纯的“守夜人”职能受到冲击，政府在经济方面的作用不断增强。此后在市场经济中从来就没离开过政府这只“看得见的手”的身影，只是在不同的历史时期，其作用程度有大小之分。市场这只“看不见的手”失灵需要政府“看得见的手”补救。与20世纪30年代的资本主义经济危机惊人相似的是2008年以来的世界性金融危机，政府的作用得到进一步认可和强化，政府在经济方面的作用规模、作用范围进一步扩大。

实践证明，满足公共需要要靠政府。政府在经济领域里担当的角色，既可以作为经济参与者，直接从事社会经济活动，如取得收入、安排支出；也可作为政策制定者，制定和实施影响经济活动的各种经济政策；还可作为经济管制者，管理和规范民间的经济活动。当然，在现实生活中，政府的这些经济活动彼此总是相互影响的。但不论其担当何种角色，从事何种活动，其目的就是最大限度地满足社会公共需要。

【同步案例1－1】　　古代以色列人对政府的认识

《圣经·撒母耳记(上)》(和合本)第八章中记载：约公元前1030年，古以色列部落长期没有中央政府。以色列人向当时身兼士师、祭司和先知三职的撒母耳说："现在求你为我们立一个王治理我们，像列国一样。"撒母耳按照上帝的启示，描述了在国王统治下的生活："管辖你们的王必这样行：他必派你们的儿子为他赶车、跟马，奔走在车前；又派他们作千夫长、五十夫长，为他耕种田地，收割庄稼，打造军器和车上的器械；必取你们的女儿为他制造香膏，做饭烤饼；也必取你们最好的田地、葡萄园、橄榄园，赐给他的臣仆。你们的粮食和葡萄园所出的，他必取十分之一给他的太监和臣仆；又必取你们的仆人、婢女、健壮的少年人和你们的驴，供他的差役。你们的羊群他必取十分之一，你们也必作他的仆人。"但是，以色列人没有听从告诫，"不然！我们定要一个王治理我们，使我们像列国一样，有王治理我们，统领我们，为我们争战。"

案例精析 1－1

讨论：你对国家、政府、财政的关系有何理解？

任务三　财政研究方法

一、财政学的含义

人类有着无穷的欲望，但是能够满足人类欲望的资源却是有限的，因此，探讨如何用有限的资源来满足无穷的欲望，就逐步发展成为一门重要的学科——经济学。在现代经济学的分析视野中，人类的欲望可以大致分为两类：一类是私人欲望；另一类是公共欲望。

(1)私人欲望指的是个人希望独自拥有、独自享用的欲望，如获得并享用食品、衣服等物品的欲望。

(2)公共欲望指的是能够与别人共同享用而不是独自享用的欲望，如道路与公园的使用、警力与国防的保护等欲望。

一般来说，私人欲望的满足可以经由市场的活动，凭借价格机制的运作来得到圆满的解决，这是私人部门经济学(private sector economics)研究的核心；公共欲望的满足则很难借助市场机制的运作达成，它一般需要通过政府预算决策来实现。

在现代政体中，政府预算的编制须经议会的同意，而议会代表则由公众投票选举产生，因此，追根溯源，公共欲望的满足一般经由投票过程达成。这是公共部门经济学(public sector economics)或公共经济学(public economics)研究的核心。上述分析如图1－1所示。

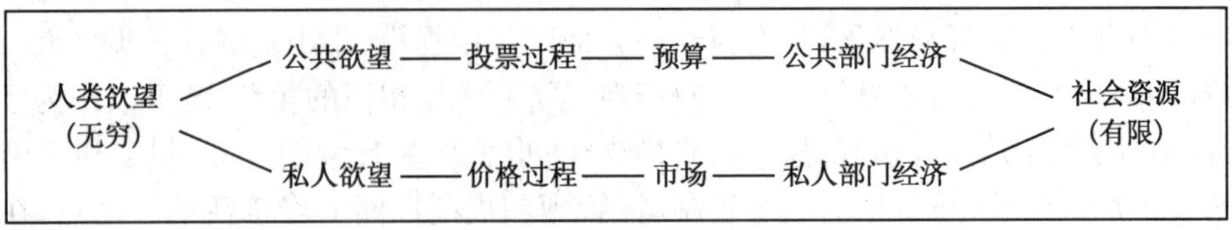

图 1—1　私人部门经济与公共部门经济的异同

我们知道,作为社会公众利益的代表者,政府是实现公共欲望的当然"人选"。因此,公共部门的经济活动实际上就是指政府的经济活动。为了满足公共欲望,政府需要向公众提供道路、公园、治安、国防等各种公共产品和服务,此时,政府免不了要承担成本、耗费资金,这就形成了政府支出。政府要开支,就要有相应的收入来源,税收、收费和公债等是政府融资的主要渠道,它们共同形成政府收入。所谓财政,指的是政府的收支活动及其管理。财政学(public finance)就是研究政府收支活动及其对经济运行所产生影响的经济学分支。由于财政活动是政府从事各种经济、社会和政治活动的基础,因此,在更为广泛的意义上,财政学就是研究政府的经济活动及其对经济运行所产生影响的经济学分支,也称公共部门经济学或公共经济学。

二、混合经济中的财政

当今世界,绝大多数国家的经济是由私人部门经济和公共部门经济共同组成的,这就是所谓的混合经济。

在混合经济中,私人部门由追求自身利益(self-interest)的居民和企业组成。私人欲望的满足通过市场价格机制达成;公共部门由追求公共利益(public interest)的政府机构组成,公共欲望的满足由政府预算决策机制实现。

为了描述混合经济运行的基本轮廓和总体面貌,先考察一个仅由家庭和企业组成、没有政府存在的私人部门经济的框图,然后,在框图中加入公共部门,看看现代经济运行的大体情况。

先来考察纯粹私人部门经济的运行。在这个经济系统中,基本决策单位只有两个,即家庭和企业。

(1)对家庭来说,它需要进行两方面的决策。首先,出于生存和发展的需要,家庭需要消费一定数量的产品,这些产品可以是自有的,也可以是他人生产的。当家庭需要消费他人生产的产品时,该家庭通常就成为一位购买者。随之而来的另一个决策就是,为了获得购买产品所需要的支出,家庭必须拥有可供支配的财富,这就需要家庭出卖他们所拥有的一定数量的资源。

(2)企业是两部门经济中的另一个基本决策单位,它的基本功能就是把各种资源投入转换为特定的产出。尽管不同的企业可能会有各种不同的目标追求,但大多数企业是以利润作为其首要目标的。在利润动机的驱使下,企业进行着使自身利润最大化的生产经营决策。

在私人部门经济中,家庭和企业通过两个有着不同性质的市场——产品市场和要素市场——从事各种交易活动,如图 1—2 所示。

(1)在产品市场上,家庭为消费而购买各种产品和服务,企业为牟取利润而向家庭提供相应的产品和服务,并获得由家庭支付的费用。

(2)在要素市场上,企业利用从产品市场上得到的收入,购买生产所需的各种资源投入,如劳动、资本、土地等,并通过各种资源的组合生产出市场所需的产品;而家庭也需要向企业售出他们所拥有的各种资源,并获得相应的回报,如工资、利润、租金等。于是,通过要素市场,企业

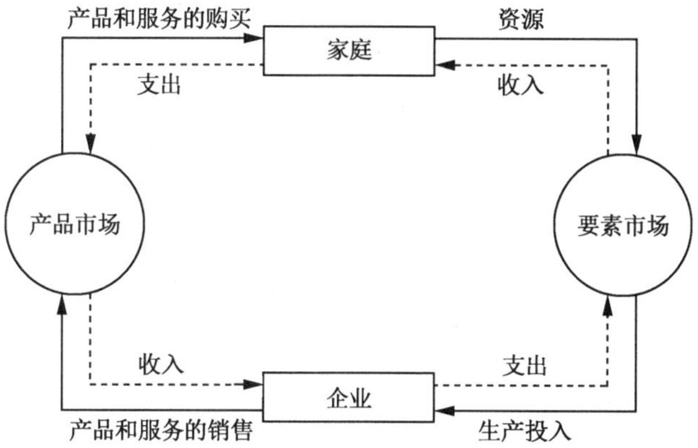

图 1—2　纯粹私人部门经济循环

购买资源所支付的费用就再次转移到家庭手中。至此，家庭部门和企业部门完成了一次交易上的循环。对于这两种部门经济来说，这一过程将循环往复、周而复始。

由图 1—2 可以看出，纯粹私人部门经济的运行由两方面的运动构成——商品运动和货币运动。

（1）家庭借助要素市场向企业提供各种资源，企业通过产品市场向家庭提供产品和服务，这是商品运动的过程（图 1—2 中的实线部分）。

（2）在家庭通过要素市场向企业提供各种资源时，企业需要向家庭支付相应的报酬；而企业通过产品市场向家庭提供各种产品和服务时，家庭需要向企业支付货币，这是货币运动的过程（图 1—2 中的虚线部分）。

纯粹私人部门经济循环图实际上描述了经济运行处于无政府状态下的自由市场经济运作的基本图景。在这一系统中，家庭和企业的经济决策机制是自主而分散的。也就是说，在产品市场上，家庭买什么、买多少、怎么买，以及企业生产什么、生产多少、如何生产、为谁生产等决策，都是出于自身的某种动机而自主做出的，社会上没有哪个人会指挥家庭和企业应该怎样行事。要素市场的情况则大抵相同。鉴于家庭和企业的经济决策是自主做出的，而产品市场和要素市场的运作则是自发进行的，因此，我们习惯上将由家庭和企业这两个部门形成的经济称为私人经济。

不过，在现代经济中，政府作为一个决策单位，已经在经济运行中扮演着日益重要的角色，它不仅为社会公众提供相当数量的产品和服务，而且还对私人经济活动进行一定程度的干预和管理。与分散性的私人决策相比，政府决策往往具有集中性。为了把握现实经济的运作，我们有必要了解私人部门和公共部门共同起作用的混合经济循环，如图 1—3 所示。

在混合经济中，政府作为产品和服务的购买者参与市场。图 1—3 的中心部分代表政府及其财政活动。

（1）在要素市场上，政府向家庭购买劳动、资本等资源；在商品市场上，政府向企业购买纸张、桌椅、计算机、汽车、枪炮等产品。政府利用这些资源和产品向社会提供各种公共服务，包括国防、治安、道路、学校、消防、水利设施等。这些产品和服务经常免费向社会公众提供，有时则可能按照低于实际市场价格的方式提供。

（2）政府还拥有并运营邮局、铁路、航空、烟厂、酒厂和福利彩票等公共企业。与私人企业

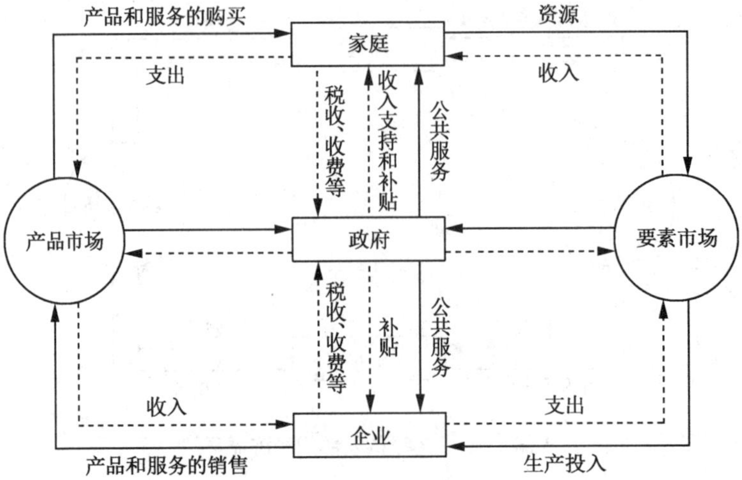

图 1—3　混合经济循环

类似，这些公共企业也从事着各种营利性活动。

为了维持本部门的正常运转和应付购买各种产品和资源的开支，政府一般要求企业和家庭支付各种税款和费用。

与纯粹私人部门经济循环图相比，不难看出，在政府介入经济生活后，经济系统的运行相应发生了一些变化，如图 1—3 所示。

(1)家庭不仅可以通过向企业提供各种资源而获得收入，而且有时还可以从政府那里获得一定数量的收入支持和补贴。另外，家庭获得的收入除用于商品和服务方面的开支外，有一部分必须以税收、收费等方式交给政府。企业则通过向家庭和政府提供商品和服务取得收入，在某些场合可以获得政府的一些补贴。

(2)在支出方面，企业需要向提供各种生产资源的家庭支付报酬，并向政府缴纳各种税收和费用。此外，家庭和企业可以享受政府提供的公共服务。政府一方面以税收、收费等方式获取收入，另一方面又通过向社会公众提供公共服务以及向某些家庭和企业提供补助或补贴来安排支出。

三、财政学的研究对象

传统财政学的研究对象主要是政府的收支及管理行为，主要是解决收与支的矛盾。传统财政学的研究对象所涉及的范围，在理论界有大小之分：大范围包括国家预算、预算外资金、国家信用、国有企业财务及银行信贷(在计划经济时代，其特点是大财政、小银行，财政范围包括银行)等；小范围包括国家预算、预算外资金、国家信用和国有企业财务等。现代财政学的研究对象是公共部门的经济活动或政府部门的经济活动，主要是解决公共部门资源配置是否有效的矛盾。其研究对象所涉及的范围，在理论界有狭义和广义之别：狭义范围的研究对象仅包括国家预算控制下的政府活动领域；广义范围的研究对象包括公共部门活动所涉及的所有领域。因此，现代财政学的研究对象是研究政府所有财政活动及其管理的所有领域。

四、财政学的研究方法

(一)实证分析

实证分析(positive analysis)旨在描述各种经济因素的存在与经济运行的过程,并试图在各种经济变量或政策手段之间建立起联系。它主要涉及事实判断,重在回答研究对象“是什么”“会怎样”的问题。例如,2018 年中央政府发行了多少国债?经济增长与物价水平之间的关系如何?全面开征房产税对居民的消费行为有什么影响……这些问题都属于实证分析的范畴。

根据研究工具的不同,实证分析又可分为理论分析和经验分析。

1. 理论分析

理论分析(theoretical analysis)是从某些假设前提出发,借助一系列的假说和推论,对经济变量关系进行简化描述或推导的定性分析。例如,在考察劳动所得课税对工人劳动供给行为的影响时,我们以工人的行为动机在于谋求自身满足或效用的最大化为假设前提,进行相应的逻辑推理。对工人的劳动所得进行课税,将对工人的劳动供给产生两方面的影响:一方面,课税降低了工人在单位劳动时间内的报酬,相应地,闲暇的代价变得较轻,这将使工人倾向于减少工作时间,增加闲暇时间。换句话说,由于课税,工人倾向于用闲暇替代劳动。在经济学中,这一过程被称为替代效应。另一方面,课税使工人的实际收入水平下降,为了维持原有的效用水平,工人又需要增加工作时间,这一过程被称为收入效应。这样,劳动所得课税对工人劳动供给时间的实际影响,就要看替代效应和收入效应综合作用的结果。

尽管理论分析有助于我们形成有关人们如何对其经济环境的变化做出反应的各种思想,但它往往不能告诉我们这种反应的程度到底有多大。例如,在刚才所讨论的例子中,工人的劳动供给行为既受替代效应的影响,又受收入效应的影响;同时,这两种效应对劳动供给的影响又是反方向的。这样,在两种效应中,如果替代效应居于主导地位,那么课征劳动所得税将导致工人减少劳动时间;反之,如果收入效应居于主导地位,那么课征劳动所得税又会使工人增加劳动时间。至于最后的结果到底是什么,理论本身并没有提供明确的答案,这一任务通常交由经验分析来完成。

2. 经验分析

经验分析(empirical analysis)指的是通过调查或实验取得实际资料而进行的定量分析。进行经验分析的方式主要有访谈、实验和计量经济分析三种。

(1)访谈。访谈(interview)是指通过直接向人们发问的方式,调查某一政策对人们经济决策的影响。例如,为了考虑劳动所得课税对劳动供给的实际影响,有人曾经对一部分英国律师和会计师做了细致的访谈调查——他们如何决定工作时间,一些税率对工作是造成了激励还是抑制……这些被采访者的回答是:总体来说,他们的工作时间几乎不受税收的影响。访谈方式的最大缺陷是:人们所说的可能并非他们实际所做的,而这一点将影响经验分析的质量。

(2)实验。实验(experiment)的方式可以在实验室内进行,也可以在社会上进行。在实验室实验的最大问题是:人们在人为控制环境下所做的经济决策往往与实际情形相背离。社会实验是使社会上的一部分人受某一政策的影响,而另一部分人则不受该政策影响,并在此条件下比较两类人的行为。这一方式的最大问题是:首先,实验本身可能影响人们的行为;其次,随机样本难以获得;最后,实验成本高昂。

(3)计量经济分析。计量经济分析(econometric analysis)是当前在经济学中最为流行的经验分析方法。该方法利用经济理论、数学、统计推断等工具对经济现象进行分析,向构建于数理经济学基础之上的经济理论模型提供经验支持，并得出数量结果。目前，在经济学和商学的学习与培训中，计量经济分析已经成为不可或缺的一部分。

（二）规范分析

在现实生活中，我们经常要对各种各样的政策建议或行为加以评判。例如，电信资费是否偏高？对汽油消费是实行收费为好还是征税为好？增加国债发行是利还是弊？类似的问题不胜枚举。在经济学中，像这类对经济行为或政策手段的后果加以优劣好坏评判的研究方法被称为规范分析（normative analysis）。

规范分析确认什么是有利的结果，或者应该采取什么行动来实现有利的结果。它往往从预先确定的标准出发，用于描述实现上述标准的最优政策。因此，规范分析能够提出实现何种经济目标的政策建议。与旨在描述事实、不涉及结果好坏的实证分析方法相比，规范分析方法基于基本的价值判断，因此它并不是客观的方法。也就是说，只有在基本价值判断的基础上，规范分析才能对各种政策建议或行动加以评价。

任务四　财政思想演化

一、中西方财政学的演化

（一）西方财政学的演化

1. 18 世纪后期到 20 世纪 30 年代：古典学派和庸俗学派的观点

18 世纪后期到 20 世纪 30 年代，财政学以古典学派和新古典学派为中心。亚当·斯密在 1776 年出版的《国民财富的性质和原因的研究》中系统地讨论了财政赋税等问题，提出了税收的“公平、确定、简便、征收费用最小”四原则，在支出方面确立了“厉行节约”原则，在财政收支平衡方面提出了“量入为出”原则，在财政目标方面提出“廉价政府”应成为财政所要追求的最高目标。亚当·斯密勾勒出了财政学的基本框架。由于亚当·斯密首次把财政作为政治经济学的一个部分来研究，作为一个经济范畴来分析，所以恩格斯认为斯密首创了财政学。后来的古典经济学家和庸俗经济学家，如大卫·李嘉图、让·巴蒂斯特·萨伊、约翰·斯图亚特·穆勒和庇古等，基本上是在亚当·斯密的框架中对财政学进行发展的。

2. 1929 年的经济大危机以及第二次世界大战期间的通货膨胀时期：凯恩斯主义

20 世纪 30 年代的资本主义经济危机打破了古典经济学派关于市场机制自动调节经济发展的神话，以宏观经济分析为主要特色的凯恩斯主义应运而生，财政学也因此成为经济学体系中的一个重要组成部分。约翰·梅纳德·凯恩斯（John Maynard Keynes，1883—1946，简写为 J·M. 凯恩斯）在其 1936 年发表的《就业、利息与货币通论》中系统地阐述了他的经济理论和财政思想。凯恩斯立足于有效需求不足的经济危机征候诊断，认为财政支出可直接形成社会有效需求，使市场经济实现充分就业。他首次论证了财政赤字的合理性。在税收方面，强调税收调节收入分配功能，主张建立以直接税为主和以累进税为特色的租税体系。在财政支出方面，立足“乘数理论”，论证了政府投资扩张社会总需求的乘数效应。他主张财政政策应从传统的预算平衡理念中解放出来，走向主动的、积极的赤字预算，以此刺激社会经济活动，增加国民收入。凯恩斯主义是 20 世纪 30 年代居主流地位的一大经济学派。凯恩斯主义者的观点对后来的财政学产生了重大的影响。

3. 20 世纪 70 年代：古典学派理论的回归

20 世纪 70 年代，西方国家出现了失业与通货膨胀并存的“滞胀”问题，凯恩斯主义拿不出良策。货币主义、供给学派和理性预期学派的新保守主义经济学抬头，力图复归古典学派的自由主义传统，责难国家干预经济的危害。“货币”的政策替代了“财政最重要”的政策。供给学派的代表拉弗创立了著名的政府收入与税率关系的“拉弗曲线”，为刺激供给的减税政策提供了理论依据。

4. 20 世纪 80 年代：新凯恩斯主义的复兴

新凯恩斯主义强调宏观经济学的微观基础，提出了新型政府—市场观，认为现代经济是一种混合经济，政府与市场是互补而非替代关系；更加重视市场机制的作用，主张政府进行“粗调”；主张财政政策的调节要深入经济运行的内部，强调增加人力资本、研究开发等具有创新性的投资，而这显然意味着政府在教育、研究经费支出方面的增加。2008 年，发生了世界性的经济危机，中国政府以 4 万亿元人民币刺激经济投资，美国政府 7 000 亿美元的刺激经济投资的政策实际也是凯恩斯主义的政府干预政策在经济上的体现。

5. 财政学研究的新领域

20 世纪 60 年代初期，美国以詹姆斯·布坎南(James Buchanan)和戈登·图洛克(Gordon Tullock)为代表的“公共选择学派”在财政学的一个重要领域取得了重大理论进展。他们将财政作为公共经济部门，集中研究社会的公共需要以及满足这一需要的公共产品问题，分析了决定公共产品的生产和分配过程以及生产和提供公共产品的机器——国家的组织和机构。布坎南等人通过将投票论、政治联盟论、官僚主义论和制度选择等与经济分析方法的结合，研究了政治制度的运行，而其中的财政问题始终居于研究的中心地位。布坎南和图洛克建议政府要采取一系列“规则”或者是宪法来有效地限制公共部门的扩张。与积极性政府的观点不同，布坎南和图洛克的观点是反对政府干预市场的。这一学派的观点，自布坎南 1986 年取得诺贝尔经济学奖以后，引起了西方财政学的广泛关注。

(二)中国财政学的演化

1949 年以前，中国的财政学基本上秉承英美财政学体系；新中国成立以后，我国的财政学界才开始独立探索建立自己的财政学理论体系。20 世纪 50 年代中期经济建设的巨大成就和后期“大跃进”的失败，为财政基础理论的研究提供了正反两方面的实践经验，出现了一个财政理论探讨的活跃时期，产生了许多流派。

新中国成立初期，由于当时特殊的政治经济形势，在我国财政理论研究中占统治地位的主要还是从苏联引进的“货币关系论”，以及在此基础上形成的一些流派，如“价值分配论”和“国家资金运动论”等。

20 世纪 50 年代末至 60 年代初，在中国财政理论界对“货币关系论”的批评过程中，“国家分配论”逐渐占据主流地位。“国家分配论”认为财政是国家对社会的物质资料的分配……这种分配在不同条件下，或者表现为实物形态，或者表现为货币形态，但在各种表现的形态后面，实际上都是属于社会的物质资料的一种分配。财政学的研究对象是国家关于社会产品或国民收入分配与再分配过程中的分配关系，简单地说，也就是人类社会各个发展阶段中国家对社会的物质资料的分配关系。认为社会主义财政的本质是无产阶级专政国家为实现其职能，分配社会产品和国民收入而形成的分配关系，初步奠定了“国家分配论”在中国财政学界的主流地位。

改革开放后，尤其是在建立社会主义市场经济体制的过程中，引进和吸收了美、英等国的财政理论，出现了对“国家分配论”“剩余产品分配论”“再生产前提论”等的一系列争论，形成了一些新的理论流派。

20 世纪 90 年代以后，我国财政学界开始注重对源于西方的“公共财政论”的认识与辨析，一度引起许多关于所谓“国家分配论”与“公共财政论”的理论争论。但是，随着理论研究的不断深化，学术界越来越倾向于两者不是直接对立而是相互兼容的关系，事实上，只有在市场经济条件下，财政的公共性才能真正独立，形成成熟、规范、完全的存在形式——公共财政，即市场经济财政。当然，在争论过程中，以市场经济为背景的“公共财政论”的认识不断地得到清晰化和具体化。

二、当代中国财政学建设的指导思想

当代中国财政学建设的指导思想是：以马克思主义基本原理为指导，借鉴西方财政学发展成果，立足中国实际，继承和发展，创设中国特色的财政学。[①]

（一）马克思主义基本原理是财政学的理论基础

马克思主义的劳动价值论、社会再生产理论、公共产品理论、国家理论及研究方法等，对当代中国财政学建设具有重要的理论指导意义。马克思的劳动价值理论，是财政学理论的基础。市场经济条件下的财政分配直接表现为价值分配，是价值运动的中枢。财政分配对象主要是劳动创造的剩余产品，财政参与价值分配和价值流通。价值增值的运动、财政政策的选择、税率的确定、税收转嫁与归宿等，无不以劳动价值论为重要依据。因此，我们要深入领会劳动价值理论的精神实质，用以指导财政税收工作实践，要自觉遵守支配商品生产和商品交换的价值规律，这有利于提高国民经济运行质量，有利于开辟较为充裕的财政收入来源。

（二）借鉴西方财政学发展成果

借鉴西方财政学发展成果，不仅要有鉴别地吸收西方财政学中对我们有用的基本原理，还要学会对我们有用的方法。要掌握西方财政理论发展演化环境、演化规律、演化原因及政府不同时期的财政政策、税收政策特点，从历史性角度掌握政府从不断地干预市场到不干预市场再到干预市场这一循环往复的变换过程，要通过这些现象认清实质。要了解 20 世纪 60 年代以来西方财政学在研究的范围、指导思想等方面的变化，学会利用西方财政学的现代经济分析方法，要善于利用规范分析方法中的如帕累托最优条件、契约曲线、效用可能性曲线、生产可能性曲线、边际技术替代率、边际转换率、消费者剩余和生产者剩余、无差异曲线、社会福利函数等分析方法与技术来说明现代财政问题。

（三）中国财政学建设必须紧密结合中国社会的实际

紧密结合中国实际包括结合中国实际发展了的马克思主义理论成果，还包括一切从中国的国情出发，结合中国的现实问题得出的符合中国实际的结论。中国的实际就是目前处于社会主义初级阶段，也就是生产力不发达的阶段，而相对应的财政思想、研究内容、财政收支特点、财政税收政策取向等也必然体现阶段性和时代性。但随着社会主义市场经济的不断完善，财政学理论体系和观点也需要不断地完善。财政理论必须发展，只要以马克思主义基本原理为指导，借鉴西方财政学的发展成果，立足中国实际，继承和发展，就一定能创设出中国特色的财政学。

应知考核

一、单项选择题

1. 财政分配的主体是（　　）。

---

① 当代中国财政学建设指导思想是参阅陈共主编的《财政学》的相关内容整理而成的。

A. 国家　B. 家庭　C. 企业　D. 个人

2. 财政分配的目的是(　　)。

A. 为了建设社会主义强大国家　B. 为了合理配置资源,提高经济效益

C. 为了实现国家政治经济职能　D. 为了满足社会公共需要

3. 财政是一个(　　),是以国家为主体的分配活动。

A. 经济范畴　B. 政治范畴　C. 社会范畴　D. 法律范畴

4. 马克思的(　　)理论,是财政学理论的基础。

A. 劳动价值　B. 社会再生产　C. 公共产品　D. 国家理论

5. 财政分配的对象,从价值形态看,主要是(　　)。

A. C　B. $V+C$　C. M　D. $C+M+V$

二、多项选择题

1. 财政分配与其他分配范畴的主要区别是(　　)。

A. 财政分配的主体是国家或政府

B. 财政分配的客体(或对象)主要是社会剩余产品

C. 财政分配的目的是满足社会公共需要

D. 财政分配的形式主要是利用价值形式

2. 财政分配对象,从价值形态看有(　　)。

A. 全部社会产品价值　B. 剩余产品价值 M 部分

C. 包含有折旧基金 C 部分　D. 职工劳动报酬的 V 部分

3. 经验分析的方式主要有(　　)。

A. 访谈　B. 实验　C. 计量经济分析　D. 规范分析

4. 公共财政的形式包括(　　)。

A. 税收收入　B. 债务收入　C. 国有资产收益　D. 政府费收入

5. 财政产生的经济条件是(　　)。

A. 生产力的发展　B. 剩余产品的出现

C. 私有制、阶级的出现　D. 国家的出现

三、判断题

1. 财政分配的对象是全部社会产品。(　　)

2. 财政产生的首要条件是政治条件。(　　)

3. 公共财政的核心是满足社会公共需要。(　　)

4. 税收收入是现代国家最重要的公共收入形式。(　　)

5. 财政学就是研究政府经济活动及其对经济运行所产生的影响的经济学分支。(　　)

四、简述题

1. 简述财政的含义和主要特征。

2. 简述社会主义国家财政的特点。

3. 简述公共财政的含义和特征。

4. 简述财政学的研究对象。

5. 简述财政学的研究方法。

应会考核

■观念应用

【背景资料】

关于经济学研究方法的思考

哈佛大学公共管理学院的约翰·贝勒博士说，美国正在抗癌的战斗中遭受失败，“对癌症的治疗工作没多大起色”。但是，美国癌症学会的L. 加菲考博士回答道：“毫无疑问，总体死亡率上升的原因是肺癌所致。如果不考虑肺癌，死亡率就不是上升了8%，而是下降了13%。”

【考核要求】

试将力图确定抗癌效果的研究者碰到的问题和力图确定经济政策影响的经济学者碰到的问题联系起来考虑。

■技能应用

认识财政学的研究对象

温家宝说：“当前摆在我们面前的主要问题是：第一，农业发展滞后，农民收入增长缓慢，已经成为制约扩大内需的一个重要因素。第二，一部分企业经营困难，建立现代企业制度将是一个长期的任务。第三，下岗和失业人口不断增加，社会保障的压力非常之大。第四，城乡发展不平衡，东西部发展不平衡，还有相当一部分地区、相当一部分人口处于贫困状态。第五，财政负担沉重，金融不良资产比例较多。”

【技能要求】

请分析温总理提出的上述五个问题中可以从哪些方面来认识财政学的研究对象。

■案例分析

【案例情境】

“PUBLIC FINANCE”直译为“公共财政”准确吗？

公共财政论认为，“PUBLIC FINANCE” 的正确译法恰好是“公共财政”，而不是“国家财政”。可是，在我们看来，“PUBLIC FINANCE”的正确译法既不是“公共财政”，也不是“国家财政”，而只能是“财政”或“财政学”。

第一，“finance”一词的主要含义是资金、融资、财务。金融作为修饰，才能成为公共（国家）资金，包括这种资金的来源与运用，这也正是汉语“财政”的含义：“国家对资财的收入与支出的管理活动。”倘若把“PUBLIC FINANCE ”直译成“公共财政”或“国家财政”，从修辞学上讲，就产生了同一语的重复。况且，当你翻阅任何一本经济学著述修饰而单独出现时，几乎百分之百不是财政之意。这说明不加“PUBLIC”，“FINANCE”就不是汉语所说的 “财政”。

第二，公共财政论者把“PUBLIC FINANCE”直译成“公共财政”，无非就是想找到西方的文字依据，并根据其经济内涵确立我国社会主义市场条件下的所谓“公共财政模式”。可是，从“PUBLIC FINANCE ”的经济内涵来看，从亚当·斯密到凯恩斯革命之后的年代，西方财政学使用这个词，主要在于研究政府如何合理地筹措公共资金，同时只研究财政本身的问题，而没有更多地考虑财政收支活动对整个经济运行的影响。马斯格雷夫曾多次把“FINANCE”与“MONEY（货币）”、“LIQUIDITY（流动性）”、“CAPITAL MARKETS”（资本市场）相联系，说明几乎等同于资金或金融；多次把“FINANCE”与“ECONOMY”（经济）相对比，说明现代财政学不仅研究“FINANCE”问题，更重要的是研究政府在取得和运用“FINANCE”过程中对经济的影响以及公共部门经济活动的合理性与效率性。我们能用这个理论可以在一定程度上界定国家(政府)的经济职能，但它不能规定国家(政府)的全部经济职能。

【分析要求】

英文“PUBLIC FINANCE”和“PUBLIC ECONOMICS”的含义有区别吗？为什么？

项目实训

【实训内容】

查询当地的财政局网站或中华人民共和国财政部网站，针对有关的财政新闻，分析国家在财政方面的一些举措。

【实训目标】

加深学生对财政学的认识和理解，学会运用本项目的知识解决财政学的基本问题，从而提高学生的综合素质。

【实训组织】

将学生分成若干组，每组7人，每组设组长1名，组长负责组织本组成员进行实训，由组长将调查结果书面写成报告，并总结。(注意：教师提出活动前的准备和注意事项。)

【实训成果】

(1)考核和评价采用报告资料展示和学生讨论相结合的方式。

(2)评分采用学生和教师共同评价的方式，填写实训报告。

实训报告		
项目实训班级：	项目小组：	项目组成员：
实训时间：　　年　　月　　日	实训地点：	实训成绩：
实训目的：		
实训步骤：		
实训结果：		
实训感言：		

项目二

财政职能

○ **知识目标：**

理解：市场有效与失灵；政府干预与失效；公平与效率的关系。

熟知：私人产品与公共产品、私人需要与公共需要。

掌握：财政职能的分类、财政职能之间的协调与矛盾。

○ **技能目标：**

能够充分理解财政职能在市场经济条件下的运用及其之间的协调与矛盾；理解公平与效率的协调机制及其关系；学会如何协调公平与效率。

○ **素质目标：**

运用所学的财政职能知识研究相关案例，培养和提高学生在特定业务情境中分析问题与决策设计的能力；结合行业规范或标准，强化学生的职业道德素质。

○ **项目引例：**

防走失手环是不是公共产品？

随着经济快速增长，我国人口寿命不断提高，城市的老龄化加速，由此产生的养老、护理、心理等问题日趋突出。针对老年人因失忆而走失事件增多的现象，2016 年 6 月，北京市民政局通过政府购买服务的方式，为全市 1 万名患有记忆障碍、认知障碍或阿尔茨海默病的老年人免费配备防走失手环，提供实时定位、紧急呼叫、运动轨迹、离开安全区域提醒等功能，子女和亲属就可以随时追踪老年人的活动轨迹，更好地保障失智老年人的人身安全。

防走失手环的配发工作改变以前完全由政府包办的做法，转而采取社会化运作方式，由政府部门公开招投标确定服务商。其中，手环包含的三年流量和服务费（每月通话主叫时长 30 分钟，接听免费，流量 30M）由财政支付，超出部分由使用者承担。三年期满后每年流量和服务费将由使用者按照市场价格承担。

讨论：

(1)北京市的上述做法有什么理论根据？结合本章所学习的财政学知识思考和分析。

(2)为什么北京市采取政府购买服务的方式提供手环？与政府完全负担全部费用相比有什么好处？

○ **知识精讲：**

任务一　市场经济效率

一、市场经济的含义

(一)市场的基本含义

一般认为，市场有两层含义：一是起源于古时人类对固定时段或地点进行交易场所的称呼，现指商品和劳务交换的场所，其主体是市场参与者，客体是主体在市场活动中的交易对象；二是指市场机制，即市场各构成要素之间相互影响、相互制约的关系及特定资源配置功能的实现方式。我们这里所称的市场是指市场机制。市场机制使市场分配成为最基本的分配形式，包括各种市场资源和劳动产品，都通过市场交换来进行分配，实行“各增其值，等价交换”原则。

(二)市场经济的界定

对什么是市场经济，人们的看法不尽一致。一般认为，市场经济是指以市场机制作为配置资源的基础手段和发达的商品经济，是通过市场配置社会资源的经济形式。它是生产社会化和商品经济发展到一定高度的产物，具有自发性、盲目性、竞争性和滞后性等特点。

二、市场效率与公平

我国社会主义市场经济是市场与政府、计划与市场、政府与个人经济的混合，实际上是一种混合经济体制。而财政是政府的一种经济活动，要研究市场经济条件下的政府财政，应从分析效率与公平入手。

(一)效率的含义与标准

1. 效率的含义

效率一般指单位时间内完成的工作量。现代经济学所说的效率，通常指市场经济条件下的资源配置效率。资源配置效率是指如何将社会资源合理分配到社会各领域中并实现资源的最佳利用，即用最少的资源耗费产出最适用的商品和劳务，获取最佳的效益，从而最大限度地满足人类的愿望和需要。如果一个社会的资源配置能够使得社会的总福利和总剩余最大化，这个社会的资源配置就是有效率的。

资源的稀缺性使得人们不得不考虑如何利用有限的资源来满足人类无穷的欲望，因此，人类需要不断地进行资源的调整配置，使其达到最有效的使用。资源配置合理与否，对一个国家的经济发展水平有着极其重要的影响。一般来说，资源如果能够得到相对合理的配置，经济效益就会显著提高，经济就能充满活力；否则，经济效益就可能低下，经济发展就会受到阻碍。

2. 效率的标准

效率的标准可用帕累托最优进行判断。帕累托最优(Pareto Optimality)，也称帕累托效率(Pareto Efficiency)，由意大利经济学家维尔费雷德·帕累托提出，是指在既定的个人偏好、生产技术和要素投入量下，资源配置已达到这样一种境地：无论任何改变都不可能使一个人受益而其他人不受损。也就是说，如果要增加一个人的效用，就必须以减少他人的效用为代价。

帕累托最优要求经济社会在既定的资源和技术条件下，使人们的需要得到最大限度的满足。从帕累托最优可引申出帕累托改进(Pareto Improvement)的含义。帕累托改进是指在个人偏好、生产技术和要素投入量既定的条件下，在没有任何一个人的情况变坏的前提下，通过改变资源配置使至少有一个人的情况变好，此时的社会资源配置效率得到了提高。当一种资源配置状态不可能再进行帕累托改进时，就是帕累托最优的资源配置。

帕累托最优是实现资源配置的一种理想状态，但仅以此作为评价的唯一标准和目标是不全面的。一个饥肠辘辘的乞丐从一个挥霍无度的富翁处拿走一块面包，也不是帕累托最优或效率提高，因为一个社会成员的处境变坏了。如果社会财富只被少数人拥有而大多数人仍旧贫困，这时的社会经济福利水平不值得称赞。此外，帕累托最优只是阐明资源配置的理想状态而没有涉及分配问题，可见效率标准有一定的缺陷，应引入公平标准。

(二)公平的含义、标准与计量

1. 公平的含义

公平一般是指人们对一定社会历史条件下人与人之间利益关系的一种评价，主要内涵包括经济公平和社会公平两个方面。

(1)经济公平。经济公平是指国家对每一个社会成员参与竞争、就业等一切经济活动的资格一视同仁，所有社会成员按同一规则参与经济活动，个人按其生产贡献份额获取相应的收入份额，即机会均等。经济公平追求的是竞争和过程的公平，能够有效激发社会成员的积极性并推动社会生产力的发展。它是市场经济的内在要求，强调要素投入和要素收入相对称，是在平等竞争的环境下通过等价交换原则来实现的。

(2)社会公平。社会公平是指国家通过对国民收入和社会财富的调节与再分配，以达到社会普遍认可的公平和公正的要求，即结果公平。例如，通过社会保障和财政补贴对缺乏竞争能力的弱者提供帮助，以及通过税收对个人收入和财产进行调节，避免两极分化。社会公平是收入分配的理想状态，强调收入差距在社会各阶层所能接受的范围之内。贫富差距大是不公平的体现，而缩小贫富差距就是促进公平。

2. 公平的标准

(1)功利主义标准。由边沁(Jeremy Bentham，1748—1832)提出。边沁认为，全部社会福利是每个人的效用之和、社会福利最大化，即总福利和平均福利的最大化。该标准强调社会所认可的公平是每个人的收入和财富相同，即最终走向平均主义。

(2)罗尔斯标准。由罗尔斯(John Rawls，1921—2002)提出。罗尔斯认为，社会公平状况取决于社会中生活处境最差的那个人。例如，A和B两个国家，A国人均年收入10 000美元，但最低收入仅为1 000美元；B国人均年收入5 000美元，最低收入也是1 000美元，则B国相对于A国公平。该标准充分考虑了市场经济的不确定性，最大限度地保护了社会中可能出现的弱势群体，要求政府帮助社会中处境最差的人。

3. 公平的计量

(1)基尼系数。基尼系数是意大利经济学家基尼(Corrado Gini，1884—1965)于1922年提出的定量测定收入分配差异程度的数值或常数。一般认为，基尼系数是指不公平收入占全部收入的比例。

以基尼系数表示的公平是结果公平，其值为0～1，越接近0，则表明收入分配越是趋向平等；反之，收入分配越是趋向不平等。国际上认定的标准为：基尼系数在0.2以下表示绝对公平；0.2～0.3表示较为平均；0.3～0.4表示较为合理；0.4～0.5表示贫富差距较大；0.5以上说明收入差距相当悬殊。

(2)贫困指数。贫困指数(poverty index)是指处于贫困线以下的人口占社会总人口的比例。其比例越大，说明贫困者越多，收入分配相应地也就越不公平；反之，则体现为公平。

计算贫困指数的前提是确定某收入水平为贫困线，通常为满足基本生活水平所需要的收入,但基本生活水平的标准具有不确定性。若贫困线定得高,贫困指数所反映的公平程度就会低一些;如果贫困线降低些,贫困指数所反映的收入分配状况就会变好,因此,用贫困指数来反映收入分配的公平性程度有一定的偏差或困难 。

世界各国的贫困标准应综合考虑财力、收入水平和生存需要等因素,因国情不同而标准各异,一般分为绝对贫困和相对贫困,前者指难以维持基本生活,是可以消除的;后者指无法过上大多数人的生活,是长期存在的。2015 年,美国、日本和欧洲主要发达国家等已消除绝对贫困,但相对贫困率仍高达 15%左右,中国仅为 5.70%。

国际和中国的贫困标准都是不断调整的,世界银行的贫困线公布和调整了 4 次,即从 1990 年的每人每天生活费 1.01 美元调至 2015 年的 1.90 美元,发展中国家使用 3.10 美元的贫困标准。中国调整了 3 次即从 1986 年的人均年纯收入 206 元调至 2001 年的 865 元、2010 年的 2 300 元及 2016 年的 3 000 元。2015 年,中国实际贫困标准已低至每人每天生活费 2.12 美元,高于国际贫困标准 0.22 美元。

(三)公平与效率的关系

1. 公平与效率的统一性

公平与效率是既对立又统一的矛盾统一体。协调公平与效率的矛盾,是现代市场经济正常运行和社会稳定的必要条件。公平与效率的统一性表现在以下两个方面:

(1)公平分配是提高效率的前提。只有重视保持收入公平分配、防止两极分化,才能激发劳动者的积极性,促进社会稳定和谐,最终促进效率的提高。

(2)提高效率是公平分配的基础。只有发挥市场分配机制的激励作用,提高企业和社会的劳动生产率,才能为社会不断创造出物质财富,以实现人们生活水平不断提高基础上的社会公平。低效率只能带来社会普遍贫穷,而不能带来真正的公平。

2. 公平与效率的协调性

公平与效率的关系总是不平衡的,表现为或是强调公平而损害效率,或是强调效率而损害公平。如何处理公平与效率的关系是世界性的普遍难题,我们必须充分认识公平与效率的内在统一性,因为效率是实现公平的物质基础,只有提高效率从而创造出更多的物质财富,才能为实现公平提供保证;而社会公平则有利于提高劳动者的积极性,促进生产力发展与和谐社会建设。

协调公平与效率之间的关系应立足实际,具体问题具体分析。在进行新时代中国特色社会主义建设、决胜建成小康社会时期,就必须把效率作为优先考虑的目标,并采取有效的措施防止收入分配差距过大及危害社会稳定。坚持效率优先,兼顾公平,优先实现市场经济的公平竞争、高效多得的目标,在此基础上通过收入的再分配,对低收入者及失业者予以保障,真正实现社会公平的目的。

三、市场有效与失灵

市场经济无疑是有效率的,亚当·斯密已做过精彩的阐述,但效率的发挥需要满足一定的前提和条件,否则就会出现市场失灵。市场有效是指市场在完全竞争的理想状态下经济运行自发产生高效率。

(一)市场有效的特征与前提

1. 市场有效的特征

市场作为一种经济运行和资源配置方式,在有效配置资源、调动市场经济主体和各要素的积极性，以及提高经济运行效率等方面具有不可比拟的优越性。其特征主要体现在以下四个方面：

(1)自主性。在市场经济中生产什么、为谁生产、生产多少和怎样生产，投资的方向与规模、买卖的数量和消费的方式，是由市场经济主体自主决定的，即各个市场主体必须能够自主决策、自主经营和自负盈亏，并以实现利润最大化为目标。

(2)竞争性。为了生存和发展、追求最大利润，参与到市场经济中的各个市场主体必然会展开激烈的竞争，一般通过采用先进技术、加强经济管理、提高商品与服务质量、降低成本等措施来占领市场，以最大限度地获取利润。

(3)平等性。各个市场主体必须遵循统一的市场法则，按照公平、公正、公开的原则进行竞争，保证其在市场经济活动中具有完全平等的地位和权利。

(4)法制性。市场经济在某种意义上是一种法制经济，它要求市场竞争和一切经济活动都要在科学、严谨的法制框架内有序进行；同时要有一整套法律、法规、规章制度来规范市场主体的行为，并维护正常的市场秩序。

2. 市场有效的前提

市场机制可实现交换的、生产的和生产与交换的帕累托最优，但最优条件的实现需要有特定的前提，即完全竞争市场。所谓完全竞争市场，是指竞争充分而不受任何阻碍和干扰的一种市场机制。

完全竞争市场应满足以下假设：(1)市场上有数量众多的生产者和消费者，且任何一个生产者或消费者都不具备影响市场价格的能力；(2)企业生产的产品具有同质性，不存在差别；(3)厂商可自由进出一个行业而不存在任何障碍，所有的生产要素都可以自由流动；(4)市场上的信息是完全的和充分的。

(二)市场失灵

1. 市场失灵的含义

当代西方财政理论是从对市场失灵的研究开始的。西方学者认为，在市场经济体系中，由于存在着各种阻碍和限制，市场竞争往往不可能充分展开，仅靠市场力量或市场机制难以达到最佳效率状态，即所谓的“帕累托效率”。所谓市场失灵，就是指在市场经济运行中，由于存在着各种阻碍和限制，自发产生出各种矛盾和弊端，影响市场效率，以致出现市场失灵。市场失灵的地方往往需要政府干预并加以矫正，这样才能提高整个市场运行的效率。

2. 市场失灵的表现

(1)垄断的形成

市场经济的首要特征是市场主体选择和决策的自主性，在完全竞争的条件下存在众多的生产者和消费者，但不能控制市场。在价格机制的作用下，各种资源能在各部门、各行业之间合理、自由流动，价格机制使各种资源能流向高效率的企业，使资源配置能够达到最优状态。然而现实中并不存在或不是永远存在这种完全竞争的自由市场，如在一些行业和部门存在规模收益递增和成本递减的特点，即存在自然垄断。一些具有天然垄断性质的行业，如供水和供电规模经济效益明显，这就意味着市场机制在这些领域存在天然失灵的可能性。随着生产经营规模的不断扩大，边际成本的不断下降，规模收益递增，优势企业在竞争中的地位不断提高，生产经营越来越集中到少数企业手中，从而使一些行业和部门被少数企业所控制，产生垄断现象。

视频

奔驰纵向价格垄断

(2)市场不完全

市场无法有效提供的产品不仅是公共产品和其他有外部收益的产品，而且还有一些(私人)产品市场也无法提供或无法充分提供，即存在市场不完全的问题。例如，在保险市场上虽然保险业发展很快，但市场仍不能为个人面临诸多重要的风险提供保险，一方面，因为私人保险市场范围太窄；另一方面，有很多风险本身就是由政府行为引起的，如失业受到政府宏观经济政策的影响，因而政府部门可直接进入保险市场。

此外，市场在提供信贷上也远不够称职。例如，在农业贷款、助学贷款、中小企业贷款和住宅贷款等领域，市场上对资金的需求是大量存在的。但该类贷款的盈利并不高，甚至可能亏损，故这种私人产品金融单位(市场)并不愿意提供。对尚处于起步阶段的市场经济，市场不完全的领域是非常广泛的。

(3)公共产品

人类消费的物品分为私人产品与公共产品。私人产品具有排他性和竞争性。排他性是指如果某人消费了这种物品，其他人就不能消费这种物品，也就是说，只有得到这种物品才能消费这种物品。竞争性是指不愿意支付或支付价格较低的人不能消费或只能消费数量较少的这种物品。例如，市场上出售的面包就属于私人产品。相对于私人产品而言，公共产品具有非排他性和非竞争性。公共产品的非排他性是指该物品的消费不能被某人所专有，若要限制其他人消费这种物品是不可能的或者代价(成本)太大。也就是说，一个人不管是否付费，都会消费而且必须消费这种物品。例如，国防就是典型的公共产品，在一国范围内要排除该国居住的某个人享受国防保护带来的好处是极其困难的，而且该人不享受这种物品也是不可能的。公共产品的非竞争性是指在生产水平既定的情况下，一个人的消费不会减少其他人的消费数量，或者说，许多人可以同时消费这种物品。例如，国防这种公共产品在保护你的生命财产安全的同时，不会减少对其他人的保护程度。公共产品的这些属性使市场机制发挥作用遇到了困难。公共产品的非排他性决定了其提供者不可能向消费者收取费用，消费者也不愿为此支付费用，使得公共产品在任何情况下都可以免费消费，产生所谓的“免费搭车”问题。如果利用市场机制排斥人们享受公共产品，那么资源配置效率是极低的。公共产品的非竞争性表明多一人消费并不增加供给成本，也就是说，允许更多的人消费公共产品的边际成本为零。公共产品的这些特性决定它无法由私人部门通过市场提供。如果由私人部门通过市场来提供公共产品，那么会造成公共产品供给的严重短缺。因此，市场机制在提供公共产品或服务方面存在明显的“失灵”现象。

(4)外部效应

所谓外部效应，是指某一个人或厂商的行为活动影响了其他人或厂商，却没有为之承担应有的成本费用或获得应有的报酬。如果某一个人或厂商的行为活动使得其他人或厂商受益，但没有得到相应的补偿，则称之为正外部效应；反之，如果某一个人或厂商的行为活动使得其他人或厂商受损，但没有承担相应的成本，则称之为负外部效应。具有外部效应的物品或服务，其私人边际成本与社会边际成本、私人边际收益与社会边际收益之间不一致。对于负外部效应，私人边际成本小于社会边际成本，社会为私人承担了一部分成本，称之为成本外溢，如一个企业造成的污染破坏了社会生存环境，但该企业并没有为此承担额外的成本。对于正外部效应，私人边际收益小于社会边际收益，社会享受了一部分收益，称之为收益外溢，如果航标灯或路灯是由私人出资建立，则给路过的船只或行人都带来方便。仅仅依靠市场机制，对于具有正外部效应的物品或服务，由于得不到合理的收益而会出现供应短缺；对于具有负外部效应的物品或服务，由于无须支付必要的成本，而难以遏制。因此，通过市场机制难以有效矫正或解决带有外部效应的物品或服务的供给问题，无法使资源配置达到社会最佳状态。

(5)收入公平分配

市场在收入公平分配领域的失灵，是指市场不能有效调节国民收入在社会各部门、各地区、各阶层和各成员之间合理分配，缩小收入差距，体现社会公平。即使在经济运行达到所谓“帕累托效率”的条件下，市场不会自动实现收入公平分配。而市场则强调效率，通过价格机制和竞争机制，各种生产要素和资源向效率更高的地区、部门、产业、企业以及个人集中，反而进一步扩大收入在各个领域的差距。但任何经济运行都是在一定的社会环境下进行的，如果社会成员之间收入分配不公平，贫富差距悬殊，特别是在相当部分成员基本生活都难以保证的情况下，必然引发大量的社会矛盾，犯罪率居高不下，游行、示威、罢工连续不断，甚至引发政局动荡，对经济的正常运行产生严重的影响，最终有损于效率的提高。

(6)宏观经济的稳定与增长

市场不能有效实现宏观经济的稳定与增长，是指自发的市场机制不能解决宏观经济总量与结构的均衡，以达到经济增长的目的。特别是在解决通货膨胀、充分就业、产业结构、区域经济结构等宏观经济问题方面，市场本身无能为力，进而导致社会总供给与总需求失衡，造成经济运行不稳定，以及失业和通货膨胀。当社会总供给小于总需求时，价格上涨，经济主体会扩大生产，就业增加，效益增长；当社会总供给大于总需求时，价格下跌，经济主体会缩减生产，失业增加，效益减少。其结果是，由于市场存在一定的盲目性，使国民经济运行出现高涨—衰退—萧条(危机)—复苏的周期性波动，往往导致社会生产力的巨大破坏，甚至出现经济停滞和社会不稳定等严重问题。

(7)信息的不对称性

信息的不对称性，通常是指进行商品和劳务交易的双方，由于所掌握的信息量不相等，不能有效开展公平竞争，从而对资源配置产生扭曲。而这种信息的不对称性，是市场机制自身无法克服的。在市场经济运行中，交易信息的充分性，是开展充分竞争、公平竞争，资源配置达到“帕累托效率”的重要前提。但在自发性的市场交易中，一方往往很难完全掌握另一方有关的信息。

四、政府干预与失效

(一)政府干预的必要性

1. 政府自身的性质客观上要求它必须有所作为

什么都不为的政府未见得就是一个好政府。事实上，现在我们没有看到任何一个“无为而治”的政府，只是存在“为得好”与“为得不好”的问题。政府“为”与“不为”，不应当取决于政府官员的自由意志，而应当取决于政府本身的特性及其设置的目的性。就政府特性而言，只有政府才有资格和能力对经济活动进行干预。

首先，政府是一个具有社会普遍性的组织。这一方面表明，任何一个国家的任何一个公民都必须附属于一个政府，任何人都没有选择权；另一方面也就使得政府可以利用自己的特殊地位，为了自己公民的利益而采取某种行动，这种行动包括国民经济发展的方方面面。政府对市场的适度干预就是国家为保障公民的合法经济利益所采取的行动。

其次，政府拥有其他经济组织所不具备的强制力。这种强制力来源于政府的普遍性，它一方面导致了政府的干预权力，另一方面也导致了整个社会对干预权力的服从。当然这种服从既可以表现为公民对政府干预行为的自觉遵守，又可以表现为被动的就范。

2. 设置政府的目的性要求它必须有所作为

任何国家的政府都是作为国家的实体代表而存在的，而国家的存在和发展又是以一定的经济基础作为前提的。设置政府的目的是建立有利于国家存在和发展的经济基础，即政府组织和领导经济建设的职能。因此，如何实现这个职能就成为各国政府所面临的主题。这个职能普遍有两种思路：一种是通过政府对宏观和微观经济的直接组织和领导而实现；另一种是通过政府对宏观和微观经济的间接调控而实现。而无论是直接调控或间接调控，它都属于政府干预的范畴。

3. 为了克服市场失灵，政府必须有所作为

克服市场失灵，是政府对市场经济干预中最为必要和重要的职能。

市场缺陷主要有两种类型：

第一种是市场自身固有的缺陷，即不论市场发展到何种程度都存在的缺陷，主要表现为：导致了垄断和不正当竞争的产生；限制了竞争的充分开展；只能解决市场微观平衡问题，不能解决宏观经济平衡问题；只能反映现有的生产和需求结构，不能有效反映经济的长远目标和结构；导致分配中的收入不均甚至两极分化等。

第二种市场缺陷是市场由于发育不完善而出现的功能障碍，主要表现在：产品市场缺乏良好的组织；市场信息既不灵敏又不准确；市场法制不健全等，这种市场发育不完善而造成的市场缺陷，致使市场本应具有的资源优化配置功能不能得到有效的发挥。市场机制存在的诸种缺陷，决定了即使在市场经济发展得相对完善和发达的国家，仅仅靠单纯的市场调节难以保证资源配置的完全合理化，也难以保证社会经济的持续协调发展，因而需要政府的及时介入，并通过对经济运行实施有效干预，补充和克服单纯市场机制的不足和缺陷。

(二)政府干预的主要手段

1. 行政法律手段

主要是制定市场法规，规范市场行为，制定中长期发展规划和产业政策，引导市场经济正常运行；对某些产品实行限价，打击价格欺诈，如制定反垄断法、价格法等。对负外部效应的物品，政府采取行政手段，对损人企业给予罚款或限期整治；对外部效应受损单位给予经济补偿等。

2. 组织公共生产，提供公共产品

公共生产是指由政府通过财政拨款兴办的国有企业和单位，西方称公营企业，主要经营纯公共产品和一部分准公共产品。第二次世界大战以后，西方国家通过购买、转让、接管，形成了一批公营企业；我国国有企业的建立和发展与西方国家是不一样的。在计划经济时期，我国建立了一批数量众多的、强大的国有企业。按照市场经济思路，许多国有企业要民营化或“股份化”，形成生产竞争性产品的企业，成为市场主体。只有少数国有企业用于生产和供应社会公共产品，如少数军工企业，铁路、银行、邮电等大型国有企业。

3. 运用财政手段

以税收、非税收、国债等形式支出，并通过财政政策手段来调节经济运行。在市场经济条件下，财政具有筹集和调节收入、优化资源配置、促进经济稳定增长等功能，既是政府发挥宏观调控职能作用的重要物质基础，又是其主要的政策手段。财政税收政策的调控作用，以及财政资金投入方向和投入力度变化所产生的导向作用，不仅可以有效地推动经济发展，而且还能够协调城市和农村、地区与地区、经济与社会、人与自然之间的发展，支持扩大对外开放。

(三)政府干预的失效

1. 政府干预失效的主要表现

政府在经济运行中能够发挥上述重要作用,弥补市场机制存在的缺陷,使人们有理由对政府扮演的角色给予足够的重视。但必须注意,政府的作用不能随意夸大,因为政府机制也存在失效或无效的问题。一些西方国家在第二次世界大战后更为重视政府对经济过度干预造成的不良后果。

西方理论界认为,政府失效比市场失灵更受关注。政府干预失效的主要表现为:一是政府干预未达到预期的目标;二是虽达到了政府干预目标,但成本太高,造成了资源的浪费;三是虽实现了政府干预目标,但同时又产生了未预料的负效应。

2. 政府干预失效的主要原因

(1)政府决策失误。政府决策是一个十分复杂的过程且具有不确定性,使得政府制定合理的政策较为困难。例如,政府对市场信息掌握不完全或失真,制定的政策有误或失效,甚至消除了市场作用。宏观上包括发展战略和经济政策失误,微观上包括一个投资项目选择或准公共产品与服务提供方式选择不当等;政策变化频繁,企业较难适应,市场经济效率下降。

(2)政府权力寻租。政府寻租是指政府工作人员凭借政府保护而进行的寻求财富转移的活动,被形象地称为"看不见的脚",包括政府无意寻租、政府被动寻租和政府主动寻租三种形式。政府官员滥用权力寻租和牟取私利,使市场失去作用,被称为"看不见的脚"踩了"看不见的手",导致资源的无效配置和分配格局的扭曲,降低了社会效率,影响了政府声誉,或因此降低了政府活动的效率。

(3)政策时滞效应。政策时滞主要包括认识、决策、执行和效果的时滞。其中,认识时滞是指从问题产生到被纳入政府考虑的时间;决策时滞是指从政府认识到某一问题到政府最后得出解决方案的时间,这个过程可能要经过反复的讨论;执行时滞是指从政府公布某项决策到付诸实施的时间,如从中央到省域到市县到基层;效果时滞是指政府政策执行到实际可以观察到经济形势发生预期变化的时间。

(4)政府职能错位。该错位包括政府职能的"越位"和"缺位",前者是指应当而且可能通过市场机制办好的事情而政府却通过财政等手段人为地参与,如政府热衷于竞争性生产领域的投资而代替了市场职能;后者是指该由政府通过财政等手段办理的事务而没有办或没有办好,如政府对公共设施、义务教育、公共卫生和环境保护等方面无投入或投入不足等,这些都是政府干预失效或财政失责的表现。

【同步案例 2－1】　　　　政府与市场的关系

党的十八届三中全会通过的《中共中央关于全面深化改革若干重大问题的决定》指出,经济体制改革是全面深化改革的重点,核心问题是处理好政府与市场的关系,使市场在资源配置中起决定性作用和更好地发挥政府的作用。这是我国改革开放历史进程中具有里程碑意义的创新和发展,将对在新的历史起点上全面深化改革产生深远影响。

案例精析 2—1

讨论:

(1)十八届三中全会的重大突破和理论创新之一,就是重塑政府与市场的关系,让市场在资源配置中起决定性作用。在市场经济中,市场是如何实施资源配置的?

(2)如何处理“政府之手”与“市场之手”的关系，一直是中国改革过程中面临的核心问题。发挥“市场之手”的决定性作用是不是不要“政府之手”呢？请运用经济生活的有关知识予以说明。

任务二　财政基本目标

一、公共需要

人类的一切活动都有其自身的动机，都源于某种需要，财政活动也不例外。人类的社会需要可归结为私人需要和公共需要两类，财政活动以满足公共需要为基本目标，从而揭示财政活动的最终目的。

(一)公共需要的含义

公共需要是指社会公众对公共产品的需要。一般情况下，社会成员可无差别地共同享受政府为满足公共需要所提供的产品和服务，且不必承担相应的费用。公共需要是一种整体的、多数人的需要。

公共需要的基本属性有：一是只有政府出面组织和实施才能实现的事务；二是只有政府举办才能有效协调各方面利益的事务；三是企业和个人不愿意举办而又是社会存在与发展所必需的事务。

其含义包括以下四个方面：

(1)公共需要是社会公众在生产、生活和工作中共同的需要。它不是普通意义上人人有份的个人需要或个别需要的数学加总，而是就整个社会而言的需要，而这种需要具有不可分割性，由政府集中组织来满足。

(2)公共需要是每一个社会成员可以无差别共同享用的需要。一个社会成员享用的需要，并不排斥其他社会成员享用。例如，社会的每一个成员对国防和公共安全等方面的需求，就不能排挤其他成员的需求。

(3)公共需要是社会成员在享受的同时需要付出代价的需要。这种代价是缴税或付费(西方财政理论将税收称为公共产品的价格)，但其规则不是等价交换，付出与所得也是不对称的。

(4)满足公共需要的物质手段只是来自社会产品剩余的需要。政府满足公共需要的财政分配对象是社会总产品和国民收入中的剩余产品，即价值中的“$V+M$”部分。

(二)公共需要的特征

公共需要既有一般性和共同性，又有历史性和特殊性。

(1)公共需要的一般性和共同性，一方面是指公共需要在任何社会性质、发展阶段和社会形态下都是存在的；另一方面是指有些需要项目(如国防和行政管理等)，在任何社会性质、发展阶段和社会形态下都属于公共需要的范畴。

(2)公共需要的历史性和特殊性是指公共需要不是一成不变的，而是逐步发展变化的，具体存在于特定的社会形态之中。对公共需要的历史性、特殊性可沿着两条线索分析：一是社会生产力或经济发展的不同阶段，公共需要的具体内容及结构有所不同；二是社会生产关系发展的不同阶段，公共需要的认定及内容也存在差异。

(三)公共需要的范围

1. 社会需要的满足方式

社会需要分为公共需要和私人需要,但公共需要是客观存在的社会现象,在任何社会形态中都是如此。社会中的个人虽在外貌、性情、兴趣和爱好方面千差万别,但他们总存在某些基本的共性,总有某些共同的需要。

在公共需要中,有的是任何个人或集团都无法满足和提供的,有些虽可由个人或集团提供,但由于其消费的不可分割性或存在规模效益尚无法获得最佳的社会经济效益,因此对于这种"偏好一致性"的公共需要只能通过财政手段加以满足。从这个意义上说,财政又是满足公共需要的财政。

2. 确定公共需要的范围

在现代市场经济条件下,公共需要的范围主要是围绕实现政府职能的需要来确定的。其大体上可分为以下三个方面:

(1)政府行使其政治职能的需要。即政府财政对外防御侵略和敌对势力、对内保障社会政治经济秩序稳定的需要。例如,国防安全、国家及地方的行政管理和公检法司等,这些都属于纯粹的公共需要。

(2)政府行使其经济职能的需要。即政府财政保障市场经济顺利高效运行所必需的各种调控政策措施等的需要。现代市场经济条件下,应逐步取消或减少财政直接提供的公共产品,而以财政政策引导或控制为主。

(3)政府行使其社会职能的需要。即政府财政保障社会经济发展、提高人们生活质量和福利水平的一些公益性、基础性条件的需要。例如,文化教育、医疗卫生、社会保障、生态环境保护、公共基础设施、基础产业、支柱产业和高风险产业等,有的属纯公共需要,更多的属于介于公共需要和私人需要之间的准公共需要。

二、公共产品

在市场经济活动中,以弥补市场失灵为出发点的政府干预行为,属于政府的公共产品供应行为。现代政府主要的经济职责就是提供维持市场有效运转所需的公共产品,要理解财政,就必须全面把握公共产品理论。

(一)公共产品的含义、特征和分类

1. 公共产品的含义

"公共产品"一词的提出约在20世纪初,60年代成为西方财政学理论的重要组成部分。西方财政理论认为,公共产品的严格定义由美国经济学家萨缪尔森在《公共支出的纯理论》一文中提出的:"公共产品是指这样一种产品,不论每个人是否愿意购买它们,它们带来的好处不可分开地散布到整个社区里。"我们认为,公共产品是指每个人对某产品的消费不会影响或减少他人对其消费的产品,即公共产品供人消费享用非不需要也不可能让这些消费者按市场的方式分担费用或成本,是真正所有社会成员共有的产品。

与公共产品对应的是私人产品,是指能够分别提供给不同的个人,数量将随着人们对其消费的增加而减少的产品。

2. 公共产品的界定

(1)公共产品与私人产品的界定。人类社会需要的各种各样的产品和服务,依据需要主体和供给渠道不同,可以分为公共产品和私人产品两大类。公共产品和私人产品主要是根据消费该产品的不同特征加以区分，不是按产品的所有性质即公有还是私有来区分，也不是按产品提供的部门是私人部门还是公共部门来区分。

两种产品的提供者通常分别是政府部门和私人部门，但私人产品并不一定完全由私人部门提供，如政府部门提供给个人的食品和住房等；反之，公共产品也不排除由私人部门提供的可能，如个人捐建的学校和图书馆等公共设施。

(2)公共产品与社会产品的界定。社会产品是由物质生产部门创造的物质产品，通常不包括服务，更不包括精神产品。而公共产品不仅指物质产品，还指各种公共服务，包括无形产品和精神产品。一些传统意义上不认为是产品的，也具有公共产品的烙印。

例如，国防作为公共产品指的不是向军队提供武器装备和防御设施等，而是指政府通过这些物质所提供的保卫国家安全的服务等。西方经济学认为，政府是经济行为的主体且创造价值，因而西方国民经济核算体系的生产活动包括物质生产部门和提供各种服务的第三产业，如政府机关、军队、警察、教育和卫生等部门向社会提供服务也属于生产活动的范围。

(二)公共产品的特征

公共产品与其他产品尤其是与私人产品相比，具有以下四个特征：

1. 消费的非排他性

其非排他性是指某个人或集团对公共产品的消费，并不影响或阻碍其他人或集团同时消费该产品。如消除空气污染可使所有人享受新鲜的空气，让某个人不享受新鲜空气是不可能的。其内涵为：一是技术上找不到办法能够阻止他人享受公共产品；二是技术上可行而经济上不可行；三是不可拒绝性。而私人产品具有排他性，当消费者为私人产品付钱之后，其他人就不能享用该产品带来的利益。

2. 获取的非竞争性

其非竞争性是指部分人对某一产品的消费不会影响其他人对该产品消费的数量或质量，受益对象之间没有利益冲突。如国防、外交、司法和环保等产品，增加消费者不会增加供给者的成本或减少任一消费者的消费量等。其内涵：一是边际成本为零，即增加一个消费者但不增加供给者的边际成本；二是边际拥挤成本为零，即产品是共同消费的，也不存在消费的拥挤现象。而私人产品如衣服、食品和住宅等，消费者必须通过市场竞争价格方式获取。

3. 效用的不分割性

其不分割性是指公共产品是面向整个社会或群体提供的，即所提供的公共产品是不能分割成若干部分而分别归个人或集团消费，如安全和国防等。尽管根据受益范围的大小，可将公共产品分为全国性或区域性的，但它必须向法区域的所有成员提供其效用。而私人产品的效用则具有可分割性，如私人用的衣服和食品等消费品。

4. 目的的非营利性

其非营利性是指提供的公共产品不以营利为目的，而是为满足社会公共需要成为社会提供市场不能提供和提供不足的公共服务，并以追求社会效益和社会福利的最大化为目标，如城市公共绿地和义务教育等。而私人产品的提供则是为追求利润或利益的最大化，如个人的股票投资和家庭用车等。

公共产品的上述四个特征是密切联系的，核心特征是非排他性和非竞争性，其他两个特征是其必然延伸。

(三)公共产品的分类

1. 按照公共产品的特征分类

(1)纯公共产品。纯公共产品是指同时具有非排他性和非竞争性的产品。它具有规模经济的特征,消费上不存在"拥挤效应",一般不能通过技术手段进行排他性使用,否则,代价将非常高昂,如国防和秩序等。只要国家建立了防务体系,就几乎不可能排除任何居住在国境内的人不受该体系的保护,即使是罪犯也是如此。此外,多一个婴儿降生或多一个移民,也不会增加该国的国防费用或妨碍其他人享受其保护。

(2)俱乐部产品。俱乐部产品是指那些受益人相对固定、通过俱乐部形式组织起来的利益共同体所提供的公益性产品。俱乐部成员有明确的会员身份,且需要分担俱乐部的产品成本。其产品特点是消费上具有非竞争性,却可轻易排他,如公共游泳池、电影院和公园等,故而学者们将其形象地称为俱乐部产品。该公共产品可通过收费的方式把不付费的消费者排除在外,即有票者可消费,无票者则不能消费。

(3)公共资源产品。公共资源产品是指资源的公共性,公众对其具有使用权和消费权的产品。其特点是消费上具有竞争性,但无法有效排他,如学校教育、路桥和草地等。它具有"拥挤性",当消费者的数目增加到"拥挤点"后就会出现边际成本为正的情况,即每增加一个消费者将会减少原有消费者的效用。因此谁来得早谁就可能得到满足,来得晚的可能就得不到满足,具有一定的竞争性。

需要说明的是,俱乐部产品和公共资源产品通称为"混合产品"或"准公共产品",即不同时具备非排他性和非竞争性。在现实生活中,真正的纯公共产品并不多,多数产品属于介于公共产品与私人产品之间的"准公共产品"。

2. 按照受益范围的大小分类

(1)全球性公共产品。全球性公共产品是指有很强的跨国界正外部性的产品、资源、服务和规则,如国际贸易规则、国际金融稳定、地区和世界安全、全球公共卫生等。一般而言,其经济实力、军事实力、知识实力强大的世界大国特别是世界的超级大国,是全球性公共产品的主要提供者。

(2) 全国性公共产品。全国性公共产品是指那些与国家整体有关、各社会成员均可享用的产品。其受益范围是全国性的,如国防等。其特征为:一是全国性公共产品的受益范围限定在整个国家的疆域之内,而无论国土面积大小;二是全国性公共产品的提供者为中央政府,而不应是某级地方政府。

(3)地方性公共产品。地方性公共产品是指那些只能满足某一特定区域(而非全国)范围内居民公共需要的产品,如路灯等一系列城市基础设施。该类公共产品受益范围具有地方局限性,即受益者主要是本辖区的居民。这表明地方公共产品的提供者应是各级地方政府,而不应是中央政府。

3. 按照公共产品的形态分类

(1)有形公共产品。有形公共产品是指公共产品以实物产品的形态存在并以其物质属性提供效用,如城市的广场、音乐喷泉、公共雕塑和防洪大堤等。

(2)无形公共产品。无形公共产品是指公共产品以某种服务形态或通过服务所产生的集合效应,如通过交警指挥提供的交通秩序、通过军队戍边服务提供的国防安全等。

通常意义上,从公共部门通过管理公共事务、解决公共问题的角度,可以将所有公共部门提供的公共利益都称为公共服务,但某些场合公共产品和公共服务被并列使用。

4. 按照消费者的意愿分类

(1)强制性公共产品。强制性公共产品是指不管人们是否愿意都要强制消费的公共产品。

该类产品又称优效品，即政府强制人们消费的，能增进社会和个人利益的物品，如义务教育、计划免疫和强制保险等。

(2)选择性公共产品。选择性公共产品是指消费者可以有某种程度的自由选择的公共产品。它一般属于可收费的准公共产品或混合产品，如人们对学校的选择、对接种疫苗站的选择和对公园的选择等。

(四)公共产品的提供

1. 公共产品提供的方式

公共产品提供的方式包括政府提供、私人提供、混合提供和俱乐部提供等类型。其中：

(1)政府提供即公共提供，在经济上主要依靠税收；

(2)私人提供即自愿提供，包括共同消费者根据享受的公共产品的边际效用支付公共产品的价格，个体或单位出于慈善或某种价值追求志愿提供社会所需的公共产品；

(3)混合提供即公私合作，它是在公私部门之间将“提供与生产”进行合理的分工，可广泛引入外包等市场机制；

(4)俱乐部提供的重要特征是俱乐部产品只对俱乐部成员提供，即只有俱乐部成员的身份才能消费俱乐部产品。公共产品提供方式的不同组合，如表 2—1 所示。

表 2—1　　公共产品提供方式的不同组合

提供方式	公共生产	私人生产
政府提供	政府生产、政府提供：如公立学校、图书馆和体育场等	私人生产、政府提供：如监狱外包和城市环保外包等
私人提供	政府生产、私人提供：如电力、燃气和自来水供应等	私人生产、私人提供：如私立学校和图书馆等
混合提供	政府生产、混合提供：如收学费的公立大学和城市公共交通等	私人生产、混合提供：如享受政府补贴的私立学校等

2. 纯公共产品提供的主体

纯公共产品是完全用于满足社会公众需要的，具有鲜明的、完全非排他性和非竞争性特征。学术界普遍认为，纯公共产品不能由市场提供而只能由政府提供，这是由市场和政府的运行机制不同所决定的。市场是通过买卖提供产品和服务的，在市场上谁有钱就可以购买商品或享用服务，即钱多多买、钱少少买、无钱不买，因而市场买卖要求的是利益边界的精确性。其内容主要表现在以下三个方面：

(1)完全非排他性意味着无法排斥他人消费同一产品。公共产品在非排他性的条件下所需要或消费的是公共的或集合的，每个消费者都不会自愿掏钱去购买，而是等着他人去购买而自己顺便享用其所带来的利益，即经济学所称的“搭便车”现象。由于“免费搭车”问题的存在，因而就需要政府来提供公共产品。

(2)非竞争性意味着增加消费者的边际成本为零。增加一个公共产品消费者，不减少或不影响其他消费者的消费水平，则增加消费者的边际成本为零。在非竞争性的条件下，对消费公共产品的消费者收费，会使消费者的边际效用大于零，以致违反效率定价原则。

(3)政府的责任是解决市场提供公共产品的难题。因为政府主要是通过无偿征税来提供公共产品。但征税是能精确计量的，而公共产品的享用一般是不能分割的，无法个性量化，即每一个纳税的单位和个人缴纳的税额与其对公共产品的享用数量是不对称的，不能说多纳税就可多享用、少纳税就少享用、不纳税就不享用。

3. 混合产品提供的主体

混合产品的特征是兼具公共产品和私人产品的性质，因此可采取公共提供或市场提供方式，也可采取混合提供方式。从世界各国实践看，混合产品的有效提供主要有以下三种：

(1)政府补助。对那些提供教育服务、卫生服务的私人机构及从事高新技术产品开发的私人企业，政府给予一定数量的补贴和优惠政策。这是因为教育服务、卫生服务、高新技术开发都具有正外部效应。政府补助方式主要包括财政补贴、贴息贷款和减免税等。

(2)社会组织提供。社会组织提供主要有独立提供与政府合作提供两种，前者是社会组织通过自筹资金、依靠自身力量提供各类公共产品；后者是通过公共服务社区化或与公共部门建立合作关系，政府以付费、资助或特许的方式购买，或支持社会组织提供公共服务，或通过委托方式与社会组织签约，由社会组织承担某些公共服务。

(3)私人提供公共产品。政府有意识地降低私人资本进入公共领域的门槛，以一定的利润水平作为"诱饵"，以制度性的安排促进私人提供公共产品。

4. 公共产品提供的限定

由上述分析可知，市场只适用于提供私人产品和服务，对提供公共产品是失效的，而提供公共产品恰恰是政府活动的领域，是政府的首要职责。传统上是政府直接负责公共产品的生产和提供，存在着过度提供公共产品、财政赤字负担过重和无法迅速回应公众多元化需求等诸多问题，使政府承担了越来越多的对经济活动的规制、干预和生产功能，政府机构越来越庞大，财政支出规模也与日俱增。而现代财政学则关注政府提供公共产品与市场提供私人产品之间的恰当组合，政府提供公共产品所花费的成本和代价，以便合理地确定政府提供公共产品和财政支出的规模。

纯公共产品、混合产品和私人产品三种产品在产品的区别、提供和筹资等方面所进行的比较如表 2—2 所示。

表 2—2　　纯公共产品、混合产品和私人产品的比较

性　质	排他性	非排他性
竞争性	私人产品 (如个人服装与食品) (1)较低的排他性成本 (2)仅为私人企业生产 (3)运用市场进行分配 (4)通过个人收入筹资	混合产品 (如公共泳池与公园) (1)含外在性私人产品 (2)私人企业进行生产 (3)含补贴或税收分配 (4)通过销售收入筹资
非竞争性	混合产品 (如学校教育与路桥) (1)集体消费有拥挤性 (2)私人或部门的生产 (3)由市场或预算分配 (4)通过销售收入筹资	纯公共产品 (如国防安全与外交) (1)很高的排他性成本 (2)政府或其授权生产 (3)采用公共预算分配 (4)通过税收收入筹资

任务三　财政职能内容

一、财政资源配置职能

(一)财政资源配置的实质

财政资源配置是指政府通过财政收支及相应的财政政策,调整和引导现有经济资源的流向与流量,以达到资源的优化配置和充分利用,实现最大的经济社会效益的功能。它是国家经济职能的体现和财政职能的核心,影响社会生产中生产什么和怎样生产的问题。

视频

充分发挥财政职能作用

高效配置资源实质上是对社会劳动和各种生产要素的合理分配与有效使用,这是经济学和财政学的核心问题。在不同的经济体制下,资源配置的方式不同:计划配置在计划经济下包罗一切并起着主导作用,也包含财政配置;市场配置在市场经济下起主导作用,总体上看市场配置是有效率的,在市场竞争中受利益的驱使,每一个经济活动主体都会根据市场需求来不断地调整其对资源的配置,以使自己获取最大的收益。

然而,单靠市场机制并非在任何情况下都能实现资源的合理配置,即存在市场缺陷或失灵,主要表现在两个方面:一是许多公共需要和公共产品无法通过市场配置有效提供;二是市场配置资源有一定的盲目性,经济活动主体容易从自身利益出发,存在短期行为,而市场提供的错误信息又会将其引入歧途。因此,在市场经济条件下政府应从全社会整体利益出发,将市场配置与政府配置相结合,运用财政等手段对资源进行必要的分配和调节,以达到整个社会资源优化配置的目标。

(二)财政资源配置的范围

按公共产品的不同分类,财政资源配置的范围也不同。

1. 纯公共产品

纯公共产品对每个消费者来说有不同的“价格”(公共产品支付成本),因为公共产品对每个消费者的效用不同,其资源配置的资金由政府提供。如果公共产品提供不足,在消费中通常会发生公共产品“拥挤”的情况。

2. 准公共产品

对准公共产品来说,政府要参与资源配置,但通常也要有一部分由消费者(如受教育者)直接支付。由于准公共产品是由政府决定的,因此属于财政资源配置的范围。也可以说,生产准公共产品是政府职能的延伸。

3. 行业垄断产品

行业垄断产品的资源配置较为复杂,有时是财政进行资源配置,有时是市场进行资源配置,但市场配置资源应实行政府管制。究竟采取何种资源配置方式,要以效率优先的原则视具体情况而定。

(三)财政资源配置的内容

财政资源配置是调节资源在区域经济之间、产业部门之间和利益主体之间的合理、有效配置。其主要内容包括如下三个方面:

1. 调节资源在区域经济之间的配置

世界各国、区域之间经济发展不平衡是较为普遍的现象,包括历史、地理和自然条件等多方面的原因。这一问题在我国尤为严重，解决这一问题仅靠市场机制难以奏效，有时还产生逆向调节，即资源从落后地区向发达地区进行流动，显然不利于整个国家的经济均衡和社会稳定，这就要求政府在这方面发挥财政资源配置的职能作用，如增加落后地区的财政投资和转移支付、优化其资源配置、改善区域环境，以促进国民经济的协调与稳定发展。

2. 调节资源在产业部门之间的配置

产业部门配置包括调整产业投资结构和改变现有企业生产方向两个途径，财政都能发挥积极的调节作用。例如，增加能源、交通、原材料等基础产业和基础设施投资或减少加工部门投资，优化产业结构；利用财税政策引导企业的投资方向，如对长线和短线产品生产规定不同的税率与折旧率等，可起到对不同部门投资的奖限作用；而改变企业生产方向，除必要的"关停并转"等行政手段以外，还可主要采取有利于市场竞争和对不同产业区别对待的税收政策予以调节。

3. 调节资源在利益主体之间的配置

政府职能取决于财政收入占GDP(Gross Domestic Product，国内生产总值)的比重，即提高该比重则意味着社会资源利益主体中政府部门支配使用的部分增多，非政府部门即企业和个人可支配使用的部分减少；反之则相反。社会资源在利益主体之间的分配，主要是根据公共需要在整个社会需要中所占的比例而定的。这一比例不是固定不变的，而是随着经济发展、政府职能和活动范围的变化而变化的。政府部门支配使用的资源应当与其承担的责任相适应，政府支配使用的资源过多或过少都不符合优化资源配置的要求。

(四)财政资源配置的手段

财政资源配置职能的发挥，主要有税收、公债、财政支出。

1. 税收

政府是一个非生产性部门，它要参与到社会资源配置中，首先必须依靠国家政权的力量集中部分社会资源。税收是征收财富的一种最重要的手段，主要是国家凭借其政治权力依法向单位和个人进行的强制性征收。

2. 公债

公债是现代市场经济国家经常使用的一种财政工具。许多国家通过发行公债筹集资金，并将其配置到适宜的领域。我国1998～2004年和2008年以来实施的积极财政政策，就是通过大规模发行公债来为基础设施等"瓶颈"产业进行融资的。

3. 财政支出

政府财政支出的过程实质上是社会资源配置的过程。如财政投资是政府根据特定时期产业政策的要求，将集中起来的社会资源配置到某个行业或某个地区；财政补贴支出是政府为支持某种产业或某个地区的发展将社会资源配置到其中。

上述税收、公债和财政支出等内容，将在以后的项目中做进一步阐述。

二、财政收入分配职能

(一)财政收入分配的含义

财政收入分配是指对国民收入的再分配，即通过对国民收入的分配形成流量收入分配和存量财产分配的格局。在市场经济条件下，政府通过调节政府、企业、个人所占国民收入的份额，以改变国民收入在各利益主体之间的比例关系，以实现分配公平的目标。它对"为谁生产"，即各市场主体在总收入中的份额或生产效益归谁享用产生影响。

对国民收入的分配可以分为初次分配和再分配:(1)初次分配是在企业单位内部进行的要素分配,即根据要素投入的数量和价格而获得相应的要素收入,如凭借劳动力的投入获得工资、凭借资本的投入获得利润或利息、凭借土地的投入获得地租等;(2)再分配是在初次分配的基础上进行的财政分配,如对销售(营业)收入、企业利润和个人工资等流量收入征收流转税与所得税,对拥有房产、车船等存量财产征收财产税,对贫困地区和低收入者等安排转移支付、补贴支出等给予保障。

(二)财政收入分配的目标

1. 财政分配公平的含义

财政收入分配的主要目标就是实现财政分配公平。财政分配公平是指财政分配符合一国社会绝大多数成员认可的正义观念。在现实社会中,用以衡量财政分配是否公平的标准,是财政合理的分配程序结果,但需要注意以下两个问题:

(1)财政分配公平不限于平等。实质意义上的公平要求在某些情况下实行法律上和财政分配上的不平等。就内容而言,财政分配公平是一般情况下财政分配平等与特殊情况下财政分配不平等的有机结合;在税收方面是平等与不平等的结合,也就是横向公平(条件相同者同等对待)和纵向公平(条件不同者区别对待)的结合。

(2)财政分配体现全过程公平。财政分配全过程的公平即指财政分配起点、过程和结果的公平。①起点的公平主要是指机会均等,包括参与财政决定的机会均等和法律适用的平等,如税法规定免税政策,则所有符合条件的人都应享受免税的优惠;②过程的公平主要是指财政行政和财政执法的公平;③结果的公平则是指财政分配结果的合理和公正。

2. 财政分配公平的依据

(1)经济基础。我国公有制经济对政府财政已长期并将继续做出重要的贡献,财政收支以绝大多数人公平地承受负担和享受利益为其目标:在市场经济条件下,公平竞争是市场机制发挥作用的必要条件,为实现公平竞争必须公平税负,并使所有的经济主体公平受益,而不应有财政上的差别待遇。

(2)政治体制。我国是人民民主专政的社会主义国家,决定了财政的民主性,也决定了财政只能是公平地为全体人民的利益服务。尤其是确定的共同富裕目标,虽然不是所有人一样的富裕或平等的富裕,但必然是所有人达到公平意义上的富裕水平,因而要求我国的财政应当是对所有人公平的财政。

(3)政策目标。我国宪法等法律中已明确公平的政策目标,如《中华人民共和国宪法》(以下简称《宪法》)规定了公民在法律面前人人平等的原则,并在《中华人民共和国预算法》(以下简称《预算法》)等法律中予以运用。其实质是一般情况下的平等与特殊情况下的不平等的有机结合,即公平的精神。公平是法律追求的最高价值目标,该目标在财政领域中的具体化即为财政公平原则。

(三)财政收入分配的内容

财政收入分配的主要内容是调节企业的利润水平和居民的个人收入水平。调节企业的利润水平的主要任务在于:使企业的利润水平能够反映企业的生产经营管理水平和主观努力状况,使企业在大致相同的条件下获得大致相同的利润。

调节企业的利润水平主要是通过征税来剔除或减少客观因素的影响,如通过征收消费税剔除或减少价格的影响;通过征收资源税、房产税和土地使用税等,剔除或减少由于资源、房产和土地状况的不同而形成级差收入的影响;统一企业所得税法、公平税负,也是实现企业公平竞争的重要外部条件;调节居民的个人收入水平,主要是通过征收个人所得税和遗产税等达到目的。

(四)财政收入分配的手段

财政收入分配的职能,主要有税收制度、财政支出、转移支付。

1. 税收制度

通过征收企业所得税和个人所得税,可调节不同企业、个人等微观主体的收入水平;通过征收房产税等财产税,可缓和财富在不同人群中的分布不均状况;通过征收资源税,可缩小部门和地区间资源条件的差距等。

2. 财政支出

通过财政支出可反映市场经济条件下政府活动的范围、规模、结构和方向,体现国家的社会经济政策导向。尤其是通过加大对特殊区域和重点行业、部门、项目等财政投资的力度,不断优化经济结构,以促进经济的可持续发展。

3. 转移支付

通过政府间的转移支付、社会保障、救济支出及各种补助支出,实现收入在全国范围内的转移分配,实现公共服务均等化的基本目标,保证社会成员的基本生活需要和社会福利水平,以促进和谐社会的建设与发展。

三、财政稳定经济职能

(一)财政稳定经济的含义

财政稳定经济是指财政保证经济通畅、健康和稳固的良性运行,通常包括充分就业、物价稳定和国际收支平衡。(1)充分就业是指有工作能力且愿意工作的劳动者能找到工作,也泛指通过自己的劳动来维持自己生活的活动;(2)物价稳定是指物价总水平的基本稳定,即在纸币流通条件下物价上涨幅度在社会可容忍的范围内;(3)国际收支平衡是指一国在进行国际经济交往时,其经常项目和资本项目的收支大体保持平衡。

应当指出的是:稳定经济并不是不要经济增长,稳定和增长是相辅相成的。这里所说的稳定经济是在经济适度增长中的稳定,即动态稳定而不是静态稳定。因此,稳定经济就包含经济增长的内容,就是指保持经济持续、稳定、协调发展。

(二)财政稳定经济的内容

1. 调节社会总供求总量上的平衡

实现稳定经济增长的关键是要实现社会总供求的平衡,如果总供求实现了平衡,物价水平基本稳定,经济运行处于良好状态,充分就业和国际收支平衡目标也较容易实现。政府预算收支总量增加或减少,可以直接影响总需求,即增收减支会抑制总需求;相反,减收增支则会扩大总需求。

2. 调节社会总供求结构上的平衡

社会总供求在总量上实现了平衡,还应再考虑其结构方面的平衡状况。社会总供求的结构包括部门结构、产业结构、产品结构、企业结构和地区结构,财政在调节总供求结构方面的原理,类似于财政通过资源配置职能的实现优化国民经济结构。

(三)财政稳定经济的手段

财政稳定经济的手段主要有政府预算政策和财政收支制度。

1. 政府预算政策

政府预算收入代表可供政府支配的商品物资量，是社会供给总量的一个组成部分；政府预算支出会形成货币购买力，是社会需求总量的一个组成部分。通过调整政府预算收支之间的关系，就可起到调节社会供求总量平衡的作用。(1)当社会总需求大于社会总供给时，可通过政府预算收大于支的结余政策进行调节；(2)当社会总供给大于社会总需求时，可通过政府预算支大于收的赤字政策进行调节；(3)当社会供求总量平衡时，政府预算应实行收支平衡的中性政策与之相配合。

2. 财政收支制度

通过财政制度性安排，发挥财政"内在稳定器"的作用。(1)在财政收入上主要是指实行累进所得税制，当经济过热、通货膨胀时，企业和居民收入增加，适用税率相应地提高，税收增长超过 GDP 的增长，从而抑制经济过热；反之，可刺激经济复苏和发展。(2)在财政支出上主要体现在转移性支出(社会保障、补贴、救济和福利支出等)的安排上，其效应与税收相配合，在经济高涨、失业人数减少时，转移性支出下降，对经济起抑制作用；反之，对经济复苏和发展起刺激作用。

【同步案例 2－2】　从我国财政支出看财政的维护国家职能

目前的财政学教科书多赞同马斯格雷夫的财政三职能："资源配置职能、收入分配职能、经济稳定职能"。但本书认为还应重视财政的维护国家职能，这可从新中国成立以来国家财政为社会主义政权建设提供的财力保障来看。1998 年，国家财政用于行政经费支出达 725.6 亿元，比 1952 年的 14.5 亿元增长了 49 倍，年均递增 8.9%；用于公检法部门的经费支出达 481.2 亿元，比 1982 年的 12.4 亿元增长了近 38 倍，年均递增 27.6%。1950～1998 年，国家财政累计安排国防费 9 972.5 亿元。如果从新中国成立后的财政支出结构分析，在前三十年中，财政支出中国防支出占财政支出的比重在多数年份名列第二，改革开放以来，国防支出占财政支出的比重虽然退至第三，但同期国家的行政管理经费却有较大增长，这里面虽有不合理的部分，但不可否认的是，我国的国防行政支出的正常增长为国家的巩固、社会经济的稳定发挥了重要的作用，从而体现出财政维护国家职能的不可替代的地位。

案例精析 2—2

讨论：怎样理解财政对国家存在与发展的影响？

任务四　公平效率协调

一、财政职能之间的协调与矛盾

(一)资源配置职能与收入分配职能的协调和矛盾

财政的资源配置职能和收入分配职能在财政实践中是紧密结合在一起的。财政对个人收入进行公平再分配的过程，虽然有一部分是通过对高收入者多征税，然后用转移支出再分配给低收入者，但向全国居民提供公共产品，大部分是通过课征各种税收来实现的。财政行使这种形式的资源配置职能，同时也行使了分配职能，二者是协调的。但是，当伴随着国民收入的增加而提供的公共产品规模较大时，其大部分需由中等收入者与低收入者负担(征收累退性的消费税）。财政行使这样的资源配置职能，就妨害了收入公平分配，二者是矛盾的。

（二）资源配置职能与经济稳定职能的协调和矛盾

财政经济稳定的职能，一般是在经济已经发生波动或已经出现波动的苗头时行使的，这样就产生了经济稳定与资源配置的协调和矛盾的问题。当经济处于失业危机期间，财政的经济稳定职能要求扩大财政支出，以弥补社会总量需求的不足，这样就会导致社会资源过多地配置于公共产品，导致公共产品供应过剩，从而导致公共支出的浪费。当经济面临通货膨胀威胁时，财政的稳定职能要求紧缩财政支出，以压缩过分膨胀的社会总需求，这样就会导致原来计划配置于公共产品的社会资源不能到位，公共产品供应不足。这是经济稳定职能和资源配置职能的矛盾。

同样的经济波动，如果按照下述的行为方式发挥财政的稳定职能，就可能最大限度地减少与配置职能的矛盾：在失业危机期间，把需要用财政政策扩大的社会总需求，一部分用扩大财政支出来弥补，一部分用减税和增加社会福利性支出弥补；在通货膨胀期间，把需要用财政政策压缩的社会总需求，分别用减少财政支出、增加税收和减少社会福利转移支出来实现。这样，就把由于扩大或缩小社会总需求而引起的资源配置的变动适度分布在公共部门和私人部门，从而使公共产品的供应少受影响。

（三）收入分配职能与经济稳定职能的协调和矛盾

在失业危机期间，对低收入者给予较多的税收减免，则会较快地提高社会消费水平，因为低收入者比高收入者的边际消费倾向高。这种财政政策既有利于经济复苏，又有利于个人收入的公平分配。分配职能与稳定职能是协调的。在通货膨胀时期，较多地提高低收入者的增税比率，能够较快地抑制社会消费水平，其原因也在于低收入者的边际消费倾向高，他们因收入减少而减少的消费比率也高。这种财政政策虽然有利于经济稳定，但是不利于个人收入的公平分配，财政的分配职能和稳定职能是矛盾的。

二、公平与效率的协调机制

从我国改革开放的实践来看，协调公平与效率两个原则，根本问题在于有效地协调社会经济目标及其实现机制。

（1）公平与效率既然具有统一性，则两者必须兼顾，只顾某一方面而忽视另一方面，必然失之偏颇。对于一个经济不发达的国家，从总体上说，侧重于效率同时兼顾公平，是应有的选择。

（2）如何通过市场和财政两种机制的有效结合实现两种原则的兼顾，是一个关键问题。

视频

推动经济体制改革落地落实

首先，在公平分配方面，财政机制主要是通过工资、奖金、税收、补贴以及社会福利和社会保障制度，贯彻按劳分配原则并保证每个居民的最低生活需要和社会福利水平。同时，通过市场机制提供一个公平的竞争环境，使每个居民有展示自己才能的机会，只要多付出劳动，多为社会做出贡献，就可以得到更多的物质利益。

其次，在资源配置方面，我国的剩余产品价值主要集中于公有制经济，其中有相当大的部分又集中由国家支配，所以财政在积累的形成和资源的配置方面应发挥重要的支柱作用和调节作用。随着经济体制改革的深化，市场机制在配置资源中的基础性作用会日益加强是无疑的，但这种基础作用要有一个转换和形成过程也是无疑的。

（3）正确处理收入差距与效率的关系。提倡一部分人先富裕起来，拉开收入差距，但提倡一部分人先富裕起来，是指靠劳动致富；同时，收入差距要适度，防止与共同富裕这一社会主义原则相对立。适度、合理的差距，有利于推动效率的提高；差距过大，则会走向反面，影响社会安定，不利于提高效率。因此，在提倡一部分人先富裕起来的同时，还必须通过税收和社会保障制度等手段来调节收入差距，使之维持在合理的限度以内。

【同步案例 2－3】　　谁拥有财富？

一个车牌号要卖 11 万元，一盘翡翠饺子要卖 3 万元，两瓶可乐 690 元，杭州一家酒店的年夜饭 19.8 万元一桌，一套黄金书卖价超过 2 万元，南京某珠宝店推出“天价”金碗，每只 238 888 元。中国社会尚未全面达到小康水平，但“天价”商品如潮水般地涌来，冲击着人们的神经。

案例精析 2—3

面对众多的“天价”，人们不禁会问：中国到底富不富？哪些人有钱？众所周知，我国人均年收入刚刚超过 1 000 美元的“温饱线”。根据国际通用的贫富差距指标——基尼系数，中国超过了国际通用的 0.4 的安全水平，表明我国的贫富差距不小。换句话说，“天价”车牌号、“天价”年夜饭、黄金书、金碗等均与普通人无关；普通的人或生活在最低生活标准线附近的贫穷者需要的是基本的日常生活用品，但他们的收入不高，购买力有限。高收入者或先富裕起来的富人拥有一切，“天价”商品对他们来说根本就不算什么。

经济理论与人类社会的实践充分表明：贫富差距悬殊是影响社会稳定和社会发展的一个重要因素。改革开放以来，我国居民收入分配关系变化的一个重要特征是：财富越来越多地向高收入阶层集中，并由此导致贫富差距呈扩大趋势。我国目前的收入分配格局已经令人担忧。

讨论：公平分配的标准是什么？财政应如何在实现公平分配中发挥作用？

应知考核

一、单项选择题

1. 漫画《倒了倒手》表明，市场具有(　　)。

A. 竞争性　　B. 自发性

C. 盲目性　　D. 滞后性

倒了倒手（作者：王怀申）

2. 以下属于财政资源配置功能的是(　　)。

A. 征收个人所得税

B. 建立社会保障制度

C. 公共投资

D. 控制货币供应量

3. 教育需要属于一种(　　)。

A. 私人需要　　B. 集体需要

C. 公共需要　　D. 俱乐部需要

4. 下列属于纯公共产品的是(　　)。

A. 国防　　B. 花园　　C. 教育　　D. 桥梁

5. 下列属于全球性公共产品的是(　　)。

A. 三峡工程　　B. 法律制度

C. 大气臭氧层的保护　　D. 街道的路灯

二、多项选择题

1. 市场失灵的表现包括（　　）。

A. 公共产品　B. 垄断　C. 外部效应　D. 信息的不对称性

2. 按照公共产品特征的分类，公共产品分为（　　）。

A. 纯公共产品　B. 俱乐部产品　C. 公共资源产品　D. 选择性公共产品

3. 政府干预失效的主要原因有（　　）。

A. 政府决策失误　B. 政府权力寻租　C. 政策时滞效应　D. 政府职能错位

4. 财政职能包括（　　）。

A. 资源配置职能　B. 收入分配职能　C. 稳定经济职能　D. 公平与效率

5. 以下属于公共产品的是（　　）。

A. 国防　B. 衣服　C. 教育　D. 道路

三、判断题

1. 国防作为公共产品主要体现在它的非竞争性上。（　　）

2. 财政收入分配的职能，主要有税收制度、财政支出、转移支付。（　　）

3. 由于准公共产品是由政府决定的，因此属于财政资源配置的范围。（　　）

4. 非竞争性是指一些人享用公共产品带来利益的同时不能排除其他人同时从公共产品中获益。（　　）

5. 一般认为，基尼系数处于0.4～0.5之间被视为合理区间，基尼系数越小，越趋于公平。（　　）

四、简述题

1. 简述公平与效率的关系。

2. 简述市场有效的含义和特征。

3. 简述公共需要的含义及包含的内容。

4. 简述公共产品的含义和特征。

5. 简述财政资源配置的含义和范围。

应会考核

■观念应用

【背景资料】

从iPod产品和MP3谈公共产品与私人产品

材料一：苹果公司的iPod产品是最近几年来最成功的消费类数码产品，一推出就获得成功。第一款iPod零售价高达399美元，即使对于美国人来说，也是属于高价位产品，但是有很多"苹果迷"既有钱又愿意花钱，所以还是纷纷购买。苹果的撇脂定价(market-skimming pricing)取得了成功。但是苹果认为还可以"撇到更多的脂"，于是不到半年又推出了一款容量更大的iPod，当然价格也更高，定价499美元，仍然卖得很好。苹果的撇脂定价大获成功。

材料二：索尼公司的MP3也采用了撇脂定价法，但是没有获得成功。索尼失败的第一个原因是产品的品质和上市速度。索尼后来推出新产品时步履蹒跚，当iPod mini在市场上热卖两年之后，索尼才推出了针对这款产品的 A1000，可是此时苹果公司却已经停止生产 iPod mini，推出了一款新产品 iPod nano，苹果保持了产品的差别化优势，而索尼则总是在产品上落后一大步。此外，苹果推出的产品马上就可以在市场上买到，而索尼还只是预告，新产品正式上市还要再等两个月。速度的差距，使苹果在长时间内享受到撇脂定价的厚利，而索尼的产品虽然定价同样高，但是由于销量太少而只“撇”到了非常少的“脂”。

可见，撇脂定价是一种追求短期利润最大化的定价策略，若处置不当，则会影响企业的长期发展。因此，采用这一定价策略必须谨慎。

【考核要求】

根据上述材料回答：

(1)苹果公司的 iPod 属于什么产品？

(2)苹果公司的 iPod 这种产品具有什么特性？

■技能应用

坚持和完善收入分配制度

党的十九大报告和 2018 年“两会”政府工作报告展示了十八大以来党和政府在民生建设和社会发展领域取得的巨大成就。同时，中国特色社会主义进入了新时代，社会的主要矛盾发生了变化，以习近平同志为核心的党中央，坚持“以人民为中心的发展思想”这个新时代收入分配改革的主基调，从提高劳动者收入水平、共享发展成果、保障和改善民生、基本公共服务均等、缩小收入分配差距、促进社会公平正义等视角，为收入分配改革赋予了新的时代内涵，提出了新的目标要求。

自十一届三中全会以来，按照“初次分配强调效率，再分配强调公平”的主导原则，我国逐步建立起以按劳分配为主体、多种分配方式并存的中国特色社会主义收入分配制度。在中国特色社会主义市场经济体制建设过程中，这一制度设计极大地激发了广大劳动者和生产要素所有者的积极性，推动了中国经济高速增长，改善了社会民生和公共服务。与此同时，随着我国经济飞速发展，收入分配矛盾逐渐凸显。宏观层面，主要表现为劳动者报酬、社会保障、民生和公共服务水平、公平正义的社会环境在整体上与经济和社会财富增长不相匹配。中观和微观层面，城乡之间、区域之间、行业部门之间以及居民个体之间的收入差距较为明显。自十八大报告提出“初次分配和再分配都要兼顾效率和公平，再分配更加注重公平”的改革思路，到十九大报告再次明确“坚持在经济增长的同时实现居民收入同步增长、在劳动生产率提高的同时实现劳动报酬同步提高”，其核心内涵就是在深入贯彻以人民为中心的发展思想下，将效率和公平原则贯穿于收入分配各环节，实现初次分配效率原则的公平性与再分配公平原则的效率性辩证统一。

【技能要求】

(1)收入分配是否属于财政职能？

(2)收入分配的目标是什么？

(3)政府为什么要进行收入再分配？

(4)根据上述材料做一简要分析，财政应如何实现十九大报告关于收入分配政策的目标。

■案例分析

【案例情境】

认识和把握“公平与效率”“先富与后富”的关系

根据世界银行的报告，中国社会的基尼系数已扩大至 0.458。中国是世界上基尼系数增长最快的国家之一，这显示中国经济高速增长的成果未能被社会各阶层共享，绝大部分聚集在少数人手里。中国国家统计局最新披露，内地最富裕的10%人口占有了全国财富的45%，而最贫穷的10%人口所占有的财富仅为全国财富的1.4%。财政部官员透露，银行60%的存款掌握在10%的存户手里，这些都显示中国贫富不均的严重程度。统计局的报告预言，贫富差距在未来十年还将进一步扩大。

【分析要求】

(1)正确认识和把握“公平与效率”的关系；

(2)正确认识和把握“先富与后富”的关系。

项目实训

【实训内容】

流动人口是城市建设的重要力量，他们渴望与市民共享城市发展成果，强烈期盼改善工资待遇、医疗卫生、社会保障、子女入学、住房等状况。从社会管理的视角看，引导人口有序迁移，统筹规划，优化配置公共服务资源，创新社会管理，是促进流动人口社会融合亟待解决的课题。

用实现收入分配、财政的作用，促进社会公平等相关知识，说明政府如何应对流动人口的期盼。

【实训目标】

培养学生发现问题、分析问题、解决问题的能力；培养理论与实际应用能力。

【实训组织】

将学生分成若干组，每组7人，每组设组长1名，组长负责组织本组成员进行实训，由组长将调查结果写成书面报告，并总结。(注意：教师提出活动前的准备和注意事项。)

【实训成果】

1. 以学习小组为单位撰写报告。

2. 评分采用学生和教师共同评价的方式，填写实训报告。

实训报告		
项目实训班级：	项目小组：	项目组成员：
实训时间：　　年　　月　　日	实训地点：	实训成绩：
实训目的：		
实训步骤：		
实训结果：		
实训感言：		

第二篇·财政支出理论

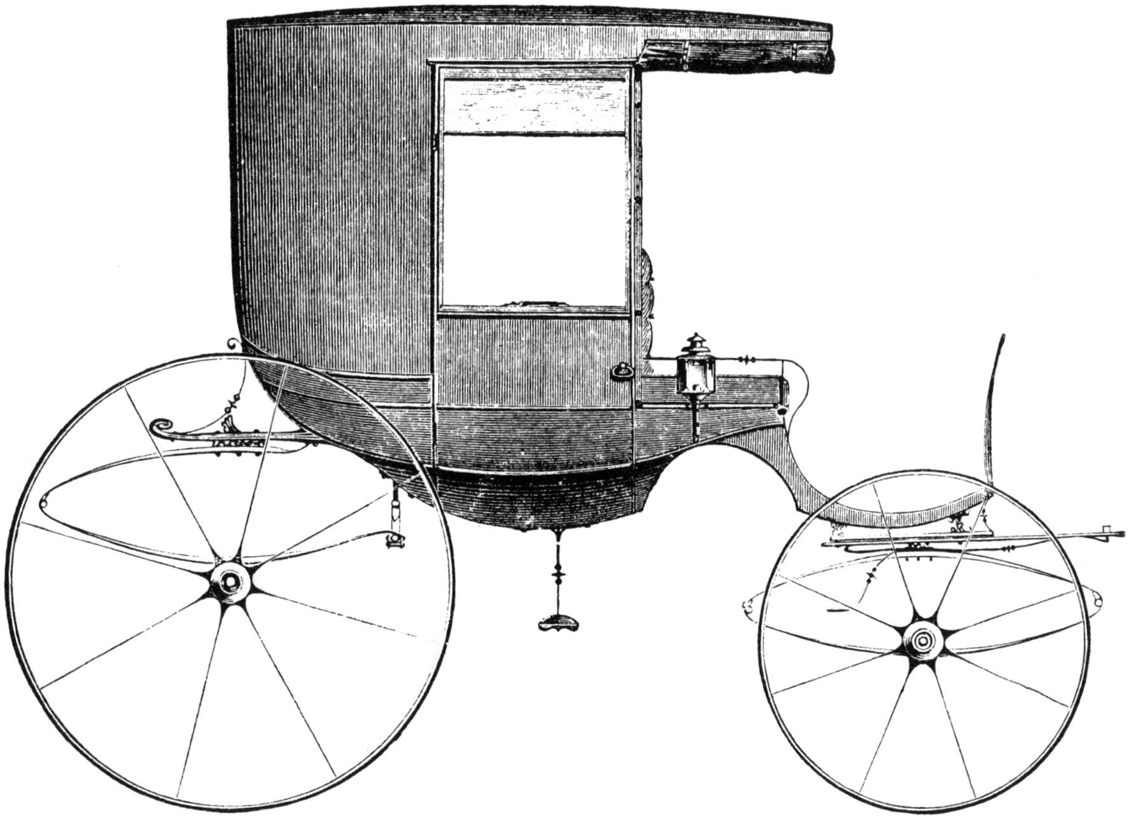

项目三

财政支出

○ **知识目标：**

理解：财政支出的含义和范围；财政支出规模的含义；财政支出结构的含义；财政支出效益的含义。

熟知：财政支出原则；影响财政支出结构的因素；财政支出结构的优化、原则、措施。

掌握：财政支出的分类；衡量财政支出规模的指标；财政支出规模的确定与控制；财政支出效益的分析方法；财政支出绩效评价管理。

○ **技能目标：**

能够掌握财政支出的基本知识和基本原理，学会运用本项目的知识分析财政支出的基本问题。

○ **素质目标：**

运用所学的财政支出知识研究相关案例，培养和提高学生在特定业务情境中分析问题与决策设计的能力；结合行业规范或标准，强化学生的职业道德素质。

○ **项目引例：**

财政支出如何协调效率与公平

近些年来，我国农村地区小学生源不断减少。根据媒体报道，福建省永泰县中小学生人数已从历史峰值的9万左右下降到2016年的4万多。其中有11所小学教学点仅有1名学生，但当地教育部门承诺："哪怕还有一个孩子选择在家门口读书，教学点就要办下去。"这些教学点尽管办学条件相对简陋，可各种硬件设施并不缺少，教师教学依然一丝不苟。你怎么看待这一现象？结合本项目所学财政学知识进行思考和分析。

讨论：

(1)这些教学点值不值得继续办下去？说说理由。

(2)农村地区学校生源不断减少的主要原因有哪些？应当怎么应对？

○ **知识精讲：**

任务一　财政支出概述

一、财政支出的含义和范围

(一)财政支出的含义

财政支出通常又称为政府支出或公共支出，是指政府为提供公共产品和服务、满足社会共同需要而进行的资金支付。它是财政分配活动的重要组成部分，是国家调控经济运行的重要手段。

财政支出的数量和范围反映了政府介入经济生活与社会生活的规模和深度，以及公共财政在经济和社会生活中的地位与作用。通过优化财政支出的规模和结构，对弥补市场机制缺陷，合理和有效地配置资源，调节国民收入分配和产业结构，促进经济持续、协调和稳定增长等方面都具有积极的现实意义。

(二)财政支出的范围

财政支出与政府职能、公共利益密切相关，在借鉴市场经济发达国家经验的基础上，根据中国调整财政预算的指导思想和客观实际，其财政支出范围可界定为以下四个领域：

1. 政权建设支出

我国国家机关包括权力机关、行政机关、审判机关、检察机关和武装警察部队等，这些都是国家机器的基本组成部分，具有社会管理、保证人身与财产安全等重要职能，属于财政支出的范围。依法成立的政党组织、政权建设领域的财政支出主要包括行政管理支出、国防支出、国家安全支出和对外事务支出等。

2. 事业发展支出

事业发展类型主要包括：(1)提供纯公共产品，如义务教育、基础研究、卫生防疫、妇幼保健、公共图书馆和博物馆等单位，私人不愿意或无力承担，需要政府组织管理，因而财政必须保证其经费的合理需要。(2)提供准公共产品，如高等学校和应用基础研究单位等提供具有一定公共性质的产品，并向消费者收费，取得一定的补偿，因而财政可对其补助部分经费。(3)提供私人产品，如研发型科研单位、新闻出版和社会中介机构等单位提供具有排他性与竞争性的私人产品，其耗费可通过收费来补偿并获取相应的利润，无须政府举办和出资，逐步交由市场管理。因此，公共事业发展领域的财政支出，主要包括基础教育、基础科研和卫生保健等的支出。

3. 公共投资支出

财政主要应对那些对国民经济有重大影响的非经营性和非竞争性领域进行必要的公共投资，其类型主要包括：(1)非营利性领域，主要是公共设施、基础设施等非营利性领域，如道路、桥梁、码头、农业水利建设、环境保护和防治污染工程等；(2)自然垄断产业，如铁路、航空、邮政、自来水等基础产业和城市公用事业等；(3)风险或高技术产业，主要是重大的技术先导产业，如航天、新能源和新材料等；(4)政策性产业，如军工、粮食和国企改革等；(5)农业及公益性事业，加强政府对农业的扶持和保护，加大对落后地区、环保项目和农业科技成果的推广与应用，扶持农业公益性事业的发展等。

4. 转移分配支出

对社会保障提供资金支持是公共财政的显著特征，政府应发挥保证社会分配公平、提高社会保障程度的功效。其内容主要包括：(1)按财政政策等要求调节不同地区和居民的收入水平，提高收入分配的公平程度，保证丧失工作能力者、无职业和低收入者的生活需要，如下岗职工基本生活费和城市居民最低收入保证等；(2)实行各种社会保险和福利救济，以及对欠发达地区的转移支付和扶贫支出等。因此，转移分配领域支出主要包括社会保障、价格补贴等补助和补贴性的支出。

二、财政支出的分类

财政支出按照不同的标准，可以分为不同的种类。

(一)按经济性质分类

1. 购买性支出

购买性支出是指政府在商品和劳务市场上购买商品和劳务的支出，如政府各部门的事业费和政府各部门的投资拨款。这类支出具有一个共同点：政府一手付出了资金，另一手相应地购得了商品和服务，然后运用这些商品和服务，实现国家的职能和满足社会的公共需要。购买性支出主要用于维持政府部门的正常运转、国防、外交、基础科研、教育、社区设施、运输通信、农林牧副渔等支出，在这一类支出中，政府和其他经济主体一样，在市场上从事着等价交换的活动，它所体现的是政府市场性再分配活动。

2. 转移性支出

转移性支出是指政府不获得直接经济利益补偿的单方面支出，如社会保障支出、各种补贴以及捐赠、对外援助支出等。这类支出具有一个共同点：政府财政付出了资金，却无任何所得。它并不减少私人部门可支配的资源总量，而只是在结构上调整不同社会集团可支配的资源数量，以更好地促进社会公平的实现。在此，不存在交换的问题，它所体现的是政府的非市场性再分配活动。

这种分类便于分析财政支出对经济的影响，购买性支出主要是影响商品和劳务的生产和消费，可以调节经济结构，体现财政的资源配置职能，而转移性支出主要是影响收入分配，体现财政的收入分配职能。

(二)按资金在社会再生产中的作用分类

1. 补偿性支出

补偿性支出，即用来补偿企业在生产过程中生产资料消耗的支出。由于生产过程中的消耗补偿一般不通过集中性的财政分配进行，所以，在财政支出中，这部分支出所占的比重并不大。

2. 积累性支出

积累性支出，即用来直接增加社会物质财富和国家物资储备的支出，包括用于扩大再生产的基建投资、非生产性建设投资、增拨企业流动资金、国家物资储备资金、生产性支援农业资金等支出。

3. 消费性支出

消费性支出，即国家财政用于社会共同消费方面的支出，包括行政、文教卫生、国防战备等方面的支出。

这实际是按资金的最终用途分类，可以考察财政支出在社会再生产的最终环节各占多少比例，便于分析、研究和正确安排国民经济中积累和消费的比例关系。

(三)按具体用途分类

这是指按财政资金的具体使用方向分类，比如，2000 年的一般预算支出设置了 32 个“类”级科目：(1)基本建设支出；(2)企业挖潜改造资金；(3)地质勘探费；(4)科技三项费用；(5)流动资金；(6)支援农村生产支出；(7)农业综合开发支出；(8)农林水利气象等部门的事业费；(9)工业交通等部门的事业费；(10)流通部门的事业费；(11)文体广播的事业费；(12)教育事业费；(13)科学事业费；(14)卫生经费；(15)税务等部门的事业费；(16)抚恤和社会福利救济费；(17)

行政事业单位离退休经费；(18)社会保障补助支出；(19)国防支出；(20)行政管理费；(21)外交外事支出；(22)武装警察部队支出；(23)公检法司支出；(24)城市维护费；(25)政策性补贴支出；(26)对外援助支出；(27)支援不发达地区支出；(28)海域开发建设和场地使用费支出；(29)专项支出；(30)其他支出；(31)总预备费；(32)一般预算调拨支出。

2007 年以前国家预算科目就是按照这种分类方法设置的，这种分类便于正确安排各项支出，及时组织资金供应，也便于对各种资金进行管理和监督，但各项目之间有交叉，不利于部门预算的编制，比如，教育部门的基本建设支出不包含在教育事业费中，而是单独统计，而且它与国际组织的分类不一致，不利于比较和国际交流。为了进一步改革和完善政府预算管理制度，建立和完善公共财政体制，促进从源头上治理腐败和加强社会主义民主政治建设，经国务院批准，政府收支分类改革于 2007 年全面实施，具体包括 11 类：

(1)一般公共服务，分设立法行政、党派团体、外事外交、社会经济管理与服务、基础科学与研究、其他六款。款下分项，如立法行政款下分立法行政、政治协商和政府三项。

(2)国防，分设现役部队、国防后备力量、国防动员、国防科研、其他五款。

(3)公共安全，分设社会治安、司法、其他三款。

(4)教育，分设普通教育、职业教育、成人教育、远程教育、留学教育、特殊教育、干部教育、其他八款。

视频

上半年全国财政支出超出 11 亿元

(5)文化体育及宗教，分设文化、体育、广播影视、新闻出版、文物、宗教、其他八款。

(6)社会保障，分设社会保险、社会福利、社会救济、优抚安置、失业及就业保障、行政事业单位社会保障、救灾、其他八款。

(7)医疗卫生，分设医院、基层卫生机构、公共卫生、医药卫生监督管理、其他五款。

(8)环境保护，分设环境监测与预报、污染治理、生态保障与管理、环境信息管理与环保宣传、其他五款。

(9)城镇社区与住房，分设公共设施、环境卫生、城镇规划与建设、其他四款。

(10)经济事务，分设农业、林业与水利，工业与建筑业，交通运输，商品流通，金融保险，其他经济事务六款。

(11)未划分的财政支出，反映未划分到以上各功能中的财政支出，分设公债还本付息、政府间转移支付、预留与预备、其他四款。

新的政府支出统一以功能为标准，反映政府一般公共服务、国防、公共安全、教育、社会保障、医疗卫生、环境保护、政府经济事务等职能，体现政府一定时期内的方针政策、支出结构和资金的使用方向。

(四)国际货币基金组织对公共支出的分类

1. 按功能分类

根据国际货币基金组织最新政府公共财政统计标准，政府支出按功能分类主要包括：(1)一般公共服务；(2)国防；(3)公共秩序和安全；(4)经济事务；(5)环境保护；(6)住房和社会福利设施；(7)医疗保障；(8)娱乐、文化和宗教；(9)教育；(10)社会保护。

2. 按经济性质分类

根据国际货币基金组织最新政府公共财政统计标准，政府支出按经济性质分类主要包括：(1)雇员补偿；(2)商品和服务的使用；(3)固定资产的消耗；(4)利息；(5)补贴；(6)赠与；(7)社会福利;(8)其他开支。

三、财政支出原则

(一)保证政府职能的原则

财政是政府职能在社会产品分配过程中的集中体现,财政支出就是要保证政府实现其职能的需要。在社会主义市场经济体制下,政府通过财政参与社会资源配置,弥补市场失灵等缺陷,为社会提供必不可少的公共产品与服务。保证实现政府职能的需要,一方面,要求科学界定财政支出范围,明确财政资金供给对象;另一方面,财政支出要保证重点支出的需要,如教育、科技农业、能源和社会保障涉及国计民生的领域和事务。

(二)兼顾公平与效率的原则

公平与效率是政府财政支出应遵循的重要原则。讲求公平就是要在财政支出中做到合理、公开和透明,使各部门和单位对年度经费预算做到心中有数。效率与资源配置紧密相连,是以投入和产出之比来计量的,高效率主要来自对社会资源的优化配置,要将有限的资源发挥最大的效益,就必须以最小的投入取得最大的效益,为此,财政支出预算规模要适当、支出结构要合理。

(三)贯彻依法支出的原则

依法支出包括两层含义:一是建立健全财政支出法律法规体系及与其相适应的监督管理机制,使其有法可依,保证财政支出活动的科学性和法制性;二是树立依法财政的观念,真正做到有法必依、执法必严和违法必究,以保证财政支出活动的规范性和有效性。因此,在财政支出预算的编制、执行和调整等环节,必须坚持依法支出的原则,严格执行部门预算和国库集中支付等制度,避免"以言代支,以权代支"等违法违纪问题的发生。

(四)促进经济发展的原则

财政支出结构的长期演变与经济发展的阶段性密切相关,一般而言,经济发展的上升阶段,政府经济性支出占公共支出的比重及政府维持性支出占财政支出的比重呈递减趋势,社会服务性支出占财政支出的比重呈递增趋势,社会服务性支出内部的转移支付支出呈上升趋势。因此,必须根据国家和各地区经济发展水平和财政能力等情况,适时调整与优化财政支出结构,以保证经济的健康、稳定与持续发展。

【同步案例 3－1】　夏、商、周三代的"量入为出,多有结余"的财政原则

案例精析 3—1

夏、商、周,史称三代,是中国历史上的奴隶制社会时期(主要包括夏、商、西周,东周为奴隶制向封建制过渡的时期),在经济上以农业为主要生产部门,土地的产出是国家财政的主要收入,国家的财政状况几乎完全依赖并取决于农业生产状况。然而,三代奴隶制时期,生产工具简陋落后,生产力水平极为低下,季节转换、气候变化和自然灾害都对农业收成的丰歉有严重影响。因此,三代时期的国家财政分配只能在可能取得收入的基础上来安排支出,即根据收入的数量来确定支出的规模,这就是中国历史上最早的"制国用,量入以为出"的财政原则,据此达到以收抵支,收支平衡的目的。但是,三代的财政收支平衡,又不是简单的平衡,而是要求多有结余。其原因在于早期农业社会对自然灾害缺乏抵御能力,农业生产靠天吃饭,不可能年年风调雨顺,五谷丰登。如果没有足够的结余,势必造成国家的社会经济危机。在周代,财政遵循多有结余原则,即"三年耕，必有一年之余；八年耕，必有三年之余”。按“耕三余一”来制定财政支出总额。如果“国无九年之蓄，曰不足；无六年之蓄，曰急；无三年之蓄，曰国非其国也”。由此可见，三代时期“量入为出，多有结余”的重要地位。同时，周代还有专项储备，以待急用，即“凡邦国之贡，以待吊用；凡万民之贡，以充府库”，是为保证国用的充足和社会生活的安定。

讨论：在现代社会中，是否还有必要强调财政支出的“量入为出”原则。

任务二 财政支出规模

一、财政支出规模的含义

财政支出规模，是指在一定时期(预算年度)内，政府通过财政渠道安排和使用财政资金的绝对额及相对比率，即财政支出的绝对量与相对量。财政支出规模反映政府参与国民收入分配的状况，体现国家的职能和政府职责的活动范围，是研究和确定财政分配规模的重要指标。

二、衡量财政支出规模的指标

(一)绝对指标

绝对指标是指以一国货币单位表示的财政支出的实际数额。使用绝对指标可以直观地反映某一财政年度内政府支配的社会资源的总量。但是，这一指标不能反映政府支配的社会资源在社会资源总量中所占的比重，也不便于进行国际比较。此外，由于这一指标是以现价反映财政支出的数额，没有考虑通货膨胀因素对支出总量的影响，因而所反映的只是名义上的财政支出规模，与以前年度，特别是在币值变化比较大的年份的财政支出绝对额缺少可比性。

(二)相对指标

相对指标是指财政支出占 GDP(或 GNP)的比重。相对指标反映了一定时期内在全社会创造的财富中由政府直接支配和使用的数额。可以通过该指标全面衡量政府经济活动在整个国民经济活动中的重要性。由于是相对指标，因此便于进行国际比较。同时，由于这种方法是通过计算财政支出占 GDP 的比重来衡量财政支出规模的，剔除了通货膨胀因素的影响，反映的是财政支出的实际规模，与以前年度的财政支出规模进行比较也具有可比性。

两个指标各有所长，各有所短，一般是根据实际需要，采用不同的标准。在分析、研究财政支出规模时，通常是以相对指标作为衡量财政支出规模的主要指标。

(三)衡量财政支出增长的指标

财政支出增长是财政支出规模扩大的另外一种表述，衡量财政支出增长通常用政府财政支出规模变化的动态指标来分析。

与财政支出规模的衡量指标类似，衡量财政支出增长的指标也可以分为绝对量指标和相对量指标。同样，由于绝对量指标是以现价反映财政支出的数额，没有考虑通货膨胀因素对支出总量的影响，只有消除币值变动的影响，才能如实反映财政支出增长变化的情况，这里不再赘述。

相对量指标中，目前世界各国主要采用政府支出占 GDP(或 GNP)的比重以及政府财政支出对 GNP 的弹性和边际支出倾向等指标来衡量财政支出的增长变化情况。前面已介绍过第一种指标，这里重点介绍一下后两种指标。

1. 财政支出对国民生产总值的弹性指标

财政支出对国民生产总值的弹性指标表示由国民生产总值的增长所引起的财政支出增长幅度的大小，表现为财政支出增长幅度对国民生产总值增长幅度的比例，用公式表示为：

$$财政支出弹性系数=\frac{财政支出增长率(\%)}{国民生产总值增长率(\%)}$$

该公式计算结果的含义是：(1)如果财政支出弹性大于1，则说明财政支出的增长幅度大于国民生产总值的增长幅度；(2)反之，则说明财政支出的增长幅度小于国民生产总值的增长幅度；(3)如果财政支出弹性等于1，则说明财政支出与国民生产总值处于同步增长状态。

2. 边际财政支出倾向指标

边际财政支出倾向指标表示在国民生产总值的增加额中，用于财政支出部分所占份额的大小。边际财政支出倾向从另一个角度反映了财政支出增长趋势的变化，用公式表示为：

$$边际财政支出倾向=\frac{财政支出增加额}{国民生产总值增加额}\times 100\%$$

三、财政支出规模的确定与控制

财政支出规模的确定就是安排年度内政府财政支出的数量界限，确定社会资源中归政府支配使用的数量或份额。财政支出规模是否合理，不仅直接影响政府职能的实现，直接影响资源在政府与市场之间配置的结构，而且直接影响着财政宏观经济运行调控的广度和力度。因此，合理确定财政支出规模是财政分配中一个十分重要的理论和实践问题。

(一)充分保证国家职能的实现

财政分配是实现国家职能的工具。因此，财政支出规模应由国家职能大小和政府活动范围决定，凡是由政府承办的事情，都必须有相应的财政支出作保证，以保证国家职能的实现和政府工作的完成。整个合理的规模应当是既能保证国家职能的实现，又能合理、有效地节约使用资金；既不能为实现政府工作目标而积压和浪费财政资金，也不能单纯为节约财政支出而影响国家职能的实现。

(二)实现资源的合理配置

财政支出，实际上是政府对社会资源的集中和使用，财政支出规模就是政府资源配置的份额。在市场经济条件下，社会资源以市场配置为基础，以政府配置为调节，根据资源配置的效率原则确定市场与政府配置资源各自的范围。一般来说，私人产品由市场配置，公共产品由政府配置。因此，财政支出的合理规模就是政府公共产品的配置规模，就是有效弥补市场缺陷与"失灵"，保证资源配置宏观效益的支出规模，这样才有利于社会资源的合理配置和有效利用。

(三)推动经济增长和社会进步

合理的财政支出规模应有效推动经济增长和社会进步。因此，财政支出安排应首先保证非生产支出，用于科教文卫、公共设施的建设，推动科技进步，提高全民文化素质，提供医疗保健和社会保障，完善公共设施；在此基础上安排生产性支出，保证国有资产规模不断扩大，与经济建设相关的基础设施和社会建设同步发展，经济能稳定增长，并逐步缩小地区差别，不断提高全体人民的物质文化生活水平，实现社会的全面发展与进步。

要保持合理的财政支出规模，就必须对财政支出过度膨胀加以控制，如对具有特定用途的财政资金实行集中管理、统一安排、合理运作、重点使用；对消费性财政支出严格审核支出的内容，确定开支标准；对公共建设工程支出按预算和工程进度严格控制，强化预算约束；等等。

任务三 财政支出结构

一、财政支出结构的含义

财政支出的结构也称“财政支出构成”，是指在一定的经济体制和财政体制下，财政资金用于行政各部门、国民经济和社会生活各方面的数量、比例及相互关系。它是按照不同的要求和分类标准对财政支出进行科学的归纳、综合所形成的财政支出类别构成及其比例关系。简单来说，财政支出结构就是各类财政支出占总支出的比重。

对财政支出结构内涵的理解为：(1)财政支出结构具有质的规定性和量的规定性两个方面，是质与量的统一；(2)财政支出结构具有多样性和多层次性；(3)财政支出结构具有静态性和动态性。

二、影响财政支出结构的因素

财政支出结构受多种因素的影响，其中主要有政府职能及财政资金供给范围、经济发展水平、政府在一定时期的社会经济发展政策、国际政治经济形势等。

(一)政府职能及财政资金供给范围

财政支出结构与政府职能及财政资金的供给范围有着直接的关系。在计划经济体制下，政府职能及财政资金的供给范围比较宽，既承担了“社会共同需要”方面的事务，也承担了大量具有竞争性、经营性等方面的事务。因此，在财政支出结构上必然体现出浓厚的计划经济体制的特点，如经济建设支出投入的比重较大，增加了一些本应由市场去办的事务性支出。在市场经济体制下，政府主要涉足市场不能办的事情或办不好的事情，着力对经济的宏观调控。因此，在财政支出中经济建设支出的比重就相对较小，同时在经济建设中用于基础设施、公用设施等投入的比重大，而几乎没有用于具有竞争性、营利性领域的支出。

(二)经济发展水平

经济是财政的基础。一方面，经济发展的水平决定财政收入及其供给水平；另一方面，财政支出的结构受到经济发展水平的影响，因为一定时期的经济发展水平决定着当时的社会需要水平及社会需要结构。按照马克思主义的观点，人们首先要解决的是衣、食、住、行这些人类生存的基本需要，而后才能考虑其他更高层次的需要。在经济发展水平不高的情况下，财政供给水平和保障能力也必然不高，财政支出结构也会相应地体现这一时期的特点。以我国为例，我国建立和发展市场经济迫切需要建立完备的社会保障制度，但限于国家财力，我国社会保障的程度和范围十分有限，国家的社会保障支出还不能做到像西方国家那样在财政支出中占有那么大的比重。这只能随着国家经济发展水平和财力水平的提高逐步解决，因而财政支出结构比较明显地反映出一个国家的经济发展水平。

(三)政府在一定时期的社会经济发展政策

财政支出反映了政府的活动范围和方向，反映了政府的政策。政府发展什么、控制什么、支持什么、限制什么，在财政支出结构中反映得十分清楚。因此，政府在一定时期的社会经济发展政策直接会影响到财政支出结构的状况。仍以我国为例，国家财政连续实施积极的财政政策，用于基础设施、公用设施的建设。为了实施“科教兴国”战略，国家规定，每年财政科技、教育投入的增幅要高于财政经常性收入的增幅，这些政策的实施，使我国财政支出结构相应地发生变化，国家财政经济建设支出增长趋缓。

(四)国际政治经济形势

在当前世界政治多极化、经济一体化大趋势的形势下，各国经济发展不能不受到国际经济形势和政治形势的影响，各国制定本国经济政策也必须充分考虑到国际形势的因素，从而对财政支出的结构产生显著的影响。早在1825年资本主义世界爆发的第一次经济危机，就说明在资本主义世界范围内各国经济的有机联系；今天，世界经济的发展已进入到一个新的历史阶段，发达国家和发展中国家的经济相互联系、相互融合。一个国家的经济状况对相关国家乃至整个世界都会产生影响，如2008年以来的经济危机。

四、财政支出结构的优化

(一)财政支出结构优化的原则

1. 适应性原则

适应性原则是指财政支出结构与支出目的、财政体制、经济发展阶段等的适应程度。合理的财政支出结构，应该是与上述内容有较强适应性的结构。具体地说，适应性表现在以下几个方面：(1)财政支出结构必须与支出目的相适应；(2)财政支出结构必须与一定的财政体制相适应；(3)财政支出结构必须与特定的经济发展阶段相适应。

2. 协调性原则

协调性原则是指支出结构内部各组成要素之间的相互适度性，即指各个要素的动态平衡。理解这一原则应注意以下两点：(1)财政支出结构的协调是动态的协调；(2)支出结构的协调主要指结构内部各个要素相互适应。

3. 效益性原则

效益性原则是指支出结构的变动应该使为支持结构的“所费”与结构发展带来的“所得”之间具有低投入、高产出的特征。效益性原则要注意三个问题：(1)关注经济效益和社会效益；(2)效益衡量只能用指标体系；(3)实现支出结构的高效益。

(二)我国财政支出结构存在的主要问题

1. 一般性服务支出比重过高

一般性服务支出包括行政管理支出和社会治安支出等。我国政府的一般性服务支出仅2017年就达到16 510.36亿元。

(1)行政管理支出偏高。在所有的支出项目中，行政管理费是增长最快的一个项目。近几年来，其占财政支出比重的攀升，增长速度已超过同期财政收入、财政支出和GDP的增长速度。

(2)国防支出比重低。无论从绝对数还是从相对数来看，我国的国防经费都明显偏低，要实现国防的现代化和军队的现代化，需要一定的军费保障。国家财政国防支出2014年为8 289.50亿元、2015年为9 087.84亿元、2016年为9 765.80亿元、2017年为10 432.37亿元。国防经费不足会影响国防现代化进程，如果继续投入不足，还会影响我国在国际上的竞争地位，不利于保护我国的海外利益。

2. 社会公共服务性支出比重低

在社会公共服务支出方面，我国的现状是，长期以来，财政预算安排中社会公共服务性支出明显偏低，把大量的财力用于经济建设，对社会性服务支出重视不够，导致社会发展欠账较多。改革后，国家加大了对社会服务性支出的投入力度，但由于各方面的原因，国家财力过度分散，财力不足，对一些社会公共服务性支出连最低的需求也难以保证。

3. 经济服务支出分配不均

这一领域中，最突出的表现就是"越位"与"缺位"并存。我国经济建设经费支出在财政总支出中的比重仍然是最高的，这与建设公共财政框架的要求相悖。过高的经济建设费用以及对竞争性领域的过多介入，挤占了稀缺的社会资源，侵蚀了政府的财力，使得政府对其他领域的投入不足。对竞争经营性领域的越位与对基础产业和基础设施的缺位，是导致财政资金分配方向和结构不合理的重要原因。

（三）优化我国财政支出结构的措施

1. 健全以市场为基础的政府职能，提高政府的行政效率

（1）进一步完善政府职能。

视频

财政支出进度加快全面落实减税降费措施

市场经济作为有利于经济发展的最基本的经济制度，其制度基础是经济决策自由、个人权利、政法环境和法律制度。因此，政府的基本职能就是保护产权，为市场经济的运作提供必要的制度框架。政府必须保护产权和维护市场秩序，协调社会各利益集团之间以及个人之间的利益关系，对社会各主体的合法权益给予应有的保障。

（2）依法行政，提高政府的行政效率，使政府真正成为"服务型政府"。

在市场经济中引入政府管制、发挥政府职能是必要的。因此，在法律框架下提高政府效率时：（1）要以所服务的公众需求为中心，了解公众的不同情况，区分不同的公共需要，提供多元化的公共服务，建立政府与公众的互动机制，形成新型的诚信合作关系。（2）要增强"政府提供公共产品和公共服务"决策程序的透明度。（3）要以公众满意度为服务标准，全面提升公共服务品质。制定和实施公众服务标准和申诉处理办法，提供最便捷的服务方式和申诉渠道，改善服务态度，树立全新的服务形象。

（3）深化政府机构改革，大力压缩行政经费。

保证政府机构的正常运转是财政支出的范围，但是，也必须注意到，行政机构的数量与规模以及行政经费供给的数量也必须与市场经济体制的要求相适应。深化机构改革，精简多余人员，关键是要通过调整结构、发展经济，为精简出来的公务人员找到新的就业出路；否则，精简难以成功。

2. 进一步规范财政支出的供给范围

（1）合理界定支出范围。

财政的支出范围必须紧随政府职能的转换而变化。市场经济体制下，政府职能严格限制在市场失灵领域，以保证资源配置的高效率，因而财政支出的范围也不能超越这个限制，要把有限的资源用到最需要的地方去，集中力量去解决私人部门不愿做、做不了或做不好的事情。

（2）调整供给范围内的各项支出。

从广大发达国家和发展中国家的经验来看，财政支出有不断增长的趋势，但这不能简单地理解为只要扩大财政投入就行了，总量一定的情况下还有一个结构问题，即财政投入领域内各个方面的比重要相互协调和配合。具体来说，一方面，要保证纯公共产品的资金供给，如义务教育、卫生防疫、国防等，其资金需求完全由财政来承担，并随着经济的发展和财力的增强，不断加大投入力度；另一方面，对于准公共产品，财政也要提供资金，但不是全额供给，要在其向消费者收取一定费用的基础上，只拨付其正常收入不能抵偿的资金差额，以突出准公共产品和纯公共产品的差别。

3. 继续加大对“三农”的投入

农业是面临自然和市场双重风险的弱质产业，同时又是国民经济的基础产业，具有战略意义，为此，国家必须予以扶持。在“十三五”期间，要继续加大对农业的投入，充分体现政府解决“三农”问题的国家意志，为基本解决“三农”问题铺平道路。

4. 优化社会文教支出

在知识经济时代，科技进步是经济发展的主要动力。政府应提高对科学研究事业的财力投入，并使科学投入的增长快于同期财政支出的增长，同时，在科学研究支出总量提高的基础上不断加大基础科研的投入力度，优化科研支出结构。

5. 逐步增加社会保障支出

在社会主义市场经济条件下，社会保障是一个重要的“内在稳定器”。各级政府要加大对社会保障支出的投入力度，大力推进社会保障制度改革，完善社会保障体系。财政必须按照公共财政的要求，进一步调整现行支出分配结构，尽快使财政资金退出一般竞争性领域，真正把社会保障支出作为财政预算的一个重要内容。

任务四　财政支出效益

一、财政支出效益的含义和特性

(一)财政支出效益的含义

财政支出效益是指政府为实现一定的目标而通过财政支出手段获取最大的社会经济效益，即以最少、最节省的各项财政支出取得最佳的社会经济效益。其内涵主要包括：(1)财政支出的自身效益，即财政支出本身所产生的直接和间接的效益，包括财政支出的总量、结构和项目效益；(2)财政支出的部门绩效，是指管理财政支出部门(如财政、教育和科技等)的工作绩效；(3)财政支出的单位绩效，是指财政资金使用单位的工作绩效。

提高财政支出效益的主要途径包括：(1)科学地编制财政支出预算，通过预算规范来保证政府部门和非政府部门之间实现社会资源的优化配置；(2)对每项财政支出效益都要进行考察与评价，尤其是要运用经济分析方法来决定支出方案的取舍，以达到用最少支出实现最大效益的目的。此外，还可根据国民经济供求平衡情况，适时调整财政平衡政策，这也是财政支出效益原则的重要体现。

(二)财政支出效益的特性

财政支出的效益与微观经济主体支出的效益相比，有许多特殊之处，主要区别表现在以下三个方面：

1. 计算效益范围

效益是通过对“所费”与“所得”的对比分析计算出来的。对微观经济主体来说，如国有企业只计算发生在企业自身核算范围以内的直接的和有形的所费与所得；而政府除了要计算直接的和有形的所费与所得，还要考虑长期的、间接的、无形的和潜在的所费与所得。

2. 衡量效益标准

微观经济主体的支出在于追求自身经济效益的最大化，只要能获得利润(所得大于所费)就是可选择的目标；而财政支出更重要的是追求社会经济效益的最大化，即使某项支出从其自身看可能出现亏损，但对整个社会来说能取得较大的效益，这项支出也是必要的。

3. 效益表现形式

微观经济主体支出效益只采取单一的货币价值形式就可以满足决策的需要，而财政支出效益表现形式是多样的，除了可以用货币价值形式表现外，还可采取如社会管理、安全保卫、教科文卫支出，以及通过政治的、社会的、文化的等多种形式表现出来，以满足财政支出决策的需要。

二、财政支出效益的分析方法

（一）成本效益分析法

1. 成本效益分析法的内涵

所谓成本效益分析法，就是针对政府确定的建设目标，提出若干实现建设目标的方案，详细列出各种方案的全部预期成本和全部预期效益，通过分析和比较，选择最优的政府投资项目。

2. 成本效益分析法的起源

成本效益分析方法已经存在了很长时间。在个人决策时，人们都会不知不觉地将成本和效益进行比较。但其含义的首次出现，是在十九世纪法国经济学家朱乐斯·帕帕特的著作中，被定义为：社会的改良。其后，这一含义被意大利经济学家帕累托重新界定。到 1940 年，美国经济学家尼古拉斯·卡尔德和约翰·希克斯对前人的理论加以提炼，形成了成本效益分析的理论基础。也就是在这一时期，成本效益分析开始渗透到政府活动中，如 1939 年美国的洪水控制法案和田纳西州泰里克大坝的预算。

20 世纪 50 年代，政府的成本效益分析中出现了另一成果。为消除部门间应用的评估技术方法的不同，1950 年，美国控制水资源内部能源委员会的报告提出了在评估决策中应用统一的技术分析方法。到 1952 年，预算机构已开始采用成本效益分析的方法来评估河流发展计划。

1965 年，联邦政府正式采用了项目规划预算体系（PPBS）。该方法主要有以下五个特点：(1)确定政府项目的目标。(2)分析政府项目的成果。(3)衡量项目成本，这一成本不是一年的成本，而是持续多年的成本。(4)在不同的项目中进行比较和选择。(5)统一政府活动中应用的技术分析方法体系。以上五点就是成本效益分析方法的基点。

1977 年，美国的预算管理部门（OMB）正式在预算决策中融入了这一方法，这一体系被称为零基预算。零基预算与 PPBS 的运行机理是相同的，即由联邦政府提出主要的政策目标，并提供实现目标的不同方案，然后对各种方案进行评估，并根据净效益的多少，按照从低到高的顺序排列，最终由预算管理部门决策，从中舍弃排名较低的项目。在零基预算实施的头几年中，其约束力较差，但这种方法潜移默化地渗透到政府决策中来，其重要性也与日俱增。

3. 政府项目成本效益分析的特殊性

成本效益分析的基本目标就是衡量项目的效益是否超过了其成本，无论是公共部门或是私人部门，这一过程都具有相似性。但在相似性之外，政府项目成本效益分析又有其特殊性，主要表现在以下三点：

(1)政府并不是独立于纳税人而存在的，实际上，它是纳税人意志的集中表达，因此，政府项目的效益及成本不仅体现于政府收入的增减，也体现于全体社会成员福利的得失。也就是说，政府在肩负着监督项目的货币收益及损失的职责的同时，也要考虑项目是否会导致非货币的变化，如空气污染、健康及安全的损失，或者时间的浪费，这些都应同货币的收益和损失一样，作为效益和成本来衡量。简而言之，政府不仅要考虑经济效益，而且要考虑社会效益。

(2)政府项目的评估中，定价问题极为复杂。私人部门进行决策时，依据效益最大化的原则，评估的依据就是市场价格。但政府在进行决策时，必须考虑所用的价格是否真正地反映了社会的效益或成本，在很多时候，必须对所使用的价格进行调整。

(3)政府的行为目标比私人部门更为多样化。一般来说，私人部门的目标就是追求经济效益的最大化，但政府却不然，其行为目标有：减少失业、平抑物价、促进经济增长、实现收入分配公平等。如果一个项目的本意是减少失业，但同时又可促进经济增长，那么，这种间接的效益是否应包括到成本效益分析中呢？可以认为，由于政府采用了与减少失业相关的措施，那么，很可能这一政策目标就是政府的最佳选择，所以对其他政策目标的影响可以忽略不计。也可以认为，假设其他项目难以实现经济增长的政策目标，这种间接效益应包括到成本效益分析中来。

综上所述，尽管政府部门同私人部门进行成本效益分析的机理相同，但由于政府本身的职能特点，政府的成本效益分析更具特殊性和复杂性。

4. 成本效益分析评估的类型

在应用成本效益分析方法时，有两种评估方法：一种方法是在项目实施过程中应用的，用于考察项目在实施过程中是否可以有所改进；另一种方法是在项目开始实施前应用的，看项目是否可行。

在第二种评估体系中，又有两种评估方法：第一种方法是完全的成本效益分析，看项目的总效益是否超过总成本。但通常，这样的评估往往是不可能的，因为一项目的效益往往很难估价。比如，一政府项目既可减少交通事故，又可使高速公路美观，那么，其效益究竟是多少呢？这时，我们可以应用第二种方法，即最小成本法。虽然我们无法衡量其效益，但肯定我们采用的方法可以保证在实现既定目标的情况下使成本最小，也就是说，我们从该方案中取得了最大的效益。

5. 成本效益分析的基本原则

首先假设，在预算活动中没有政治影响，并且评估是在信息完备的情况下进行的。成本效益分析的目的，就是要找到使效益(包括经济效益和社会效益)最大化的切入点。简而言之，进行成本效益分析的基本原则就是“在任何情况下，选择能产生最大效益的政策”。

(二)最低费用选择法

最低费用选择法是对成本—效益分析法的补充。对于那些不能应用成本—效益分析法的财政支出项目，那些不易用货币度量成本的项目与社会效益突出的项目，采用最低费用选择法，也可达到提高财政支出效益的目的。所谓最低费用选择法，就是根据某项财政支出的既定目标，制定若干个支出方案，通过比较不同方案成本开支的大小，来选择确定其中费用开支最少的一个方案。其特点是不需要用货币单位度量各备选财政支出方案的社会效益，只计算每项备选方案的支出费用，并以“费用最低”为择优的标准。

(三)公共劳务收费法

公共劳务收费法是指对政府通过财政支出，为社会提供的某些公共服务项目采取适当收费的办法，借以提高财政支出的效益。公共劳务收费法虽然与成本—效益分析法及最低费用选择法一样都是为了提高财政支出的效益，但该方法的要旨并不仅在于帮助政府选择最优支出方案，还在于将市场等价交换原则部分地引入公共产品的提供和使用中去，适当地约束和限制社会对该公共产品的消费量，从而达到节约财政开支、提高预算资金使用效益的目的。

市场经济中，所有经济行为主体都采取能够使自己利益最大化的行动，价格成为行为信号，价格机制是实现最优资源配置的主要机制。由于政府也提供大量的满足社会公共需要的“市场性物品”，那么这些物品（包括服务）也涉及同其他商品和服务一样的问题，即价格的确定，这就是所谓的公共定价。(1)纯公共定价，即由政府直接制定自然垄断行业（如能源、通信和交通等公用事业和煤、石油、原子能、钢铁等基本品行业）的价格；(2)管制定价或价格管制，即政府规定竞争性管制行业（如金融、农业、教育和保健等行业）的价格。

国家对公共劳务的定价，可以采取以下三种方法：

1. 免费和低价

免费和低价（价格小于价值）的价格策略，可以促进对该项“公共劳务”的最大限度地使用，使其发挥的社会效益极大化。这种价格政策，一般适用于从国家和民族利益着眼，要求必须在全国范围内普遍使用的“公共劳务”，但居民尚无此觉悟的情况，如九年制义务教育、强制的免疫注射等。使用该策略可能产生的消极影响是会导致购买者贬低对该种公共劳务的评价，并因对其轻视而浪费，不能有效地节约使用，从而给财政支出造成浪费。

2. 平价

平价（价格等于价值）的价格政策，可以用收费弥补该项公共劳务的人力、物力耗费，保证其发展进步的物质基础，促进对该项公共劳务的节约使用，从而节约财政支出。这种价格政策，一般适用于从国家和民族的利益看，无需特别鼓励使用，又不必特别限制使用的“公共劳务”。

3. 高价

高价（价格高于价值）的价格政策，可以有效地限制公共劳务的使用，并为国家财政提供额外的收入。这种价格政策一般适用于从国家和民族利益看，必须限制使用的公共劳务，如金融、环境卫生、教育、高档娱乐设施等。这种价格可起到“寓禁于卖”的作用。

以上三种方法中，成本效益分析法是市场经济国家衡量政府支出效益常用的一种方法，它一般适用于政府投资项目的评价。成本效益分析法自20世纪40年代问世以来，已在世界各国或地区得到了相当广泛的运用。但正如任何事物都有两面性一样，该方法也有一定的局限性，因为无论支出项目涉及的范围多广，只有可以用货币来计量，成本和效益才能被较准确地计算出来。而有许多支出项目是难以用货币来计量的，如国防，它所带来的社会安全和国家强盛，是无法用货币来衡量的。因此，对于不能用货币来度量其效应的财政支出项目，可以用其他两种方法来衡量支出效益。

三、财政支出绩效评价管理

（一）财政支出绩效评价的基本依据

具体包括：(1)有关法律、行政法规及规章制度；(2)财政部门、主管部门和单位制定的绩效评价工作规范；(3)财政部门制定的专项资金管理办法；(4)主管部门和单位的职能、职责及绩效目标和年度工作计划与中长期发展规划；(5)主管部门和单位预算申报的相关材料和财政部门的预算批复；(6)主管部门和单位的项目预算申报论证材料和项目验收报告；(7)主管部门和单位预算执行的年度决算报告和年度审计报告；(8)其他相关资料。

（二）财政支出绩效评价的基本内容

具体包括：(1)绩效目标的设定情况；(2)绩效目标的完成情况以及财政支出所取得的经济效益、社会效益和生态环境效益等；(3)为完成绩效目标安排的预算资金使用情况、财务管理状况和资产配置与使用情况;(4)为完成绩效目标采取的加强管理的制度、措施等;(5)根据实际情况确定的其他评价内容。

(三)财政支出绩效评价的方法

(1)目标比较法,指通过对财政支出产生的实际效果与预定目标的比较,分析完成目标或未完成目标的原因,从而评价绩效的方法。

(2)成本效益法,又称投入产出法,是将一定时期内的支出所产生的效益与付出的成本进行对比分析,从而评价绩效的方法。

(3)因素分析法,指通过列举所有影响成本与收益的因素,进行全面、综合的分析,从而得出评价结果的方法。

(4)历史比较法,指将相同或类似的财政支出在不同时期的支出效果进行比较,分析判断绩效的评价方法。

(5)横向比较法,指通过对相同或类似的财政支出在不同地区或不同部门、单位间的支出效果进行比较,分析判断绩效的评价方法。

(6)专家评议法,指通过邀请相关领域的专家进行评议,得出评价结果的方法。

(7)问卷调查法,又称公众评判法,指通过设计不同形式的调查问卷,并在一定范围内发放,收集、分析调查问卷,进行评价和判断的方法。

(8)询问查证法,指评价人员以口头或书面、正式或非正式会谈等方式,直接或间接了解评价对象的信息,从而形成初步判断的方法。

开展财政支出绩效评价是财政管理发展到一定阶段,进一步加强公共支出管理,提高财政资金有效性的客观选择。它不仅是财政管理方法的一种创新,而且是财政管理理念的一次革命。绩效评价将财政资金的管理建立在可衡量的绩效基础上,强调的是"结果导向",或者说强调的是责任和效率,增强了财政资源分配与使用部门绩效之间的联系,有助于提高财政支出的有效性。对于政府部门来说,公众对政府机构提供公共服务的质量与成本的关注,有助于促进政府决策程序的规范化和民主化。

视频

优化支出结构提高资金使用效益

(四)开展财政支出绩效评价的意义

有利于规范财政资金支出管理;有利于加强对财政部门权力的约束;有利于增强资金使用部门的责任感。它使资金使用部门从花大量时间、精力争项目、争资金转变为切实关注项目的可行性和如何用好资金。

为了缩减政府成本,各国都进行了财政支出绩效评价的探索,包括美国、加拿大、澳大利亚、英国、德国等国先后开始了这方面的实践。较早进行改革的新西兰,由于实施了大刀阔斧的改革,成功地消灭了严重的财政赤字。美国也进行了有益的探索,积累了较多的成功经验。我国借鉴发达国家的实践经验,在 2005 年提出了开展财政支出绩效评价工作,并制定了相关规定,开始了试点工作。财政部于 2005 年 5 月 25 日以财预〔2005〕86 号文公布了《中央部门预算支出绩效考评管理办法(试行)》,同年 9 月 9 日又印发了《中央级教科文部门项目绩效考评管理办法》,其目的是通过对部门绩效目标的综合考评,合理配置资源,优化支出结构,规范预算资金分配,提高预算资金使用效益。2011 年 4 月 2 日,财政部重新修订了《财政支出绩效评价管理暂行办法》,同年 7 月 5 日,发布《关于推进预算绩效管理的指导意见》,同年 7 月 24 日,制定了《预算绩效管理工作考核办法(试行)》。2012 年 9 月 21 日,财政部制定了《预算绩效管理工作规划(2012—2015 年)》,并制定了《县级财政支出管理绩效综合评价方案》和《部门支出管理绩效综合评价方案》两个配套文件。2013 年 4 月 21 日，财政部印发《预算绩效评价共性指标体系框架》，开展重点项目支出绩效评价、预算部门整体支出绩效评价、县级财政支出管理绩效综合评价试点，努力推进预算绩效管理工作，并取得了积极进展。

我国开展财政支出绩效评价改革已取得了较大成效：(1)从关注预算执行过程到关注预算执行结果，深化了财政支出管理改革；(2)从收支核算到成本核算，降低了财政运行成本；(3)更好地调动了各部门的积极性；(4)以客观、公正的绩效评估体系代替了传统的考核方式，强化了财政监督。今后这一工作还要继续推广和加强，以不断提高财政支出的使用效益。

【同步案例 3－2】　　财政支出效益

某县水利局向财政局打报告，申请拨款在某乡镇打井，钱拨出去后，很快把井打出来了，但发现没有水。过了一段时间，交通局向财政局打报告，申请拨款把井填上，这样使交通畅通，且避免有人不慎落入井中，钱拨出去后，也很快把井填上了。可是有人说了，县财政花了两笔钱，群众一点好处都没得到，这钱花得值不值？从职责的角度来看，水利局、交通局都做事了，没闲着，也没有把钱贪污。那么应当如何评价财政支出的效益呢？

案例精析 3－2

讨论：

(1)行政管理、教育、文化、卫生等支出主要体现为社会效益，如何量化及评价其工作成效呢？

(2)了解发达国家进行财政支出绩效评价的经验，为提高我国财政支出效益提出建议。

任务五　财政支出控制

对财政支出过程的控制源于政府支出中所存在的委托代理关系，为了保证代理人能够完成委托人的目标，保证支出的效率，就需要通过一系列的制度设计来保护委托人的利益和规范代理人的行为。预算监督和政府采购就是其中两个最重要的制度设计。

一、预算监督

国家预算是指由政府编制的，经过立法机关审批，反映年度内财政收支状况的计划，是具有法律规定和制度保证的文件。预算监督是对财政支出的约束，主要体现在财政预算审批和监督两个环节上。

(一)预算审批的特点

1. 完整性

所有财政收支都应在国家预算中得到反映，并且以收支总额反映出来，不能在预算收支之外另行组织收支。

2. 可靠性

国家预算必须详细反映财政收支状况，各项收支数据必须准确，不能够笼而统之，以大的支出方向涵盖详细的支出结构。

3. 公开性

全部财政收支必须经立法机关审批，并且向社会公布，接受公众监督。

4. 年度性

应按预算年度编列财政收支，我国的预算年度采用历年制。

（二）预算审批的流程

1. 预算编制

在新的预算年度开始前，由政府预算管理部门确定公共支出总额和结构。

2. 预算审批

交由立法机关审批成为正式的预算。

3. 预算执行

各政府部门按照预算的要求，组织各项收支活动。

4. 预算决算

预算年度结束之后，由管理部门编制决算草案，经审计后提交立法机关批准，形成政府决算。

（三）预算监督的主体

1. 立法机构

立法机构通过预算审查和批准的权力对预算进行监督，这是预算监督中重要的一环。

2. 纳税人

因为纳税人实际上是财政支出的负担主体，也是政府公共物品享受的主体，对于公共物品提供的成本和效率之间的关系最为关心，除组成立法机构对预算进行监督之外，纳税人对于预算执行的效果发挥个体监督作用。

3. 行政部门

行政部门不但是预算的编制和执行机构，同时也在内部设立预算的审计机构和监督机构，督促各部门提高预算执行力。

4. 社会中介组织

社会中介组织包括各审计师事务所、会计师事务所、资产评估公司等部门，对于预算执行质量的评定有助于提高公众的认识水平。

5. 新闻媒体

新闻媒体通过对与预算相关的事件报道有助于形成社会舆论的压力，促使政府部门提高预算执行的质量。

二、政府采购

（一）政府采购的含义

政府采购（government procurement），也称公共采购，是指各级政府及其所属机构为了开展日常政务活动或为公众提供公共服务的需要，在财政的监督下，以法定的形式、方法和程序，对货物、工程或服务的购买。政府采购不仅是指具体的采购过程，而且是采购政策、采购程序、采购过程及采购管理的总称，是一种对公共采购管理的制度，是政府及其所属单位使用财政性资金以公开招投标为主要方式获得商品、劳务和工程的行为。

（二）政府采购的特点

1. 资金来源的公共性

政府采购资金来源于政府财政拨款，即公共资金，而私人采购资金来源于采购主体的私有资金。资金来源的不同,决定了政府采购与私人采购诸多方面的区别。

2. 采购行为的非营利性

政府采购具有非商业性的特点,政府采购的目的不是为了盈利,而是为了提高财政资金的使用效益,而私人采购的目的和动机是为了盈利。

3. 采购规模巨大,采购对象广泛

政府始终是各国国内市场最大的消费者,政府采购规模在国民生产总值和财政支出中都占有相当大的比重。政府采购的金额占欧盟成员国 GDP 的 15%,政府采购支出约占美国联邦预算支出的 30%。政府采购对象也非常丰富,从办公用品到武器等无所不包。

4. 公共管理性

由于采购部门使用公共资金进行采购,政府采购部门履行的是信托人的职能,因此,政府采购具有明显的公共管理性。政府采购过程是一个受监管但透明的过程,在严格的法律和管理限制下进行。

5. 政策性

政府作为国内最大的购买者和消费者,其采购的数量、品种、频率对整个国民经济有着直接的影响。政府采购作为公共支出政策的主要内容,当经济过热时,可以减少政府采购规模,即通过紧缩性的财政政策实现经济的正常运行;当经济不景气时,可以增加政府采购规模,增加有效需求,即通过积极性的财政政策实现总供求平衡,拉动经济增长。同时,还可以保护民族工业,促进产业结构调整和优化。

6. 公开性

政府采购一般通过招标、竞标方式进行交易,而公开、公平是招标方式的基本特征,从而使政府采购活动在透明度较高的环境中运作,采购的有关法律、采购过程、采购信息全是公开的,公共官员、管理者受到财政、审计、供应商和社会公众等全方位的监督。

(三)影响政府采购的因素

1. 产业体系的发展状况

一个国家自身的产业体系质量和水平决定了政府能否低价优质地采购到所需要的商品。若一个国家产业体系比较完整、本国企业在价值链中占据比较有利的位置,则国家在采购中就有可能低成本地获得所需要的商品;相反,如果一个国家内部的企业竞争力不强,在价值链条中处于不利地位,则采购的价格就会相应地抬高,并且可能由于其他方面的壁垒,无法完成相应的采购任务。

2. 政府法律和制度约束力

在我国,涉及政府采购的规章制度很多,已经先后出台了预算法、政府采购法等法律,也有一些政府部门的规定。随着社会发展的需要,相关的法律制度也在不断地完善。可以说,任何一部法律、法规的制定,任何一项政府政策的出台,都是在充分考虑了社会需要后才制定的。这些法律、法规理应有社会成员不可忽视的权威性、约束力、严肃性和公权力。任何社会成员都要在这一框架内学习、工作和生活。政府采购行为要严格遵守预算法、政府采购法等相关法律,政府支出才会具有效率。从另一个角度说,只有真正发挥或体现法律和制度的权威性、严肃性,公权力和约束力才能得到真正体现。

3. 诚信文化发展程度

相应的法律规定表现为硬约束,采购人员的道德约束为软约束。在大量的交易活动中,个人价值观、潜在的追求目标、对商品价值的识别能力,以及采购价格的确定和对总体目标的认识千差万别,法律的监督作用难以发挥,必须通过道德约束才能够降低采购成本。

4. 社会监督质量

社会舆论、媒体等其他社会主体的监督对政府采购活动的监督和约束作用日益提升。网络及多媒体的发展为居民提供了能够迅速发表意见的平台,并且录音、录像等辅助取证的设备价格低廉,居民很容易获取。从纵向来看,居民及媒体的监督能力在大幅度地提升。

(四)政府采购的运行机制

1. 政府采购主管机构

政府采购按使用对象,可分为民用产品采购和军用产品采购。军用产品采购的主管机构为国防部门,而民用产品的主管机构一般都是财政部门,中央政府为财政部,地方政府为财政厅局。政府采购的主管机构的主要职责因国而异,大致包括编制采购预算、制定采购法规、对政府采购事务进行协调和管理以及进行采购统计、分析和评估等。

2. 政府采购法律体系

为了加强对政府采购的管理,各国都制定了一系列有关政府采购的法律和规章。除了基本法规外,各国还制定了大量的配套法规。

3. 政府采购模式

(1)集中采购模式。集中采购模式是指由采购主体负责本级政府的所有采购。

(2)分散采购模式。分散采购模式是指在遵守国家法令的前提下,由各需求单位自行采购,目前,完全自行分散化采购的国家不多。

(3)半集中半分散的采购模式。半集中半分散的采购模式是指部分物品由一个部门统一采购,部分物品由各需求单位自行采购的模式。大多数国家采用这种模式。一国政府究竟在多大程度上实现集中采购和分散采购并没有标准模式,采购实体的目标、资源和管理需求对采购的集中化和分散化起重要作用。

4. 采购人员管理

政府采购人员代表政府进行各种采购,手中拥有非常大的权力,但同时也要承担非常大的责任。为保证政府采购队伍的专业化和职业化,需要对采购人员进行培训和管理。负责大宗物品的采购或具有高风险的物品和服务采购的人员由中央政府培训,负责小额商品的采购人员由部门或地方培训。只有培训合格的人员才能上岗。采购人员分若干级别,签订合同时,不同级别的人员签订不同金额的合同。如此,权责对称,责任明确。另外,许多国家还制定了政府采购人员行为准则,同时对违法违纪的采购人员及供应商进行严惩。

5. 质疑与申诉机制

供应商质疑与申诉是政府采购活动中经常遇到的问题,为了妥善解决这些问题,世界贸易组织制定的《政府采购协议》以及许多国家的政府采购制度中都对质疑和申诉问题进行了特殊规定,包括申诉程序、有效时间、负责处理此类问题的机构等。

(五)我国政府采购的发展方向

1. 政府采购的范围逐步扩大

凡是存在着委托代理关系的主体都应实行政府采购。对于我国而言,政府采购的范围除覆盖政府部门、事业单位之外,也应该把对国有企业的采购纳入政府采购范围。

2. 发展采购专员制度

政府采购要体现培植本国企业和引导符合政府意图的产业,而要真正实现政府采购的政策目的,需要具有大量的专业性知识、能准确判别所购买商品的质量和生产企业的国别属性的专业人员。另外，新兴商品创新和技术扩散的速度非常快，价格变化也非常剧烈。只有对所采购商品的行业发展动态非常了解的采购人员才能够在短期采购和长期订货方面有一个比较合理的价格，从而保证所采购商品的价格不高于正常的市场价格。

3. 低交易成本的电子采购

电子采购是由采购方发起的一种采购行为，是一种不见面的网上交易，如网上招标、网上竞标、网上谈判等。电子采购的优势体现在提高采购效率、节约采购成本和优化采购流程等各个方面。目前，我国的电子采购网和电子采购平台在不断地完善，电子采购范围也在不断地扩大。

(六)政府采购对提高财政支出效益的意义

(1)从财政部门自身的角度来看，政府采购制度有利于政府部门强化支出管理，硬化预算约束，在公开、公正、公平的竞争环境下降低交易费用，提高财政资金的使用效率。

(2)从政府部门的代理人角度来看，通过招标竞价方式，优中选优，具体的采购实体将尽可能地节约资金，提高所购买货物、工程和服务的质量，提高政府采购制度的实施效率。

(3)从财政部门代理人与供应商之间的关系角度来看，由于政府采购制度引入了招标、投标的竞争机制，使得采购实体与供应商之间的"合谋"型博弈转化为"囚徒困境"型博弈，大大减少了它们之间的共谋和腐败现象，在很大程度上避免了供应商(厂商)和采购实体是最大利益者而国家是最大损失者的问题。

应知考核

一、单项选择题

1. 基本建设支出属于(　　)。

A. 购买性支出　B. 社会性支出　C. 消费性支出　D. 转移性支出

2. 下列属于转移性支出的是(　　)。

A. 财政投资性支出　B. 补助支出　C. 社会消费性支出　D. 教育经费支出

3. 下列属于购买性支出的是(　　)。

A. 国防支出　B. 捐赠支出　C. 债务利息支出　D. 补助支出

4. 下列属于积累性支出的是(　　)。

A. 国家物资储备支出　B. 国防支出

C. 行政管理支出　D. 大修理支出

5. 由采购主体负责本级政府的所有采购，这种采购称为(　　)。

A. 集中采购　B. 分散采购

C. 半集中半分散采购　D. 半集中采购

二、多项选择题

1. 公共投资支出的类型主要包括(　　)。

A. 非营利性领域　B. 自然垄断产业

C. 风险或高技术产业　D. 政策性产业

2. 按资金在社会再生产中的作用分类，财政支出包括(　　)。

A. 补偿性支出　B. 积累性支出　C. 消费性支出　D. 购买性支出

3. 财政支出原则有(　　)。

A. 保证政府职能的原则　　B. 兼顾公平效率的原则

C. 贯彻依法支出的原则　　D. 促进经济发展的原则

4. 影响财政支出结构的因素有(　　)。

A. 政府职能　　B. 财政资金供给范围

C. 经济发展水平　　D. 国际政治经济形势

5. 政府采购模式有(　　)。

A. 集中采购模式　　B. 分散采购模式

C. 半集中半分散的采购模式　　D. 以上都不对

三、判断题

1. 购买性支出主要是影响收入分配,体现财政的收入分配职能。(　　)

2. 行政、文教卫生、国防战备等方面的支出属于转移性支出。(　　)

3. 公平与效率是政府财政支出应遵循的重要原则。(　　)

4. 若财政支出弹性等于1,则说明财政支出与国民生产总值处于同步增长状态。(　　)

5. 免费和低价(价格小于价值)的价格策略,适用于从国家和民族的利益看,无需特别鼓励使用。(　　)

四、简述题

1. 简述衡量财政支出规模的指标。

2. 简述财政支出结构的含义及优化的原则。

3. 简述我国财政支出结构存在的主要问题及优化措施。

4. 简述财政支出绩效评价管理的基本内容。

5. 简述政府采购的含义及影响政府采购的因素。

应会考核

■观念应用

【背景资料】

2008年北京奥运会的财政支出

2001年7月13日,北京成功获得了2008年奥运会主办权。北京奥运会的顺利举办,需要巨额资金作保证。据估算,治理环境需170亿元,重大工程项目700多亿元,修建新体育馆160亿元,举办费用15亿元……总计约1 045亿元。这些资金大部分来自政府的财政支出。

【考核要求】

根据上述材料回答:

(1)材料中的财政支出属于什么支出?

(2)结合所学知识分析财政的巨大作用有哪些。

■技能应用

表 1 财政支出与 GDP

年份	1978	1980	1985	1995	2000	2005	2010	2018
ΔF	33	−4.1	17.8	17.8	20.5	18.5	17.4	8.7
Δ/GDP	30	27	22.2	11.2	16	18.3	22.3	24.5

注：ΔF 为财政支出增长率；Δ/GDP 为财政支出占 GDP 的比重。

改革开放后，我国财政支出除 1980 年、1981 年两年负增长外，其余年份都是正增长，而且增长速度不算很慢，如年均增长速度"六五"时期为 10.3%，"七五"时期为 9.0%，"八五"时期为 1.2%，"九五"时期为 18.4%，"十五"时期为 16.2%，所以，财政支出增长率基本上是一条波折上升的曲线，而且有的年份波折度较大。但是，财政支出占 GDP 比重的运行则是另外一种情形。1995 年以前这段时间内，由于财政支出增长速度慢于 GDP 的增长速度，导致财政支出占 GDP 的比重一路下滑，1986 年才停止下滑，1997 年开始回升，而且回升速度较快，直到当前。

【技能要求】

根据以上数据，试分析我国改革前后财政支出占 GDP 比重变化的原因。

■案例分析

【案例情境】

财政增加民生支出

保障和改善民生是政府工作的根本出发点和落脚点。近年来，我国加大了财政用于民生支出的力度，具体情况见表 2：

表 2 近年来我国财政用于民生支出(部分)情况 单位：亿元

支出项目	2007 年	2008 年	2010 年	2018 年
教育支出	7 122.3	9 010.2	12 450	32 222
医疗卫生支出	1 989.9	2 575	4 745	15 700
社会保障和就业支出	5 447.2	6 804.3	9 081	27 084

注：2007～2018 年我国财政收入由 39 373.2 亿元增至 180 000 亿元。

资料来源：《中国财政统计年鉴》。

【分析要求】

结合材料，说明我国财政增加民生支出的意义(6 分)。

项目实训

【实训内容】

进入中华人民共和国财政部网站 http://www.mof.gov.cn/index.htm，检索你所在的某省或某市的上一年度的财政支出结构。

【实训目标】

培养资料查询能力、分析问题能力和语言表达能力；深刻体会财政支出的各种分类目录和分析方法。

【实训组织】

以学习小组为单位，对财政支出结构进行分析，各小组分别写出分析报告，做成PPT并在课堂上讲述。

【实训成果】

(1)考核和评价采用报告资料展示和学生讨论相结合的方式。

(2)评分采用学生和教师共同评价的方式，填写实训报告。

实训报告		
项目实训班级：	项目小组：	项目组成员：
实训时间：　　年　　月　　日	实训地点：	实训成绩：
实训目的：		
实训步骤：		
实训结果：		
实训感言：		

项目四

购买性支出

○ **知识目标：**

理解：购买性支出的含义与特点；社会消费性支出的含义、性质、类型。

熟知：行政管理支出与国防支出、科教文卫支出、政府投资、财政农业投资。

掌握：购买性支出的经济效应、购买性支出的规模与结构、行政管理费和国防费的属性及其对经济的影响。

○ **技能目标：**

能够掌握购买性支出的基本知识、基本原理，能够运用本项目的知识分析现实中购买性支出存在的问题。

○ **素质目标：**

运用所学的购买性支出知识研究相关案例，培养和提高学生在特定业务情境中分析问题与决策设计的能力；结合行业规范或标准，强化学生的职业道德素质。

○ **项目引例：**

农村教学点撤并的争议

新疆博乐市青得里乡顾里木图二村教学点只有69名学生，34名教师。按照规定，这个村离县城不到2公里，而且交通方便，应当撤并这个教学点。但大多数村民不愿意让自己的孩子到城里的学校读书，而愿意在家门口这个教学点上学。教育局和少部分村民认为教学点办学条件相对差一些，师资力量比不上县城，撤并后可以整合资源，让农牧民子女接受到优质教育；但多数村民坚持教学点应该保留，他们担心每天让小孩到几公里外上学，安全问题难以保障，而且接送孩子也是一大负担。

在多次说服无效的情况下，教育局尊重村民的意见，而且投入100万元为该教学点建设新操场。针对类似教学点较多的情况，该市拿出450万元财政资金为这些教学点购置设备、更换课桌椅、建设多媒体设施，让农村孩子也能享受优质教育资源。根据地广人稀的实际情况，新疆从2013年到2015年陆续恢复农村和牧区教学点近200个，受到农牧民的欢迎。

讨论：

(1)结合上述例子，分析财政支持农村地区教育的目的是什么。

(2)如何看待教育公平与财政投入的关系。

○ **知识精讲：**

任务一　购买性支出概述

一、购买性支出的含义与特点

(一)购买性支出的含义

购买性支出是指政府用于在市场上购买所需商品与劳务的支出。这类公共支出形成的货币流,直接对市场提出购买要求,形成相应的购买商品或劳务的活动。它既包括购买进行日常政务活动所需商品与劳务的支出,如行政管理费、国防费、社会文教费、各项事业费等,也包括购买用于兴办投资事业所需商品与劳务的支出,如基本建设拨款等。

(二)购买性支出的特点

1. 有偿性

政府通过购买性支出直接获得等价的商品和劳务,用于满足政府履行职能的需要。

2. 等价性

政府在市场上购买商品或劳务,是一种资金和商品或劳务的相向运动,一定数量的资金付出必须获得价值等量的商品或劳务。

3. 资产性

政府购买的商品或劳务,包括消费品及各项生产要素,在很大程度上首先要转化为国有资产,然后再用于满足政府活动的消耗。其中,消费性支出形成政府履行其政治职能、社会职能的行政事业性资产;购买生产资料的投资性支出则形成经营性国有资产。

4. 消耗性

消耗性主要是对资金的实际使用主体而言的,在政府购买支出活动中,资金和要素一经政府购买,它们将在政府职能的实现过程中被消耗掉。

二、购买性支出的经济效应

(一)购买性支出直接介入资源配置,影响资源配置效率

政府通过购买性支出提供公共产品和劳务,满足社会需要,体现了政府在社会资源和要素中的直接配置和消耗的份额。购买性支出规模的扩张和结构调整,直接刺激社会总需求的增加,引起社会资源流向变化的资源配置调整,促进社会资源的不同生产和消费组合,从而对整个社会的资源配置效率产生重要影响。

购买性支出在资源的使用方面具有排他性。政府通过购买性支出在占有、消耗资源的同时也排除了其他部门使用这部分资源的可能性,这就是购买性支出的“挤出效应”。尽管购买性支出在资源配置中具有不可替代的作用,但是这种挤出效应的存在决定其规模不宜过大,否则会影响市场在资源配置中的基础作用。

(二)购买性支出直接引起市场供需对比状态的变化

从社会经济的循环周转角度来看,市场上必须有足够的、有支付能力的需求,产品销售才能实现。政府的购买性支出构成社会有效总需求的组成部分,形成相对应的商品和劳务需求。政府购买性支出的刺激促使私人投资的增加、企业生产规模的扩大和就业人数的增加,从而影响社会总需求和总供给之间的平衡。

(三)购买性支出对生产和就业具有刺激、扩展作用,间接影响收入分配

购买性支出的变化会对收入分配状况产生影响,但是这种影响是在前面所分析的购买性支出对资源配置、生产和就业、宏观总量平衡和经济稳定发生作用的过程中派生出来的。购买性支出使商品流通与生产规模扩大,必然给企业带来丰厚的利润;相反,购买性支出减少,企业利润会随生产流通规模的萎缩而下降。即使在支出规模不变的情况下,购买性支出结构的任何变动,都会改变不同企业的利润水平。

在一国的财政支出结构中,如果购买性支出所占的比重越高,就表明该国政府对资源配置和经济稳定的影响力度越大。因为购买性支出对社会总需求会产生直接的影响,政府公共部门占有资源越多,私人部门可支配的资源就越少;在经济萧条时期增加购买性支出或者在经济繁荣时期减少购买性支出,都能促进经济稳定。因此,购买性支出成为各国政府实施宏观调控,特别是成为反经济周期的调控手段。

三、购买性支出的规模与结构

(一)购买性支出的规模

购买性支出规模可以用购买性支出的绝对数指标和相对数指标来衡量。

1. 绝对数指标

购买性支出的绝对数量与一个国家的经济发展水平、政治环境、社会因素紧密相关。在不同的国家或同一国家的不同历史时期,政府购买性支出的绝对规模都是不相同的。从不同国家的同一历史时期来看,经济发展水平越高的国家,购买性支出的总量也会越多。从一个国家的不同历史时期来看,受经济发展水平、政治环境和社会环境诸因素的影响和推动,政府购买性支出的绝对规模也会相应地增长。

2. 相对数指标

衡量购买性支出的相对数指标有两个:一是购买性支出占 GDP 或 GNP 的比重;二是购买性支出占财政支出总量的比重。因为绝对数指标不便于比较,所以通常是以相对数指标来表示购买性支出的规模。购买性支出占 GDP 和财政总支出的比重,各个国家有所不同。一般来说,经济发达国家,由于政府较少参与生产活动,财政收入比较充裕,财政职能侧重于收入分配和经济稳定,因而购买性支出占 GDP 和财政总支出的比重与转移性支出占 GDP 和财政总支出的比重差别不大。发展中国家,由于政府较多地参与生产活动,财政收入相对匮乏,购买性支出占 GDP 和财政总支出的比重较大。

(二)购买性支出的结构

购买性支出的结构是指购买性支出各组成项目之间形成的关系。购买性支出主要由社会消费性支出与政府投资性支出构成。

1. 社会消费性支出

社会消费性支出是政府为开展日常的政务活动所需要的支出,主要包括行政管理支出、国防支出、科教文卫支出、社会保障支出等,是非生产性的消耗支出。其结果不会形成各种形态的资产,但它是社会再生产正常运行所必需的保证与支撑,其结果大多形成各种形态的行政事业性国有资产,并逐步被消耗掉。

2. 政府投资性支出

政府投资性支出是政府用于购买社会所需的投资品的支出,属于生产性的消耗支出,其结果往往形成各种经营性的国有资产,如京九铁路、三峡工程、西气东输工程等所进行的投资。

在我国的购买性支出中,投资性支出比重较高,也是我国购买性支出在财政支出中所占比重比较大的原因。

任务二 社会消费性支出

一、社会消费性支出理论

(一)社会消费性支出的含义

社会消费性支出是指政府用于满足社会公共消费需要方面的支出,是国家履行政治职能和社会职能的保证。它与财政投资支出最大的区别在于形成的资产性质不同,前者形成非经营性国有资产,后者形成经营性国有资产。

(二)社会消费性支出的性质

社会消费性支出的性质是满足社会共同需要,具有明显的正外部效应。它属于非生产的消耗性支出,其消耗或使用并不形成任何资产;本质上,社会消费性支出满足的是纯社会共同需要,所提供的服务是为全体公民共同享受,具有明显的外部效应;在财政支出的安排上,保证社会消费性支出各项目的必要列支是财政工作的基本职责。它是实现社会经济的可持续发展、扩展社会发展空间、不断提高居民的生活质量的保证。

(三)社会消费性支出的类型

社会消费性支出的主要类型有行政管理费、国防费、文教、科学、卫生事业费、工交商农等部门的支出。不同国家在不同时期,其社会消费性支出的规模是有所不同的。从世界各国的一般发展趋势来看,社会消费性支出的绝对规模总体呈现一种扩张的趋势,而相对规模在一定发展阶段也呈现扩张的趋势,达到一定规模则会相对停滞。

二、行政管理支出

(一)行政管理支出的含义及性质

行政管理支出是指财政用于国家各级权力机关、行政管理机关和外事机构,行使其职能所需要的费用支出。

行政管理支出主要用于社会集中性消费,属于非生产性支出。虽然这项支出不创造任何财富,但作为财政支出的基本内容,它保证了国家机器的正常运转。在中国,这项支出对巩固人民民主专政、维护社会秩序、加强经济管理、开展对外交往等方面具有重要意义。

(二)行政管理支出的内容

行政管理支出的内容取决于国家行政管理机关的结构及其职能。以中国为例,行政管理支出按照国家政权及行政管理机构的设置划分,包括行政支出、公安支出、国家安全支出、司法检察支出、外交支出。

其中,(1)行政支出包括党政机关经费、行政业务费、干部训练费及其他行政费等。(2)公安支出包括各级公安机关经费、公安业务费、警察学校和公安干部训练学校经费及其他公安经费等。(3)国家安全支出包括安全机关经费、安全业务费等。(4)司法检察支出包括司法检察机关经费、司法检察业务费、司法学校与司法检察干部训练费及其他司法检察费等。(5)外交支出包括驻外机构经费、出国费、外宾招待费和国际组织会费。

（三）影响行政管理支出的因素

行政管理费的规模是由多种因素形成的，而且具有历史的延续性。直接的影响因素有经济增长水平、政府职能和机构设置、财政收支水平、通货膨胀、政策性增支、行政管理的现代化和物价波动等。

1. 经济增长水平

随着经济增长，行政管理支出会不断地扩张，这是一个不以人的主观意志为转移的客观规律。经济增长是社会财富积累的重要前提，也是政府职能扩张的决定性物质基础。一国的经济增长水平越高，其行政支出的数量会越大，行政管理的质量和效率就越高；反之，行政管理的质量和效率就会受到影响。

2. 政府职能和机构设置

行政管理支出是保证国家管理机关正常行使其职能必需的费用。政府的职能范围和管理机构数目直接决定了行政支出的多少，是制约行政管理支出的主要因素。

3. 财政收支水平

由于行政管理支出是通过对财政收入的再分配而形成的，因此，国家财政收入的状况是制约行政管理支出规模的重要因素。国家财政收入越多，行政管理支出规模也就可能越大。

4. 通货膨胀

行政管理支出与一定时期的通货膨胀水平成正比例关系，通货膨胀水平越高，行政管理支出就会越多。

5. 政策性增支

国家出台的各项改革措施、工作人员的正常职务变动等，都会明显增加工资、补贴及各项福利开支等，相应地，也会导致行政管理支出的增加。

6. 行政管理的现代化

行政管理的现代化要求管理手段的现代化。随着计算机化管理的普及，各级行政管理部门纷纷更新设备，开发计算机软件，实行计算机网络化，在加强硬件建设的同时不断地完善软件建设，这个过程的耗费是巨大的。

7. 物价波动

政府行政管理所需商品和服务的购买必须遵循市场等价交换的原则，因此，物价的波动必然带来行政管理支出的增加或减少。当今社会，物价上涨是一种普遍存在的现象，物价上涨能推动行政管理支出规模的扩张，但增加的经费支出并不能带来国家实际消耗物资量的增长。

（四）我国行政管理费规模及国际比较

行政管理是政府的一项基本职能。它不可能从财政支出中完全消失，甚至它的绝对值规模不断增长也带有必然性。

自改革开放以来，我国的行政管理费是财政支出中增长最快的一个项目，大部分年份其增长速度超过了财政支出的增长速度，尤其反映在公检法支出上，说明我国为适应改革开放和建立市场经济体制的需要，加大了立法、执法和检查监督的力度。

通过与若干国家进行国际比较发现，我国行政管理费占财政支出的比重高于其他国家，增速也快于其他国家。从静态看，与其他国家相比，我国行政管理支出属于最高水平；从动态看，我国行政管理费所占财政总支出比重的高速爬升与其他国家这一指标的平缓上升或平缓下降形成鲜明的对比。

三、国防支出

(一)国防支出的含义及性质

国防支出是指一国政府为维护国家主权与保证领土完整，用于军事工程、科研，各军兵种经常性开支、后备部队经常性开支以及战时的作战费用。国防支出是任何一个主权国家维护其安全、独立所必不可少的开支。

国防支出属于社会消费性支出，是非生产性支出。从社会再生产的结果角度看，国防支出表现为社会资源的净消耗，就此而论，国防支出应越少越好。但是，从社会再生产的社会条件看，国防保护了国家的安全，是保证社会再生产正常运行所必需的，因此，任何国家的国防支出又都保持一定的规模。

(二)国防支出的内容

国防支出的具体内容，由于其服务于不同国家和不同时期的防务需要，因而各自的具体内容经常变化。(1)按类别划分，中国的国防支出包括国防费、民兵建设费、国防科研事业费和防空经费等。(2)按支出项目划分，中国的国防支出包括人员生活费，主要用于军官、士兵、文职干部和职工的工资、伙食、服装等；活动维持费，主要用于部队训练、工程设施建设及维护和日常消耗性支出；装备费，主要用于武器装备的科研、试验、采购、维修、运输和储存等。近年来，我国的国防费主要用于三个方面：人员生活费、训练维护费和装备费。

(三)国防支出水平的影响因素

1. 经济发展水平的高低

国防支出规模从根本上说是由经济实力决定的，经济实力越强，能用于国防方面的支出就大；经济实力越弱，国防开支就会受到很大的限制。

2. 国家管辖控制的范围大小

一个国家领土越大，人口越多，用于保卫国土、保护国民安全的防护性开支就会越大。

3. 国际政治形势的变化情况

在爆发军事战争或处于军事对峙时期，国防开支会大幅上升，而在和平时期，国家周边外交政策制定比较成功，与邻近国家和睦相处时，则国防开支会相应地减少。

(四)我国的国防政策

我国的国防政策是依据发展与安全相统一的战略思想而制定的。长期以来，我国坚定不移地奉行防御性的国防政策。进入21世纪，我国的国防政策是：(1)维护国家安全统一，保障国家发展利益；(2)实现国防和军队建设全面协调可持续发展；(3)加强以信息化为主要标志的军队质量建设；(4)贯彻积极防御的军事战略方针；(5)坚持自卫防御的核战略；(6)营造有利于国家和平发展的安全环境。

(五)我国的国防费规模及国际比较

一国的国防支出规模是随着一个时期的国际形势和国内形势的变化而变化的，和平时期趋减，发生战争骤增，可以说没有一以贯之的增减变化规律。

我国国防支出增长总的趋势是缓慢的。在20世纪90年代中期趋减，后期又有所增加，但增减幅度不大，一般是滞后于财政支出和GDP的增幅。从国际比较来看，我国的国防费规模，无论是绝对规模还是相对规模，都是偏低的。

四、科教文卫支出

(一)科教文卫支出的含义

科教文卫支出是指国家财政用于科学、教育、文化、卫生和体育等事业单位的经费支出。根据财政部制定的《2017 年政府收支分类科目》,科教文卫支出按照支出功能划分为科学技术、教育、文化体育与传媒、医疗卫生支出四个类级科目。

教育支出主要包括教育行政管理、学前教育、小学教育、初中教育、普通高中教育、普通高等教育、初等职业教育、中专教育、技校教育、职业高中教育、高等职业教育、广播电视教育、留学生教育、特殊教育、干部继续教育和教育机关服务等方面的支出;科学技术支出包括科学技术管理事务、基础研究、应用研究、科技条件与服务、社会科学、科学技术普及、科技交流与合作等方面的支出;文化体育与传媒支出包括文化、文物、体育、广播影视、新闻出版等方面的支出;医疗卫生支出包括医疗卫生管理事务支出,公立医院、基层医疗卫生机构支出,公共卫生、医疗保障、中医药、食品和药品监督管理事务等。

(二)科教文卫支出的性质

从广义上讲,科学、教育、文化、卫生和体育等属于混合产品,由于具有较强的外部正效应,有助于提高整个经济社会的文明程度和全体社会成员的素质,从而对经济的繁荣和发展起到决定性作用,因而各国尤其是发展中国家对科教文卫事业都给予较大的财力支持,且其支出规模越来越大。如中国 2007 年科教文卫支出占 GDP 和财政支出的比重分别为 4.37%和 23.70%,到 2016 年分别增至 6.85%和 27.12%,10 年间分别增长了 2.48 和 3.42 个百分点,年均为 5.86%和 25.90%。

科教文卫等事业单位是非物质生产部门,其支出是非生产性支出。需要强调的是:

(1)从某种静态的、相对的意义上说,科教文卫支出不能对当年物质财富的生产做出直接的贡献;

(2)从动态的、绝对的意义上说,科教文卫事业的发展将不断提高劳动者和劳动对象的素质并改善结合方式,对物质财富生产的贡献将越来越大;

(3)从实际意义上说,科教文卫支出在社会经济发展中占有重要的地位,且应随着劳动生产率的提高和 GDP 的增长而不断地提高,其增速甚至可超过 GDP 的增长速度。

(三)科教文卫支出的分析

科教文卫支出规模不断扩大,其增长率及所占 GDP 的比重、占财政支出的比重总体上呈现稳步上升的趋势。其中,教育、科学技术、文化体育与传媒、医疗卫生与计划生育支出(简称四项支出)的规模,由 2007 年的 7 122.32 亿元、1 783.04 亿元、898.64 亿元和 1 989.96 亿元分别增至 2016 年的 28 056 亿元、6 568 亿元、3 165 亿元和 13 154 亿元,分别增长 2.94 倍、2.17 倍、2.52 倍和 5.51 倍。四项支出所占 GDP 的比重由 2007 年的 2.64%、0.66%、0.33%和 0.74%分别增至 2016 年的 3.77%、0.88%、0.43%和 1.77%,增长了 1.13、0.22、0.10 和 1.03 个百分点;其所占财政支出的比重由 2007 年的 14.31%、3.58%、1.81%和 4.00%分别增至 2016 年的 14.94%、3.50%、1.68%和 7.00%,分别增长了 0.63、−0.08、−0.13 和 3.00 个百分点。

为了满足人民群众日益增长的科教文卫需求,提高国民的综合素质,当务之急是不断深化科教文卫体制改革。建立政府主导的多元化投入与管理机制,进一步扩大科教文卫支出,这是维护社会公平正义、提高人民生活质量的重要举措。

(四)科教文卫支出的管理

政府部门财政支出的基本任务是保证有关部门的经费供应和提高财政支出的使用效果，因此，科教文卫支出管理主要是采取定员定额管理办法，并加强财务管理。

1. 科教文卫单位的定员定额管理

定员定额管理是指根据事业单位的工作任务和开展业务工作的需要，规定人员配备标准和各项经济指标的额度。它是财政安排和控制科教文卫支出的重要依据。

(1)所谓定员即确定人员编制指标，是指根据精兵简政的原则，按照各个事业单位的不同性质及国家规定的定员比例和机构等级，规定完成一定的工作任务所需要的职工人数。定员管理对科教文卫支出管理具有重要的意义，它可以使财政部门向这些单位供应人员的经费有据可依，也有利于控制科教文卫的支出规模。

(2)所谓定额即确定开支的限额，是指对不同的事业单位制定相应的开支标准。科教文卫单位定额包括收入定额和支出定额两大类：前者指科教文卫活动中向服务对象收取一定费用的额度，包括补偿性收入、生产性收入和代办性收入三种定额；后者按支出用途分为人员经费定额和公用经费定额，按范围包括单项定额、综合定额和扩大综合定额三类。

2. 科教文卫单位的财务管理

按现行规定，科教文卫单位财务管理要全面反映单位的收支情况，全面采取核定收支等管理办法。

(1)核定收支的办法。事业单位必须将全部收入和支出统编列入财务经费计划，报经主管部门和财政部门核定。主管部门和财政部门根据事业单位的特点、发展计划、财务收支状况及国家政策与财力可能，来核定事业单位的年度收支规模。

(2)定额补助或定项补助。定额补助是根据事业单位的收支情况，并按相应的标准确定一个总的补助数额，如对高等院校实行生均定额补助等；定项补助则是根据事业单位的收支情况确定对事业单位某些支出项目实行补助，如对医院职工的工资支出项目进行补助，或对大型修缮项目和设备购置的补助等。

(3)财务包干。事业单位经费计划经主管部门和财政部门核定后，单位经费由单位自求平衡，增收节支的结余留归单位继续使用。除特殊情况外，通常情况下，单位超支，主管部门和财政部门不予追加。

(4)收入上缴办法。这是对少数非补助事业单位实行的一种经费管理办法。收入上缴规定的上缴数可以是定额的，也可是按比例的：上缴时限可按月或季，也可在年终一次上缴。该办法主要适用于非补助事业收入大于支出较多的事业单位。

【同步案例 4－1】

材料一：　**中国与发达国家社会事业支出占财政总支出的比重情况**

国　家	教育事业	卫生事业	社会保险	社会福利
中国	4.6%	3.7%	6.5%	2.4%
发达国家	14.2%	11.3%	10.1%	6%

案例精析 4－1

材料二：对民生领域的历史欠账，有些是因为当年国家财力不够，无法解决。2008 年至今，国家出台了一系列保民生的政策和措施，改善民生被放在突出的位置。

材料三：扩内需、保民生要以雄厚的财力为后盾。财政收入增加，政府能做的事情就多了，但是财政增收终究是有限的，它并非天上掉下来的馅饼。

讨论：

(1)我国与发达国家在社会事业支出方面有何差距？

(2)怎样理解材料三中"财政增收终究是有限的"？

(3)结合材料，为政府解决"民生欠账"提出几条合理化建议。

任务三 政府投资性支出

一、政府投资性支出的含义

购买性支出，大多是指政府的消费性支出。事实上，除此之外，它还包括一个十分重要的部分，就是政府的投资性支出或资本性支出。

所谓政府投资性支出，是指以政府为投资主体，以财政资金为主要投资来源的政府投资，是社会总投资(社会总投资分为政府投资与非政府投资两部分)的重要组成部分。影响政府投资规模的因素很多，但主要有政府职能范围大小、国有经济比重大小、所处的不同的经济发展时期。

二、政府投资的一般分析

(一)政府投资的特点和必要性

1. 政府投资的特点

(1)公共性和基础性。

为了弥补市场失灵的固有缺陷以及克服非政府投资的局限性，政府投资的着眼点首先在于为全体居民和各类经济(市场)主体的生产、生活需要提供必要的社会性和基础性条件。这既是国家和公共财政的内在职能，是经济、社会发展的客观要求，也是不可能依靠市场和微观经济主体来解决的问题。

(2)开发性和战略性。

某些新兴产业门类的开发、某些高科技与高风险领域(如航天等)的研究开发、对经济落后地区的开发等，都具有耗资大、耗时长、风险高等特点，致使私人部门望而却步，市场机制也无能为力，只能或主要由政府的投资来解决。除此之外，对于某些关系国计民生的部门、行业和重要企业(如军工、石油及石油化工、电力等)的直接与间接资本控制，通过政府投资对国民经济发展中某些薄弱环节的加强、对国民经济整体素质特别是劳动者素质的提高以及对社会其他投资所产生的影响带动功能来看，政府投资都具有事关全局的重要战略影响作用。

(3)社会效益。

社会效益是政府投资的出发点及归宿。它不可能也不应该首先把是否盈利和盈利高低作为投资选择的前提条件。这正是政府投资与非政府投资的一个明显区别。说它"不可能"，就是基于政府投资的上述特点，它不可能像非政府投资那样，完全以盈利程度作为投资与否的唯一选择标准；说它"不应该"，指政府投资的着眼点是为了弥补"市场失灵"的缺陷，是为了满足经济——宏观与微观经济和社会发展的客观需要，而不是纯粹为了赚钱，否则就不存在政府与非政府投资的区别。

2. 政府投资的必要性

(1)政府投资是克服市场在资金配置中所存在的某些“失灵”表现的必要手段。在那些外部效应明显以及投资数额大、周期长、回收慢、无盈利或低盈利的领域或投资项目上,政府投资的不可替代性就表现得更加突出。

(2)政府投资是进行宏观经济调控、优化资源配置、促进国民经济持续协调发展的重要手段。其最为明显的就是通过政府投资的方向选择,加强国民经济的薄弱环节,及时克服经济中的某些“瓶颈”制约,以达到促进资源优化配置和经济协调发展的目的。同时,政府还可以通过参股、持股、控股等形式,引导全社会的投资流量与流向,以达到国家的宏观调控目标。

(3)在现代市场经济和科技进步条件下,政府对教育、科研、文化、卫生等方面的投资,还是提高国民经济整体素质、推动科技进步、提高经济增长质量和效率、促进社会全面进步的重要推动力量。

(二)政府投资的原则

1. 政府投资不能对市场的资源配置功能造成扭曲和障碍

政府的投资选择,要建立在尊重市场规律,有利于充分发挥市场的资源配置功能的基础之上。原则上讲,但凡能由市场解决的问题,政府就应少加干预;能通过非政府渠道解决的筹资与投资问题,政府也可考虑退出。

2. 政府投资不宜干扰和影响民间的投资选择和投资偏好

在社会投资主体多元化、投资来源多渠道化、投资决策相对分散化的条件下,政府的投资选择,一方面要为众多的企业投资、民间投资创造必要的、与经济增长相适应的外部环境或基础条件;另一方面,又要充分考虑其对民间投资、对市场竞争格局可能带来的影响。

3. 政府投资要着眼于有利于社会经济效益和投资效益的增进

政府投资既然是一种公共性、基础性和公益性的投资,其社会效益、宏观经济效益和投资效益状况以及它的外部经济效应如何,理应成为它的出发点及归宿。一项好的政府投资计划或公共投资选择,可以而且完全应该起到所谓“四两拨千斤”的作用。

(三)政府投资的领域选择

一般来说,在市场经济条件下,社会投资大体可分为三大类别:

(1)竞争性项目投资,包括工业(不含能源)、建筑业和大部分第三产业。

(2)基础性项目投资,包括基础设施、基础产业和高新技术产业等。

(3)公益性项目投资,包括国防建设投资、政府等政权设施、科教文卫等设施。

鉴于政府投资的性质和特点,在上述三类投资项目中,一般来说,政府投资应以公益性和一部分基础性项目作为重点。

三、基础性投资的提供方式

(1)政府筹资建设,或免费提供,或收取使用费。由政府筹资建设的项目主要有三种情况:①关系国计民生的重大项目,如长江三峡工程等;②维护国家安全的需要,如核电站等;③如市区道路、路灯等具有明显的非排他性或很高排他成本的投资项目,单项投资成本不高,数量众多,也适用于作为纯公共产品由政府投资提供。

(2)私人出资,定期收费补偿成本并适当盈利,或由地方主管部门筹资建设,定期收费补偿成本。例如,我国的地方性公路、桥梁等公共基础设施,目前一般采取“贷款修路,收费还贷”的投资方式。

(3)政府与民间共同投资的提供方式。对于一些具有一定外部效应、盈利率较低或风险较大的项目,如高速公路、集装箱码头及高新技术产业等基础设施或基础产业的建设,政府可以在其中发挥资金引导和政策扶持作用,即采用投资参股、优惠贷款、提供借款担保、低价提供土地使用权、部分补贴和减免税收等方式,与民间共同投资,混合提供。

(4)政府投资,法人团体经营运作。这种提供方式有两个优点:一是政府拥有最终的决策权,可以使政府从具体的经营活动中解脱出来;二是法人团体拥有经营的自主权,责任明确,可以提高成本效益的透明度,提高服务质量。城市公共交通、港口等基础设施适用于这种提供方式。

(5)BOT(建设－经营－转让)投资方式。BOT 投资方式是近年来发展和兴起的一种基础设施的提供方式,它是指政府将一些拟建的基础设施项目通过招商转让给某一财团或公司,组建项目经营公司进行建设经营,并在双方协定的一定期限内,由项目经营公司通过经营,偿还债务,收回投资并盈利,协议期满,项目产权收归政府。这种投资方式的最大特点是鼓励和吸引私人投资,特别是外国直接投资者对发电厂、高速公路、能源开发等基础设施、基础产业进行投资。

四、财政对农业的投资

(一)财政对农业投资的重要性

1. 农业是国民经济的基础

农业是最典型的基础产业,也是我国作为发展中国家最需要发展的产业。农业对于国民经济发展的重要性具体表现在三个方面:(1)农业生产为我们提供了基本的生存条件,为其他生产活动提供了基础;(2)农业劳动生产率的提高是工业化的起点和基础;(3)稳定农业是使国民经济持续稳定发展的重要因素。

视频

财政扶持“三农”

2. 农业部门的特殊性和财政投资的必要性

农业部门是一个特殊的生产部门。一方面,从农产品供应来看,它受气候条件及其他多种条件影响,不仅波动很大,而且具有明显的周期性;另一方面,对农产品的需求却是相对稳定的。由于农业经济发展水平低下,自身财力有限,农业危机很难依靠自身的力量通过市场加以克服,这又进一步地干预国民经济的正常运行。因此,为了稳定农业,并进一步稳定整个农业经济,政府必须广泛介入农业部门的生产和销售活动,将农业部门的发展置于政府的高度关注之下。

财政对农业投资的必要性主要表现为:

(1)农业部门的社会经济效益大而直接经济效益小,大量的经济效益需要通过加工、流通部门辗转折射出来。由于直接经济效益小,所以投资农业往往得不到平均利润,不但吸引不了农业部门外的投资,就连农业内部资金也有可能向非农产业逆向流动。如果没有政府的扶持和保护,就很难保证农业的正常资金投入,结果将危及农业的基础地位。

(2)农业对自然条件和基础设施的依赖性较强,而这些条件具有公益性特点,花钱多,涉及面广,个别单位和地区往往不愿意承担或无力承担,这就需要政府来承担起相应的投入职责。

(3)农业是风险行业,自然风险和市场风险并存,生产难免有周期波动。农业部门为了克服生产的分散性、季节性及各种不利因素,必须不断提高其投资和物质装备水平,因此也需要政府的扶持。

(4)农产品需求弹性小,市场扩张处于不利地位,加上农业需用固定资产多但利用率低,生产周期长而资金周转慢，从而使农业在市场贸易中处于不利位置，需要政府采取一定的方式进行扶持。

(二)财政对农业投入的范围和重点

(1)以立法形式规定财政对农业的投资规模和环节，使农业的财政投入具有相对稳定性。

(2)财政投资范围应有明确界定，主要投资于以水利建设为核心的农业基础设施建设、农业科技推广、农村教育和培训等方面。需要说明的是，政府对农业投入的必要性，并不只在于农业部门自身难以产生足够的积累、生产率较低而难以承受贷款的负担，更重要的是许多农业投资只适于由政府提供。农业固定资产投资，如大江大河的治理、大型水库和各种灌溉工程等，因其投资额大、投资期限长、牵涉面广以及投资以后产生的效益不易分割等特点，投资成本与效益之间的关系并不十分明显，因此，需要政府通过财政手段完成投资。

(3)注重农业科研活动，推动农业技术进步。改造传统农业的关键在于引进新的农业生产要素；新的农业生产要素的形成需要靠农业科研来开发；农业科研成果应用于农业生产，必须经过推广的程序；为了使农户接受和掌握新的生产要素，还需要对农户进行宣传、教育和培训。为完成这一系列的任务，需要投入大量的资金。农业科研具有明显的外部效应，即一项农业科研成果的推出，将会使全部运用这项成果的农户受益，但从事这项科研活动的单位却无法也不可能将这项科研成果所产生的全部收益据为己有。农业科研单位的研究成果所产生的利益是“外溢”的，但科研费用需自己承担，而且在研究过程中可能会产生失败的“风险”。

因此，农业科研、农业科技推广、农户培训教育之类的对农业发展至关重要的农业投资，应由政府来完成。而对于流动资金投资(如购买农药、化肥、农用薄膜、除草剂等)、类似农机具及供农户使用的农业设施等固定资产投资，则适宜于农户自己来承担。

【同步案例 4－2】　　支农的积极意义

中央农村工作会议指出，本年度中央支农投入力度将进一步加大，财政支出重点是支持农田水利基础设施建设；健全粮食主产区利益补偿机制和奖励政策；支持实施重大农业科技工程，提高主要农产品单产水平；扎实开展村级公益事业建设一事一议财政奖补，加强对已建成项目的后续管护。通过完善一系列强农惠农富农财税政策，积极拓展农民的增收渠道，进一步巩固农业的基础地位，促进现代农业发展，增加农产品有效供应。

案例精析 4－2

讨论：结合材料，运用财政的相关知识，分析财政对解决“三农”(农民、农业、农村)问题的积极意义。

应知考核

一、单项选择题

1. 下列履行职能所需经费不属于行政管理支出的部门是(　　)。

A. 政府各级权力机关　　B. 行政管理机关

C. 司法检察机关　　D. 企业的人力资源部门

2. 农村义务教育的资金筹集的主要承担者是(　　)。

A. 农民个人　　B. 国家财政　　C. 银行贷款　　D. 社会集资

3. 科教文卫支出属于(　　)。

A. 社会消费性支出B. 积累性支出 C. 转移性支出 D. 生产性支出

4. 社会消费性支出不包括(　　)。

A. 行政管理费 B. 国防费

C. 文教、科学、卫生事业费 D. 基础设施投资

5. 下列项目中不应属于政府财政投资范围的是(　　)

A. 京沪高铁 B. 南水北调 C. 三峡工程 D. 家用小汽车

二、多项选择题

1. 行政管理支出包括(　　)。

A. 行政管理费 B. 公检法经费

C. 武装警察部队经费 D. 外交支出

2. 中国的国防支出包括(　　)等用于国防建设和国家安全的支出。

A. 军费 B. 国防科研事业费

C. 民兵建设 D. 国防工程支出

3. 下列项目属于社会消费性支出的是(　　)。

A. 财政部对于西部大开发的资金支持

B. 国防科工委对于西安卫星测控中心行政运行的资金拨款

C. 国家食品药品监督管理总局对于联合利华所生产的立顿红茶投放市场后的食品安全检测所发生的费用支出

D. 国家发改委为长江三峡工程的某项技术论证所提供的资金支持

4. 政府投资的特点有(　　)。

A. 公共性 B. 基础性 C. 开发性 D. 战略性

5. 行政支出包括(　　)。

A. 党政机关经费 B. 行政业务费 C. 干部训练费 D. 装备费

三、判断题

1. 社会消费性支出是生产性的消耗支出。(　　)

2. 政府的投资性支出结果往往形成各种经营性的国有资产。(　　)

3. 社会消费性支出属于非生产的消耗性支出。(　　)

4. 国防支出属于社会消费性支出,是生产性支出。(　　)

5. 科教文卫等事业单位是非物质生产部门,其支出是生产性支出。(　　)

四、简述题

1. 简述购买性支出的含义与特点。

2. 简述影响行政管理支出的因素。

3. 简述政府的投资性支出的含义和特点。

4. 简述基础性投资的提供方式。

5. 简述财政对农业投入的范围和重点。

应会考核

■观念应用

【背景资料】

财政增加教育支出的意义

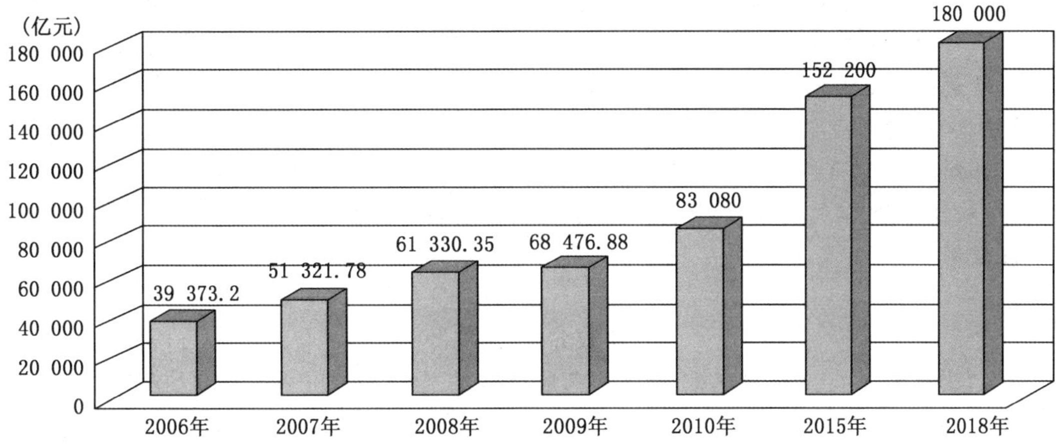

图1　近年来我国的财政收入状况

表1　**近年来我国民生支出(部分)状况**　单位:亿元

支出项目	2007年	2008年	2009年	2010年	2015年	2018年
教育支出	7 122.3	9 010.2	10 437.5	12 450	21 877	32 222
医疗卫生支出	1 989.9	2 575	3 994.2	4 745	8 029	15 700
社会保障和就业支出	5 447.2	6 804.3	7 606.3	9 081	14 417	27 084

【考核要求】

分析材料一中图1与表1之间的内在联系,并说明表中不断增加教育支出的意义。

■技能应用

材料一:　**科技创新是实现中华民族伟大复兴的强大驱动力**

表2　**近年来我国研究与试验发展(R&D)经费支出与经济发展情况**

项目＼年份	2008	2009	2010	2011	2012	2018
R&D经费支出(亿元)	4 616	5 802	7 063	8 687	10 240	19 626
国内生产总值(GDP)(亿元)	314 045	340 903	401 513	473 104	519 322	900 309
R&D经费支出占GDP的比重(%)	1.47	1.70	1.76	1.84	1.97	2.18

注:R&D经费支出占GDP的比重是目前国际通用的衡量科技活动规模、科技投入水平和科技创新能力高低的重要指标。目前,发达国家和地区该指标平均水平为3%。

材料二：近年来，为推进科技创新，国家采取了一系列措施：不断加大财政科技投入力度；完善国家科技奖励制度，健全与岗位职责、工作业绩、实际贡献紧密联系和鼓励创新创造的分配激励机制；加快构建以企业为主体、以市场为主导、产学研相结合的技术创新体系。

材料三：世界科技发展的实践告诉我们：科学技术中每一项重大发现和发明都推动人类经济、文化和社会的发展。“嫦娥”工程是我国发射人造卫星和载人航天飞船之后空间科学和技术发展的第三个里程碑，它对引领中国科技和文化不断创新、普及科学知识、弘扬科学精神、培养人们的科学素养具有十分重要的意义。一个国家只有拥有强大的自主创新能力，才能在激烈的国际竞争中把握先机，赢得主动。

【技能要求】

(1)材料一反映了哪些经济信息？结合材料二，分析采取以上措施的依据。

(2)结合材料三，简要分析我国为什么要大力发展科学技术。

■案例分析

【案例情境】

财政介入“三农”

“三农”支出是指财政对农业、农村、农民投入的总和。2011 年，全国财政“三农”支出 29 727.2 亿元，占总支出的 27.2%，比 2010 年增加 5 513.7 亿元，增长 22.8%。其中，中央财政用于“三农”的支出合计 10 497.8 亿元，增长 22.4%(见图 2)。其中包括支持农业生产支出 4 089.7 亿元，对农民的粮食直补、农资综合补贴、良种补贴、农机购置补贴支出 1 406 亿元，促进农村教育、卫生等社会事业发展支出 4 381.6 亿元，农产品储备费用和利息等支出 620.5 亿元。加上中央对地方转移支付中用于“三农”的支出，2011 年地方财政共实现“三农”支出 28 772.9 亿元，比 2010 年增长 23.1%。2018 年，全国“三农”支出达到 20 786 亿元。

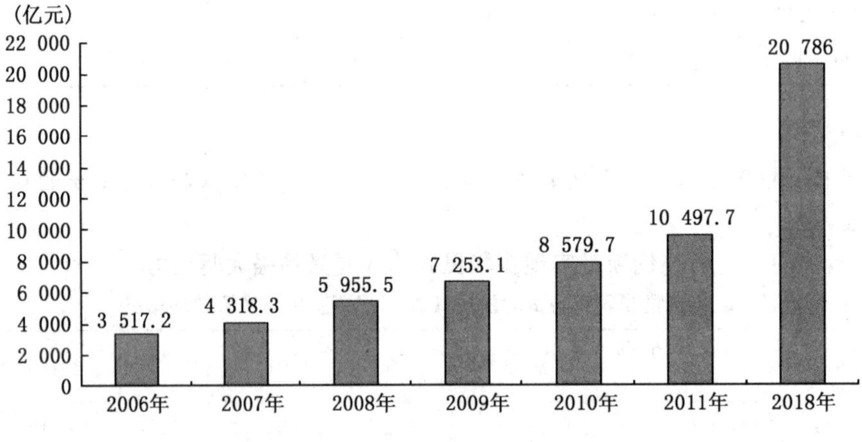

图 2 近年来中央财政支持“三农”投入情况

【分析要求】

根据以上材料，

(1)分析财政必须介入“三农”的理由；

(2)简述我国财政支持“三农”的基本政策和财政采取的主要措施。

项目实训

【实训内容】

我国经济进入“新常态”。2019年，政府工作报告将经济增长目标下调至6%～6.5%，这一目标较2017年、2018年的6.5%有所下调。

近年来，国家发改委密集批复了多个交通基础设施建设项目，到2020年，我国的高速铁路里程将翻一番，届时城市之间的往来会更加便捷，如从上海到长三角城市只要1小时左右，到东中部省会城市只要6小时左右，轨道交通也将成为城市居民出行的主要方式。截至2019年3月，上海轨道交通运营里程达到705千米，位列全国榜首，车站数量增至415座，线路共有17条。

结合材料，运用经济常识阐述经济新常态下增加交通基础设施投资对我国经济发展的重要意义。要求：

(1)围绕主题，运用经济常识论述；

(2)论题、总论点(结语)、分论点内在逻辑一致，论述合乎逻辑，较全面深入；

(3)根据论题，运用相关材料，理论联系实际来加以论证；

(4)学科术语使用规范。

【实训目标】

培养学生发现问题、分析问题、解决问题的能力；培养理论与实际应用能力。

【实训组织】

将学生分成若干组，每组7人，每组设组长1名，组长负责组织本组成员进行实训，由组长将调查结果写成书面报告，并总结。(注意：教师提出活动前的准备和注意事项。)

【实训成果】

(1)以学习小组为单位撰写分析“三个和尚没水吃”的原因及解决报告。

(2)评分采用学生和教师共同评价的方式，填写实训报告。

<table>
<tr><td colspan="3">实训报告</td></tr>
<tr><td>项目实训班级：</td><td>项目小组：</td><td>项目组成员：</td></tr>
<tr><td>实训时间：　　年　　月　　日</td><td>实训地点：</td><td>实训成绩：</td></tr>
<tr><td colspan="3">实训目的：</td></tr>
<tr><td colspan="3">实训步骤：</td></tr>
<tr><td colspan="3">实训结果：</td></tr>
<tr><td colspan="3">实训感言：</td></tr>
</table>

项目五

转移性支出

○ **知识目标：**

理解：转移性支出的含义、特征、影响，财政补贴的含义、特征、功能、分类。

熟知：社会保障支出、社会保障基金的来源与筹集模式，财政补贴的经济效应。

掌握：社会保障制度模式、财政补贴的内容及正负效应、财政补贴的必要性和效用、税式支出。

○ **技能目标：**

能够掌握转移性支出的基本知识、基本原理，能够运用本项目的知识分析现实中转移性支出存在的问题。

○ **素质目标：**

运用所学的转移性支出知识研究相关案例，培养和提高学生在特定业务情境中分析问题与决策设计的能力；结合行业规范或标准，强化学生的职业道德素质。

○ **项目引例：**

城市最低生活保障

家住南宁的一名铁路职工全家五口人，老母亲没有收入，妻子失业，大儿子残疾，女儿尚在读书。他每月收入700多元，人均仅100多元，生活较为艰难。社区居委会了解情况后，为其办理了低保手续。按照南宁市当年每人每月230元的低保标准，每月他家可以领到300多元的低保金，生活困境得到了初步缓解。近十年来，国家为类似这名铁路职工的低收入家庭建立起了较为完善的社会保障制度，为广大城乡居民撑起了一张温暖、可靠的安全网。

讨论：

(1)从公共产品角度分析国家为什么要提供社会保障。

(2)从公平与效率角度讨论国家将失业应届大中专毕业生纳入社会保障范围的意义，请查阅相关政策信息，具体分析如何帮助他们效果更好。

○ **知识精讲：**

任务一　转移性支出概述

一、转移性支出的含义

转移性支出是指政府无偿向居民和企业、事业以及其他单位供给财政资金。转移性支出主要由社会保障支出和财政补贴支出构成。其中，社会保障支出包括那些与相对价格结构基本没有联系或联系不密切，因而其变动也不影响相对价格结构的补助支出；财政补贴支出包括那些与相对价格结构关系密切，因而其变动将导致相对价格结构发生相应变化的补助支出。

应该指出的是，政府之所以提供转移性财政支出，主要是为了促进社会公平。简而言之，转移性支出主要包括政府发放的养老金、各种补贴（如失业救济金、家庭津贴、食品补助等）、捐赠支出、债务利息支出等。

二、转移性支出的特征

与购买性支出相比，转移性支出具有以下特征：

（一）实现主体与支出主体相分离

购买性支出是政府自身直接实现的支出，因而其实现主体与支出主体均为政府。转移性支出则是政府为实现特定目的，对居民、企业和其他受益者所做的资金单方面转移，其形成的支出不由政府及其职能部门直接完成购买，而是转移给非政府主体由它们实现购买。

（二）现金支出与商品、劳务购入不对应

虽然购买性支出具体支出的用途有所不同，但都是财政一手付出了资金，另一手相应购得了商品与劳务，并运用这些商品和劳务满足国家实现其职能的需要。转移性支出就政府而言是无偿的，是政府的单方面支出，无相应的回报，在这里不存在任何等价交换的问题。

（三）实现的是政府调节性目标

购买性支出和转移性支出在财政支出中具有不同的性质和经济意义。购买性支出是政府的直接支出，它是公共收入向公共支出的直接转化，支出形成的是公共产品和服务，其实现的是资源优化配置、收入公平分配、经济稳定增长和国际收支平衡的政府宏观调控目标，因而是主导性的财政支出。转移性支出则是政府收入向非政府主体的转移，即公共收入向私人支出的转移，其实现的主要是政府的调节性目标。

（四）资源在社会成员之间的再分配

购买性支出是以政府为购买主体直接与商品和劳务相交换，形成的是社会资源在政府各部门之间的再分配。转移性支出只是资源在社会成员之间的再分配，并不反映政府部门占用资源的要求，政府在这里只充当中介人的作用。

三、转移性支出的影响

（一）政府的转移性支出对收入分配的影响

政府的转移性支出是通过税收和支出把国民经济中的一部分企业和个人的收入转移给另一部分企业和个人。其实质是在国民收入已经完成了初次分配的基础上进行的再分配。

（1）以个人或家庭为对象的转移性支出，如对居民的生活补贴，其资金来源于企业和高收入人群在国民收入初次分配中缴纳的税收；而其支出的对象是特定的，主要限于那些收入低于维持正常生活标准水平的居民。因此，通过转移性支出这一渠道，国民收入的分配格局会发生有利于享受居民生活补贴的个人或家庭收入的变化。

（2）以企业为对象的转移性支出，如企业生产补贴，也是通过征税和转移性支出过程，使国民收入中的一部分由纳税人的手中转移到享受补贴的厂商手中，从而导致纳税人和享受补贴的厂商在国民收入分配中所占份额的相应变化。显然，这种转移性支出有效地缩小了收入分配差距，有利于社会稳定。

(二)政府转移性支出对流通领域的影响

政府转移性支出对流通领域的影响,主要是通过对社会总需求构成中的私人消费需求和私人投资需求的作用来实现的。

政府的转移性支出主要由养老金、补贴、债务利息和失业救济金等方面的支出所构成,这些支出的结果是政府的一部分财政资金无偿地转移到非政府部门手中。

(1)如果转移性支出的对象是个人或家庭,那么这些支出会直接增加为个人或家庭的可支配收入,从而以这些个人或家庭的边际消费倾向的大小而形成私人消费需求。

(2)如果转移性支出的对象是厂商,那么这些支出会直接转化为厂商的可支配收入。其中部分有可能形成厂商的私人投资支出,另一部分则通过增加资本和劳动力的报酬的途径而转化为个人或家庭的可支配收入,从而进一步形成私人消费需求。这就是说,政府转移性支出的相当部分会通过各种途径直接或间接地转化为私人消费支出和私人投资支出,形成社会总需求,制约社会总供给和总需求的平衡。

(三)政府转移性支出对生产领域的影响

政府转移性支出对生产的影响因支出对象不同而有所不同。

(1)如果转移性支出的对象是个人或家庭,如居民生活补贴,对生产的影响就是间接的。它是通过受补贴居民,将其受领的补贴用于购买物品或服务后得以实现的。享受补贴的居民大多属于低收入阶层,他们所购买的一般是大众消费品或服务。当他们领到补贴金时,就形成一定数量的货币购买力,从而增加对大众消费品的需求,并促使这类物品或服务的产量相应地增加。也就是说,随着居民生活补贴规模的变动,大众消费品或服务的生产规模随之扩张或收缩。

(2)如果转移性支出的对象是企业,如企业生产补贴,对生产的影响就是直接的。政府向厂商发放补贴的目的就是保障其所得利润不低于应有的水平,以鼓励企业对利润较低或风险较大的行业进行投资,或者使亏损企业得以维持其原有的生产规模,继续经营。因此,财政对一些在国民经济中占有重要地位的企业给予补贴,帮助其克服生产经营中的困难,可以在促进生产发展或遏制生产规模萎缩方面发挥重要作用。

任务二 社会保障支出

一、社会保障概述

(一)社会保障的含义

社会保障,是指政府财政对丧失劳动能力、失业及遇到其他事故发生经济困难的公民提供的基本生活保障。社会保障支出则是为实施社会保障制度而发生的财政支出。社会保障就内容上看由两大部分组成:社会保险和社会福利。

所谓社会保险,是指国家对劳动者在其退休、生病、伤残等丧失或部分丧失劳动能力时,以及在失业时给予货币或实物补助活动。这是现代社会保障活动的核心内容。

所谓社会福利,是指国家通过货币或实物形式,向生活有困难的或处于某些特定情况的公民提供补助的活动。

社会保险有养老保险、失业保险、医疗保险、工伤保险、女工生育保险等;社会福利有社会抚恤、社会救济等。

(二)社会保障的特征

社会保障作为一种经济保障形式,具有以下几个基本特征:

1. 覆盖面的社会广泛性

社会保障的实施主体是国家,目的是满足全体社会成员的基本生活需要,因此社会保障的受益范围是广泛的,保障的辐射角度也是全方位的。完整的社会保障体系犹如一张安全网,应覆盖社会经济生活的各个层次、各个方面。从原则和道义上讲,任何一个社会成员都不应被排斥或遗漏在这张安全网之外。

2. 参与上的强制性

虽然社会保障事业惠及每一位社会成员,但每个人对社会保障的需求程度和社会保障对不同个人所产生的边际效用高低却各不一样,甚至有很大差别。这样,在经过付出与收益之间的比较权衡之后,一些社会成员可能会宁愿选择不参与社会保障,这显然不利于社会整体利益。因此,此时的强制参与就是必要的,并且应以法律形式加以确定。

3. 制度上的立法性

社会保障作为政府的社会政策,在为全体社会成员提供保障的同时,也要求全社会共同承担风险,这就牵扯到社会的各个方面,涉及各种社会关系。为了使社会保障具有权威性,正确地调整各阶层、群体以及个人的社会保障利益关系,就必须把国家、集体(雇主)、个人(雇员)在社会保障活动中所发生的各种社会关系用法律形式固定下来。

4. 受益程度的约束性

社会保障只涉及基本生存方面的风险,它所直接带来的不是享受,而只是满足基本生活保障的需要。受益程度的约束性是由社会保障存在的前提和基本出发点决定的。由于社会保障的项目、水平及制度的健全与否都受到社会化大生产发展程度的制约,因此,如果过多过滥的保障项目或受益水平过高则会影响效率,也影响社会成员的劳动积极性,从而不利于公平地兼顾及为社会成员创造相对平等的机会。

(三)社会保障支出的内容

现代国家中,社会保障体系以社会安全网络的形式出现,起到安定社会生活的作用,并以此组成符合本国实际的框架。社会保障支出与社会保障制度联系在一起。各国的社会保障制度不同,相应地,社会保障支出安排也就存在较大差别。在我国,这个安全网络主要由社会保险、社会救济、社会福利和社会优抚四个部分组成。

1. 社会保险

社会保险是指政府财政在劳动者年老退休、生病、伤残等丧失劳动能力时,以及在失业时给予货币或实物补助所发生的支出。社会保险是最基本的社会保障项目,是现代社会保障制度的核心内容,也是覆盖面最广的。社会保险主要包括养老保险、失业保险、医疗保险、工伤保险和生育保险等项目。

视频

三分钟科普"五险一金"

2. 社会救济

社会救济是指公民在其收入低于贫困线或因自然灾害发生其他不幸事故导致生活困难时,国家和社会按照法定的标准向其提供满足最低生活需求的一种帮助。社会救济是最初出现的社会保障项目。通过社会救济可使无生活来源的人、遭受自然灾害生活一时困难的人、生活在最低标准以下的人等获得最起码的生活保障。

3. 社会福利

社会福利是指由国家和社会为立法或政策范围内的所有公民普遍提供旨在保证一定的生

活水平和尽可能提高生活质量的资金和服务的一种社会保障形式，表现为国家和社会提供的各种福利设施、社会服务以及举办的各种社会福利事业，不带任何前提条件地给予每一位符合规定的公民。其目的是为了改善公民生活，提高公民的生活质量。

4. 社会优抚

社会优抚是国家和社会按照规定对法定的优抚对象提供确保一定生活水平的资金和服务的带有褒扬和优待抚恤的特殊的社会保障项目。它属于社会保障的特殊构成部分。在中国，优抚安置的对象包括现役军人，退伍、复员、转业军人，军队离休、退休干部，现役军人家庭，烈士家庭，牺牲、病故军人家属，革命伤残军人和其他特殊对象。资金来源于国家财政拨款。

(四)社会保障的功能

1. 社会性功能

(1)社会补偿功能。社会保障的补偿功能主要体现在社会救济和社会保险两个方面。社会救济的目的在于保障最低生活水平，具有鲜明的扶贫特征。社会保险的直接功能就是对劳动者在其生命周期遇到各种失去收入的风险后进行的一种补偿，以保证其基本生活需要。虽然社会保险仍是一种对事故发生后的补救手段，但它也是一种事前的预防措施，并能有效地将这种风险分散。

(2)社会稳定功能。社会保障作为一种社会安全体系具有稳定社会生活的功能。众所周知，导致社会不安定的因素很多，其中，社会成员的生存无保障是重要因素之一。社会保障通过保证劳动者乃至全体国民的基本生活问题，从而实现整个社会乃至统治秩序的稳定。因此，世界各国都把它视为社会震动的减震器和安全网，给予高度的重视。

(3)社会公平功能。社会保障的公平功能是指社会保障通过其资金的筹集和待遇的给付，把一部分高收入的社会成员的收入转移到另一部分生活陷入困境的社会成员手中，达到促进社会公平的目标。

2. 经济性功能

(1)调节投融资功能。社会保障的资金是直接来自保险费、财政负担以及资金运用增值的收入，具有较高的稳定性。经过几十年的积累，社会保障基金在许多国家的财政运用上，作用已不可忽视。比如，庞大的养老金基金都正在被广泛地运用，在财政投融资上发挥了重要的作用，这虽然是从增值保障基金考虑的行动，但客观上已成为这些国家调节投资的一大支柱。

(2)平衡需求功能。社会保障通常还被称为调节经济的蓄水池，具有非常有效的平衡需求的作用。当经济衰退而失业人员增加时，由于失业补助给付和社会救济抑制了个人收入减少的趋势，给失去职业和生活困难的人们以购买力，从而具有唤起有效需求的效果，一定程度上促进了经济复苏。当经济高涨、失业率下降时，社会保障支出相应地缩减，社会保障基金规模因此增大，减少了社会需求急剧膨胀，最终又使社会的总需求与总供给达到平衡。可见，社会保障支出自动地随着国民经济运行变化情况呈现出反方向的增减变动，这就是社会保障支出“内在稳定器”的功能。

(3)收入再分配功能。社会保障对低收入阶层给予生活所需要的给付，或者在老年、失业、伤病、残废等情况发生时，实施必要的收入给付，结果对市场经济活动所造成的收入分配不公平进行了再分配。可以说这是社会保障的最主要功能。社会保障对收入再分配有垂直性再分配和水平性再分配两种方式。前者是进行从高收入向低收入阶层的收入转移，后者是在劳动时与非劳动时、健康正常时与伤残时之间进行的所得转移。社会保障正是通过上述两种再分配手段来实现对收入的再调节，以尽量缩小贫富差距，缓和社会矛盾。

(4)保护和配置劳动力的功能。在市场经济条件下,社会保障是保护劳动力再生产和促进劳动力合理流动及有效配置的重要制度之一。一方面,在市场竞争中,受优胜劣汰规律的支配,必然造成部分劳动者退出劳动力市场,这部分劳动者及其家属因失去收入而陷入生存危机,社会保障通过提供各种帮助而使这部分社会成员维持基本生活需要,从而保护劳动力的生产和再生产。另一方面,通过建立全社会统一的社会保障网络,打破了靠血缘维持的家庭保障格局,超越了企业保障的局限,劳动者在变换工作和迁徙时无后顾之忧,从而促进了劳动力的合理流动,实现劳动力要素的有效配置。

二、社会保障基金的来源与筹集模式

对于政府举办的社会保障,其资金来源在世界各国并不完全相同,筹集方式各有选择。

(一)社会保障基金的来源

对于社会保障基金的来源,世界上大多数国家或地区实行由国家、企业和个人三方负担的办法,或者依据具体情况,由这三种来源的不同组合构成。

(1)国家财政负担是指国家在财政预算中安排一部分资金,用于社会保障事业方面的开支,这是社会保障基金中重要的、稳定的来源。由于财政负担来自一般税收,一些国家还征收社会保障税,从而使财政负担与税收关系更直接,体现了人人负担的特点。作为政府的社会义务,财政负担社会保障资金是政府职能的重要体现,它对稳定社会保障给付和弥补赤字等的作用是明显的。

(2)企业(雇主)缴纳社会保障费是社会保障基金的又一重要来源。劳动者为某一企业提供了劳动力,创造了相当的社会财富,为所供职的企业单位也提供了相应的成果,而雇用劳动者的企业单位有义务为其缴纳社会保障费,这些费用可以列入企业的经营成本。

(3)个人负担一部分社会保障(特别是社会保险)费是必要的。它可以有助于减少个人收入之间的差距,收入高的人多交一些,收入低的人少交一些,发挥了社会保障的调节作用。个人负担,也可以促使人们关心社会保障事业,减轻国家和企业的负担。

(二)社会保障基金的筹集模式

1. 现收现付式

这是一种以近期横向收付平衡原则为指导的基金筹集模式。这种模式要求先做出一年(至多几年)内某项社会保障措施所需要的费用的测算,然后按一定比例分摊到参加该保障措施的所有单位和个人,当年的基金收入仅用于涉足当年支出的需要。

2. 完全基金式

这是一种以远期纵向收付平衡原则为指导的筹集模式。这种模式要求在对未来较长时间的宏观预测的基础上预计保障对象在保障期内所需享受保障待遇的总量,据此按照一定的比例将其分摊到保障对象的整个投保期间。这种方式的主要特点是在初期收费率高,筹资见效快,之后在较长的时期内收费率保持相对稳定,收大于支的部分形成储备基金,需要通过具有较高回报率的投资予以保值。

3. 部分基金式

这是一种把近期横向收付平衡原则与远期纵向收付平衡原则相结合作为指导的筹资模式,即在满足现时一定支出需要的前提下,留出一定的储备以适应未来的支出需求。这种模式一旦确定,几年不变,过几年调整一次,而收大于支的部分,通过投资取得回报。其特点是初期收费率较低,以后逐步提高,保持相对稳定。

三、社会保障基本模式

现阶段,世界各国的社会保障制度大致可以分为四种基本模式:福利型社会保障制度、保障型社会保障制度、国家保险型社会保障制度、储蓄型社会保障制度。

(一)福利型社会保障制度

这种模式按照"普遍性"原则,实行"收入均等化、就业充分化、福利普遍化、福利设施体系化"及包括"从摇篮到坟墓"的各种生活需要在内的社会保障制度。这一制度按统一标准缴费,统一标准给付,社会保障支出由国家税收解决,以政府负责、全民高福利为特征。瑞典、英国、法国、丹麦、比利时等国家实行的是这种类型的社会保障模式。

(二)保障型社会保障制度

这种模式以社会保险为核心,社会保障费用由个人、企业和国家三方负担。企业、个人和政府都是责任主体,在不同的项目中各有不同的角色。在社会保险中主要缴费(税)人为企业和个人,政府只承担最后责任人的决策;在社会救济、社会福利制度中,政府是最主要的责任人。与福利型比较,这一制度的保障对象是"有选择性"的而非全民,它提供的保障水平也较低,强调的是保障而不是高福利。美国、日本、德国、奥地利等国家实行的是这种类型的社会保障模式。

(三)国家保险型社会保障制度

这一社会保障制度强调的是国家的责任。它的社会保险对象是国有经济部门的雇员,虽然缴费的是企业(或单位),但最终的所有权人仍然是国家,最终的责任人也仍然是国家,保障的对象也是国有部门的雇员。苏联、东欧各国和中国、朝鲜、古巴等国在计划经济时期曾经都采用过这种模式。

(四)储蓄型社会保障制度

这一模式以强制储蓄为核心,政府强制雇主、雇员为雇员储蓄社会保障费用,以满足雇员个人各种社会保障项目的支付需要。与前三种模式相比,该模式有三个根本的特点:第一,它不具有再分配性质,不强调公平性;第二,财务制度是基金积累制而不是现收现付制;第三,给付水平是既定供款制度而不是既定给付制度,给付水平的高低取决于个人账户的积累,而不是社会保障计划的承诺。新加坡、智利、印度尼西亚、马来西亚等国家实行的是这种类型的社会保障模式。

四、社会保障与财政的关系

社会保障问题既是财政问题,作为财政的重要组成部分,但又不完全是财政问题,二者之间的关系十分密切,主要有以下几点:

(一)从本质上讲,财政与社会保障都是以国家为主体的分配

财政是随着国家的产生而产生的,是为了实现国家的职能,凭借国家的权力并以其为主体,对社会产品进行的一种分配。社会保障是当生产力发展,劳动者之间形成了社会分工,"社会"作为一个实体出现在人们身边并制约着人们的活动时产生的,而国家是社会的发展形式或者说是最合适的代表,因而社会保障分配与财政分配主体一样,都是国家,两者都具有强制性的特征。从资金来源形态看,社会保障资金可以由多种渠道筹集而成,但从本质上说,社会保障资金只能来源于国民收入,因此它与财政分配的客体也相同。

从具体的财政收支活动来看,财政可通过征收社会保障税(工薪税)的形式将企业和个人应该承担的并应该由全社会统筹的社会保障基金集中起来,然后再通过国家预算支出的安排,满足社会保障在运行过程中必须由国家提供资金的需要。

(二)从收入上讲,社会保障(险)税既是社会保障筹资的重要手段,也是一项财政收入形式

社会保障的筹资方式主要有两种:一是缴费,二是缴税。从保证社会保障基金的稳定增长角度来看,当然是缴税比缴费好,因为税收具有强制性和固定性。因此,社会保障税是社会保障筹资的重要手段。社会保障税既然是一种税,因而它理所当然是财政收入的一种形式。从缴费角度看,财政可强制规定缴费的各项标准,并可将其纳入财政专户管理。

(三)从财政支出上讲,社会保障支出应该是财政支出中的一项重要支出

视频

各项社保基金支出超4万亿元

社会保障作为社会和经济发展的稳定机制,既需要有保障劳动者和社会成员基本生活方面的经常性支出,又需要有修建各种社会福利设施的基本建设支出,前者属于消费基金支出,后者则属于积累基金的性质。在国民收入分配中,必须对消费基金和积累基金进行合理的安排,才能保证社会保障事业的健康发展,而财政支出的合理分配对该比例起决定性作用。

财政支出按经济性质划分为购买支出和转移支出两大类,转移支出主要包括社会保障支出、补贴支出、捐赠支出与债务利息支出等,西方国家社会保障支出已超过其他一切项目而位居榜首。

(四)从平衡上讲,社会保障预算应是财政预算的组成部分

社会保障基金是通过社会产品的分配和再分配形成的,以确保社会成员基本生活水平为特定目的的资金,对其应当实行独立的、专门的预算管理。西方市场经济国家都采取在财政预算中安排和组织社会保障资金的办法,使之成为重要的财政宏观调控手段。

(五)从管理上讲,社会保障预算是国家财政进行宏观调控的手段

国家财政对社会和经济发展宏观调控的基本目标是实现总供给和总需求的平衡,而实现这一目标的关键是调节社会总需求。由于社会保障的各个方面都是制度化的,社会保障的收支特别是支出与财政收支以及整个国民经济的运行构成某种函数关系,基于这种联系,使得社会保障就能对国家财政的需求调控起到配合作用,因而成为具有"内在稳定器"作用的财政宏观调控手段的组成部分。

五、西方国家的社会保障制度

西方国家的社会保障制度并不是各国始建资本主义制度就有的。一般认为,在西方国家,始创社会保障制度的是德国的俾斯麦政府,时间则在19世纪80年代。该政府通过了历史上第一个社会保险法,规定对工人在受伤、病残和年老时支付一定数额的保险金。俾斯麦政府的举动并未立刻被西方国家效仿,因为资产阶级政府非到迫不得已不愿对劳动者有任何善举。只是到了20世纪30年代,大危机已经威胁到资本主义制度的时候,西方各国方才纷纷建立社会保障制度。这套制度运行至今,已经形成相当大的规模。从财政收入一方看,为实行保障制度筹措资金的社会保障税(或"社会保障捐助""社会保险税"等)业已成为仅次于所得税的第二大税类;从政府支出一方看,社会保障支出(或"社会保证支出""保险支出"等)业已超过其他一切项目而独占鳌头。

西方各国社会保障制度的实施及运筹资金的方式各有特色,其共同特点则可概括为如下:

1. 保障项目名目繁多

以美国为例,迄今为止,实施的保障计有300项之多,仅联邦(中央)政府"帮助穷人"的项目就有100多项,而美国在西方世界里还不是社会保障制度最发达的国家。数以百计的社会保障项目基本可分为四类：

(1)从收入方面提供支持和援助的项目，主要包括老年退休和失业补助、贫困救济和残病补助、退伍军人安置和遗属抚恤。

(2)从开支方面提供支持和补助的项目，包括健康医疗、住房、社会服务、儿童照顾和解决家庭问题补助。

(3)教育和培训方面的支持和补助项目。

(4)对遭受某种损失者给予支持和补助的项目，如劳动保护和保健、食品和医药、妇幼营养、免费午餐、公共卫生、交通安全、环境保护、少数民族照顾等。

西方学者曾把这样的社会保障制度概括为“从摇篮到坟墓”，也就是说，保障涉及从生到死、从物质到精神、从正常生活到遭受变故的一切方面。

2. 社会保障资金有确定的资金来源

用于提供社会保障的资金主要来自社会保障税(或社会保险税)，该税由取得工资收入的职工和职工的雇主各缴一半，采取“源泉扣缴法”课征，就是说，雇主在支付工资时，把工人应缴的社会保障税的税款扣下，连同雇主应缴纳的税款一并上缴国库。社会保障税不足社会保障支出的部分，由政府从其他收入中拨付。从社会保障支出的资金来源看，尽管西方国家的劳动人民享受了广泛的社会保障，看起来得到政府很多“照顾”，实质上，“羊毛出在羊身上”，他们所得到的不过是他们自己的劳动所创造出的一部分成果而已。

3. 社会保障支出依法由政府集中安排

在西方国家，尽管具体管理社会保障项目的机构很多，既有政府机构(中央的和地方的)，也有民间团体和私人企业，但从总的倾向上看，社会保障制度是由政府集中管理的。尤其值得注意的是，实施社会保障制度的一切细节，从资金来源、运用的方向，直至保障的标准、收支的程序，大多有明确的法律规定。

4. 政府实施社会保障制度有明显的宏观调控动机

由于社会保障的各个方面都是制度化的，社会保障的收支(特别是支出)便与财政收支以及国民经济的运行构成某种函数关系。基于这种联系，社会保障支出随经济周期而发生的反向变化，可能弱化经济周期的波幅。

六、我国的社会保障制度

(一)我国社会保障制度的建立与发展

1951年2月26日，政务院颁布了《中华人民共和国劳动保险条例》(以下简称《保险条例》)。《保险条例》的颁布实施，标志着我国除失业保险外，包括养老、工伤、疾病、生育、遗属等的职工社会保险制度已初步建立。该法规适用于国有企业和部分集体企业。与此同时，国家机关工作人员的社会保险制度也以颁布单行法规的形式逐步建立起来。此后的30多年，国家也颁布了许多相关法律法规，建立起适用于计划经济时代的社会保障制度。

1978年不仅是中国发展进程中特别的一年，而且也是社会保障制度变迁的重要的一年。这一年，中国共产党第十一届三中全会召开，为扭转中国的混乱状态创造了良好的政治、社会条件。

1980年10月7日，国务院发布《关于老干部离职休养的暂行规定》，一种待遇特殊的退休制度——离休制度由此建立，并与一般退休制度一起构成了中国的退休养老制度。1982年12月4日，五届人大五次会议修改的《中华人民共和国宪法》又进一步规范了公民的社会保障权益。

进入21世纪以后，社会保障逐渐成为一项基本的社会制度。尤其是在2004年3月，十届全国人大二次会议通过宪法修正案，正式将建设同经济发展水平相适应的社会保障制度写入宪法，更明确标志着社会保障制度正在成为国家发展必要的基本制度安排。2007年建立农村最低生活保障制度，2009年启动新型农村养老保险试点，《中华人民共和国社会保险法》已由中华人民共和国第十一届全国人民代表大会常务委员会第十七次会议于2010年10月28日通过，自2011年7月1日起施行。中国社会保障制度逐渐走上了政府主导，责任分担，社会化、多层次化的发展道路，制度框架初步形成，并日益呈现出“国家—社会保障制”的特征。如今，我国的社会保障制度已粗具规模，但还是远远落后于经济发展的速度，并存在着诸多问题。建立健全的、具有中国特色的社会保障制度仍是我们面临的重要任务。

自2019年5月1日起，城镇职工基本养老保险(包括企业和机关事业单位基本养老保险)单位缴费比例降至16%。参保单位已按调整前费率缴纳2019年5月1日后养老保险费的，将重新进行结算。自2019年5月1日起至2020年4月30日止，失业保险总费率仍按1%(单位为0.5%、个人为0.5%)执行。自2019年5月1日起至2020年4月30日止，工伤保险费率仍以现行基准费率为基础下调50%。2019年5月1日起，个体工商户和灵活就业人员参加企业职工基本养老保险，可以在上年度全省全口径城镇单位就业人员平均工资的60%至300%之间选择适当的缴费基数。

(二)我国社会保障的现状与不足

目前我国社会保障制度基本包括两大部分：

一是完全由国家财政支撑的项目，包括对社会弱势群体的救助、对军人及其军烈属的优抚安置、对无依无靠的孤老残幼、残疾人员以及社会大众举办的社会福利和有关的社区服务，完全属于国民收入再分配范畴，充分体现社会公平；

二是由用人单位、职工个人缴费、国家给予适当补助的三方共同筹资的项目，包括养老保险、医疗保险、失业保险、工伤保险和生育保险等，属于社会保险范畴，其中，养老保险和医疗保险实行个人账户与统筹相结合，其他三项保险属于完全统筹的项目。

社会保障制度是要对国家和社会的国民收入进行分配和再分配，其本质是维护社会公平，进而促进社会稳定发展。社会保障对贫富差距最大的影响：社会保障能够对社会财富进行再分配，适当缩小各阶层社会成员之间的收入差距，避免贫富悬殊，使社会成员的基本生活得到保障。社会保障制度的建立，对于保障公民的基本人权、维护社会稳定、发展社会主义市场经济、实现社会正义与公平等方面有着积极的作用。但是，必须指出的是，我国社会保障制度还面临着以下许多问题：

1. 我国社会保障覆盖面偏低

目前，乡镇企业职工、进城农民工、城镇私营企业就业人员以及许多灵活就业人员大多没有参加社会保险，而这部分人员占从业人员的比例逐年增大。此外，城市和农村居民享有的社会保障差距过大，甚至很多农民认为社保是城市人的，不懂得为自身谋取应享有的权利，这对于社会的健康发展也是极为不利的。

2. 社会保障制度法规不甚健全

我国社会保障制度改革已近30年，但社会保障立法还相对滞后。迄今为止，我国未颁布专门的社会保障法或社会保险法，只颁布了一些国务院行政法规。这种立法滞后的现状不符合我国社会保障制度快速发展的需要。要完善社会保障制度，必须加快社会保障立法的步伐。建立和完善社会保障法制，以法律的形式保护社会成员的合法权益，是维护社会安定的重要举措。社会保障体系是一个涉及面广、改革难度大的社会系统工程，因此它的建立和发展需要强有力的法律作为后盾。

(三)加快我国社会保障制度的改革与完善

根据我国社会保障制度的现状和社会主义市场经济对社会保障的要求，应加快建设与经济发展水平相适应的社会保障制度。

1. 我国社会保障制度采取统账结合的模式

社会统筹和个人账户相结合的筹资模式，属于统账结合模式。这种模式在人口结构年轻化、社会保障基金要求量不大的条件下还比较适用，它可以减轻近期国家财政和企业的养老保险负担，但它难以应付人口老龄化的严重挑战。我国人口年龄结构正从“成年型”向“老年型”转变，进入21世纪以后，我国老龄人口出现快速增加的势头，人口面临老龄化问题。

因此，我国的养老保险应采取基金式筹资模式或转为部分基金式，这样才能应付人口老龄化的挑战，其基金结余可以进行投资，有利于国家经济的发展。目前可行的做法是实行部分基金式，即在保险基金收入满足支出以后留有一定的积累。

2. 社会保障资金来源要固定化、专门化和法制化

世界上大多数国家都采取征税的办法。我国采取的是征收社会保险费，由劳动保障部门征收。我国企业和单位拒不缴费的现象还比较普遍。因此，未来在我国征收社会保险税有利于保障社会保障资金来源的稳定和足额上缴。

3. 要逐步扩大社会保险的范围

我国的社会保障制度要逐步扩大社会保险的范围，解决目前“只保城镇，不保农村”的问题：一方面，广大农村人口不能享受完善的社会保障，说明我国的社会保障制度的“社会性”是不完全的；另一方面，农村人口急需社会保障，尤其是养老保障和医疗保障。因此，要重视农村的社会救济和福利事业，有条件的省(直辖市、自治区)，应尽快建立农村养老和医疗保险及最低生活保障制度。

视频

居民医保财政补助提高至450元

任务三 财政补贴理论

一、财政补贴概述

(一)财政补贴的含义及特征

1. 财政补贴的含义

财政补贴，是指国家根据一定时期政治经济形势的客观要求，对某些特定的产业、部门、地区、企事业单位或事项给予的特殊补助。财政补贴是财政分配中的一种特殊形式，是国家在经济管理中的一个重要经济杠杆，它通过物质利益在国家、企业、个人之间的再分配来调节社会生产和生活，对于促进经济发展、引导人们的消费起着重要的作用。

2. 财政补贴的特征

(1)政策性。财政补贴的依据是政府在一定时期的政治、经济和社会等政策目标，并随着国家政治经济的发展而修正、调整和更新，因而具有很强的政策性。

(2)可控性。财政补贴是政府可直接控制的经济杠杆，具有一定的可控性。具体补给谁、补贴多少、补贴环节及何时取消补贴等，由财政部门根据需要决定。

(3)灵活性。财政补贴杠杆作用的对象、范围、效果和目标，由财政部门适时确定和调整，

相比价格、税收等经济杠杆的作用更为灵活、直接和迅速。

(4)时效性。当国家的某项政策发生变化时，财政补贴做出相应的调整；当某项政策实施完结、失去效力时，某项特定的财政补贴随之中止。

(5)专项性。财政补贴只对政府政策规定和指定的项目或事项进行补贴，其他以外的项目均不给予补贴。

(二)财政补贴的功能

财政补贴的功能是财政补贴在社会经济发展中所具有的能力。通常情况下，财政补贴具有以下两大功能：

1. 分配功能

财政补贴的分配功能是国家通过确定财政补贴的对象、比例、时间，改变各社会集团及成员的收入量，进而产生对国民收入进行再分配的功能。

2. 调节功能

财政补贴的调节功能是通过财政补贴改变国民收入的分配比例和使用方向，借以调节生产、流通和消费各环节，调节国民经济结构，协调社会经济生活的功能。

(三)财政补贴的分类

1. 按补贴在再生产环节，可将财政补贴分为生产环节补贴、流通环节补贴和消费环节补贴

(1)生产环节补贴，也称生产性补贴，是指对再生产的生产环节进行的补贴。其补贴项目主要有粮、棉、油加价款补贴和农用生产资料价格补贴以及工业生产企业亏损补贴等。

(2)流通环节补贴，也称商业经营性补贴，是指对社会再生产的流通环节进行的补贴。其补贴项目主要有粮、棉、油价差补贴，平抑市场肉食、蔬菜价差补贴，民用煤销售价差补贴，国家储备粮、棉、油利息费用补贴；等等。

(3)消费环节补贴，也称消费性补贴，是指对社会再生产的消费环节进行的补贴。其补贴项目主要有房租补贴、副食品价格补贴、水电煤补贴、职工上下班交通费补贴等。

2. 按补贴的稳定性，可将财政补贴分为经常性补贴和临时性补贴

(1)经常性补贴是指由于政策性原因，在较长时间内给予的补贴。这类补贴往往具有自我增长的特点。

(2)临时性补贴是指由于某些临时性原因，给予一次或几次的补贴。

(3)经常性补贴和临时性补贴只是相对而言，如企业亏损补贴，其中属于国家规定的政策性亏损，即为经常性亏损补贴；属于经营性亏损者，在国家规定扭亏计划期限内的亏损补贴，即为临时性补贴。

3. 按补贴的隶属关系，可分为中央财政补贴和地方财政补贴

(1)中央财政补贴，是指在整个国家财政补贴项目和金额中，中央财政所承担的补贴项目和补贴额。

(2)地方财政补贴，是指在整个国家财政补贴项目和金额中，地方财政所承担的补贴项目和补贴额。

4. 按补贴的透明度，可将财政补贴分为明补和暗补

(1)明补，是指将全部补贴都纳入国家预算管理。财政补贴作为预算支出项目，按照正常的支出程序，直接支付给受补者。

(2)暗补，是指补贴支出不纳入国家预算管理。财政补贴不构成预算支出项目，受补者也不直接获得补贴收入，只是从减少上缴和节约支出上受益。

5. 按财政补贴对象分类,可将财政补贴分为价格补贴、企业亏损补贴、职工和居民生活补贴、某些公益事业补贴、外贸补贴、财政贴息等

(1)价格补贴是指由于国家价格政策造成的价格过低给生产经营者带来损失给予的财政补贴。它是我国财政补贴的主要内容,是国家自觉运用价值规律调节经济,促进经济发展的重要举措。目前列入政府预算支出的补贴项目主要有粮食加价款、国家粮油差价补贴、粮食风险基金、国家储备粮油利息费用补贴等。

(2)企业亏损补贴是指国家财政对国有企业的政策性和经营性亏损给予的补贴。在预算管理上,企业亏损补贴列入预算收入科目,作冲减收入处理。企业亏损补贴可分为政策性亏损补贴和经营性亏损补贴。所谓政策性亏损补贴,是指国家财政对由于贯彻国家政策,对某些产品实行低价政策,造成的企业亏损给予的补贴;经营性亏损补贴是指国家财政对国有企业因经营管理不善造成的亏损给予的补贴。一般而言,国家财政对经营性亏损原则上不予补贴,只对政策性亏损给予补贴。但对一些生产急需的产品和重要产品的企业,经国家财政部门审批后,可给予暂时性的补贴,并通过整顿限期,扭亏为盈,以利于促进生产及调节供给与需求平衡。

(3)职工和居民生活补贴是指国家财政为了保证人民生活维持必要的水平,对职工和居民提供的补助,主要包括城镇居民肉食价格补贴、住房补贴、交通补贴、冬季取暖补贴等。

(4)某些公益事业补贴,如房产、公共交通、煤气、自来水、浴池等,当国家规定的收费标准低于成本时给予的财政补贴。这类补贴由地方财政管理,对其补贴数额没有包括在国家统计局的价格补贴数额之内。

(5)外贸补贴是指国家财政对外贸企业给予的补贴,包括出口补贴和进口补贴。出口补贴是财政对某种商品出口给予出口商的直接补贴和通过减免出口关税或国内商品税等的间接补贴。

(6)财政贴息是指国家财政对于某些企业、某些项目的贷款利息,在一定时期内,按全额或一定比例给予的补贴。根据国家经委、财政部、中国人民银行、中国工商银行 1984 年联合发布的《技术改造贴息贷款暂行管理办法》,财政贴息的范围主要有:促进企业联合,发展优质名牌的产品;沿海城市和重点城市引进先进技术和设备,改造现有企业的项目;12 大类节能机电产品制造和推广以及技术改造后产品性能提高、社会效益增大而企业不受益或少受益的项目。

二、财政补贴的主要内容

(一)财政补贴的方式

财政补贴的方式主要有货币补贴与非货币补贴。货币补贴使补贴的接受者可支配收入增加,而非货币补贴则使接受者的实物支配权(量)或享受的某种服务增加。尽管这些补贴都可以使接受者的福利和效用水平提高,但提高的程度却不相同。

实行货币补贴方式,接受者可以用增加的货币额购买自己希望和可能购买的任何商品与劳务,其消费者主权是完整的,消费能力提高。在非货币补贴的情况下,接受者只能享受到所补贴的实物或劳务带来的收益,而没有其他的选择,如果接受者不需要补贴所提供的商品与劳务,那么该补贴对其是没有意义的。

(二)财政补贴的规模

一般而言,财政补贴规模越大,对接受者越有利,表明接受者的福利和效用水平也就越高。但接受者的福利水平与补贴规模并不是同步增长的,因为随着补贴规模的扩大,接受者的消费能力就会提高,推动产品需求的增加,从而改变原有的产品供求关系,导致供需矛盾的扩大,使产品出现供不应求和产品价格上涨。

实物补贴消费具有专门性和针对性，使补贴产品消费需求增加，导致该产品的价格上涨，从而使财政补贴的效用被削弱，非补贴的接受者也会因此而受损。因此，如何科学选择补贴的规模，使之既符合接受者的需要又不至于对市场产生负面影响就显得特别重要。

三、财政补贴的必要性及其作用

（一）财政补贴的必要性

财政补贴是调节经济的工具之一，它的存在有其客观必然性。在市场经济不发达的社会中，财政补贴主要是纠正不合理的价格结构，有助于价值规律正常发挥作用，如我国目前的粮棉油价格补贴、肉食价格补贴。

平抑物价补贴就是为了调整不合理的价格结构，维持社会安定和促进经济平衡运行。在发达的市场经济国家，价值规律能正常发挥作用，但由于市场供求关系发生变化也会引起经济波动。因此，为保持经济稳定和资源有序流动，同样需要借助财政补贴。欧盟坚持对农副产品进行补贴就是明显的例子。因此，财政补贴不论对非市场经济国家还是市场经济国家来说，都是必要的。

（二）财政补贴的作用

财政补贴的作用主要体现在以下两个方面：

1. 纠正不合理的价格结构，有助于价值规律发挥作用

以粮食价格补贴为例，此类补贴是由提高粮食的收购价格引起的，而提高粮食收购价格，是为了纠正价格中的扭曲因素，逐步消除工农产品剪刀差，使农产品价格比较接近它的价值。从这个意义来说，粮食价格补贴是对粮食生产必要耗费的一种补贴，毫无疑问，它是符合价值规律的，但是，用补贴来改变相对价格结构，只是使价值规律部分地发挥作用。仍以粮食价格为例，在过去的情况下，粮价补贴是支付给商业部门的，商业部门得到补贴，得以维持粮食的售价不因购价的提高而提高，在这里，支付给企业（粮食部门）的补贴事实上是对消费的补贴。按照价值规律的正常要求，当粮食购价提高后，商业部门理应相应提高售价；售价提高后，职工实际工资水平下降，应相应地提高工资；提高工资，企业利润下降，上缴税利则会减少。这样一系列的反应，可能为经济社会难以承受，即便可以承受，于国家的社会福利目标也可能无益。在这里，粮价补贴切断了这一反应链条。它的作用，就在于使价值规律在一定的范围内发挥有利的作用。

2. 纠正市场缺陷，借以实现国家的社会福利目标

价值规律的最重要作用是优化资源配置，但是，如果让它自发地去起作用，就不可避免地会产生周期性的有时是剧烈的波动。当出现经济波动时，政府给某些生产者以价格补贴，如粮食生产过剩时实行保护价格，以维护生产者的利益和积极性；或者对某些超出社会需要的产品给予补贴，暂时维持生产和工人就业，以利于资源合理配置。

借助于价值规律优化资源配置，主要着眼于效率，它必然将资源导向经济效益高的部门和经济发达地区，同时会引起国民收入分配在不同收入阶层之间发生较大的差异。在这种情况下，适当运用补贴手段，有利于促进落后地区的经济发展和调节 GDP 分配。

四、财政补贴的正负效应

（一）财政补贴的正效应

1. 促进了农业生产，缩小了工农业产品之间的“剪刀差”

改革开放以来，为调动农民的生产积极性，国家曾多次提高农副产品的收购价格，同时又降低了支农工业品零售价格，由此产生的粮食加工企业和支农工业品生产企业的亏损则由财政给予补贴，从而极大地调动了广大农民的生产积极性，促进了农业生产力水平的提高，加快了农业生产发展，并缩小了工农业产品之间的“剪刀差”。

2. 促进了基础工业的发展

长期以来，我国价格体系一直没有理顺，表现为基础工业产品价低利小，加工工业产品价高利大。在这种扭曲的价格机制诱导下，微观主体必然把资金大量投向加工工业，而财政因财力制约又无法保证基础工业发展所需资金，长此以往，势必造成基础工业发展缓慢，最终成为国民经济发展的“瓶颈”。在这种情况下，财政通过对基础工业部门进行补贴，使相等的投资在基础工业可以获得和加工工业大致相等的利润，就可以调动起企业的生产积极性，促进基础工业的发展。

3. 保证了人民生活的安定

国家为了增加农民收入，几次提高农副产品收购价格；同时，为了使城镇居民生活水平不受影响，对其进行补贴。具体做法是 1992 年 4 月以前国家采取“暗补”形式，对收购农副产品的粮食加工企业进行补贴，以保证以农副产品为原料的副食品价格保持不变。1992 年 4 月后，国家放开农副产品的零售价格，并采取“明补”形式，直接对消费者进行补贴。这些措施既保证了城乡人民生活水平的稳定，又保证了粮食加工业的正常经营，提高了补贴效益。

4. 扩大了国际贸易往来，支援了对外贸易的发展，对我国国际收支平衡的实现起了重要的促进作用

(二)财政补贴的负效应

1. 财政补贴加重了财政负担，削弱了财政的宏观调控能力

财政补贴不是减少财政收入，就是增加财政支出，而且具有刚性增长特征。如果把其当作政策手段长期运用而不加以控制，势必加重财政负担，进而削弱其宏观调控能力。

2. 财政补贴掩盖了不同商品的真实比价，不利于企业间的平等竞争

财政补贴是在商品价格之外，对该商品由于国家价格体制和政策原因导致价格低于价值或盈利水平低于全国平均水平的部分进行补贴，这就不能真实地反映补贴商品的成本、利润以及相关商品的比价关系，不利于正确评价企业的经营管理水平和促进企业间开展公平竞争。

3. 不利于企业加强经营管理，提高经济效益

由于财政补贴在管理上存在许多弊端，如补贴对象难以划分、补贴方法简单等，致使一些受补企业钻补贴政策的空子，有的甚至借补求存，不仅没有促进受补企业生产发展，提高企业的生产积极性，反而使受补企业心安理得吃补贴大锅饭，从而淡化了企业经营管理观念，不利于企业提高经济效益。

4. 不利于劳动工资制度的改革

物价变动以后，国家对职工个人消费支出的补贴是平均分配的，并带有“福利支出”性质，容易保护个人既得利益，刚性较强。加上近几年各地区自行出台了一些补贴措施，造成地区间的补贴不平衡，这都给推进以按劳分配原则为核心的劳动工资制度改革带来困难。

【同步案例 5－1】 “暗补”变成了“明补”

哈尔滨市对中低收入市民的住房补贴由“暗补”变成了“明补”，即从原来的政府直接建设

经济适用房，取而代之以货币形式直接补贴给低收入购房者。哈尔滨市房地产住宅局局长认为，这种货币直接补贴的办法，使购房者可以根据自身的实际需求，灵活选择住房的地点、面积，既可以买新房，也可以买二手房，能够提高居民的福利。

案例精析
5—1

讨论：

（1）简要解释为什么一般来说“暗补”不如“明补”。

（2）哈尔滨市的做法是否一定能提高居民的福利？如果不能，可能是什么原因？

任务四　税式支出理论

一、税式支出的含义

视频
税式支出创新

税式支出又称税收补贴，是财政对某些纳税人和课税对象给予的税收优惠，包括减税、免税、退税、税收抵免等。税式支出之所以被纳入财政补贴的范畴，是因为政府在决定减免税时，是从财政支出的角度考虑的，是那些决定政府财政支出的因素影响着政府的税收减免政策。

二、税式支出的特点

税式支出虽然也是一种财政支出，但与直接支出、负所得税等其他经济范畴相比有其自身的特点。

（一）税式支出的特点

与直接支出相比，税式支出有自己的特点：

1. 时效性

税式支出与受益人的相关程度很高，纳税人本身直接受益。税式支出与直接支出相比，其间差异即在于前者无时间滞后效果，而后者具有财政政策的内在落后效果。此种差异的结果造成许多国家偏好采用税式支出。同时，税式支出是一种激励措施，只能作为短期使用的工具，倘使其激励对象与手段长久不变，则必会在资源调配与所得分配的公平上产生若干扭曲现象，反而有损国民经济的均衡成长，因此，采用税式支出固然有利于某种特定目标的达成，但亦须顾及可能带来的无效率与不公平性。

2. 广泛性

税收的触角无处不在，凡有经济活动的地方，就有税收的存在，因而税式支出具有广泛性，比财政支出的范围要广得多。

3. 弹性

经济作用于税收，税收又反作用于经济。税式支出可以做到具体问题具体对待，可以因事制宜、因地制宜、因纳税人制宜，从而保持经济的稳定发展。

（二）税式支出与负所得税

税式支出与负所得税虽然都是政府的转移性支出，但它们是两个不同的含义。首先，税式支出是纳税人在履行纳税义务时，政府为了激励或照顾某种活动，减少或免除其纳税义务，少收一部分税款；而负所得税则是，如果一个家庭的收入不足以达到一种低收入水平，就可享受“负所得税”付款，使其达到那种水平。负所得税实际上是提供一种有保证的最低限度的收入。

因此，实行负所得税时，政府不但得不到税收收入，还要多增加一笔转移支出。

因此，税式支出是税内支出，而负所得税是一种税外支出；税式支出体现着税收的经济调节作用，既有照顾，更有激励，而负所得税完全是从照顾出发，是税收救济，它试图利用个人所得税税制来实现税收制度和社会福利制度的合并。另外，税式支出是就整个税收制度来说的，存在于商品税制、所得税制、财产税制等之中，作用的范围是整个国民经济，而负所得税，仅是从个人所得来说的，只在个人纳税方面发生作用，涉及的范围较小。

三、税式支出的分类

（一）照顾性税式支出

照顾性税式支出，主要是针对纳税人由于客观原因在生产经营上发生临时困难而无力纳税所采取的照顾性措施。例如，国有企业由于受到扭曲的价格等因素的干扰，造成政策性亏损，或纳税人由于自然灾害造成暂时性的财务困难，政府除了用预算手段直接给予财政补贴外，还可以采取税式支出的办法，减少或免除这类纳税人的纳税义务。由此可见，这类税式支出明显带有财政补贴性质，目的在于扶植国家希望发展的亏损或微利企业以及外贸企业，以求国民经济各部门的发展保持基本平衡。

（二）刺激性税式支出

刺激性税式支出，主要是指用来改善资源配置、提高经济效率的特殊减免规定，主要目的在于正确引导产业结构、产品结构、进出口结构以及市场供求，促进纳税人开发新产品、新技术以及积极安排劳动就业等。这类税式支出是税收优惠政策的主要方面，税收调节经济的杠杆作用也主要表现于此。刺激性税式支出又可分为两类：(1)针对特定纳税人的税式支出；(2)针对特定课税对象的税式支出。前者主要是那些享受税式支出的特定纳税人，不论其经营业务的性质如何，都可以依法得到优惠照顾，如我国对城市知青或伤残人创办的集体企业以及所有的合资、合作经营企业，在开办初期给予减免税照顾；后者则主要是从行业产品的性质来考虑，不论经营者是什么性质的纳税人，都可以享受优惠待遇，如我国对农、牧、渔业等用盐可减征盐税等。

四、税式支出的形式

就刺激经济活动和调节社会生活的税式支出而言，其形式大致有税收豁免、纳税扣除、税收抵免、优惠税率、延期纳税、盈亏相抵等。

（一）税收豁免

税收豁免是指在一定期间内，对纳税人的某些所得项目或所得来源不予课税，或对其某些活动不列入课税范围等，以豁免其税收负担。至于豁免期和豁免税收项目，应视当时的经济环境和政策而定。最常见的税收豁免项目有两类：一类是免除关税与货物税；另一类是免除所得税。免除机器或建筑材料的进口关税，可使企业降低固定成本；免除原材料以及半成品的进口关税，可增强企业在国内外市场的竞争能力；免除货物税同样也可降低生产成本，增强市场的价格竞争力。

（二）纳税扣除

纳税扣除是指准许企业把一些合乎规定的特殊支出以一定的比率或全部从应税所得中扣除，以减轻其税负。换言之，纳税扣除是指在计算应课税所得时，从毛所得额中扣除一定数额或以一定比率扣除，以减少纳税人的应课税所得额。

(三)税收抵免

税收抵免是指允许纳税人从其某种合乎奖励规定的支出中，以一定的比率从其应纳税额中扣除，以减轻其税负。

对于这种从应纳税额中扣除的数额，税务当局可能允许也可能不允许超过应纳税额。若在后一种情况下，它被称为"有剩余的抵免"；若是在前一种场合，即将没有抵尽的抵免额返还给纳税人，就称之为"没有剩余的抵免"。

(四)优惠税率

优惠税率是对合乎规定的企业课以较一般为低的税率。其适用的范围，可视实际需要而予以伸缩。这种方法，既可以是有期限的限制，也可以是长期优待。一般来说，长期优惠税率的鼓励程度大于有期限的优惠税率，尤其是那些需要巨额投资且获利较迟的企业，常可从长期优惠税率中得到较大的利益。在实践中，优惠税率的表现形式很多，例如，纳税限额即规定总税负的最高限额，事实上就是优惠税率的方式之一。

(五)延期纳税

延期纳税也称"税负延迟缴纳"，是指允许纳税人对那些合乎规定的税收延迟缴纳或分期缴纳其应负担的税额。这种方式一般可适用于各种税，且通常都应用于税额较大的税收。在施以这种办法的场合，因可延期纳税，纳税人等于得到一笔无息贷款，能在一定程度上帮助纳税人解除财务上的困难。采取这种办法，政府的负担也较轻微，因为政府只是延后收款而已，充其量只是损失一点利息。

(六)盈亏相抵

盈亏相抵是指准许企业以某一年度的亏损抵消以后年度的盈余，以减少其以后年度的应纳税款；或是冲抵以前年度的盈余，申请退还以前年度已纳的部分税款。一般而言，抵消或冲抵前后年度的盈余，都有一定的时间限制，例如，美国税法曾规定，前后可以抵冲的时间是前 3 年后 7 年内；我国台湾地区则有前 4 年后 5 年的规定。这种方式对具有高度冒险性的投资有相当大的刺激效果。因为在这种方式下，如果企业发生亏损，按照规定就可从以前或以后年度的盈余中得到补偿。当然，正因为这种方式是以企业发生亏损为前提，它对于一个从未发生过亏损但利润确实很小的企业来说，没有丝毫鼓励效果，而且就其应用的范围来看，盈亏相抵办法通常只能适用于所得税方面。

五、税式支出的原则

(一)适度原则

在一定的社会经济条件下，税收收入和税式支出互为消长。因此，税式支出必须有度。首先，实施税式支出必须先考虑政府的财政承受能力。如果因采取税式支出而过多影响国家的财政收入，则势必给国家财政带来困难。其次，不能单独考虑企业的物质利益，随便给予税式支出，否则不仅不会发挥税收优惠的作用，反而不利于企业加强经营管理和经济核算，不利于企业提高经济效益和开展竞争。因此，税式支出必须有利于搞活企业经济和调动企业的生产经营积极性，有利于加强经营管理和经济核算，有利于企业在公平的基础上开展竞争。同时，税式支出的方向和结构必须以保证产业政策的实现为前提。当前重点支持的产业和产品应当是农业、能源工业、交通运输业、原材料工业以及出口产品，因此，税式支出政策应重点放在这些方面。对那些限制或禁止发展的产业和产品则不应有税式支出。当然，税式支出还要顾及地域经济。我国幅员辽阔，经济差别大，为了促使各地扬长避短，也需适当进行税式支出。综上所述，税式支出无论是从方向上和结构上，还是从地域上看都必须在适度的前提下使用。

(二)配合原则

税式支出是作为税收的一种经济调节手段来发挥作用的。然而，在市场经济条件下，为了使经济得以顺畅发展，要有许多调节手段从不同的方面来影响经济，如价格、贷款、工资、财政补贴等。因此，实施税式支出要注意与各种调节手段有机配合、相辅相成。

(三)倾斜原则

税式支出的目的是促进国民经济的持续稳定、协调发展。因此，实施税式支出必须以国家的政治经济任务为前提，否则，就易与经济的发展方向背道而驰，不仅不会促进经济发展，反而会阻碍国民经济的增长。税式支出所要鼓励的经济活动，其政策都必须立足于促进经济的发展，同国家的政治经济任务相一致。通过税式支出实现税收激励，实际上就是一种倾斜。鼓励先进、鞭策落后是实施税式支出的一个重要原则。如果掌握不好这一原则，就易造成"鞭打快牛、保护落后"，不利于调动企业各方面的积极性和促使企业通过主观努力改变落后状况。

(四)效益原则

适度的税式支出可以促进经济的发展，培养税源，在宏观、微观上都有利。但是，过度的税式支出，不仅损害全局利益，而且从微观上看，也不能有效地激励纳税人挖掘自身潜力的积极性，从而增大对税式支出的依赖性，可能会带来短期效益，却失去了长期效益。

六、税式支出的预算控制

(一)科学界定税式支出范围

税式支出的政策目的是促进产业结构的优化，激励科技进步。因此，应根据本国不同时期的经济发展需要及税式支出的内涵和外延，按照一定的标准，从纳税单位、税基、税率、纳税期限、管理措施、国际交易准则等诸要素方面，科学确定税式支出的范围和形式，以达到税式支出政策与本国经济形势、经济政策的完美配合。

(二)合理确定税式支出规模

确定一个适度的税式支出规模是税式支出管理的一个关键问题。一国的税式支出规模过大不利于财政其他职能的发挥；若税式支出过小，则不利于税式支出功能的发挥，一些社会经济政策目标不能得到有效的实施。要确定一个适度的税式支出规模就需要运用一定的测算技术和统计方法，对税式支出进行数量估算。

目前，世界上实行税式支出管理的国家主要有以下三种估算方法：

1. 收入放弃法

收入放弃法(revenue foregone method)，即计算政府在每一年度内由于实施税收优惠而减少的税收收入，或者是国家放弃某一征税权力，而给予纳税人的退税额，也就是纳税人获得政府税收优惠之后少缴纳的税款。这是对于某种税收优惠成本的事后测量。利用收入放弃法来估算税式支出规模，适用于所有的税式支出项目。

2. 收入获得法

收入获得法(revenue gains method)，即计算政府由于取消税收优惠而增加的税收收入，这是假定取消减免、收入预期增加的一种事先测量。收入获得法不同于收入放弃法，要考虑税收优惠的取消对纳税人行为和税收结构的影响，即必须熟知纳税人的行为以及有关弹性标准的资料。

3. 等额支出法

等额支出法(outlay equivalent method),即计算政府如果以相应的直接财政支出取代一项税式支出需要多少的政府直接支出才能达到相同的受益或者效果,如此估算的直接支出额即为税式支出的成本。这种方法是假定纳税人行为不改变,测量通过财政直接支出提供与税式支出同样经济效益的成本。此方法有利于与相应的直接财政支出相比较。

三种税式支出数量估算方法中,收入放弃法是一种对某种特定的税收优惠成本的事后检验方法,相对于另外两种而言,简便易行。因此,大多数国家主要选用收入放弃法进行税式支出成本核算。

(三)规范税式支出的评价

税式支出效果评价是考察税式支出政策的利弊得失,决定其存废去留选择的依据。国际经济学界通常采用成本效益分析法进行税式支出效果的评价。从税收实践看,要完整地确定税收优惠的成本与收益,由于技术上和资料上的原因,既无必要,也无可能。因此,在进行税收优惠的成本效益分析时,主要是确定其直接的、内部的、有形的、实际的成本与效益来评价税式支出的效率。

(四)选择相应的预算管理模式

1. 全面预算管理

将各种税式支出项目纳入统一的账户,按规范的预算编制方法和程序编制税式支出预算,并作为政府预算报告的组成部分送交议会审批。

2. 重点项目的预算管理

国家只对重要的税式支出项目编制定期报表,虽也有政府的评估意见和统计数据,但不直接纳入正式的财政预算程序,只作为预算法案的参考和说明。

3. 非制度化的临时监控

政府决定以税式支出方式对某一部门或者行业提供财政补助时,才对因此而放弃的税收收入参照预算方法进行估价和控制。

应知考核

一、单项选择题

1. 下列不属于转移性财政支出的是(　　)。

A. 失业救济支出　B. 财政补贴　C. 债务利息支出　D. 行政经费支出

2. 财政补贴是一种(　　)。

A. 购买性支出　B. 转移性支出　C. 社会保障性支出　D. 经济建设性支出

3. 社会保障制度的核心是(　　)。

A. 社会救济　B. 社会保险　C. 社会福利　D. 社会优抚

4. 我国现行社会养老保险的筹资模式是(　　)。

A. 现收现付式　B. 完全基金式　C. 部分基金式　D. 财政拨款解决

5. 国家财政在医疗保险方面资金的支出属于(　　)。

A. 债务支出　B. 卫生事业支出　C. 行政管理支出　D. 社会保障支出

二、多项选择题

1. 社会保障资金的筹集方式包括(　　)。

A. 完全基金制　　B. 企业积累制　　C. 现收现付制　　D. 部分基金制

2. 社会保障支出包括(　　)。

A. 社会救济　　B. 社会福利　　C. 社会保险　　D. 社会优抚

3. 属于社会保障的经济性功能的是(　　)。

A. 调节投融资功能　B. 平衡需求功能　C. 社会补偿功能　D. 社会稳定功能

4. 下列属于财政补贴特征的有(　　)。

A. 政府性　　B. 时效性　　C. 专项性　　D. 灵活性

5. 财政补贴主要包括(　　)。

A. 价格补贴　　B. 捐赠支出　　C. 企业亏损补贴　D. 财政贴息

三、判断题

1. 社会保障制度的核心是社会救济。　(　　)

2. 社会保险的资金完全来自财政拨款。　(　　)

3. 社会保障的筹资方式主要有两种:一是缴费,二是缴税。　(　　)

4. 利用收入放弃法来估算税式支出规模,适用于所有的税式支出项目。　(　　)

5. 财政补贴的性质属于购买性财政支出。　(　　)

四、简述题

1. 简述转移性支出的含义和特征。

2. 简述社会保障的含义和特征。

3. 简述社会保障的功能。

4. 简述我国社会保障的现状与不足及改革与完善。

5. 简述财政补贴的正负效应。

应会考核

■观念应用

【背景资料】

供暖价格实行补贴

材料一:某年10月,A城区供热工作推进会决定,忻州供暖价格实行调整。城区居民供热价格按建筑面积由每月2.7元/平方米调整为每月3.3元/平方米。

材料二:为解决困难居民的冬季取暖问题,政府出台了《A城区困难居民集中采暖补贴办法(试行)》,给予这一人群每平方米3元的价格补贴,补贴对象为享受A城区居民最低生活保障和低收入家庭住房补贴的人群。

【考核要求】

(1)分析政府对困难居民给予采暖补贴的原因。

(2)分析说明政府出台补贴政策的意义。

■技能应用

发展养老事业,取得双赢

材料一:国务院发布《关于加快发展养老服务业的若干意见》,明确提出要以政府为主导,发展居家养老、社区养老、机构养老、医养结合等多种养老服务模式，办好公办保障性养老机构，完善农村养老服务托底的措施，完善公共财政补贴支持政策。

材料二：养老既是社会问题，也是经济问题。养老服务是一个巨大的产业，在吸纳劳动力就业和第三产业发展方面具有很大的潜力。如果政策得当，处理得好，可以取得社会和谐与经济发展双赢。

【技能要求】

(1)结合材料一，分析我国加快发展养老事业政策措施的政治生活道理。

(2)结合材料，谈谈如何在养老问题上“取得社会和谐与经济发展的双赢”。

■案例分析

【案例情境】

成品油价格财政补贴

为降低油价调整对公益性行业和部分困难群体的影响，某年4月A省财政紧急预拨该年度城市出租车、城市公交、农村道路客运、渔业、林业五大行业的成品油价格改革财政补贴资金10.25亿元。本次拨付的油价补贴资金中，农村道路客运行业拨付资金为13亿元，以合法经营的农村道路客运车辆座位数为发放补贴依据；城市公交行业拨付2.84亿元，以合法经营的城市公交车辆标台数为补贴依据；城市出租车行业拨付资金3.68亿元，以合法经营出租车台数为补贴发放依据。

【分析要求】

(1)简述财政补贴的主要特征；

(2)试分析财政补贴的正面和负面经济效应。

项目实训

【实训内容】

中央和地方收支划分后，为解决财力分布不均衡问题，中央对地方实施转移支付，包括一般性转移支付和专项转移支付。一般性转移支付主要用于弥补财政实力薄弱地区的财力缺口，地方政府可统筹安排使用，目的是均衡地区间财力差距，实现地区间基本公共服务能力的均等化。专项转移支付重点用于“三农”、教育、医疗卫生、社会保障和就业等领域，以实现特定的宏观政策及事业发展目标，或对中央委托地方事务、中央地方共同事务按其相应资金进行补偿，地方政府必须按规定用途使用。

中央财政支出：国防、武警经费，国家安全支出，外交和援外支出，中央国家机关行政管理费，中央统管的基本建设投资，中央直属企业的技术改造和新产品试制费，资本金支出，地质勘探费，中央安排的农业支出，中央负担的国内外债务的还本付息支出，以及中央本级负担的公检法支出和文化、教育、卫生、科学等各项事业费支出。

地方财政支出：地方行政管理费，公检法经费，民兵事业费，地方统筹安排的基本建设投资，地方企业的改造和新产品试制经费，农业支出，城市维护和建设经费，地方文化、教育、卫生等各项事业费以及其他支出。

材料一：

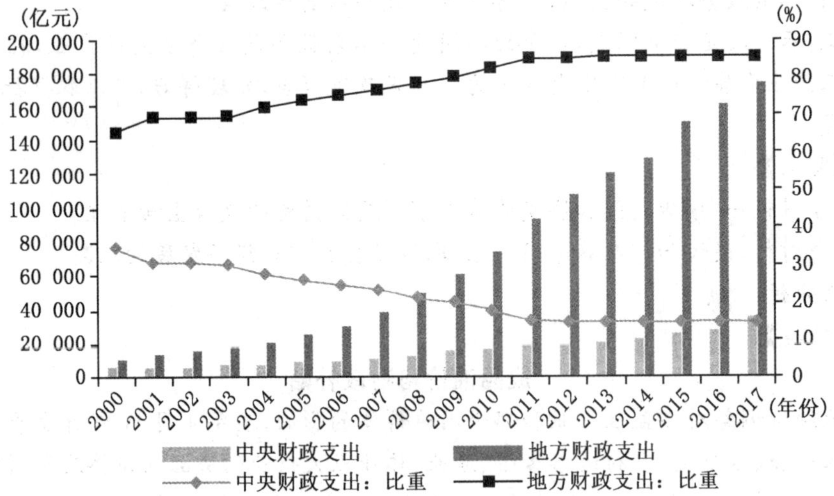

图1 2000～2017年中央和地方财政支出及比重

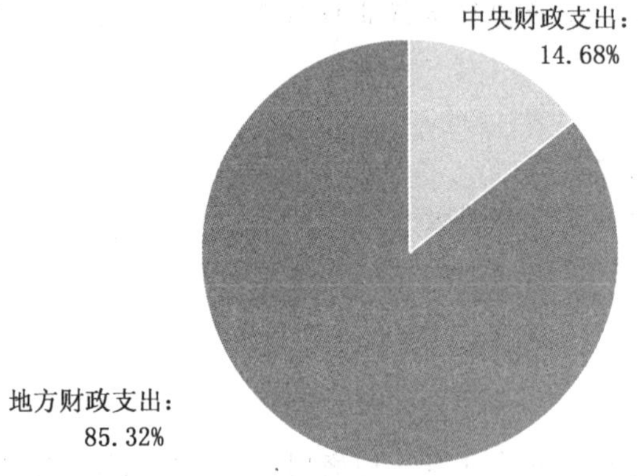

图2 2017年中央和地方一般公共预算财政支出比重

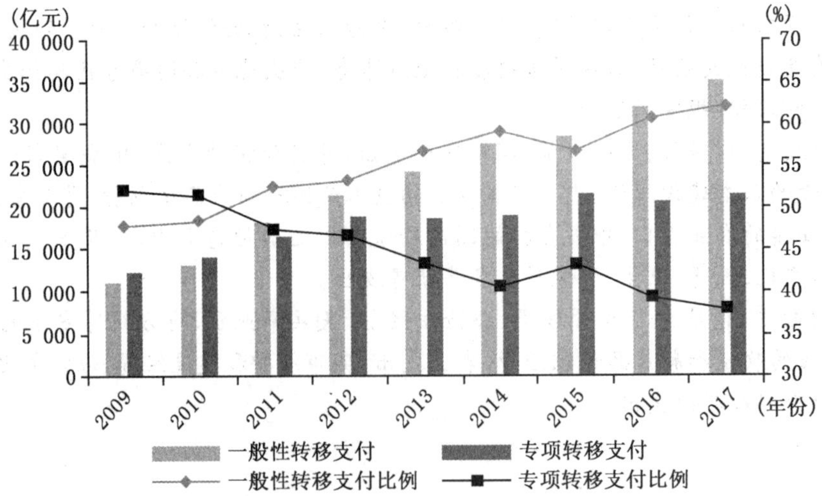

图3 2009～2017年一般性转移支付和专项转移支付的规模和比例

材料二：对于专项转移支付的监管，目前社会公众参与监督的渠道显然不多，透明度也不高，而在管理部门内部，项目申请、审查把关等关键环节往往是少数人说了算，缺少内部监督机制，上级管理部门通过书面、报表的形式进行审查把关，缺少可操作性的监督措施。与此同时，我国现行的专项转移支付制度立法层次较低，并没有将专项转移资金纳入地方预算，缺乏人大的监督，缺乏刚性责任追究机制。

【实训目标】

培养学生分析问题和解决问题的能力。

【实训组织】

以学习小组为单位，

(1)指出材料一反映的经济信息。

(2)结合材料一，分析设立中央对地方专项转移支付的原因。

(3)结合材料二，运用“我国政府受人民的监督”的知识为加强专项转移支付资金的监管出谋划策。

【实训成果】

(1)考核和评价采用报告资料展示和学生讨论相结合的方式。

(2)评分采用学生和教师共同评价的方式，填写实训报告。

<table>
<tr><td colspan="3">实训报告</td></tr>
<tr><td>项目实训班级：</td><td>项目小组：</td><td>项目组成员：</td></tr>
<tr><td>实训时间：　　年　　月　　日</td><td>实训地点：</td><td>实训成绩：</td></tr>
<tr><td colspan="3">实训目的：</td></tr>
<tr><td colspan="3">实训步骤：</td></tr>
<tr><td colspan="3">实训结果：</td></tr>
<tr><td colspan="3">实训感言：</td></tr>
</table>

第三篇·财政收入理论

项目六

财政收入

○ **知识目标：**

理解：财政收入的含义；财政收入的形态及依据；财政收入的形式和分类。

熟知：财政收入的原则、功能；财政收入规模的确定；财政收入结构的分类。

掌握：财政收入规模的衡量指标；制约财政收入规模的因素；财政收入结构划分的标准、价值结构、经济结构。

○ **技能目标：**

能够掌握财政收入的基本知识，运用本项目的知识解决财政收入方面的基本问题；具备分析我国的财政收入规模的现状及其发展趋势的能力。

○ **素质目标：**

运用所学的财政收入知识研究相关案例，培养和提高学生在特定业务情境中分析问题与决策设计的能力；结合行业规范或标准，强化学生的职业道德素质。

○ **项目引例：**

北京地铁要不要告别"2 元"时代——低价造成 170 亿元财政补贴包袱

《光明日报》2013 年 7 月 17 日刊登刘白的文章说，全程两元的地铁、四角的公交——北京的票价一直让沪深等地市民羡慕。不过，北京的地铁、公交可能也要按里程计价了。据报道，一项由北京市交通委开展的"北京交通运输业经济统计专项调查"正在进行，这项年底出结果的调查将成为北京地铁公交涨价的依据。北京地铁公交线路的票价政策已实行六年有余，六年间，沪深等地地铁票价多次随市场浮动，最高价格已超过 10 元。一直保持两元的标准为北京交通带来了"惠民""公益"的名头，也带来了每年十几亿元的亏损、170 亿元财政补贴的沉重包袱。在沪深地铁票价讨论的高潮阶段，曾有许多记者援引北京地铁的例子，力证即便交通运营考虑市场损益，仍应充分体现交通资源"公共性"的运营模式。顶着普惠全民的帽子，北京交通每次微有涨价动向都会受到一种"道义"式的掣肘，这使得地铁价格脱离市场，进入了一种事实上的计划控制。北京地铁公交涨价受到围观，一个重要原因是这件事背后隐藏着如何处理市场规则和社会福利关系的问题。公司靠财政补贴维持以普惠所有阶层的方式肯定长久不了。

讨论：

(1)地铁票该不该补贴？补贴的效应怎样？

(2)应该如何确定公共交通的财政收入？

○ **知识精讲：**

任务一 财政收入概述

一、财政收入的含义

视频

2018 年财政收入前 20 名城市 1 城负增长 19 城正增长

财政收入是指政府为满足社会公共需要,依据一定的权力原则,从国民经济各部门集中的一定量的社会产品价值。财政收入包含四层意思:在货币经济条件下,(1)财政收入表现为一定量的货币收入;(2)财政收入也是一个过程,它是财政分配的第一阶段或基础环节;(3)财政分配包括财政收入和财政支出两个过程,其中,财政收入是财政支出的前提;(4)财政收入是政府重要的调控工具。

二、财政收入的原则

(一)财政原则

财政原则指的是财政收入应当以满足政府履行其职能的需要为主要目的,或者说财政收入应当满足财政支出的需要。根据这一原则,政府应根据财政支出的需要确定财政收入的规模,即以支定收。通常情况下,尽量做到收支平衡,避免产生赤字。随着社会经济的发展,政府职能不断扩大,政府可以通过增税或税收的自然增收相应增加财政收入,以满足财政支出不断增长的资金需要。

财政原则的主要优点是,如果它能够得以成功地贯彻,可以避免财政赤字,实现财政收支平衡。应注意的是,执行这一原则应以合理界定财政支出规模为前提,否则,可能产生财政收入取之无度的不良后果。

(二)受益原则

受益原则指的是政府所提供的产品和劳务的成本费用的分配,要与社会成员从政府提供的产品和劳务中获得的收益相联系。

受益原则的主要优点在于,如果它能够得以成功地贯彻,那么政府提供产品和劳务的每个单位成本可以与社会成员从这些产品和劳务中获得的边际收益挂钩。所有社会成员都依据其从政府提供公共产品和劳务中所得的边际收益的大小做出相应的缴纳,就能避免"免费搭车"的问题。然而,问题在于,政府提供的大多数产品和劳务具有整体消费或共同受益的性质,客观上很难分清每一社会成员的受益多少。因此,这一原则的使用范围具有局限性,主要适用于个别成员或少部分社会成员受益的产品和劳务的成本费用的分配。根据这个原则,规费和使用费是最理想的财政收入形式。

(三)支付能力原则

支付能力原则指的是政府提供的产品和劳务的成本费用的分配,要与社会成员的支付能力相联系。按照这一原则,政府所提供的产品和劳务的成本费用的分配与社会成员所获得的边际收益大小无关,而只与其支付能力相联系。例如,收入多的多纳税,收入少的少纳税。

支付能力原则的优点在于,如果它能够得以成功地贯彻,政府提供产品和劳务的成本费用的分配可以改变国民收入的分配状况,使其向收入分配的公平目标转变,可以使社会成员的境况达到相对公平的状态。但支付能力原则的实施存在一定的困难:一是测度社会成员支付能力有困难;二是按照社会成员的支付能力确定其所承担的政府支出成本的份额同样有困难。

三、财政收入的功能

(一)收入功能

政府从事财政收入活动的首要目的就是获取国家机器运转必需的财政资金,因此,筹集财政收入资金的功能是其最基本的功能。同时,财政收入活动的收入功能是政府支出的保障。

(二)调节功能

在市场经济中,政府需要通过一定的再分配手段来调节初次分配产生的收入差距。在所有手段中,政府首先选择的就是财政收入调节方式,其中,税收就是常见的调节手段,如建立累进课征的个人所得税和财产税,加强对奢侈品课税等,这被称为财政收入调节收入分配的工具。

(三)稳定和发展经济的功能

财政收入是政府重要的宏观调控手段。政府的宏观调控主要是通过财政政策和货币政策来进行的,而财政收入政策是财政政策的重要组成部分。现代市场经济国家普遍运用税收、公债等手段调节资源在公共部门和私人部门之间的配置结构,促进整个社会资源的合理配置与充分利用、平缓经济周期波动以及促进经济增长与发展,并通过财政收入政策来调节收入和财富在社会成员之间的分配,促进收入分配趋于合理,维护社会稳定。

四、财政收入的形态及依据

(一)财政收入的形态

财政收入表明政府获取社会财富的状况,也就是说,社会物质财富是财政收入的实质内容。但在不同的历史条件下,财政收入的形态存在很大的区别:在自然经济时期,财政收入主要以劳役和实物的形态存在;在商品经济时期,财政收入一般以货币形式取得;在现代社会,财政收入均表现为一定量的货币收入。

(二)财政收入的依据

政府取得财政收入主要凭借公共权力,包括:(1)政治管理权:这是最主要和最基本的形式,取决于政府供给的公共商品性质;(2)公共资产所有或占有权;(3)公共信用权:发行国债、股票等。

五、财政收入的形式及分类

(一)财政收入的形式

财政收入的形式反映社会生产力发展水平,体现社会经济结构,与社会经济形式和管理体制有密切关系。进一步讲,它是由社会再生产过程中各种经济利益关系的相互作用形成的。每一种收入形式的产生都是社会经济运行的客观需要,都有其经济根源和历史根源。那么,在一定的社会经济条件下取得财政收入的形式受到哪些因素制约呢?

第一,生产资料所有制是决定财政收入形式的主要因素。由于生产资料占有形式不同,反映的分配关系的性质不同,采取的分配形式也不相同。

第二,国家取得收入的目的是决定财政收入形式的又一重要因素。国家的某些财政收入形式的设立,不仅是为了取得收入,而且也是为了达到某种特定的目的。比如发行国债,有时是为了弥补财政赤字,平衡财政收支,有时是为了国家的经济建设筹集资金。

可见,财政收入的形式是由收入所体现的分配关系和取得财政收入的目的共同决定的。

(二)财政收入的分类

1. 按收入形式,可以分为税收收入、国有资产收益、债务收入、收费收入

(1)税收收入。税收是国家为了实现其职能,凭借政治权力依照法律规定标准取得财政收入的一种比较固定的形式。它具有强制性、无偿性、固定性的基本特征,不受生产资料所有权归属的限制,因此是国家取得财政收入的一种最可靠的基本形式。同时,税收在取得财政收入的过程中还能起到调节经济运行、资源配置和收入分配的重要作用。

视频

财政收支支出增速快于财政收入增速

(2)国有资产收益。国有资产收益是国家凭借国有资产所有权所应获取的经营利润、租金、股息(红利)等收入的总称。在现代企业制度下,企业是独立于投资者、享有民事权利、承担民事责任的经济实体,具有法人资格。企业中的国有资产属于国家,企业则拥有包括国家在内的出资者投资形成的全部法人财产权。财政与企业的分配关系,除了对各类企业的税收关系外,对国有企业或拥有国有股份的企业还有一层规范的资产收益分配关系,即国家以国有资产所有者身份采用上缴利润、国家股分红等形式,凭借所有权分享资产收益,然后通过国有资产经营预算支出用于新建国有企业投资,对股份制企业的参股、控股以及对国家股的扩股、增资、兼并购买产权或股权等,保持公有制资产在社会总资产中的优势。

(3)债务收入。债务收入是指国家以债务人的身份,按照信用的原则从国内外取得的各种借款收入。它包括在国内发行的各种公债(国库券、财政债券、保值公债、特种国债等)和向外国政府、国际金融组织、国外商业银行的借款以及发行国际债券等取得的收入。在现代社会中,公债因具有有偿性、自愿性、灵活性和广泛性等基本特征,并具有弥补财政赤字、调剂国库余缺、筹集财政资金和调控经济运行等多种功能,已成为一种不可缺少的重要财政收入形式。

(4)收费收入。一般来说,收费形式是国家政府机关或国家事业机构等单位,在提供公共服务、产品、基金或批准使用国家某些资源时,向受益人收取一定费用的一种财政收入形式。它主要包括规费收入、国家资源管理收入、公产收入等。收费收入涉及面广,收入不多,在财政收入中占有比重较小,但政策性强。国家采用收费这种形式,主要是促进各单位和个人注重提高效益,发挥其调节社会经济生活的作用。

2. 财政收入按经济性质分类,可以分为无偿收入和有偿收入

无偿收入主要包括国家凭借政治权力征收的税收收入,占整个财政收入相当大的份额。无偿取得的收入主要用以满足国家行政管理、国防、科教文卫等消费性的经费支出。

有偿收入主要指债务收入,主要用于国家的经济建设支出和弥补财政赤字。

3. 按财政收入的层次,可以分为中央财政收入与地方财政收入

中央财政收入是指按照财政预算法律和财政管理体制规定由中央政府集中和支配使用的财政资金。中央财政收入主要来源于国家税收中的属于中央的税收、中央政府所属企业的国有资产收益、中央和地方共享收入中的中央分成收入、地方政府向中央政府的上解收入以及国债收入等。

地方财政收入是指按照财政预算法或地方财政法规定划归地方政府集中筹集和支配使用的财政资金。地方财政收入主要来源于地方税、地方政府所属企业的国有资产收益、共享收入中的地方分成收入以及上级政府的返还和补助收入等。

任务二　财政收入规模

一、财政收入规模的含义及衡量指标

(一)财政收入规模的含义

财政收入规模是指一定时期内(通常为一年)财政收入的总量。财政收入规模是衡量政府公共事务范围和一国财政状况的基本指标。

(二)财政收入规模的衡量指标

1. 财政收入规模的绝对量及其衡量指标

财政收入规模的绝对量是指一定时期内财政收入的实际数量。从静态考察,财政收入的绝对量反映了一国或一个地区在一定时期内的经济发展水平和财力集散程度,体现了政府运用各种财政收入手段调控经济运行、参与收入分配和资源配置的范围和力度;从动态考察,即把财政收入规模的绝对量连续起来分析,可以看出财政收入规模随着经济发展、经济体制改革以及政府机制在调控经济运行、资源配置和收入分析中的范围、力度的变化趋势。

衡量财政收入规模的绝对指标是财政总收入,它是一个有规律、有序列、多层次的指标体系。

2. 财政收入规模的相对量及其衡量指标

财政收入规模的相对量是指在一定时期内财政收入与有关经济和社会指标的比例。体现财政收入规模的指标主要是其相对量,即财政收入与国民经济和社会发展有关指标的关系。衡量财政收入相对规模的指标通常有两个:一是财政收入占国民生产总值(GNP)或国内生产总值(GDP)的比例;二是税收收入占 GNP 或 GDP 的比重。

二、影响财政收入规模的因素

财政收入规模具有客观性,它是多种因素共同作用的结果。其影响因素大致可分为两类:(1)影响财政收入规模的绝对量因素;(2)影响财政收入规模的相对量因素。

(一)影响财政收入规模的绝对量因素

1. 经济发展水平

经济发展水平对财政收入的影响是最为基础的。经济发展水平从总体上反映一个国家的社会产品的丰富程度和经济效益的高低,只有经济发展水平提高,才能使财政收入的总额增大。

2. 生产技术水平

生产技术水平是指生产中采用先进技术的程度,它对财政收入规模的制约包括:一是技术进步导致生产速度加快、生产质量提高,技术进步速度越快,社会产品和 GNP 的增长也加快,财政收入的增长就有充分的财源;二是技术进步必然带来物耗降低,经济效益提高,剩余价值所占的比例扩大。由于财政收入主要来自剩余产品价值,所以技术进步对财政收入的影响更为直接和明显。

3. 收入分配政策

制约财政收入规模的另一个重要因素是政府的分配政策和分配体制。分配政策对财政收入规模的制约主要表现在两个方面:一是收入分配政策决定剩余产品价值占整个社会产品价值的比例，进而决定财政分配对象的大小，即在国民收入既定的前提下，M 占国民收入的比重；二是分配政策决定财政集中资金的比例，即 M 中财政收入所占的比重。

4. 价格因素

价格因素对财政收入的影响是产品或劳务的价格上涨会导致名义财政收入的增加。具体地说，(1)价格上涨会相应地扩大税基，使名义税收增加。在税率一定时，价格上涨，税基扩大，财政收入增加。(2)名义收入的增加和税基的扩大，会引起税率的变化。在累进税制下，较高的收入会使纳税人自动地进入较高的纳税等级，甚至原来不纳税的人也会因名义税收的增加而自动进入纳税人行列，因而也会使名义财政收入增加。

(二)影响财政收入规模的相对量因素

影响财政收入规模的相对量因素包括直接因素与间接因素两个方面。仅就直接因素作分析，它包括体制因素和财政政策因素。

1. 体制因素

体制因素直接影响财力集中度。在其他因素一定时，一般来说，实行计划经济体制的国家，其财政集中度要高于实行市场经济体制的国家；同一国家如中国，在计划经济体制时期与在社会主义市场经济体制时期，其财政集中度也大不相同。其差异源于不同财政经济体制下的政府职能和财政职能的不同。

2. 财政政策因素

财政收入占 GNP 的比例还受到财政政策的制约。在财政支出一定时，若经济运行状况需要政府实施扩张性的财政政策，则要求减税，降低财政收入占 GNP 的比例；或者说，这一比例的降低反映了财政政策的扩张性。同理，紧缩性的财政政策要求提高这一比例，或者说，这一比例的提高反映了财政政策的紧缩性。

【同步案例 6－1】　　　　财政收入呈增长模式

下表为我国近几年的经济发展情况：

年份	项　目	GDP	财政收入	城镇居民人均收入	农村居民人均收入
2008	总量(亿元)	314 045	61 330	15 781	4 761
	比上年增长(%)	9.6	19.5	8.4	8.0
2009	总量(亿元)	340 903	68 518	17 175	5 153
	比上年增长(%)	9.2	11.7	9.8	8.5
2010	总量(亿元)	397 983	83 080	19 109	5 919
	比上年增长(%)	10.3	21.3	7.8	10.9
2011	总量(亿元)	471 564	103 740	21 810	6 977
	比上年增长(%)	7.8	24.8	8.4	10.9
2012	总量(亿元)	519 322	117 209.75	24 565	7 917
	比上年增长(%)	7.8	12.8	9.6	10.7

讨论：

(1)表中内容反映了什么经济信息？

(2)有人认为，民富是生产出来的。结合上表运用影响财政收入的因素的有关知识，请你谈谈对这一观点的认识。

案例精析 6—1

三、财政收入规模的确定

(一)合理确定财政收入规模的重要性

1. 财政收入占 GNP 的比例影响资源的有效配置

在市场经济中，市场主体主要包括企业、居民和政府三个部分。各个主体对国民经济和社会发展具有不同的职能作用，并以一定的资源消耗为实现其职能的物质基础。然而，社会经济资源是有限的，各利益主体对资源的占有、支配和享用客观上存在着此增彼减的关系。理想状态的集中度，应是政府集中配置的资源与其他利益主体分散配置的资源形成恰如其分的互补关系，或者说，形成合理的私人产品与公共产品结构，使一定的资源消耗获得最优的整体效益。

2. 财政收入占 GNP 的比例影响经济结构的优化

在一定时期内，可供分配使用的国民生产总值是一定的，但是，经过工资、利息、利润、财政税收等多种分配形式的分配和再分配最终形成的 GNP 分配结构则有可能是多种多样的。分配结构不同，对产业部门结构的影响也就不同。在 GNP 一定时，若政府财政集中过多，就会改变个人纳税人的可支配收入用于消费与投资的结构，税负过高，也会降低企业纳税人从事投资经营的积极性。若消费因政府加税而变得相对较低，人们就愿意选择消费和休息，而不是投资和工作，致使国民生产总值在投资与消费之间的结构失衡。

3. 财政收入占 GNP 的比例既影响公共需要的满足，也影响个别需要的满足

经济生活中的任何需要(公共需要和个别需要)都要以 GNP 所代表的产品和劳务来满足。政府征集财政收入的目的在于实现国家职能，满足公共需要。公共需要是向社会提供的安全、秩序、公民基本权利和经济发展的社会条件等方面的需要。满足公共需要实际上形成了推动经济、社会发展的公共动力。GNP 中除财政集中分配以外的部分，主要用于满足个别需要。个别需要是企业部门和家庭的需要，满足个别需要是经济生活中形成个别动力的源泉。个别动力对国民经济发展具有直接的决定作用，实际上，公共动力对经济社会的推动作用最终也要通过个别动力来实现，而个别动力对经济的决定作用也需借助于公共动力的保障来实现。在 GNP 一定时，需要寻找公共需要满足程度与个别需要满足程度的最佳结合点，实际上也就是财政收入占 GNP 的合理比例。

4. 财政收入占 GNP 的比例是财政政策的中介目标，是财政收入政策的直接目标

财政收支作为一个整体，其运作必须服从财政政策目标；财政收支作为相对独立的财政活动，不仅要有财政政策目标作为终极目标指向，而且还要有更为明确、具体的直接目标分别指示其运作的方向和力度，这些直接目标决定于财政政策目标，并具体指导着财政分配活动，可将其称为中介目标。指导财政收入活动的中介目标是财政收入政策目标，而最主要的财政收入政策目标就是财政收入占 GNP 的比例。

(二)财政收入规模的确定

财政收入规模是由多种因素综合决定的，不仅在不同国家财政收入规模有较大差异，而且在同一国家的不同历史时期，财政收入规模也不相同。在一定的时间和条件下，衡量一国财政

收入规模是否适度、合理，大致有一个客观标准，这个标准主要包括以下两个方面：

1. 效率标准

效率标准是指政府财政收入规模的确定应以财政收入的增减是否有助于促进整个资源的充分利用和经济运行的协调均衡为标准。

(1)资源利用效率。征集财政收入的过程，实际上是将一部分资源从企业和个人手中转移到政府手中的过程，转移多少应考察是否有助于提高整个资源的配置效率。财政转移资源所产生的预期效率应与企业和个人利用这部分资源所产生的预期效率进行比较，若国家利用的效率高，则可通过提高财政收入占 GNP 的比重来实现转移；否则应降低这一比例。

(2)经济运行的协调均衡。一般来说，当经济处于良好的态势时，财政收入规模应以不影响市场均衡为界限，即这时的财政收入规模应该既能满足公共财政支出需要，又不对市场和经济发展产生干扰作用。当经济运行处于失衡状态时，财政收入规模就应以能够有效地矫正市场缺陷、恢复经济的协调均衡为界限。

2. 公平标准

公平标准是指在确定财政收入规模时应当公平地分配财税负担。具体地说，就是财政收入占 GNP 的比例要以社会平均支付能力为界限，具有相同经济条件的企业和个人应承担相同的财税负担，具有不同经济条件的企业和个人应承担不同的财税负担。在公平负担的基础上，确定社会平均支付能力，并据以确定财政收入规模尤其是财政收入占 GNP 的比例。

四、我国财政收入规模变化的分析

(一)从绝对额来看

改革开放以来，我国财政收入的规模随着经济的增长而不断增长。1978～2013 年，我国财政收入绝对数的增长可以分为三个阶段：水平徘徊阶段(1978～1982 年)；缓慢发展阶段(1982～1992 年)；高速增长阶段(1992～2013 年)。

(二)从相对数额(财政收入占 GDP 的比重)来看

从相对数额(财政收入占 GDP 的比重)来看，表现出 U 形的发展态势。下面我们分时间段进行分析。

1. 改革开放到 20 世纪 90 年代中期

我国财政收入占 GDP 的比重下降与财政支出的持续增长形成尖锐的矛盾，下降的主要原因有：

(1)分配制度发生了急剧的变化。改革以后，GDP 分配格局明显向个人倾斜，这导致了我国财政收入的下降。

(2)经济运行不正常。财政收入占 GDP 的比重下降，这在一定程度上反映了经济结构问题。财政是经济结构的“晴雨表”，经济结构越合理，财政收入占 GDP 的比重就越大。我国财政收入占 GDP 的比重之所以明显低于发达国家的平均水平，差距就在经济结构上。靠粗放发展，靠过分消耗资源与环境来实现增长，导致我国的财政收入占 GDP 的比重越来越低。

(3)财政管理体制不完善、思想理论上的失误以及税收征管不严、财政监督不力等均导致财政收入占 GDP 的比重下降。

这一时期财政收入下降的后果是：(1)政府财力下降，制约社会公共事业的发展，最终影响民众的根本利益；(2)宏观调控能力下降；(3)资金分散，难以保证国家重点建设等问题。

2. 20 世纪 90 年代中期至今

此时间段内,财政收入占 GDP 的比重一直在上升。

1995 年以来,国民收入的分配格局越来越向国家倾斜。居民收入占 GDP 的比重日益下降,而国家财政收入连续以超过 GDP 增长幅度 1 倍以上的速度增长。我国财政收入占 GDP 的比重从 1995 年的 10.7%增长到 2017 年的 21.03%左右。

中国国家支出结构逐渐向西方现代国家靠近:逐渐将原由国有企业负担的社会保障和社会福利支出部分,改由国家财政负担;大幅度提高公共卫生开支;连续、稳定地提高国防支出;提高教育经费在国家财政开支中的比重;增加对农业的转移支付;与此同时,原来占比较大的国家基本建设投资将逐年下降。

任务三 财政收入结构

一、财政收入结构的含义

财政收入结构是指财政收入在国民经济各部门、各行业和各地区之间的比例和数量。它反映通过国家预算集中财政资金的不同来源、规模和所采取的不同形式以及各类财政收入占财政总收入的比重和增加财政收入的途径。

二、财政收入结构的分类

(一)财政收入的产业结构

国民经济按产业可分为第一产业、第二产业和第三产业。第一产业包括农业、牧业、林业、渔业等;第二产业包括工业和建筑业;第三产业包括第一、第二产业以外的各业,主要有服务业、旅游业、交通运输业、金融保险业等。三大产业在国民经济整体中的地位不同,在财政收入中的地位也不同。研究财政收入的产业结构以及与之相关的价格结构的变化对财政收入的影响,便于根据各部门的发展趋势和特点,客观地组织财政收入,开辟新的财源。

(二)财政收入的所有制结构

财政收入的所有制结构,指的是财政收入作为一个整体,是由不同所有制的经营单位各自上缴的税金、利润和费用等构成的。

财政收入按经济成分分类,有国有经济收入、集体经济收入、私营经济收入、个体经济收入、外资经济收入等。改革开放之前,我国是以国有经济为主导地位的,国有经济提供的财政收入占 2/3 以上。集体经济和其他经济占财政收入的 1/3。改革开放以后,特别是 20 世纪 90 年代中期实行社会主义市场经济体制以来,私营经济、个体经济、外国投资企业发展迅猛,财政收入来自非国有经济的部分逐步上升。目前这些经济成分占财政收入的 50%左右(含私营经济、个体经济、中外合营经济、外商独资经济成分),而来自国有经济的财政收入也只有 50%左右,各占半壁江山。因此,非国有经济是我国财政收入的重要来源。随着经济体制进一步改革,国有企业将进一步减少,国有经济占财政收入的比重也将进一步降低。

(三)财政收入的地区结构和生产力布局

财政收入的地区结构和生产力布局是否合理,不仅关系到国民经济的平衡发展,而且是影响财政收入的重要因素。我国各地区的发展很不平衡,按经济发展水平、交通运输条件、技术水平、地理位置等方面的区别,全国可分为东部、中部、西部三大经济地带。由于经济发展程度不一,积累水平相差悬殊,东部地区是我国财政收入的主要来源地带。因此,只有将东部的资金、技术、人才优势与中西部的资源优势有机结合起来，帮助中西部地区发展经济、培植财源，才能实现中西部地区财政收入较快增长，改变西部地区财政收入过低、靠中央财政转移支付过多的局面。

三、财政收入结构划分的标准

财政收入结构是指财政收入的来源结构，它反映了财政收入的基本构成内容及其各类收入在财政收入总体中的地位。

财政收入的来源结构包括财政收入的价值结构和经济结构。财政收入的经济结构包括财政收入的社会经济结构和国民经济结构。社会经济结构即所有制结构。国民经济结构包括部门结构、产品结构、地区结构、技术结构等，其中，部门结构是最主要的。财政收入在这两方面的结构，实际上是生产关系结构和生产力结构，若结构合理，生产就能有效发展，财政收入也能不断地增长。

四、财政收入的价值结构

市场经济条件下的财政分配是价值分配，因此，财政分配所体现的价值分配与社会产品价值的关系极大，有必要对财政收入的价值构成进行理性分析。

按照马克思的产品价值构成理论，社会总产品由 c、v 和 m 三个部分组成，其中，c 是补偿在生产过程中消耗的生产资料的价值；v 是支付给劳动者个人的报酬；m 则是剩余产品价值，是财政收入主要的来源，但不是唯一的来源。c 和 v 的一部分也可以构成财政收入的主要来源。

（一）c 与财政收入

c 是补偿社会产品消耗掉的生产资料的价值。它可以分为两个部分：一部分是补偿在生产中消耗掉的原材料（如材料、燃料、辅助材料等）的价值，这部分价值在循环周转中具有一次性全部转移到新产品中、一次性从产品销售收入中得到足额补偿的特征，是进行简单再生产的物质条件，一般不可能也不需要通过财政分配；另一部分是补偿在生产中消耗的固定资产的价值，固定资产运动的特点决定了其价值补偿和实物更新在时间、空间上不一致，尤其是新投产使用的固定资产更是如此，这样折旧基金实际上可以作为积累基金使用。改革开放以前，我国在传统的高度集中的财政体制下，国有企业的折旧基金曾全部或部分地上缴财政，作为财政收入的一个来源。

（二）v 与财政收入

v 是在社会产品生产过程中以薪金报酬形式支付给劳动者个人的必要劳动转移的价值，即劳动者个人所得的各种报酬。在发达国家，v 是构成财政收入的主要来源，但是在发展中国家，v 在财政收入中的比重远远低于发达国家，在我国现阶段，这个比重甚至还低于一些发展中国家。

从我国目前的情况来看，来自 v 部分的财政收入主要有以下几条渠道：（1）直接向个人征收的税收（如个人所得税）；（2）直接向个人收取的规费、社会保障费和罚没收入；（3）国家出售高税率的消费品（如烟、酒、化妆品等）所获得的一部分收入，这部分收入实质上也是由 v 转化而来的；（4）服务性行业和文化娱乐业等企事业单位上缴的税收和利润，其中一部分是通过对 v 的再分配转化而来的；（5）居民购买的国债。

今后，随着我国社会主义市场经济体制的不断完善和国民经济的全面发展，个人收入水平将不断提高，财政收入来源于 v 的部分将会逐步扩大。

(三)m 与财政收入

m 是新创造的、归社会支配的剩余产品价值，它是财政收入的基本源泉。从社会总产品的价值构成来看，财政收入主要来自 m，只有 m 多了，财政收入的增长才有坚实的基础。在我国社会主义市场经济条件下，财政收入规模的增减是以整个国民经济盈利水平为转移的，它直接反映着国民经济的综合效益。因此，提高财政收入规模的根本途径就是增加 m。

五、财政收入的所有制结构

(一)财政收入所有制结构的理论分析

财政收入的所有制结构也称为财政收入的经济成分构成，是指财政收入来自国有经济、集体经济、涉外经济、个体经济和其他经济成分的比重关系。这种结构分析的意义，就在于说明国民经济成分对财政收入规模和结构的影响及其变化趋势，从而采取相应的增加财政收入的有效措施。

一般来说，国有化程度较高的国家，其财政收入中国有财产收入和国有企业收入的份额较高。20 世纪 40 年代以来，伴随世界各国国有化运动的不断变化，财政收入的所有制结构也处于不断的变化之中，但总的变化趋势是世界各国尤其是发达国家的非国有经济提供的财政收入占财政总收入的比重始终保持相当高的比例。

(二)财政收入所有制结构的实践分析

中华人民共和国成立后，国有经济始终是我国财政收入的支柱。国有经济提供的财政收入占整个财政收入的比重，从国民经济恢复时期的 50.1%稳步增长，至“四五”时期达到顶峰87.4%后逐步下降。例如，来自国有经济的财政收入已由 1981 年的 86.53%降至 1995 年的71.14%，来自集体、个体和其他经济成分的比重分别由 1981 年的 12.71%、0.75%和 0.01%升至 1995 年的 17.23%、6.12%和 7.74%。

2016 年，国有企业缴纳税费收入为 40 382.61 亿元，占当年财政收入的 25.31%。可见，国有经济财政收入比重的下降趋势，以及集体经济、个体经济和其他经济特别是涉外经济比重的上升趋势，是与我国经济体制改革和发展趋势相一致的，其主体地位是不可动摇的。

六、财政收入的部门构成

财政收入的部门构成，是指国民经济中各部门对财政收入的贡献程度，即财政收入是从哪些部门集中的，集中的比例有多大。

(一)农业与财政收入

农业是国民经济的基础，也是财政收入的一个基本源泉。农业的状况如何，对于整个国民经济的发展、市场物价的稳定及人民生活的改善等关系重大，农业直接或间接地提供财政收入，是财政收入的基本源泉之一。具体表现为：第一，农业直接以农业税和农村其他税收形式向国家提供一部分财政资金。第二，由于农业与工业、商业、外贸出口等有密切的联系，农业的丰歉直接影响整个国民经济的发展，进而成为影响财政收入的一个重要条件。

(二)工业与财政收入

工业是国民经济的主导，也是财政收入最直接的主要源泉。工业产值在国民生产总值中占的比重最大；同时，工业部门的劳动生产率和剩余产品价值率都比农业高。因此，来自工业部门上缴的各项税收和国有资产收益成为财政收入的支柱。工业部门增长速度、质量、效益的变化,以及财务制度和利润分配制度的调整,都成为影响整个国民收入增长态势的基本因素。

(三)交通运输业、商业服务业与财政收入

交通运输业和商业是连接生产与消费的桥梁和纽带,从总体上讲属于流通过程。流通过程是生产过程的继续。在市场经济条件下,实现商品价值和使用价值是运输业、邮电业、内外贸企业的基本职能。

交通运输作为生产在流通领域的继续,是一种特殊的生产活动,交通运输部门提供的财政收入,是交通运输部门的劳动者在商品运输的劳动中创造的价值;同时,交通运输沟通商品交换,促进商品流通,对最终实现工农业产品价值和财政收入起着重要的保护作用。

商业是以货币为媒介从事的商品交换活动,是商品的价值和使用价值实现的过程。商业活动的劳动有一部分如商品流通中的商品搬运、包装、仓储、简单加工等属于价值创造活动,直接为国家创造一部分财政收入,但更重要的是通过商品交换实现工农业生产部门创造的纯收入,实现国家财政收入。因此,交通运输业和商业是财政收入的重要源泉。

随着社会生产力的发展和产业结构的变化,包括金融保险、旅游、饮食服务、娱乐业等在内的各个产业部门也迅速发展,这些部门提供的GNP及占GNP的比重有不断扩大的趋势。随着我国服务业的加速发展和服务价格的市场化,来自服务业的财政收入呈日益增长趋势。

七、财政收入的地区构成

(一)国家集中的财政收入在中央和地方之间的分布

中央支配的财政收入比例称为中央财政集中度,不但制约中央财政的宏观调控能力,而且直接影响地方积极性的发挥。集中度的高低影响着经济发展、产业选择、公共服务均等化、民族团结、社会和谐等方面,中央财政一般倾向于提高集中度,而地方财政则希望提高自身的财权和自主权。一个国家中央财政集中度的高低多少为合适,学术界没有统一意见,各个国家的情况也不一样。从统计数据看,部分发达国家全口径中央财政收入占全国财政收入的比重如下:英国为91.3%、法国为85.4%、澳大利亚为74.4%、德国为66.7%、日本为60.0%、美国为55.8%、加拿大为47.3%。就我国来说,1985～1993年,集中度呈明显下降趋势,1994年分税制改革极大地提高了中央财政收入的比重,目的是增强中央政府的宏观调控能力(见表6—1)。1994年以后,这一比重基本维持在50%～55%之间。

表6—1　　中央和地方财政收入及比重

年份	财政收入(亿元)	财政收入(亿元)		比重(%)	
		中央	地方	中央	地方
1978	1 132.26	175.77	956.49	15.5	84.5
1980	1 159.93	284.45	875.48	24.5	75.5
1985	2 004.82	769.63	1 235.19	38.4	61.6
1990	2 937.10	992.42	1 944.68	33.8	66.2
1991	3 149.48	938.25	2 211.23	29.8	70.2
1992	3 483.37	979.51	2 503.86	28.1	71.9
1993	4 348.95	957.51	3 391.44	22.0	78.0

续表

年份	财政收入（亿元）	财政收入(亿元)		比重(%)	
		中央	地方	中央	地方
1994	5 218.10	2 906.50	2 311.60	55.7	44.3
1995	6 242.20	3 256.62	2 985.58	52.2	47.8
1996	7 407.99	3 661.07	3 746.92	49.4	50.6
1997	8 651.14	4 226.92	4 424.22	48.9	51.1
1998	9 875.95	4 892.00	4 983.95	49.5	50.5
1999	11 444.08	5 849.21	5 594.87	51.1	48.9
2000	13 395.23	6 989.17	6 406.06	52.2	47.8
2001	16 386.04	8 582.74	7 803.30	52.4	47.6
2002	18 903.64	10 388.64	8 515.00	55.0	45.0
2003	21 715.25	11 865.27	9 849.98	54.6	45.4
2004	26 396.47	14 503.10	11 893.37	54.9	45.1
2005	31 649.29	16 548.53	15 100.76	52.3	47.7
2006	38 760.20	20 456.62	18 303.58	52.8	47.2
2007	51 321.78	27 749.16	23 572.62	54.1	45.9
2008	61 330.35	32 680.56	28 649.79	53.3	46.7
2009	68 518.30	35 915.71	32 602.59	52.4	47.6
2010	83 101.51	42 488.47	40 613.04	51.1	48.9
2011	103 874.43	51 327.32	52 547.11	49.4	50.6
2012	117 209.75	56 132.42	61 077.33	47.9	52.1
2013	129 209.64	60 198.48	69 011.16	46.6	53.4
2014	140 370.03	64 493.45	75 876.58	45.9	54.1
2015	152 269.23	69 267.19	83 002.04	45.5	54.5
2016	159 604.97	72 365.62	87 239.35	45.3	54.7
2017	172 592.77	81 123.36	91 469.41	47.0	53.0

资料来源：国家统计局，http://data.stats.gov.cn。

(二)财政收入在全国各个地区的分布

财政收入的多少与经济发展程度密切相关，因此，经济较发达的地区，财政总收入和人均财政收入一般都高于经济较不发达地区。就我国来说，上海、天津、北京等发达地区人均财政收入远高于贵州、四川、西藏、河南、江西、安徽等地区。有些地区，特别是“老、少、边、山、穷”地区，财政收入的自给率低，还需中央财政通过转移支付予以补助。进行地区构成分析，有利于国家财政统筹规划、合理分工，使地区之间优势互补、协调发展、利益兼顾，走共同富裕之路。

财政收入的结构和 GDP 的结构不完全一样，财政收入中有一部分财政收入和 GDP 的关系非常密切，比如说增值税，它与工业生产增加值关系很大。

应知考核

一、单项选择题

1.(　　)是国家取得财政收入的一种最可靠的基本形式。

A. 企业收入　B. 债务收入　C. 收费收入　D. 税收收入

2. 对财政收入的影响最为基础的是(　　)。

A. 税率标准　B. 纳税人数量　C. 经济发展水平　D. 居民收入水平

3. 财政收入中,凭借国有资产所有权获得的收入是(　　)。

A. 税收收入　B. 国有资产收益　C. 债务收入　D. 其他收入

4. 在财政收入中,通过信用的原则从国内外取得的各种借款收入是(　　)。

A. 税收收入　B. 国有资产收益　C. 债务收入　D. 专项收入

5.(　　)主要包括规费收入、国家资源管理收入、公产收入等。

A. 税收收入　B. 国有资产收益　C. 债务收入　D. 收费收入

二、多项选择题

1. 按财政收入的形式分类,我国的财政收入分为(　　)。

A. 税收　B. 中央财政收入　C. 债务收入　D. 地方财政收入

2. 第三产业包括(　　)。

A. 流通部门　B. 旅游业　C. 交通运输业　D. 金融保险业

3. 影响财政收入规模变动的经济因素有(　　)。

A. 经济发展水平　B. 经济体制　C. 价格因素　D. 收入分配政策

4. 政府取得财政收入主要凭借公共权力,包括(　　)。

A. 政治管理权　B. 公共资产所有或占有权

C. 公共信用权　D. 以上都不对

5. 下列关于财政收入的表述,正确的有(　　)。

A. 财政分配的对象是全部社会产品

B. 我国现阶段财政收入的形式主要是税收

C. 使用费是指为交换公共部门所提供的特殊商品和服务而进行的支付

D. 可以近似地用税收收入的分析来观察整个财政收入的状况

三、判断题

1. 农业是国民经济的基础,也是财政收入的基础,所以我国的财政收入主要来自农业。(　　)

2. 一般来说,国有化程度较高的国家,其财政收入中国有财产收入和国有企业收入的份额较高。(　　)

3. 政府取得财政收入最主要和最基本的形式是政治管理权。(　　)

4. GNP 中除财政集中分配以外的部分,主要用于满足公共需要。(　　)

5. 财政收入的形式是由收入所体现的分配关系和取得财政收入的目的共同决定的。(　　)

四、简述题

1. 简述财政收入的含义和原则。
2. 简述财政收入的功能。
3. 简述财政收入规模的衡量指标。
4. 简述影响财政收入规模的因素。
5. 简述财政收入的价值结构。

应会考核

■观念应用

【背景资料】

财政收入的影响因素

材料一：

表1　**2018年前三季度全国经济发展状况**

类　型	总额(亿元)	同比增长(%)
国内生产总值	650 899	6.7
财政收入	127 486	12.7
财政支出	163 289	7.5

材料二：2018年12月，中央经济工作会议在北京举行。会议指出，宏观政策要强化逆周期调节，继续实施积极的财政政策和稳健的货币政策，适时预调微调，稳定总需求；积极的财政政策要加力提效，实施更大规模的减税降费，较大幅度地增加地方政府专项债券规模；稳健的货币政策要松紧适度，保持流动性合理、充裕，改善货币政策传导机制，提高直接融资比重，解决好民营企业和小微企业融资难、融资贵问题。结构性政策要强化体制机制建设，坚持向改革要动力，深化国资国企、财税金融、土地、市场准入、社会管理等领域改革，强化竞争政策的基础性地位，创造公平竞争的制度环境，鼓励中小企业加快成长。社会政策要强化兜底保障功能，实施就业优先政策，确保群众基本生活底线，寓管理于服务之中。

【考核要求】

(1)简要说明影响财政收入的因素。

(2)材料二如何体现财政的作用？

■技能应用

分析财政收入的规模

近年来，随着国民经济的快速发展，我国财政收入持续较快增长，占国内生产总值(以下简称GDP)的比重逐步提高，国家财政实力不断壮大，政府宏观调控和公共保障能力进一步增强。2010年、2011年，我国公共财政收入分别为83 101.51亿元和103 874.43亿元，占当年GDP的比重分别为20.7%和22%。其中，税收收入分别为73 210.79亿元和89 738.39亿元，占GDP的比重分别为18.2%和19%。

按照国际货币基金组织(以下简称IMF)颁布的《政府财政统计手册2001》的口径，政府财政收入包括税收、社会保障缴款、赠与和其他收入(其他收入主要指财产收入、出售商品和服务收入、罚金罚款和罚没收入以及其他杂项收入)。按此国际可比口径，我国的政府财政收入，除公共财政收入之外,还应包括政府性基金收入(不含国有土地使用权出让收入)、国有资本经营预算收入、社会保险基金收入,不包括国有土地使用权出让收入,是因为根据 IMF《政府财政统计手册 2001》的定义,国有土地出让行为是一种非生产性资产的交易,结果只是政府土地资产的减少和货币资金的增加,并不带来政府净资产的变化,不增加政府的权益,因而不计作财政收入。按此口径计算,2010 年、2011 年我国与国际可比的政府财政收入分别为 105 742 亿元和 132 987 亿元,占当年 GDP 的比重分别为 26.3%和 28.2%。其中,公共财政收入是主体;政府性基金收入(不包括国有土地使用权出让收入)分别为 7 370 亿元和 7 886 亿元,占 GDP 的比重分别为 1.8%和 1.7%;国有资本经营收入分别为 559 亿元和 765 亿元,占 GDP 的比重分别为 0.1%和 0.2%;社会保险基金收入分别为 17 071 亿元和 25 758 亿元,占 GDP 的比重分别为 4.3%和 5.5%。

按照国际可比口径计算,2011 年我国人均政府财政收入按当年平均汇率折算为 1 528 美元,而美国、日本、德国、法国、意大利和英国的人均财政收入水平均在 14 000 美元以上,我国人均财政收入则不足上述 6 个国家人均财政收入的 11%(见表 2)。

表 2　　2008～2011 年我国人均财政收入的国际比较情况　　单位:美元

国家 \ 年份	2008	2009	2010	2011
美国	15 245	14 032	14 844	15 404
日本	12 039	11 695	12 775	14 067
德国	19 502	18 134	17 524	19 499
法国	22 804	20 653	20 233	22 436
意大利	17 862	16 399	15 714	16 685
英国	16 512	13 016	13 266	14 303
中国	844	960	1 167	1 528

注:人口数据来源于国际货币基金组织《世界经济展望》(2012 年 4 月)数据库,其中 2011 年为预测数。

【技能要求】

根据上述资料评价我国 2008～2011 年财政收入规模实际状况。

■案例分析

【案例情境】

经济发展水平与财政

《中国财经报》曾载文指出,经济和财政是相辅相成的,财政来自整个经济的发展,经济的发展又促进了财政的增加,财政的增加反过来又支持扩大内需,支持经济建设。

【分析要求】

(1) 分析经济发展水平和财政的关系。

(2)“财政的增加反过来又支持扩大内需,支持经济建设。”据此有人认为,财政收入越多越好,谈谈你的看法。

(3)分析国家财政在社会经济发展中有何作用。

项目实训

【实训内容】

材料一：

表 3　　**2016～2018 年我国国内生产总值与财政收入情况**

年　份	2016	2017	2018
财政收入(万亿元)	15.9	17.2	18.3
GDP(万亿元)	74.3	82.7	90

注：国家财政收入的增加有力地支持了扩大内需，促进了经济发展。

材料二：据财政部的信息，2018 年以来，中央财政认真落实积极的财政政策，及时批复下达中央预算，促进财政资金尽早发挥效益。据统计，截至 2018 年 6 月 18 日，中央一般公共预算支出已批复下达 86 494 亿元，占年初预算的 91.4%。未下达的预算资金主要是据实结算项目以及应对自然灾害等突发事件的支出。(1)中央本级支出预算。截至 6 月 18 日，中央本级支出预算已批复下达 30 965 亿元，占年初预算的 95.4%。其中，国防、教育、农林水、交通运输、粮油物资储备、债务付息支出等科目预算资金已全部批复下达。(2)中央对地方转移支付预算。截至 6 月 18 日，中央对地方转移支付预算已下达 55 529 亿元，占年初预算的 89.3%。一般性转移支付预算已下达 34 708 亿元，占年初预算的 89%；专项转移支付预算已下达 20 821 亿元，占年初预算的 89.7%。其中，教育、科技、就业、医疗、扶贫等领域转移支付已基本下达完毕；中央基本建设支出预算已下达 3 861 亿元，占年初预算的 88.8%。下一步，中央财政将加快下达剩余预算资金，并督促中央部门和地方及时分解细化，进一步加快预算执行进度。

【实训目标】

培养学生分析问题和解决问题的能力。

【实训组织】

以学习小组为单位，

(1)依据材料一，描述表 3 反映的经济信息。

(2)结合材料二，分析国家财政在经济社会发展中所发挥的巨大作用。

【实训成果】

(1)考核和评价采用报告资料展示和学生讨论相结合的方式。

(2)评分采用学生和教师共同评价的方式，填写实训报告。

实训报告		
项目实训班级：	项目小组：	项目组成员：
实训时间：　年　月　日	实训地点：	实训成绩：
实训目的：		
实训步骤：		
实训结果：		
实训感言：		

项目七

税收收入

○ **知识目标:**

理解:税收的含义、本质、职能;税制改革。

熟知:税收体系与分类;税收的原则;宏观税收负担指标;合理的税负水平;税收中性;税收的经济影响。

掌握:税收制度;税收负担的含义;税收负担的分类;影响宏观税负的因素;税负转嫁与税负归宿;税收制度结构。

○ **技能目标:**

能够掌握税收的基本知识、基本原理,解决税收的基本问题;能够对相关税种的具体内容应用于实际并学会计算。

○ **素质目标:**

运用所学的税收知识研究相关案例,培养和提高学生在特定业务情境中分析问题与决策设计的能力;结合行业规范或标准,强化学生的职业道德素质。

○ **项目引例:**

房产税改革的争议

近几年,关于房产税改革的提议不断。其中一个重要原因是炒房抬升房价,试图通过征收房产税抑制炒房。有这么一个故事颇有意思,一对夫妇到深圳看望大学毕业后刚工作的女儿,顺便到房产中介选房,打算帮女儿买一套房。这对夫妇看到一套房子比较理想,而且标价很便宜——68 万元,于是让工作人员带去看看房子。工作人员先让他们再仔细看一下房价,原来他们看漏了一个 0,实际房价让他们大吃一惊——680 万元。以前常说"百万富翁",如今在一线城市买一套房动辄上千万元,让很多人望楼兴叹。那么,个人自住的房子是不是都要交税、对非经营性住房征税能否抑制炒房、怎么评估房产的价值等都存在争议。

讨论:

(1)怎么看待房产税改革的争议?你赞成对自住房征税吗?

(2)从房产税改革的提议分析税收的作用。

○ **知识精讲:**

任务一　税收基础概述

一、税收的含义

税收是国家为了满足一般的社会公共需要,凭借政治权力,按照法律规定的标准和程序,无偿地参与社会产品或国民收入的分配，以取得财政收入的一种形式。

二、税收的本质

税收本质是指税收的根本性质，是税收现象中最深刻、最稳定的方面。

(一)税收的基本属性

税收的基本属性是一种财富转移方式。在文明社会，财富的转移有三种基本类型：(1)政府之间的财富转移，包括下级政府对上级政府的贡献和上级政府对下级政府的补助。(2)经济活动主体之间的财富转移，包括以贡献为依据的收入分配和以货币为媒介的商品交换。(3)政府与经济活动主体之间的财富转移，包括由政府到经济活动主体的财富转移和由经济活动主体到政府的财富转移。其中，由经济活动主体到政府的财富转移又有两种类型：①以私人权利为依据的财富转移，如经济活动主体因占有或使用国家所有的资源或资产而向政府交纳的租金、使用费。②以公共权力或权利为依据的财富转移，包括没收、罚款、强制赔偿、课征等。其中，课征又有征用和征收两种方式：征用是政府直接占有经济活动主体的劳动力、土地等生产要素的形式与过程；征收是政府直接占有经济活动主体的产品或收入的形式与过程，一部分采取税收形式，另一部分采取行政收费的形式。

(二)税收的主体

税收的主体包括课征主体与缴纳主体两个方面。

1. 税收的课征主体

税收的课征主体是代表社会全体成员行使公共权力的政府。政府成为税收课征主体，是因为政府具有征税的需要和权力。政府为了执行其职能，必须占有一部分经济资源，而为了获得这部分经济资源，就必须向经济活动主体征税。同时，政府执行公共职能为人们创造了生产与消费共同的外部条件，保护并增进了经济活动主体的利益，由此取得了征税的权力。

2. 税收的缴纳主体

税收的缴纳主体为经济活动主体。在任何经济社会，经济资源总是归经济活动主体占有和使用，物质财富总是由经济活动主体创造，实现收入也总是首先归经济活动主体所有，只有经济活动主体才具有纳税的能力。同时，经济活动主体从事经济活动总离不开政府提供的和平环境、安定秩序和便利设施。经济活动主体创造的财富和实现的收入，不仅包含经济活动主体自身的贡献，还包含政府通过提供和平环境、安定秩序和便利设施的贡献。因此，任何一个经济活动主体都有义务将一部分收入缴纳给政府。

(三)税收的客体

税收的客体是国民收入。国民收入是社会存在与发展的经济基础。居民的消费、企业的投资、政府执行公共职能所发生的各种支出都是以国民收入为基础，因此，只有国民收入才能成为税收的客体。同时，国民收入的创造，既离不开经济活动主体的贡献，也离不开政府提供的各种外部条件。因此，社会在一定时期所创造的国民收入，应当作为税收客体在政府与经济活动主体之间进行合理的分配。

(四)税收的特性

税收的特性是指税收所具有的无偿性、固定性和强制性，也叫税收的“三性”。它是税收区别于政府其他财政收入形式的标志。

1. 无偿性

税收的无偿性是指国家征税后，税款即成为国家的财政收入，国家不向纳税人支付任何直接的报酬。税收的无偿性具有两层含义：

第一，税收所体现的政府与经济活动主体之间的利益关系是一种互利关系，即政府一方面向经济活动主体提供和平、秩序和便利，另一方面向经济活动主体征税；经济活动主体一方面向政府纳税，另一方面享受政府提供的和平、秩序和便利。

第二，政府与各个经济活动主体之间的互利关系并不像商品的等价交换那样是一种完全对等的互利关系，而是一种不完全对等的互利关系，即纳税多的经济活动主体并不必然享受较多的利益，纳税少的经济活动主体也非必然享受较少的利益。

2. 固定性

税收的固定性是指国家在征税之前，以法律形式预先确定征税对象、征收标准、征税方法等基本内容，除国家特定权力机构外，任何单位与个人都不能随意改变。税收只有具备固定性，生产者才能从长远出发安排自己的生产经营活动，消费者才能从长远出发安排自己的消费活动，经济才能持续发展，社会才能不断进步。

3. 强制性

税收的强制性是指国家凭借政治权力，通过法律形式强制参与经济活动主体的收入分配，而非纳税人的自愿缴纳。具体来说，任何纳税主体都必须依法纳税，任何征税机关都必须依法征税，否则就要受到法律制裁。

根据文明社会税收存在的必要性和普遍性，以及中外学者对于税收本质的认识，我们可以将税收定义为：税收是国家为满足社会公共需要，凭借公共权力，按照法律所规定的标准和程序，参与国民收入分配，强制地、无偿地取得财政收入的一种方式。

三、税收的职能

（一）收入分配职能

收入分配职能是指税收在参与社会产品或国民收入分配过程中，将一部分社会产品从社会成员手中转移到国家手中，形成国家的财政收入，同时影响社会成员之间收入的再分配。收入分配职能是税收首要的、基本的职能。

在市场经济条件下，以效率为准则的分配机制，使经济实体和个人受客观因素的制约，出现收入分配不公的现象。这种现象是市场经济本身难以消除的，必须借助于以国家为主体的社会分配来协调，从而使税收等财政收入手段成为调节收入分配的重要职能。

（二）资源配置职能

资源配置职能是指通过一定的税收政策、法律、制度来影响纳税人的经济活动，从而使社会资源得到重新组合。

在市场经济条件下，资源的流向主要依靠市场价格来引导，然而，由于受利益驱动，在资源配置过程中，存在着广泛的市场失效领域。这种领域只有通过国家运用税收政策加以引导和保护，才能使供求关系平衡、经济结构合理、资源利用有效。

（三）经济调控职能

经济调控职能是指通过一定的税收政策、法律、制度，影响社会经济运行，促进社会经济稳定发展。

在市场经济条件下，微观经济实体的趋利倾向成为经济增长的微观动力，使得市场机制天然存在着调节滞后、视点狭窄等局限性。正是这一局限性又使市场调节难以反映和把握经济增长的节奏，进而产生“萧条—高涨—再萧条”的周期性波动，整个经济处于无政府状态，造成社会经济的混乱。为了弥补市场在稳定经济方面的缺陷，国家借助于税收经济杠杆，通过控制需求总量、调节供给结构来促进经济稳定增长。

四、税收体系与分类

(一)税收体系

税收体系是构成税收制度的具体税收种类。一个国家一定历史时期的税收体系，是在综合公平、效率、适度、简便等税收原则基础上，对可供选择的征税对象进行筛选确定的。我国现行已开征的税种有增值税、消费税、关税、企业所得税、个人所得税、资源税、房产税、城镇土地使用税、车船税、土地增值税、车辆购置税、印花税、城市维护建设税、耕地占用税、契税、烟叶税和环境保护税。

(二)税收分类

1. 以征税对象为标准，可将税收分为流转税、所得税、财产税、资源税、行为税、特定目的税和烟叶税

(1)流转税，是指以商品或劳务的流转额为征税对象征收的一种税。此税种主要在生产、流通和服务领域中发挥调节作用，包括增值税、消费税和关税。

(2)所得税，是指以所得额为征税对象征收的一种税。此税种主要对生产经营者的利润和个人的纯收入发挥调节作用，包括企业所得税和个人所得税。

(3)财产税，是指以纳税人所拥有或支配的财产为征税对象征收的一种税。此税种主要对特定财产发挥调节作用，包括房产税和车船税等。

(4)资源税，是对开发、利用和占有国有自然资源的单位和个人征收的一种税。此税种主要对因开发和利用自然资源而形成的级差收入发挥调节作用，包括资源税、土地增值税和城镇土地使用税等。

(5)行为税，是指为了调节某些行为，以这些行为为征税对象征收的一种税。此税种主要对特定行为发挥调节作用，包括印花税、契税、车辆购置税等。

(6)特定目的税，是指为了达到特定目的而征收的一种税。此税种主要是为了特定目的，对特定对象发挥调节作用，包括城市维护建设税、耕地占用税、环境保护税等。

(7)烟叶税，是指国家对收购烟叶的单位按收购烟叶金额征收的一种税。

2. 以税负能否转嫁为标准，可将税收分为直接税和间接税

(1)直接税，是指税负不能转嫁，只能由纳税人承担的一种税，如所得税、财产税等。

(2)间接税，是指纳税人能将税负全部或部分转嫁给他人的一种税，如流转税。

3. 以计税依据为标准，可将税收分为从量税、从价税和复合税

(1)从量税，是以征税对象的自然实物量(重量、容积等)为标准，采用固定单位税额征收的一种税，如啤酒的消费税。

(2)从价税，是以征税对象的价值量为标准，按规定税率征收的一种税，如高档化妆品的消费税。

(3)复合税，是同时以征税对象的自然实物量和价值量为标准征收的一种税，如白酒的消费税。

4. 以税收管理与使用权限为标准，可将税收分为中央税、地方税、中央地方共享税

(1)中央税，是指管理权限归中央，税收收入归中央支配和使用的一种税，如关税、消费税、车辆购置税等。

(2)地方税,是指管理权限归地方,税收收入归地方支配和使用的一种税,如车船税、房产税、土地增值税等。

(3)中央地方共享税,是指主要管理权限归中央,税收收入由中央和地方共同享有,按一定比例分成的一种税,如增值税、资源税、企业所得税、印花税等。

5. 以税收与价格的关系为标准,可将税收分为价内税和价外税

(1)价内税,是指商品税金包含在商品价格之中,商品价格由“成本＋税金＋利润”构成的一种税。价内税有利于国家通过对税负的调整,直接调节生产和消费,但往往容易造成对价格的扭曲。

(2)价外税,是指商品价格中不包含商品税金,商品价格仅由成本和利润构成的一种税。价外税与企业的成本利润、价格没有直接联系,能更好地反映企业的经营成果。

五、税收的原则

(一)税收原则理论的发展

1. 亚当·斯密的税收四项原则

亚当·斯密在《国民财富的性质和原因的研究》一书中列举了税收的四项原则。

(1) 平等原则。纳税人应按各自能力(收入)的比例来负担税款。

(2) 确定原则。纳税人的应纳税赋是确定的,不得随意变更。

(3) 便利原则。纳税手续尽量从简、便利。

(4) 节约原则。即最少征收费原则。

2. 瓦格纳提出的税收四项九端原则

德国经济学家阿道夫·瓦格纳在《财政学原理》中提出了税收原则。

(1)财政收入原则:指税收应充分满足财政需要且随财政支出需要的变动而增加或减少。其两个具体原则为:①财政充分原则;②弹性原则。

(2)国民经济原则:指税源的选择应有利于保护税本,尽可能选择税负难以转嫁或转嫁方向明确的税种。两个具体原则为:①选择税源原则;②选择税种原则。

(3) 社会公平原则:规定每一公民都有纳税义务并按照负担能力大小征税。其具体原则为:①普遍原则;②平等原则。

(4) 税务行政原则:指税法应当简明,纳税手续应简便,征税费用和纳税费用尽可能节省。其具体原则为:①确定原则;②便利原则;③最小费用原则。

(二)我国现行税收的原则

1. 财政原则

税收的财政原则是指要保证国家财政收入及时、足额取得,而且取得的收入还要适度、合理。

组织财政收入是税收的重要职责,保证国家的财政收入是税务部门义不容辞的任务,也是制定税收政策、设计税收制度的基本出发点。税收制度的效率原则、公平原则等都只能在组织财政收入的过程中实现。从这个意义上来看,财政原则应是税法的基本原则。

2. 法定原则

税收的法定原则就是政府征税,包括税制的建立、税收政策的运用和整个税收管理应以法律为依据,以法治税。法定原则的内容包括两个方面:税收的程序规范原则和征收内容明确原则。前者要求税收程序法定,后者要求征税内容法定。强调税收的法定原则非常重要,目前在

税收领域，我国的法制建设还不够健全，而市场经济实质是法治经济，我国要发展市场经济，就需要以法治国，更需要以法治税。因此，在我国建立和完善符合市场经济发展要求的税制过程中，提倡和强调税收的法定原则就显得更为重要和迫切。

3. 公平原则

税收的公平原则是指创造平等、竞争的环境，按照受益征税，依据能力负担。简单地说，公平原则可以概括为受益原则、竞争原则和能力原则。

(1)受益原则。税收的受益原则是指根据市场经济所确立的等价交换原则，把个人向政府支付税收看作分享政府提供公共产品利益的价格，因此，个人税收负担应根据个人分享的公共产品的受益大小来确定。受益原则的运用是假定市场所决定的收入分配是合理的，税收分配是一种资源的转移，因而需要依据对等原则进行。

(2)竞争原则。税收的竞争原则着眼于收入分配的前提条件，通过税收为市场经济的行为主体创造公平竞争的环境，鼓励平等竞争。由于企业资源条件的差异、所处行业的差异、个人的遗产继承等原因而导致不平等竞争形成收入和财富的差异时，税收就应对形成不平等竞争和收入财富差异的条件进行调节，以促进平等竞争。

(3)能力原则。税收的能力原则是以个人纳税能力为依据行使征税。能力原则包括普遍征税和能力负担两个方面：

①普遍征税。依据普遍征税原则，市场经济中的行为主体凡是具有纳税能力的，都必须普遍征税，而不论其所有制性质等差异，这体现了在税收法律面前人人平等的思想。

②能力负担。依据能力负担原则，凡是具有同等负担能力的纳税人应同等纳税，以体现税收的横向公平；凡是具有不同负担能力的纳税人应区别纳税，以体现税收的纵向公平。

4. 效率原则

国家在征税过程中，一方面取得了一定的财政收入，另一方面又必须付出一定的征收费用，我们称前者为税收收益，称后者为税收成本。税收效率就是通过税收成本和税收收益之间的比例关系来加以衡量的。税收收益的大小直接取决于经济效率的高低，税收对经济的干预正确与否又反过来影响着经济效率。当税收对经济进行正确、积极的干预时，就会避免或减少效率损失；当税收对经济进行错误、消极的干预时，就会增加效率损失。

(三)税收中性

1. 税收中性的含义

税收中性是指政府课税使社会付出的代价应以征税数额为限，不给纳税人带来超出税款之外的负担，不干扰市场机制的正常运行。

2. 税收中性的前提

税收中性的前提是市场机制的有效性。在市场对资源的配置能达到“帕累托效率”的领域，税收应尽量保持中性。

3. 保持税收的中性和发挥税收的调节作用的一致性

在市场机制条件下，保持税收的中性和发挥税收的调节作用是一致的。因为税收的调节作用是针对市场“失效”而言的，即在市场机制难以有效作用的领域，通过税收干预来实现资源配置，达到“帕累托最优”状态。

因此，在市场经济条件下，由于市场机制在资源配置中具有基础性作用，从而使税制结构具有中性是首要的。税收必须在这个前提下发挥调节作用。传统体制下那种税收替代价格甚至超越价格对经济和经济结构发生调节作用的思路和做法必须彻底改变。但是，也应明确，在现实生活中保持完全税收中性是不可能的。

4. 税收中性原则的实践意义

保持税收中性,在于尽量减少税收对市场经济正常运行的干扰,使市场机制在资源配置中发挥基础性作用,在这个前提下,有效发挥税收的调节作用,使税收机制与市场机制两者取得最优的结合。

5. 税收超额负担或无谓负担

税收中性与税收超额负担相关,或者说,税收中性就是针对税收超额负担而言的。税收的超额负担会降低税收的效率。而减少税收的超额负担从而提高税收效率的重要途径,在于尽可能保持税收的中性原则。

税收超额负担,是指政府通过征税将社会资源从纳税人向政府部门转移的过程中给纳税人造成了相当于纳税税款以外的负担。其主要表现在两个方面:

(1) 国家征税一方面减少纳税人的支出,同时增加政府部门的支出,若因征税而导致纳税人的经济利益损失大于因征税而增加的社会经济效益,则发生在资源配置方面的超额负担。

(2) 由于征税改变了商品的相对价格,对纳税人的消费和生产行为产生了不良影响,则发生经济运行方面的超额负担。

六、税收对经济的影响

政府对企业或个人征税,将使得企业或个人的可支配收入减少,这会影响企业或个人的诸多行为,包括企业的生产、个人的消费,表现为收入效应和替代效应两个方面,并由此产生一系列的影响。这也是税收发挥调节作用的原理所在。

征税总会给纳税人带来税收负担,但简单地把各种税的税率加起来,然后得出税负很重的结论是不对的。并非每个企业和每个人都要交纳所有税种,也不是每个税种都是按照同一个征税依据计算征税。国与国之间、行业与行业之间的比较都是如此,把每个国家征收的税种的税率简单相加,然后进行比较,这是不科学的。那么怎么比较才合适呢?一种办法是将税收总额除以国内生产总值,也就是看政府从社会财富这个大蛋糕中拿走多少比例作为税收,这个指标叫作宏观税负;另一种办法是用企业缴税总额除以产值或利润,看企业创造的财富中有多大比例交给政府,或者用个人缴纳的税收除以个人收入总额,这两个指标都叫作微观税负。比如,张三全年收入 15 万元,缴纳个人所得税 1.6 万元,总的税收负担大约为 10.7%。

为了便于大家更形象地理解税收的经济影响,下面通过图 7—1 来表示。

任务二　税收制度理论

税收制度的核心是税法。税法是国家向一切纳税义务人征收税款的法律依据,也是调整税收关系的准绳。税法由税制(税收制度简称“税制”)的基本要素构成,一般包括纳税人、征税对象、税目、税率、纳税环节、纳税期限、减免税或加征加成、违章处理等,其中,纳税人、征税对象、税率是构成税收制度的三个最基本的要素。税制构成要素是指构成一个完整实体税种的法定基本要素,具体内容包括:

一、纳税义务人

纳税义务人简称纳税人,是指税法规定的直接负有纳税义务的单位和个人,包括法人和自

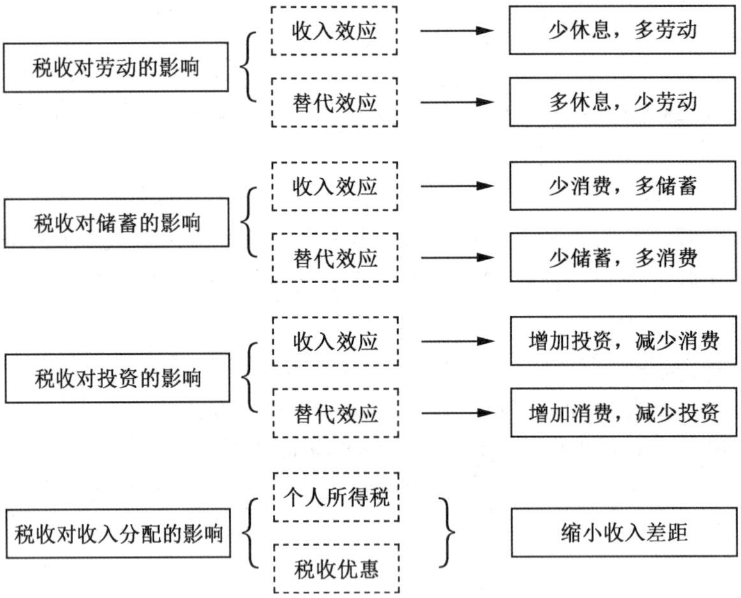

图 7—1 税收对经济的影响

然人。法人是指基于法律规定享有权利和行为能力，有独立的财产和经费，能独立承担民事责任的社会组织，如机关法人、事业法人、企业法人和社团法人。自然人是基于自然规律而产生，有民事权利和义务的主体，如本国公民、外国人和无国籍人。

二、征税对象

征税对象是指征税的目的物。征税对象体现不同税种征税的基本界限，决定不同税种的名称及各税种的性质，回答对什么征税的问题，是一种税区别于另一种税的主要标志。

税目是征税对象的具体化，反映各税种的具体征税范围，体现每个税种的征税广度。设置税目的目的：(1)为了明确征税对象的具体范围；(2)便于确定差别税率。

计税依据简称税基，是指计算应纳税额的基数。税额计算的基本等式是“税基×税率＝应纳税额”。在该等式中，税基的计量单位有实物计量、价值计量及同时考虑实物计量与价值计量三种形式，即从量税、从价税和复合税。

三、税率

税率是应纳税额与计税依据之间的法定比例，是衡量税负轻重的重要标志，是税收制度的核心。其基本形式有：

1. 比例税率

比例税率，是指对同一征税对象，不分数额大小，规定相同的征收比例。我国现行的增值税、企业所得税等税种均采用比例税率。采用该税率形式，计算简便，符合税收效率原则，对同一征税对象的不同纳税人税负相同，但不分纳税人实际环境差异，按同一税率征税，这与纳税人的实际负担能力不完全相符，难以体现税收的公平原则。

2. 累进税率

累进税率，是指把计税依据按一定的标准划分为若干个等级，从低到高分别规定逐级递增的税率。其特点是税率等级与计税依据的数额等级同方向变动，考虑了纳税人的不同负担能力，更加符合税收公平原则。累进税率按其累进依据和累进方式不同，有全额累进税率、超额累进税率和超率累进税率三种形式。

全额累进税率是指将计税依据按绝对额划分为若干个等级，从低到高每一个等级规定一个适用税率，当计税依据由低一级升到高一级时，全部计税依据均按高一级税率计算应纳税额。该方式计算简便，但累进程度急剧，特别是在两个等级的临界处，会出现应纳税额增加超过计税依据增加的不合理现象。

超额累进税率是指将计税依据按绝对额划分为若干个等级，从低到高每一个等级规定一个适用税率，一定数额的计税依据可以同时适用几个等级的税率，每超过一级，超过部分按高一级税率计税，各等级应纳税额之和为纳税人应纳税总额。该方式既考虑了纳税人的不同负担能力，累进程度也比较缓和，是一种比较理想的税率形式。如我国工资、薪金个人所得税税率，个体工商户生产经营所得个人所得税税率，承包、承租经营所得个人所得税税率。

超率累进税率是指将计税依据按相对率划分为若干个等级，从低到高每一个等级规定一个适用税率，各个等级的计税依据分别按照本级的适用税率计算，各等级应纳税额之和为纳税人应纳税总额。超率累进税率的计税原理与超额累进税率相同，但以征税对象的相对数为累进依据，如土地增值税税率。

3. 定额税率

定额税率，是按征税对象确定的计算单位直接规定一个固定税额。其特点是税率与征税对象的价值量无关，不受征税对象价值量变化的影响。它适用于价格稳定或质量等级较为单一的征税对象，如城镇土地使用税税率、车船税税率等。

四、纳税地点

纳税地点是指纳税人缴纳税款的地点。纳税地点的确定必须遵守方便征税、利于源泉控税的原则。

五、纳税期限

纳税期限是指纳税人缴纳税款的期限，包括税款计算期和税款缴纳期。

税款计算期是指计算税款的期限，分为按次计算和按时间计算两种形式。按次计算是以发生纳税义务的次数作为税款计算期。按时间计算是以发生纳税义务的一定时段作为税款计算期，如增值税税款按时间计算可分为1日、3日、5日、10日、15日、1个月和1个季度。

税款缴纳期是税款计算期满后实际缴纳税款的期限。如增值税按时间计算税款时，以1个月为一期纳税的，自期满之日起15天申报缴税；以其他间隔期纳税的，自期满之日起5天内预缴税款，于次月1日起15天内申报纳税并结清上月税款。不能按固定期限纳税的，可根据纳税行为发生次数确定纳税期限。

六、税收减免

税收减免是税率的重要补充，是税法普遍性与特殊性、统一性和灵活性的有机结合。税收减免的具体形式包括税基式减免、税率式减免、税额式减免三种。

1. 税基式减免

税基式减免，是通过直接缩小计税依据的方式来实现的税收减免，包括起征点、免征额、项目扣除等形式。其中，起征点是征税对象达到一定数额开始征税的起点。对征税对象数额未达到起征点的，不征税；达到起征点的，按全额征税。免征额是在征税对象的全部数额中免予征税的数额。对免征额的部分不征税，仅对超过免征额的部分征税。

【做中学 7－1】

某纳税人某月取得的应税收入为 500 元，假设税法规定的起征点为 300 元，税率为 10％，则应纳税额是多少？若税法规定免征额为 300 元，其应纳税额又是多少？

答案：

(1)起征点为 300 元时：

应纳税额＝500×10％＝50(元)

(2)免征额为 300 元时：

应纳税额＝(500－300)×10％＝20(元)

2. 税率式减免

税率式减免，是通过直接降低税率的方式实现的税收减免，包括重新确定税率、选用其他税率、零税率等形式。

3. 税额式减免

税额式减免，是通过直接减少应纳税额的方式实现的税收减免，包括全部免征、减半征收、核定减免率、抵免税额等形式。

七、税收加征

税收加征方式有地方附加与加成征收两种方式。

地方附加是指地方政府按国家规定的比例随同正税一起征收的列入地方预算外收入的一种款项，如教育费附加。

加成征收是指在应纳税额基础上额外征收一定比例的税额。加成实际上是税率的一种延伸，增强了税制的灵活性与适应性。如劳务报酬个人所得税适用税率为 20％，但对劳务报酬所得一次收入畸高的，实行加成征收，即对应纳税所得额超过 20 000 元至 50 000 元的，加五成，实际税率为 30％；超过 50 000 元的，加十成，实际税率为 40％。

任务三　税收负担理论

一、税收负担的含义

税收负担简称“税负”，指的是纳税人因纳税而相应地减少了纳税人的可支配收入，从而对其造成经济利益的损失或使其承受的经济负担的程度加重。

从现象上看，税收负担表现为因国家征税使纳税人承担了一定量的税额，从而给纳税人造成了经济利益上的损失。但在更深层次上，税收负担是国家、企业、个人对创造的国民收入分割份额确定归属的问题，其实质是国民收入分配中国家与纳税各方的分配关系，以及由国家与纳税人之间的分配关系派生出来的纳税人之间的分配关系。

二、税收负担的分类

(一)从不同的经济层面看,分为宏观税收负担与微观税收负担

1. 宏观税收负担

从国民经济总体看,税收负担水平反映一国社会成员税收负担的整体状况。

其衡量指标是宏观税率,一般是指一定时期内(一年)的国税收入总额与同期国民(国内)生产总值的比率。

2. 微观税收负担

从纳税人个体看,税收负担水平反映具体纳税人因国家课税而做出的牺牲。

其衡量指标是公司、个人所得税负担率。

宏观税收负担与微观税收负担二者具有紧密的内在联系。微观税收负担是基础,宏观税收负担是微观税收负担的综合反映。

(二)从具体的表现形式看,分为名义税收负担和实际税收负担

1. 名义税收负担

名义税收负担又称为法定税收负担,是从税制规定看纳税人应承担的税收负担水平,表现为纳税人依据税法应向国家缴纳的税款与课税对象的比值。名义税收负担可以用名义税负率来衡量。

2. 实际税收负担

在税收征管过程中考虑影响纳税人向政府实际缴付税款的各种因素后,纳税人实际承受的税负水平,一般表现为纳税人实纳税额与课税对象的比值。影响纳税人实际税收负担的因素有税收扣除、减免、退税等合法因素和税收偷逃、以费代税等不合理或不合法因素。实际税收负担可以用实际税负率来衡量。

(三)根据税收负担是否可以转嫁,分为直接税收负担和间接税收负担两类

1. 直接税收负担

直接税收负担是指纳税人直接向国家纳税而承受的税收负担。

2. 间接税收负担

在存在税负转嫁机制的条件下,纳税人依法直接向国家缴纳的税款,并不意味着最终全部由纳税人自己负担,纳税人有可能通过某些途径全部或部分地将税收负担转嫁出去。这样,被转嫁者虽然没有直接向国家交税,却实际负担了一部分由他人转嫁过来的税款,这种税收负担就成为间接税收负担。

三、影响宏观税负的因素

(一)经济发展水平

经济发展水平是税收负担的最根本的决定因素。一国宏观税负水平的高低关键要看本国经济效益水平和人均国民收入水平的高低。

作为税收体制中的动态要素,税负的高低说到底应由税源决定。发达资本主义国家的税负水平一般高于发展中国家,主要原因就在于发达资本主义国家的生产力发达,社会财富丰富,人均国民收入高,能够为国家征税提供广阔的税源;而广大发展中国家,由于历史和现实的原因,生产力发展水平相对较低,社会财富并不丰富,人均国民收入较少,难以为国家征税提供充足的税源,因而其宏观税负水平相对低一些。很明显,如果一国生产力发展水平较低,即使

影响其宏观税负水平的其他因素已达到理想化目标，该国的宏观税负水平也不会很高。一国宏观税负水平的确定，不仅应立足于本国的经济发展水平，还应充分考虑到对经济发展实际的影响效果，要有利于经济的运行，促进国民经济的稳定增长和微观经济效益的提高。税负过高，超过纳税人的承受能力，会直接影响纳税人在投资、消费及储蓄领域里的信心，会助长有条件的纳税人为减轻税负而向国外进行税收移民或者偷逃税行为，在一定程度上影响经济的发展。

（二）国家职能定位

由于人们对政府与市场关系的认识处于不断深化的过程中，不同的国家或政府，以及不同时期的同一国家与政府，其职能范围是不同的。政府职能的变化必然影响到宏观税负水平。通常来说，随着政府职能的扩大，政府的财政支出势必会增加，宏观税负水平也将相应地呈上升趋势。

（三）经济体制与财政体制的模式

1. 经济体制不同，宏观税负也就不同

传统计划经济体制下，政府不仅担负着社会管理职能，而且承担着大量的经济建设任务，所以宏观税负水平也就很高。

2. 一国税收制度对宏观税负水平也有影响

税制对宏观税负的影响主要体现在以下几个方面：

（1）税种设置。当各税种税率保持在一个较合理的程度上，税种设置较多，将使得征税范围变宽，税基扩大，宏观税负水平就会得以提高。

（2）税制设计。在税制设计中，主体税种和辅助税种的不同选择和搭配对宏观税负水平的影响也比较明显。以商品税作为主体税种，尽管税负可能转嫁，在一些方面或个别环节存在不公平，但对宏观税负水平的影响相对来说要小一些。以所得税作为主体税种，由于所得税尤其是个人所得税具有累进性，对经济变化的反应比较敏感，因而对宏观税负水平的影响相对来说要大一些。

（3）税率。从税率角度考虑，税收体系中适度的整体税率同宏观税负水平具有方向趋同的关系：整体税率提高将会引起宏观税负水平的提高；反之，宏观税负水平则下降。

（4）税基。从税基角度考虑，扩大税基，会使税收收入增加，引起宏观税负水平提高；缩小税基，则会造成税收收入的减少，使宏观税负水平降低。值得一提的是，作为税制要素中的两个重要因素，税率和税基的设计如何，不但直接影响到宏观税负水平的高低，而且会对税负公平产生重要影响。

（5）税收征管机制。一国税收征管机制的高效性对减少偷逃税现象、维护税收和宏观税负水平的稳定性发挥着非常重要的作用。

四、宏观税收负担指标

（一）我国衡量宏观税负的指标

目前，我国对宏观税负的认识有三个口径。

1. 小口径的宏观税负

小口径的宏观税负，即税收收入占 GDP 的比重。小口径的宏观税负最能真实、具体地表明政府财政能力的强弱，但不能准确地反映我国宏观税负的全貌。

2. 中口径的宏观税负

中口径的宏观税负，指财政收入占 GDP 的比重，即预算内收入，包括税收收入和其他财政收入。

3. 大口径的宏观税负

大口径的宏观税负，指政府收入占 GDP 的比重。大口径的宏观税负能衡量整个国民经济的负担水平，考察企业的负担程度，全面反映政府从微观经济主体取得收入的状况和政府参与国民收入分配的受信任程度。但政府收入并没有全部形成财政可支配财力，不能反映政府的财力状况或财政能力。

(二)国际衡量宏观税负的指标

1. T/GDP

在国际通行做法中，一般将税收总额占国内生产总值的比率(T/GDP)即国内生产总值税收负担率作为衡量宏观税负的标准。

2. 世界各国税负的分类

(1)高税负国家

这些国家国内生产总值税收负担率一般在 35%～45%，主要是经济发达国家，如英国、瑞典、德国、法国、意大利等。这些国家的高税负政策通常是随着国家经济力量的增强逐步演进而成的。它们之所以实行重税，有以下两个重要的条件：

第一，这些国家都属于发达资本主义国家，人均国民生产总值在世界各国中是较高的，公民及法人的税负承受能力较强，国家有充分的余地征收较多的税收以满足财政支出需要。

第二，这些国家的公共服务及社会福利支出较大，特别是社会保障的享受面广、标准高，加之国家其他职能的需要，造成了政府庞大的财政支出，需要大量的财政收入。

(2)中等税负国家

这些国家国内生产总值税收负担率一般在 20%～30%，一般是发展中国家，非洲和拉美诸国多属此类。这一类国家由于经济发展水平较低，个人及法人的税负承担能力较差，政府的税收收入受税源的影响常常呈不足状态，并且受税收征管体制的限制，税负占国内生产总值的比值不太容易提高。

视频

报告称八成民企反映税收负担较重

(3)轻税负国家

国内生产总值税收负担率多为 15%左右，不超过 20%。轻税负国家通常包括三类：

第一，经济不发达国家，国民生产总值少，税源少，造成财政收支紧张。

第二，实行低税模式的国际避税港，如巴拿马、列支敦士登等国家和地区，这些国家和地区一般行使单一税管辖权，税种少、税基窄、税率低，税收负担水平较低。

第三，以非税收入为主的资源国，如石油输出国，因为其税收占财政收入的比重很低，因而其税负水平也就比较低。

五、合理的税负水平

确定合理的税负水平是一国税收制度设计所要解决的中心问题。从宏观上判断一国税负水平是否合理，主要有两个标准：

(一)经济发展标准

美国供给学派代表人物阿瑟·拉弗所提出的“拉弗曲线”较为形象地说明了经济发展、税收收入和税率之间的内在联系。如图 7—2 所示，随着税率增加，税收先增加后减少。图中阴影部分表示税率禁区，税率进入禁区后，税率与税收收入呈反比关系。

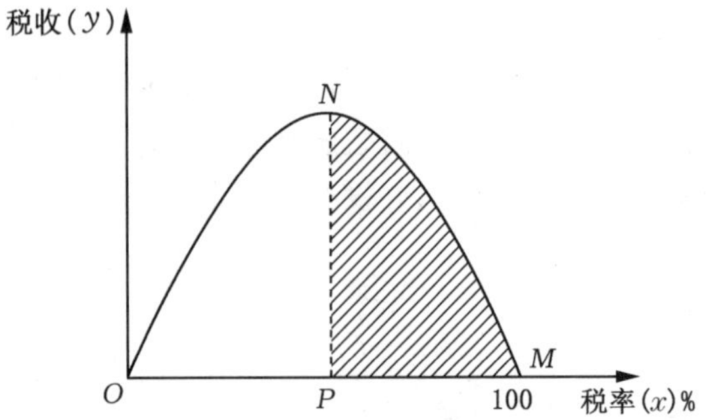

图 7—2 拉弗曲线

拉弗曲线实际上体现的是税收负担与经济增长或发展的关系。因为税率过高导致税收收入下降，源于税收负担过重抑制了经济活动，损害了税基。

(二)政府职能标准

一国总体税负水平的高低，要视政府职能范围的大小而定。因为政府的职能范围不同，对税收的需要量也不一样。

从各国的实践看，随着社会经济的发展，政府职能范围有所扩大，公共支出需要也不断增加，而税收作为筹集财政资金的主要手段，相应地也呈现了一种日益增长的趋势。但在经济发展达到一定高度后，税负水平也会出现相对稳定的状态。

【同步案例 7－1】 拉弗曲线的应用

案例精析 7—1

材料一：2012 年 2 月 14 日，财政部发布的数据显示，2011 年全国财政收入 103 740 亿元，比上年增加 20 639 亿元，同比增长 24.8%，其中，税收总收入完成 89 720.31 亿元，比上年增加 16 509.52 亿元，同比增长 22.6%。

材料二：1974 年，美国经济学家拉弗在一次午餐中向当时的一位白宫官员解释税率和税收的关系时，在餐桌上画出了拉弗曲线，如下图：

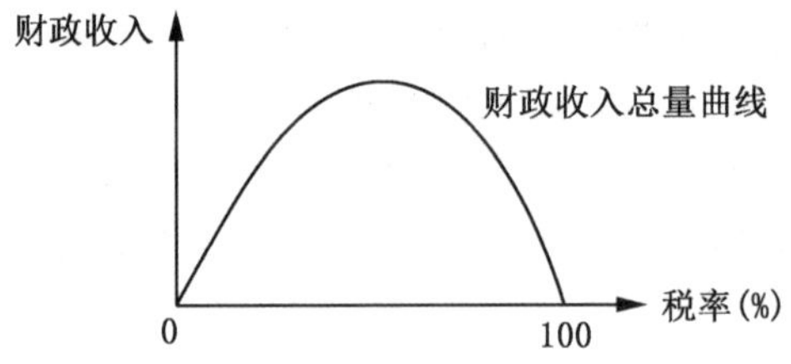

讨论：

(1)材料一、材料二分别反映了什么经济现象？

(2)结合材料一，说明拉弗曲线对我国经济发展的启示。

六、税负转嫁与税负归宿

(一)税负转嫁的含义

税负转嫁是指纳税人将其所缴纳的税款以一定方式转嫁他人承受的过程。商品交换是税负转嫁的基础。

税负归宿是指经过转嫁后税负的最终落脚点。在这一环节,税收承担者已不能把其所承受的税负再转嫁出去。

(二)税负转嫁的方式

1. 前转

前转也称顺转,是指纳税人通过提高商品的销售价格将税负转嫁给购买者。这是税负转嫁中最为普通的一种形式。如在产销环节对消费品征税,生产厂商就可以通过提高该消费品的出厂价格,把税负转嫁给批发商,批发商再将税负转嫁给零售商,最后零售商又把税负转嫁给消费者。从这一过程看,虽然名义上的纳税人是生产厂商,而实际的税收负担者是各种商品和劳务的消费者。

税负前转是税收转嫁的最典型也是最普遍的形式。

2. 后转

后转也称逆转,指纳税人通过压低商品购进价格将税负转嫁给供应者。如政府在零售环节对某种商品征税,但该种商品由市场供求关系所决定,不能因征税而相应地提高价格,零售商就可以通过压低进货价格而将税收负担向后转嫁给批发商。同样批发商也可通过压低进货价格把税收负担转嫁给制造商,制造商再通过压低原材料和劳动力的价格,把税收负担转嫁给原材料和劳动力的供应者。

3. 辗转转嫁

辗转转嫁是指从进行课税后到实现最后归宿的这一过程中,税负的转移可以发生数次,具体又可分为向前辗转转嫁(如,从木材加工商到家具生产商,最终把税负转嫁给消费者)和向后辗转转嫁(如,从家具生产商到木材加工商,最终把税负转嫁给林木生产者)。

4. 混合转嫁

混合转嫁又称为散转,是指同一税额一部分前转,另一部分后转。例如,政府对汽车销售商征收的税收,一部分可以通过抬高售价,将税收前转给消费者;一部分可以通过压低进价,将税收后转给汽车生产者。

5. 消转

消转又称为转化或扩散转移,是指纳税人通过改进生产工艺、改善经营管理或改进生产技术等方式,使纳税额在生产发展和收入增长中自我消化,不归任何人承担。从税收转嫁的本意说,消转并不能作为一种税负转嫁方式。

6. 税收资本化

税收资本化也称税收还原,指要素购买者将所购资本品(主要指固定资产)的未来应纳税款在购入价中预先扣除,由要素出售者实际承担税负。其实际上是税负后转的一种特殊形式。

(三)影响税负转嫁和归宿的因素

1. 商品的需求弹性和供给弹性

(1) 税负转嫁的主要途径是价格的变动,转嫁的幅度取决于供求弹性。

(2) 需求弹性对税负转嫁的影响表现在:①需求弹性较大的商品,商品价格更多地取决于买方,税负不易转嫁。②需求弹性较小的商品,商品价格更多地取决于卖方,税负容易转嫁。

决定商品需求弹性大小的因素一般有:

第一,该商品替代品的数量和相似程度。一般而言,如果某种商品存在较多的替代品,且功能较为近似,则该商品的需求弹性就会较大,转嫁就较困难;反之,商品的替代品较少,或功能不相似时,该商品的需求弹性就较小,向消费者转嫁税负就更为容易。

第二,商品对消费者而言是必需品还是非必需品。如果某商品对于消费者来说很重要,如基本生活必需品,价格上升就不会对该种商品的需求量产生很大的影响,这时的需求弹性相对较小,卖方向消费者转嫁税负就比较容易;反之,某商品并不十分必需,消费者可以根据自己的收入和商品的价格来决定是否有必要购买该种商品,这类商品的需求弹性较大,因此向消费者转嫁税负的困难较大。

第三,商品用途的广泛性和耐用性。一种商品的用途越多,使用寿命越长,其需求弹性越大;而一种商品的用途越少,而且是使用寿命非常短的非耐用品,其需求弹性越小。

(3)供给弹性对税负转嫁的影响表现在:

①供给弹性较大的商品,生产者有较大的灵活性,税负容易转嫁。

②供给弹性较小的商品,生产者没有较大的灵活性,税负不容易转嫁。

决定商品供给弹性大小的因素有两个:时间和该商品的性质。一般来说,商品的长期供给弹性大于短期供给弹性。因为就供给方而言,短期内产量对价格的反应能力有限,要改变供给量只能依靠调整可变投入,如劳动力、原材料等;而从长期看,供给方通过改变生产计划和固定资产投入,如土地、厂房建筑物、机器设备等,可以极大地增强产量的变动能力。

从商品的性质看,供给弹性取决于三个因素:

第一,该商品生产的难易程度。在一定时期内,容易生产的商品,当价格变动时其产量变动的速度快,因而供给弹性较大;较难生产的产品,则供给弹性较小。

第二,商品的生产规模和规模变化的难易程度。一般而言,生产规模大的资本密集型企业,其生产规模较难变动,生产调整的周期长,因而其产品的供给弹性小;而规模小的劳动密集型企业,则应变能力强,其产品的供给弹性大。

第三,生产成本的变化。如果随着产量的提高,单位成本只有少量提高,该商品的供给弹性较大;而如果单位成本随着产量的提高而明显上升,则供给弹性较小。

(4) 税负转嫁的程度取决于征税后的价格变动。图 7－3 仅就税负转嫁的基本形式——前转进行讨论。

2. 税负转嫁与被征产品的价格决定模式

一般而言,价格决定模式主要有两大类:市场定价和计划定价。

一般来说,计划价格一经确定,短期内不会改变。虽然政府也有可能根据市场的变化,对计划价格做一些相应的调整,但是计划价格的变动始终是不受市场各种变量影响的。因此,在计划价格下,税收难以通过变动的价格而发生税负转嫁。

3. 税负转嫁与税收方式

(1)税种对税负转嫁的影响。

税收制度中有直接税(如所得税、财产税)和间接税(主要是流转税)两种分类。一般认为,在商品流转过程中直接对商品征收的税负,即流转税或间接税,较容易进行税负转嫁;而在分配过程中对企业利润和个人征收的税,即收益税或直接税,则较难加以税负转嫁。间接税较为容易转嫁,是因为商品课税后会改变该商品的边际成本。

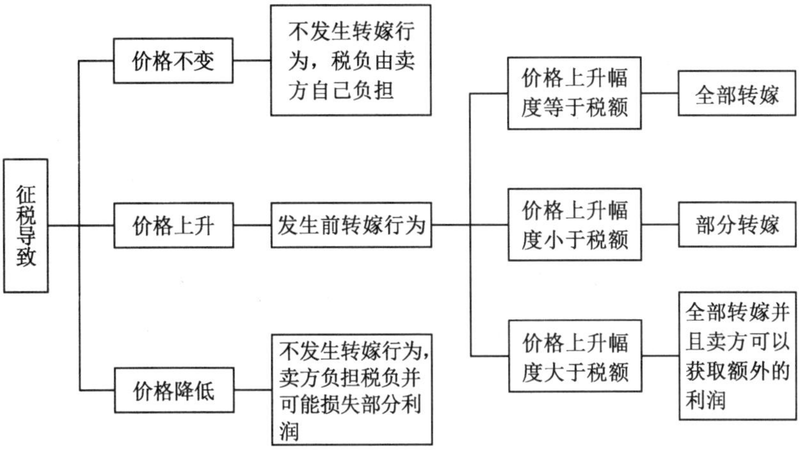

图 7—3　税负转嫁程度与税后价格变动

(2)课税范围对税负转嫁的影响。

课税范围广的商品税容易转嫁(难以找到不征税的替代商品)；课税范围窄的商品税不易转嫁(容易找到不征税的替代商品)。

这是因为，课税范围越广，涉及大部分甚至全部可作为替代品的商品或生产要素，就越不易产生对商品或生产要素购买的替代效应，需求就越缺乏弹性，因此，被课税商品或生产要素的价格就可能提高，税负较易向消费者转嫁；反之，若课税范围越窄，对商品或生产要素购买的替代效应越大，需求富有弹性，购买者可以去购买无税或低税的商品来替代被征税的商品，课税商品价格较难提高，税负也难向消费者转嫁。课税范围对税负转嫁的影响具体体现在以下几方面：

①就同类商品而言，如同类商品中各种商品都含税，税负易于转嫁；如只有其中某些商品含税，且该商品有其他代用品，则税负不易转嫁。

②就不同种类商品而言，对生产资料课税，税负流转次数多，较易转嫁；税负流转次数少，较难转嫁。

③就征税区域而言，如果某税在相邻的几个区域都课征，消费者则无从选择，税负较易转嫁；如果只在某一区域课征，则税负较难转嫁。

(3)课税对象对税负转嫁的影响。

由于各种商品具有不同的供给与需求弹性，所以选择不同的商品作为课税对象就会对税负的转嫁和归宿产生不同的影响。如果选择供给弹性大、需求弹性小的商品作为课税对象，那么承担赋税的主要是消费者；反之，若选择供给弹性小、需求弹性大的商品作为课税对象，税负主要由生产者承担。

(4)计税依据对税负转嫁的影响。

从量税和从价税对供给和需求曲线的变动有着不同的影响，自然对税负的转嫁和归宿有着不同的影响。从量税使供给或需求曲线平行移动；而从价税因为是按一定的比例征收，因此会改变原有的供给、需求曲线的斜率。

任务四　税收制度结构

一、税制结构

我国现行税制，是指从1994年1月1日以来实行的税收制度，是适应社会主义市场经济体制的税制。目前的税收体系按照课税对象的性质划分，可分为五大类：流转额课税、所得额课税、资源课税、财产课税和行为课税。我国现行税制是以流转额课税、所得额课税为主体，以其他税类为辅助和补充的复合税制体系。

(一)流转额课税

流转额课税，简称流转税，是以商品或劳务为征税对象，以流通过程中发生的流转额为计税依据而课征税款的若干税种的统称，主要包括增值税、消费税、关税等。流转税是对流转额进行课征的，只要纳税人取得应税收入就必须依法纳税，不受商品的种类、劳务形式、所有制、地区等条件的限制，也不受生产经营成果的影响。相应地，税额也会随着收入的增加而增长，有助于财政收入的稳定筹集。一般而言，流转税通常采用比例税率，也有部分采用定额税率，计征方法比较简便。因此，这类税收具有收入的及时性、稳定性和税源的广泛性等特点。目前，我国流转税的收入占税收总收入的一半以上。

(二)所得额课税

所得额课税，又称收益额课税，是以纳税人的所得(收益)额为征税对象课征的一类税。我国现行税制中的所得额课税主要包括企业所得税、个人所得税、外商投资企业和外国企业所得税等。与流转税相比，它主要有以下几个特点：(1)课税公平。它以纳税人的所得(收益)额为课税对象，所得多的多征，所得少的少征，无所得的不征，体现了量能负担的税负公平原则。(2)它一般采用累进税率。(3)它一般就全年所得额征税，采用按期(月或季)预征、年终汇算清缴的办法。当前，我国所得额课税的收入占税收收入的30%～40%。随着市场经济的进一步发展、企业经济效益的提高和人民收入水平的逐步提高，所得额课税在我国税制中的地位将会越来越重要。

(三)资源课税

资源课税，简称资源税，是指以各种自然资源(如城市土地、矿藏、水流、森林等)为课税对象征收的一系列税种的统称。它具有以下特点：(1)对特定的资源课税；(2)具有对绝对地租(收入)和级差地租(收入)征税的性质；(3)实行从量定额征税。开征资源税，对于促进资源合理开采、节约使用国有资源、合理调节不同资源条件下的级差收入、促进企业公平竞争、拓宽税收调节领域、增加财政收入等都具有重要的作用。我国现行税种中的资源课税主要包括资源税、土地使用税、土地增值税和耕地占用税等。

(四)财产课税

财产课税，是根据纳税人拥有或支配的财产而课征的若干税种的统称。目前，我国属于财产税的税种主要有房产税、契税和车船税等。

(五)行为课税

行为课税，是指以纳税人的某种特定行为作为课税对象而征收的一类税。开征行为税的主要目的是达到国家某种特定的政策要求。在我国现行税制中行为课税主要包括印花税、城市维护建设税、证券交易税等。

二、现行税制主要税种

(一)增值税

1. 增值税的含义

增值税是以销售货物、加工修理修配劳务(简称为“劳务”)、服务、无形资产以及不动产过程中产生的增值额作为计税依据而征收的一种流转税。具体而言,增值税是对在我国境内销售货物、加工修理修配劳务、服务、无形资产、不动产以及进口货物的企业单位和个人,就其取得货物、加工修理修配劳务、服务、无形资产、不动产的销售额,以及进口货物的金额为计税依据计算税款,并实行税款抵扣的一种流转税。

2. 增值税的分类

按外购固定资产处理方式不同,可将增值税分为消费型增值税、收入型增值税和生产型增值税三种类型。三种类型增值税的特点和适用范围见表7—1。

表7—1　　三种类型增值税的特点和适用范围

类　型	特　点	适用范围
消费型增值税	(1)当期购入的固定资产价值允许全部扣除;(2)彻底消除重复征税,有利于设备更新和技术进步	我国于2009年1月1日起实行
收入型增值税	对外购固定资产只允许扣除当期折旧部分	
生产型增值税	(1)不允许扣除任何外购固定资产价值;(2)存在重复征税,抑制固定资产投资	我国于2008年12月31日之前实行

提示:我国现行增值税属于消费型增值税。

3. 增值税的征税范围

(1)销售或者进口货物。

销售货物是指有偿转让货物的所有权。进口货物是指申报进入中国海关境内的货物。我国增值税法规规定,只要是报关进口的应税货物,均属于增值税的征税范围,除享受免税政策外,在进口环节缴纳增值税。

(2)提供(销售)加工修理修配劳务。

“加工”是指接受来料承做货物,加工后的货物所有权仍属于委托方的业务,也就是通常所说的委托加工业务,即委托方提供原材料及主要材料,受托方按照委托方的要求制造货物并收取加工费的业务;“修理修配”是指受托对损伤和丧失功能的货物进行修复,使其恢复原状和功能的业务。

提供加工、修理修配劳务是指有偿提供加工修理修配劳务,但单位或个体经营者聘用的员工为本单位或雇主提供加工修理修配劳务不包括在内。

在中华人民共和国境内销售货物或者提供加工、修理修配劳务,是指:①销售货物的起运地或者所在地在境内;②提供的应税劳务发生地在境内。

(3)销售服务、无形资产或者不动产。

销售服务、无形资产或者不动产,是指有偿提供服务、有偿转让无形资产或者不动产,但属于下列非经营活动的情形除外:①行政单位收取的同时满足以下条件的政府性基金或者行政事业性收费:A. 由国务院或者财政部批准设立的政府性基金,由国务院或者省级人民政府及其财政、价格主管部门批准设立的行政事业性收费;B. 收取时开具省级以上(含省级)财政部门监(印)制的财政票据;C. 所收款项全额上缴财政。②单位或者个体工商户聘用的员工为本单位或者雇主提供取得工资的服务。③单位或者个体工商户为聘用的员工提供服务。④财政部和国家税务总局规定的其他情形。

在境内销售服务、无形资产或者不动产,是指:①服务(租赁不动产除外)或者无形资产(自然资源使用权除外)的销售方或者购买方在境内;②所销售或者租赁的不动产在境内;③所销售自然资源使用权的自然资源在境内;④财政部和国家税务总局规定的其他情形。

4. 增值税的纳税人

增值税纳税人是指税法规定负有缴纳增值税义务的单位和个人。在中华人民共和国境内销售货物或者加工修理修配劳务(简称劳务)、服务、无形资产、不动产以及进口货物的单位和个人,为增值税的纳税人。

按照经营规模的大小和会计核算健全与否等标准,增值税纳税人可分为一般纳税人和小规模纳税人。

(1)增值税一般纳税人。

一般纳税人是指年应征增值税销售额(以下简称年应税销售额)超过税法规定的小规模纳税人标准(自 2018 年 5 月 1 日起,为 500 万元)的企业和企业性单位。一般纳税人的特点是增值税进项税额可以抵扣销项税额。

增值税纳税人,年应税销售额超过财政部、国家税务总局规定的小规模纳税人标准的,除税法另有规定外,应当向其机构所在地主管税务机关办理一般纳税人登记。

在税务机关登记的一般纳税人,可按税法规定计算应纳税额,并使用增值税专用发票。对符合一般纳税人条件但不办理一般纳税人登记手续的纳税人,应按销售额依照增值税税率计算应纳税额,不得抵扣进项税额,也不得使用增值税专用发票。

提示:增值税一般纳税人的特点是在一般计税方法下增值税进项税额可以抵扣销项税额(扣税法),并可使用增值税专用发票。

(2)小规模纳税人。

小规模纳税人是指年销售额在规定标准以下,并且会计核算不健全,不能按规定报送有关税务资料的增值税纳税人。小规模纳税人的标准如下:

①自 2018 年 5 月 1 日起,增值税小规模纳税人标准统一为年应征增值税销售额 500 万元及以下。

②年应税销售额超过小规模纳税人标准的其他个人(指个体工商户以外的个人)按照小规模纳税人纳税。

③年应税销售额超过小规模纳税人标准的非企业性单位、不经常发生应税行为的企业可选择按照小规模纳税人纳税(针对销售货物、加工修理修配劳务的纳税人);年应税销售额超过规定标准但不经常发生应税行为的单位和个体工商户可选择按照小规模纳税人纳税(针对销售服务、无形资产或者不动产的纳税人)。

小规模纳税人会计核算健全,能够提供准确的税务资料的,可以向主管税务机关办理一般纳税人资格登记,成为一般纳税人。

除国家税务总局另有规定外,一经登记为一般纳税人后,不得转为小规模纳税人。按照《中华人民共和国增值税暂行条例实施细则》第二十八条规定,已登记为增值税一般纳税人的单位和个人在 2018 年 12 月 31 日前可转登记为小规模纳税人,其未抵扣的进项税额作转出处理。

5. 增值税的扣缴义务人

中华人民共和国境外(以下简称境外)的单位或者个人在境内提供应税劳务,在境内未设有经营机构的,以其境内代理人为扣缴义务人;在境内没有代理人的,以购买方为扣缴义务人。

境外的单位或者个人在境内发生应税行为(销售服务、无形资产或不动产),在境内未设有经营机构的,以购买方为增值税扣缴义务人。财政部和国家税务总局另有规定的除外。

上述扣缴义务人按照下列公式计算应扣缴税额:

应扣缴税额＝购买方支付的价款÷(1＋税率)×税率

6. 增值税税率和征收率

(1)增值税税率。

根据财政部、税务总局、海关总署《关于深化增值税改革有关政策的公告》(财政部、税务总局、海关总署公告 2019 年第 39 号)相关文件,自 2019 年 4 月 1 日起,纳税人发生增值税应税销售行为或者进口货物,原适用 16％和 10％税率的,税率分别调整为 13％和 9％。调整后,增值税一般纳税人适用税率为 13％、9％、6％和 0 共 4 档。原适用 16％税率且出口退税率为 16％的出口货物劳务,出口退税率调整为 13％;原适用 10％税率且出口退税率为 10％的出口货物、跨境应税行为,出口退税率调整为 9％,具体见表 7－2。

表 7—2　　增值税适用税率表

<table>
<tr><th colspan="2">税　率</th><th>适用范围</th></tr>
<tr><td>基本税率</td><td>13％</td><td>(1)销售或进口货物(除低税率适用范围外)。
(2)加工、修理修配劳务。
(3)有形动产租赁服务。</td></tr>
<tr><td rowspan="2">低税率</td><td>9％</td><td>(1)销售或者进口下列货物:①农产品(粮食)、食用植物油、鲜奶;②自来水、暖气、冷气、热水、煤气、石油液化气、天然气、沼气、居民用煤炭制品;③图书、报纸、杂志;④饲料、化肥、农药、农机、农膜;⑤二甲醚、食用盐;⑥国务院规定的其他货物。
(2)音像制品、电子出版物。
(3)交通运输服务(包括陆路、水路、航空、管道运输)。
(4)邮政服务(包括邮政普遍服务、邮政特殊服务和其他邮政服务)。
(5)基础电信服务。
(6)建筑服务,包括:①工程服务;②安装服务;③修缮服务;④装饰服务;⑤其他建筑服务。
(7)销售不动产。
(8)不动产租赁服务。
(9)转让土地使用权。</td></tr>
<tr><td>6％</td><td>(1)电信增值服务。
(2)金融服务,包括:①贷款服务;②直接收费金融服务;③金融商品转让服务。
(3)保险服务。
(4)生活服务,包括:①文化体育服务;②教育医疗服务;③旅游娱乐服务;④餐饮住宿服务;⑤居民日常服务;⑥其他生活服务。
(5)现代服务,包括:①研发和技术服务;②信息技术服务;③文化创意服务;④物流辅助服务;⑤签证咨询服务;⑥广播影视服务;⑦商务辅助服务;⑧其他现代服务。</td></tr>
</table>

续表

税　率		适用范围
零税率	0	(1)出口货物(国务院另有规定的除外)。 (2)在境内载运旅客或者货物出境。 (3)在境外载运旅客或者货物入境。 (4)在境外载运旅客或者货物。 (5)航天运输服务。 (6)向境外单位提供的完全在境外消费的研发服务、设计服务、软件服务、合同能源管理服务、信息系统服务、业务流程管理服务、离岸服务外包业务或电路设计及测试服务。 (7)向境外单位提供的完全在境外消费的广播影视节目(作品)的制作和发行服务。 (8)向境外单位提供的完全在境外消费的转让技术。 (9)财政部和国家税务总局规定的其他服务。

(2)征收率。

一般纳税人特殊情况下采用简易计税方法适用征收率。小规模纳税人缴纳增值税采用简易计税方法适用征收率。我国增值税的法定征收率是3%；一些特殊项目适用3%减按2%的征收率。全面营改增后的与不动产有关的特殊项目适用5%的征收率；一些特殊项目适用5%减按1.5%的征收率。

7. 增值税应纳税额的计算

我国增值税一般纳税人在一般计税方法下应纳税额的计算实行购进扣税法。一般纳税人在一般计税方法下销售货物、劳务、服务、无形资产、不动产(统称应税销售行为)，应纳税额为当期销项税额抵扣当期进项税额后的余额。其应纳增值税税额的计算公式为：

应纳增值税税额＝当期销项税额－当期准予抵扣进项税额
＝当期销售额×适用税率－当期准予抵扣进项税额

小规模纳税人发生应税销售行为，实行按照销售额乘以征收率计算应纳税额的简易计税方法，并不得抵扣进项税额。其应纳税额计算公式为：

应纳税额＝销售额×征收率

简易计税方法的销售额不包括其应纳增值税税额。纳税人采用销售额和应纳增值税税额合并定价方法的，按照下列公式计算销售额。

销售额＝含税销售额÷(1＋征收率)

【做中学7－2】

甲咨询公司为小规模纳税人，2019年7月至9月取得含税修理收入309 000元。计算甲咨询公司2018年第3季度的应纳增值税。

解：应纳增值税＝309 000÷(1＋3%)×3%＝9 000(元)

(二)消费税

1. 消费税的含义

消费税是对在我国境内从事生产、委托加工、进口、批发或者零售应税消费品的单位和个人征收的一种流转税，是对特定的消费品和消费行为在特定的环节征收的一种流转税。

2. 消费税的纳税人

消费税纳税人是指在中华人民共和国境内(起运地或者所在地在境内)生产、委托加工和进口《中华人民共和国消费税暂行条例》(简称《消费税暂行条例》)规定的应税消费品的单位和个人,以及国务院确定的销售《消费税暂行条例》规定的某些应税消费品的其他单位和个人。

3. 消费税的税目和税率

(1)消费税的税目。

我国消费税的税目共有 15 个,分别是:①烟;②酒;③高档化妆品;④贵重首饰及珠宝玉石;⑤鞭炮、焰火;⑥成品油;⑦摩托车;⑧小汽车;⑨高尔夫球及球具;⑩高档手表;⑪游艇;⑫木制一次性筷子;⑬实木地板;⑭电池;⑮涂料。其中,有些税目还包括若干子目。

(2)消费税的税率。

消费税的税率包括比例税率和定额税率两类。另外,应征消费税的白酒(含粮食白酒和薯类白酒)和卷烟实行的是比例税率和定额税率相结合的征收方式。根据不同的税目或子目,应税消费品的税率见表 7—3。

表 7—3　　消费税税目税率表

税　目	税　率
一、烟	
1. 卷烟	
(1)甲类卷烟(生产环节)	56%加 0.003 元/支(生产环节)
(2)乙类卷烟(生产环节)	36%加 0.003 元/支(生产环节)
(3)甲类卷烟和乙类卷烟(批发环节)	11%加 0.005 元/支(批发环节)
2. 雪茄烟(生产环节)	36%(生产环节)
3. 烟丝(生产环节)	30%(生产环节)
二、酒	
1. 白酒(含粮食白酒和薯类白酒)	20%加 0.5 元/500 克(或者 500 毫升)
2. 黄酒	240 元/吨
3. 啤酒	
(1)甲类啤酒	250 元/吨
(2)乙类啤酒	220 元/吨
4. 其他酒	10%
三、高档化妆品	15%
四、贵重首饰及珠宝玉石	
1. 金银首饰、铂金首饰和钻石及钻石饰品(零售环节)	5%(零售环节)
2. 其他贵重首饰和珠宝玉石	10%
五、鞭炮、焰火	15%
六、成品油	
1. 汽油	1.52 元/升

续表

税　目	税　率
2. 柴油	1.2元/升
3. 航空煤油(暂缓征收)	1.2元/升
4. 石脑油	1.52元/升
5. 溶剂油	1.52元/升
6. 润滑油	1.52元/升
7. 燃料油	1.2元/升
七、摩托车	
1. 汽缸容量(排气量,下同)为250毫升的	3%
2. 汽缸容量为250毫升以上的	10%
八、小汽车	
1. 乘用车	1%
(1)汽缸容量(排气量,下同)在1.0升(含1.0升)以下的	3%
(2)汽缸容量在1.0升以上至1.5升(含1.5升)的	5%
(3)汽缸容量在1.5升以上至2.0升(含2.0升)的	9%
(4)汽缸容量在2.0升以上至2.5升(含2.5升)的	12%
(5)汽缸容量在2.5升以上至3.0升(含3.0升)的	25%
(6)汽缸容量在3.0升以上至4.0升(含4.0升)的	40%
(7)汽缸容量在4.0升以上的	5%
2. 中轻型商用客车	1%
3. 超豪华小汽车(零售环节)	10%(零售环节),生产环节同乘用车和中轻型商用客车
九、高尔夫球及球具	10%
十、高档手表	20%
十一、游艇	10%
十二、木制一次性筷子	5%
十三、实木地板	5%
十四、电池	4%
十五、涂料	4%

提示:15个税目中,黄酒、啤酒、成品油实行的是单一的定额税率,其他大多数应税消费品

均为单一的比例税率。特别要注意的是,卷烟、白酒实行“复合税率”复合征收(“复合税率”是同时适用比例税率与定额税率的一种特殊形式,其本身并不是一种税率)。

4. 消费税应纳税额的计算

(1)从价定率征收应纳税额的计算。

从价定率征收,即根据不同的应税消费品确定不同的比例税率。

应纳消费税税额=应税消费品的销售额×比例税率

应税消费品的销售额=含增值税的销售额÷(1+增值税税率或征收率)

【做中学7-3】

甲实木地板厂为增值税一般纳税人。2019年6月1日,向当地一家大型装修批发商场销售一批实木地板,开具增值税专用发票一张,发票上注明不含增值税销售额20万元,增值税税额3.2万元。实木地板的消费税税率为5%。计算甲实木地板厂上述业务的应纳消费税。

解:应纳消费税=20×5%=1(万元)

(2)从量定额征收应纳税额的计算。

从量定额征收,即根据不同的应税消费品确定不同的单位税额。

应纳消费税税额=应税消费品的销售数量×单位税额

【做中学7-4】

甲啤酒厂自产啤酒40吨,无偿提供给某啤酒节,已知每吨成本为1 500元,无同类产品售价。税务机关核定的消费税单位税额为250元/吨。计算甲啤酒厂上述业务的应纳消费税。

解:应纳消费税=250×40=10 000(元)

(3)从价定率和从量定额复合征收应纳税额的计算。

从价定率和从量定额复合征收,即以两种方法计算的应纳税额之和为该应税消费品的应纳税额。我国目前只对卷烟和白酒采用复合征收方法。

应纳消费税税额=应税消费品的销售额×比例税率+应税消费品的销售数量×单位定额税率

【做中学7-5】

甲公司是一家白酒生产企业,为增值税一般纳税人,2019年5月销售粮食白酒10吨,取得不含增值税的销售额为60万元;销售薯类白酒20吨,取得不含增值税的销售额为80万元。白酒消费税的比例税率为20%,定额税率为0.5元/500克。计算甲公司本月的应纳消费税。

解:从价定率应纳消费税=(60+80)×20%=28(万元)

从量定额应纳消费税=(10+20)×1 000×2×0.5÷10 000=3(万元)

应纳消费税合计=28+3=31(万元)

(三)企业所得税

1. 企业所得税的含义

企业所得税是对我国企业和其他组织的生产经营所得和其他所得征收的一种税。

2. 企业所得税的纳税人

企业分为居民企业和非居民企业。居民企业是指依法在中国境内成立，或者依照外国（地区）法律成立但实际管理机构在中国境内的企业。非居民企业是指依照外国（地区）法律成立且实际管理机构不在中国境内，但在中国境内设立机构、场所的，或者在中国境内未设立机构、场所，但有来源于中国境内所得的企业。

提示：个人独资企业和合伙企业不适用《中华人民共和国企业所得税法》，不作为企业所得税的纳税人。对个人独资企业和合伙企业的投资者只征收个人所得税。

3. 企业所得税的征税对象

居民企业应就来源于中国境内、境外的所得缴纳企业所得税。

非居民企业在中国境内设立机构、场所的，应当就其所设机构、场所取得的来源于中国境内的所得，以及发生在中国境外但与其所设机构、场所有实际联系的所得，缴纳企业所得税。

非居民企业在中国境内未设立机构、场所的，或者虽设立机构、场所但取得的所得与其所设机构、场所没有实际联系的，应当就其来源于中国境内的所得缴纳企业所得税。

4. 企业所得税的税率

（1）基本税率。

企业所得税的基本税率为25%，适用于居民企业和在中国境内设有机构、场所且取得的所得与其所设机构、场所有实际联系的非居民企业。

（2）优惠税率。

①对符合条件的小微企业，减按20%的税率征收企业所得税。

提示：自2017年1月1日至2019年12月31日，将小微企业年应纳税所得额上限由30万元提高到50万元，符合这一条件的小微企业所得减半计算应纳税所得额并按20%的优惠税率缴纳企业所得税。自2018年1月1日至2020年12月31日，将享受减半征收企业所得税优惠政策的小微企业年应纳税所得额上限，从50万元提高到100万元。

视频

实施小微企业普惠性税收减免政策

②对国家需要重点扶持的高新技术企业，减按15%的税率征收企业所得税。

③非居民企业在中国境内未设立机构、场所的，或者虽设立机构、场所但取得的所得与其所设机构、场所没有实际联系的所得，适用税率为20%，但实际征税时减按10%的税率征收企业所得税，以支付人为扣缴义务人。

5. 企业所得税的应纳税所得额和应纳税额的计算

企业所得税应纳税所得额是企业所得税的计税依据。按照《中华人民共和国企业所得税法》的规定，应纳税所得额为企业每一个纳税年度的收入总额减去不征税收入额、免税收入额、各项扣除额，以及准予弥补的以前年度亏损额之后的余额。企业的应纳税额取决于应纳税所得额和适用税率两个因素。

企业应纳税所得额有如下两种计算方法：

直接计算法下的计算公式为：

应纳税所得额＝收入总额－不征税收入额－免税收入额－各项扣除额－准予弥补的以前年度亏损额

间接计算法下的计算公式为：

应纳税所得额＝利润总额±纳税调整项目金额

企业所得税应纳税额的计算公式为：

应纳税额＝应纳税所得额×适用税率－减免税额－抵免税额

减免税额和抵免税额，是指依照《中华人民共和国企业所得税法》和国务院的税收优惠规定减征、免征和准予抵免的应纳税额。

(1)收入总额。

企业以货币形式和非货币形式从各种来源取得的收入，为收入总额，包括销售货物收入，提供劳务收入，转让财产收入，股息、红利等权益性投资收益，利息收入，租金收入，特许权使用费收入，接受捐赠收入，其他收入。

(2)不征税收入。

收入总额中的下列收入为不征税收入：财政拨款；依法收取并纳入财政管理的行政事业性收费、政府性基金；行政事业性收费；国务院规定的其他不征税收入。

(3)免税收入。

免税收入是指属于企业的应税所得但按照税法规定免予征收企业所得税的收入。

企业的下列收入为免税收入：国债利息收入；符合条件的居民企业之间的股息、红利等权益性投资收益(该收益是指居民企业直接投资于其他居民企业取得的投资收益，且该收益不包括连续持有居民企业公开发行并上市流通的股票不足12个月取得的投资收益)；在中国境内设立机构、场所的非居民企业从居民企业取得与该机构、场所有实际联系的股息、红利等权益性投资收益(该收益不包括连续持有居民企业公开发行并上市流通的股票不足12个月取得的投资收益)；符合条件的非营利组织的收入；非营利组织的其他免税收入。其具体包括：接受其他单位或者个人捐赠的收入；除《中华人民共和国企业所得税法》第七条规定的财政拨款以外的其他政府补助收入，但不包括因政府购买服务取得的收入；按照省级以上民政、财政部门规定收取的会费；不征税收入和免税收入孳生的银行存款利息收入；财政部、国家税务总局规定的其他收入。

(4)准予扣除项目。

税前扣除项目包括成本、费用、税金、损失和其他支出。

(5)不得扣除项目。

向投资者支付的股息、红利等权益性投资收益款项；企业所得税税款；税收滞纳金；罚金、罚款和被没收财物的损失；企业发生的公益性捐赠支出以外的捐赠支出；赞助支出，是指企业发生的与生产经营活动无关的各种非广告性支出；未经核准的准备金支出，是指企业未经国务院财政、税务主管部门核定而提取的各项资产减值准备、风险准备等准备金；企业之间支付的管理费、企业内营业机构之间支付的租金和特许权使用费，以及非银行企业内营业机构之间支付的利息；与取得收入无关的其他支出。

(6)准予限额扣除项目。

准予限额扣除项目包括但不限于以下内容：工资、薪金；社会保险费和住房公积金；职工福利费、工会经费、职工教育经费；业务招待费；广告费和业务宣传费；利息费用；借款费用；公益性捐赠支出。

(7)亏损弥补。

纳税人发生年度亏损的，可以用下一纳税年度的所得弥补；下一纳税年度的所得不足弥补的，可以逐年延续弥补，但是延续弥补期最长不得超过5年。5年内不管是盈利还是亏损，都作为实际弥补期限。税法所指亏损的含义，不是企业财务会计报告中反映的亏损额，而是企业财务会计报告中的亏损额经税务机关按税法规定核实调整后的金额。自2018年1月1日起，将高新技术企业和科技型中小企业亏损结转年限由5年延长至10年。

(四)个人所得税

1. 个人所得税的含义

个人所得税是以个人(自然人)取得的各项应税所得为征税对象所征收的一种税。

视频

2019年1月1日 个税起征点 5 000元

2. 个人所得税的纳税人

个人所得税的纳税人，以住所和居住时间为标准分为居民个人和非居民个人。

(1)居民个人。

在中国境内有住所，或者无住所而一个纳税年度内在中国境内居住累计满183天的个人，为居民个人。居民个人从中国境内和境外取得的所得，依照本法规定缴纳个人所得税。

在中国境内无住所的居民个人，在境内居住累计满183天的年度连续不满五年的，或满五年但期间有单次离境超过30天情形的，其来源于中国境外的所得，经向主管税务机关备案，可以只就由中国境内企事业单位和其他经济组织或者居民个人支付的部分缴纳个人所得税；在中国境内居住累计满183天的年度连续满五年的纳税人，且在五年内未发生单次离境超过30天情形的，从第六年起，中国境内居住累计满183天的，应当就其来源于中国境外的全部所得缴纳个人所得税。

(2)非居民个人。

在中国境内无住所又不居住，或者无住所而一个纳税年度内在中国境内居住累计不满183天的个人，为非居民个人。非居民个人从中国境内取得的所得，依照本法规定缴纳个人所得税。

在中国境内无住所，且在一个纳税年度中在中国境内连续或者累计居住不超过90天的个人，其来源于中国境内的所得，由境外雇主支付并且不由该雇主在中国境内的机构、场所负担的部分，免予缴纳个人所得税。

3. 个人所得税的应税项目

个人所得税的征税范围包括个人取得的各项应税所得，《中华人民共和国个人所得税法》列举了如下九项个人应税所得。

视频

重磅！个税抵扣细则

(1)工资、薪金所得，是指个人因任职或者受雇取得的工资、薪金、奖金、年终加薪、劳动分红、津贴、补贴以及与任职或者受雇有关的其他所得；

(2)劳务报酬所得，指个人从事劳务取得的所得，包括从事设计、装潢、安装、制图、化验、测试、医疗、法律、会计、咨询、讲学、新闻、广播、翻译、审稿、书画、雕刻、影视、录音、录像、演出、表演、广告、展览、技术服务、介绍服务、经纪服务、代办服务以及其他劳务取得的所得；

(3)稿酬所得，是指个人因其作品以图书、报刊形式出版、发表而取得的所得；

(4)特许权使用费所得，是指个人提供专利权、商标权、著作权、非专利技术以及其他特许权的使用权取得的所得，提供著作权的使用权取得的所得不包括稿酬所得；

(5)经营所得，是指：

①个体工商户从事生产经营活动取得的所得，个人独资企业投资人、合伙企业的个人合伙

人来源于境内注册的个人独资企业、合伙企业生产经营的所得；

②个人依法从事办学、医疗、咨询以及其他有偿服务活动取得的所得；

③个人对企业、事业单位承包经营、承租经营以及转包、转租取得的所得；

④个人从事其他生产经营活动取得的所得。

(6)利息、股息、红利所得，是指个人拥有债权、股权等而取得的利息、股息、红利性质的所得；

(7)财产租赁所得，是指个人出租不动产、土地使用权、机器设备、车船以及其他财产而取得的所得；

(8)财产转让所得，是指个人转让有价证券、股权、合伙企业中的财产份额、不动产、土地使用权、机器设备、车船以及其他财产取得的所得；

(9)偶然所得，是指个人得奖、中奖、中彩以及其他偶然性质的所得。

视频

年收入 12 万元以上要多缴个税?

居民个人取得第一项至第四项所得(以下称综合所得)，按纳税年度合并计算个人所得税；非居民个人取得第一项至第四项所得，按月或者按次分项计算个人所得税。纳税人取得第五项至第九项所得，依照规定分别计算个人所得税。个人取得的所得，难以界定应纳税所得项目的，由主管税务机关确定。

4. 个人所得税的税率

国家税务总局发布《个人所得税扣缴申报管理办法(试行)》的公告(国家税务总局公告 2018 年第 61 号)。个人所得税预扣率，如表 7—4、表 7—5、表 7—6 所示。

表 7—4　　个人所得税预扣率(一)

(居民个人工资、薪金所得预扣预缴适用)

级数	累计预扣预缴应纳税所得额	预扣率(%)	速算扣除数(元)
1	不超过 36 000 元	3	0
2	超过 36 000 元至 144 000 元的部分	10	2 520
3	超过 144 000 元至 300 000 元的部分	20	16 920
4	超过 300 000 元至 420 000 元的部分	25	31 920
5	超过 420 000 元至 660 000 元的部分	30	52 920
6	超过 660 000 元至 960 000 元的部分	35	85 920
7	超过 960 000 元的部分	45	181 920

表 7—5　　个人所得税预扣率(二)

(居民个人劳务报酬所得预扣预缴适用)

级数	预扣预缴应纳税所得额	预扣率(%)	速算扣除数(元)
1	不超过 30 000 元	5	0
2	超过 30 000 元至 90 000 元的部分	10	1 500
3	超过 90 000 元至 300 000 元的部分	20	10 500
4	超过 300 000 元至 500 000 元的部分	30	40 500
5	超过 500 000 元的部分	35	65 500

表 7—6 个人所得税税率

（非居民个人工资、薪金所得，劳务报酬所得，稿酬所得，特许权使用费所得适用）

级数	应纳税所得额	税率(%)	速算扣除数(元)
1	不超过 3 000 元	3	0
2	超过 3 000 元至 12 000 元的部分	10	210
3	超过 12 000 元至 25 000 元的部分	20	1 410
4	超过 25 000 元至 35 000 元的部分	25	2 660
5	超过 35 000 元至 55 000 元的部分	30	4 410
6	超过 55 000 元至 80 000 元的部分	35	7 160
7	超过 80 000 元的部分	45	15 160

5. 下列各项个人所得免征个人所得税

(1)省级人民政府、国务院部委和中国人民解放军军以上单位，以及外国组织、国际组织颁发的科学、教育、技术、文化、卫生、体育、环境保护等方面的奖金；(2)国债和国家发行的金融债券利息；(3)按照国家统一规定发给的补贴、津贴；(4)福利费、抚恤金、救济金；(5)保险赔款；(6)军人的转业费、复员费、退役金；(7)按照国家统一规定发给干部、职工的安家费、退职费、基本养老金或者退休费、离休费、离休生活补助费；(8)依照有关法律规定应予免税的各国驻华使馆、领事馆的外交代表、领事官员和其他人员的所得；(9)中国政府参加的国际公约、签订的协议中规定免税的所得；(10)国务院规定的其他免税所得。

第(10)免税规定，由国务院报全国人民代表大会常务委员会备案。

(五)城市维护建设税和教育费附加及地方教育附加

1. 城市维护建设税和教育费附加及地方教育附加的含义

城市维护建设税(简称城建税)是以纳税人实际缴纳的增值税和消费税(简称"两税")税额为计税依据所征收的一种税，主要目的是筹集城镇设施建设和维护资金。

教育费附加、地方教育附加是以纳税人实际缴纳的增值税和消费税税额为计征依据所征收的附加费。

2. 城市维护建设税的纳税人、教育费附加和地方教育附加的缴纳人

城市维护建设税的纳税人、教育费附加和地方教育附加的缴纳人，是负有缴纳增值税和消费税义务的单位和个人。

3. 城市维护建设税的税率、教育费附加和地方教育附加的征收率

(1)城市维护建设税的税率。

城市维护建设税按纳税人所在地区的不同，设置了三档比例税率。城市维护建设税税率表见表 7—7。

表 7—7 城市维护建设税税率表

纳税人所在地	税率
市区	7%
县城和镇	5%
市区、县城和镇以外的其他地区	1%

(2)教育费附加和地方教育附加的征收率。

教育费附加的征收率为3%,地方教育附加的征收率为2%。

(六)土地增值税

1. 土地增值税的含义

土地增值税是对转让国有土地使用权、地上建筑物及其附着物并取得收入的单位和个人,就其转让房地产所取得的增值额征收的一种税。

2. 土地增值税的纳税人

土地增值税的纳税人为转让国有土地使用权、地上建筑物及其附着物(以下简称"转让房地产")并取得收入的单位和个人。

3. 土地增值税的征税范围

土地增值税征税范围的一般规定有:

(1)土地增值税只对转让国有土地使用权及其地上建筑物和附着物的行为征税,对出让国有土地使用权的行为不征税。

(2)土地增值税既对转让国有土地使用权的行为征税,也对转让地上建筑物及其他附着物产权的行为征税。

(3)土地增值税只对有偿转让的房地产征税,对以继承、赠与等方式无偿转让的房地产不予征税。

不征土地增值税的房地产赠与行为包括以下两种情况:

①房产所有人、土地使用权所有人将房屋产权、土地使用权赠与直系亲属或承担直接赡养义务人的行为。

②房产所有人、土地使用权所有人通过中国境内非营利的社会团体、国家机关将房屋产权、土地使用权赠与教育、民政和其他社会福利、公益事业的行为。

4. 土地增值税的税率

土地增值税实行四级超率累进税率。土地增值税税率表见表7—8。

表7—8　　土地增值税税率表

级数	增值额与扣除项目金额的比率	税率(%)	速算扣除系数(%)
1	不超过50%的部分	30	0
2	超过50%～100%的部分	40	5
3	超过100%～200%的部分	50	15
4	超过200%的部分	60	35

5. 土地增值税的计税依据

土地增值税的计税依据是纳税人转让房地产所取得的增值额。转让房地产的增值额,是纳税人转让房地产的收入减除税法规定的扣除项目金额后的余额。土地增值额的大小,取决于转让房地产的收入额和扣除项目金额两个因素。

(七)房产税

1. 房产税的含义

房产税,是以房产为征税对象,按照房产的计税价值或房产租金收入向房产所有人或经营管理人等征收的一种税。

视频

房产税政策

2. 房产税的纳税人

房产税的纳税人，是指在我国城市、县城、建制镇和工矿区内拥有房屋产权的单位和个人，其具体包括产权所有人、承典人、房产代管人或者使用人。房产税的征税对象是房屋。

3. 房产税的征税范围

房产税的征税范围是城市、县城、建制镇和工矿区的房屋，不包括农村。

提示：独立于房屋之外的建筑物，如围墙、烟囱、水塔、菜窖、室外游泳池等不属于房产税的征税范围。

4. 房产税的税率

我国现行房产税采用比例税率。从价计征和从租计征实行不同标准的比例税率。

(1)从价计征的，税率为1.2%。

(2)从租计征的，税率为12%。从2001年1月1日起，对个人按市场价格出租的居民住房，可暂减按4%的税率征收房产税。

5. 房产税的计税依据

房产税以房产的计税价值或房产的租金收入为计税依据。按房产计税价值征税的，称为从价计征；按房产租金收入征税的，称为从租计征。

6. 房产税应纳税额的计算

(1)从价计征的房产税应纳税额的计算。从价计征是按房产的原值减除一定比例后的余值计征，其计算公式为：

从价计征的房产税应纳税额＝应税房产原值×(1－扣除比例)×1.2%

公式中，扣除比例幅度为10%～30%，具体扣除比例幅度由省、自治区、直辖市人民政府规定。

(2)从租计征的房产税应纳税额的计算。从租计征是按房产的租金收入计征，其计算公式为：

从租计征的房产税应纳税额＝租金收入×12%(或4%)

(八)资源税

1. 资源税的含义

资源税是对在我国境内从事应税矿产品开采或生产盐的单位和个人征收的一种税。

2. 资源税的纳税人

资源税的纳税人，是指在中华人民共和国领域及管辖海域开采《中华人民共和国资源税暂行条例》规定的矿产品或者生产盐(以下称开采或者生产应税产品)的单位和个人。

3. 资源税的征税范围

目前我国资源税的征税范围仅涉及矿产品和盐两大类，具体包括：

(1)原油。开采的天然原油征税；人造石油不征税。

(2)天然气。开采的天然气和与原油同时开采的天然气征税。

(3)煤炭，包括原煤和以未税原煤加工的洗选煤。

(4)其他非金属矿，包括石墨、硅藻土、高岭土、萤石、石灰石、硫铁矿、磷矿、氯化钾、硫酸钾、井矿盐、湖盐、提取地下卤水晒制的盐、煤层(成)气。

(5)金属矿，包括铁矿、金矿、铜矿、铝土矿、铅锌矿、镍矿、锡矿及其他金属矿产品原矿或精矿等。

(6)海盐，指海水晒制的盐，不包括提取地下卤水晒制的盐。

纳税人开采或者生产应税产品，自用于连续生产应税产品的，不缴纳资源税；自用于其他方面的，视同销售，缴纳资源税。

提示：自2016年7月1日起，河北省试点开征水资源税，水资源费改税方式，将地表水和地下水纳入征税范围，实行从量定额计征。自2017年12月1日起在北京、天津、山西、内蒙古、山东、河南、四川、陕西、宁夏9个省(自治区、直辖市)扩大水资源税改革试点。

4. 资源税的税目

现行资源税税目包括原油、天然气、煤炭等非金属矿和金矿、铁矿等金属矿，以及海盐等资源、品目。各税目的征税对象包括原矿、精矿(或原矿加工品，下同)、金锭、氯化钠初级产品，具体按照《资源税税目税率幅度表》相关规定执行。对未列举名称的其他矿产品，省级人民政府可对本地区主要矿产品按矿种设定税目，对其余矿产品按类别设定税目，并按其销售的主要形态(如原矿、精矿)确定征税对象。

5. 资源税的税率

资源税采用比例税率和定额税率两种形式。

(九)城镇土地使用税

1. 城镇土地使用税的含义

城镇土地使用税是国家在城市、县城、建制镇和工矿区范围内，对使用土地的单位和个人，以其实际占用的土地面积为计税依据，按照规定的税额计算征收的一种税。

2. 城镇土地使用税的纳税人

城镇土地使用税的纳税人，是指在税法规定的征税范围内使用土地的单位和个人。

3. 城镇土地使用税的征税范围

城镇土地使用税的征税范围是税法规定的纳税区域内的土地。凡在城市、县城、建制镇、工矿区范围内的土地，不论是属于国家所有的土地，还是集体所有的土地，都属于城镇土地使用税的征税范围。

自2009年1月1日起，公园、名胜古迹内的索道公司的经营用地，应按规定缴纳城镇土地使用税。

4. 城镇土地使用税的税率

城镇土地使用税采用定额税率，即采用有幅度的差别税额，按大、中、小城市和县城、建制镇、工矿区分别规定每平方米城镇土地使用税年应纳税额。

大、中、小城市以公安部门登记在册的非农业正式户口人数为依据，按照国务院颁布的《城市规划条例》中规定的标准划分。人口在50万人以上者为大城市；人口在20万～50万人之间者为中等城市；人口在20万人以下者为小城市。城镇土地使用税税率表见表7—9。

表7—9　　城镇土地使用税税率表

级　别	人　口	每平方米税额(元)
大城市	50万人以上	1.5～30
中等城市	20万～50万人	1.2～24
小城市	20万人以下	0.9～18
县城、建制镇、工矿区		0.6～12

5. 城镇土地使用税的计税依据

城镇土地使用税以纳税人实际占用的土地面积为计税依据，土地面积计量标准为每平方米，即税务机关根据纳税人实际占用的土地面积，按照规定的税率计算应纳税额，向纳税人征收城镇土地使用税。

6. 城镇土地使用税应纳税额的计算

城镇土地使用税是以纳税人实际占用的土地面积为计税依据，按照规定的适用税额计算征收。其应纳税额计算公式为：

年应纳税额＝实际占用应税土地面积(平方米)×适用税额

(十)耕地占用税

1. 耕地占用税的含义

耕地占用税，是为了合理利用土地资源，加强土地管理，保护耕地，对占用耕地建房或者从事非农业建设的单位或者个人征收的一种税。

2. 耕地占用税的纳税人

耕地占用税的纳税人为在我国境内占用耕地建房或者从事非农业建设的单位或者个人。

3. 耕地占用税的征收范围

耕地占用税的征税范围包括纳税人为建房或从事其他非农业建设而占用的国家所有和集体所有的耕地。

4. 耕地占用税的税率

耕地占用税实行地区幅度差别定额税率，以县为单位，按人均占有耕地面积分设 4 档定额。耕地占用税税率表见表 7－10。

表 7－10　　**耕地占用税平均税额表**

人均耕地占用面积(以县级行政区域为单位)	每平方米年税额(元)
不超过 1 亩的地区	10～50
超过 1 亩但不超过 2 亩的地区	8～40
超过 2 亩但不超过 3 亩的地区	6～30
超过 3 亩以上的地区	5～25

5. 耕地占用税的计税依据

耕地占用税以纳税人实际占用的耕地面积为计税依据，按照适用税额标准计算应纳税额，一次性缴纳。

纳税人实际占用耕地面积的核定以农用地转用审批文件为主要依据，必要的时候应当实地勘测。

6. 耕地占用税应纳税额的计算

耕地占用税应纳税额的计算公式为：

应纳税额＝实际占用耕地面积(平方米)×适用税率

(十一)关税

1. 关税的含义

关税是海关依法对进出境货物、物品征收的一种税。

所谓“境”指关境，又称“海关境域”或“关税领域”，是国家《海关法》全面实施的领域。在通常情况下，一国关境与国境是一致的，包括国家全部的领土、领海、领空，但是也有不一致的情况。

2. 关税的纳税人

进口货物的收货人、出口货物的发货人、进出境物品的所有人，是关税的纳税义务人。

3. 关税的征税对象和税目

关税的征税对象是指准许进出我国关境的货物和物品。凡准许进出口的货物，除国家另有规定的以外，均应由海关征收进口关税或出口关税。对从境外采购进口的原产于中国境内的货物，也应按规定征收进口关税。

关税的税目、税率都由《中华人民共和国海关进出口税则》规定。它主要包括三个部分：归类总规则、进口税率表和出口税率表，其中，归类总规则是对进出口货物分类的具有法律效力的原则和方法。

进出口税则中的商品分类目录为关税税目。按照税则归类总规则及其归类方法，每一种商品都能找到一个最适合的对应税目。

4. 关税的税率

(1)税率的种类。

关税的税率分为进口税率和出口税率两种。其中，进口税率又分为普通税率、最惠国税率、协定税率、特惠税率、关税配额税率和暂定税率。

(2)税率的确定。

进出口货物应当依照《海关进出口税则》规定的归类原则归入合适的税号，按照适用的税率征税。其中：

①进出口货物，应按纳税义务人申报进口或者出口之日实施的税率征税；

②进口货物到达之前，经海关核准先行申报的，应该按照装载此货物的运输工具申报进境之日实施的税率征税；

③进出口货物的补税和退税，应按该进出口货物原申报进口或出口之日所实施的税率征税，但有特例情况，本书从略。

5. 关税的计税依据

我国对进出口货物征收关税，主要采取从价计征的办法，以商品价格为标准征收关税。因此，关税主要以进出口货物的完税价格为计税依据。

6. 关税应纳税额的计算

①从价税计算方法。从价税是最普遍的关税计征方法，它以进(出)口货物的完税价格作为计税依据。其应纳税额的计算公式为：

应纳税额＝应税进(出)口货物数量×单位完税价格×适用税率

②从量税计算方法。从量税是以进(出)口货物的数量为计税依据的一种关税计征方法。其应纳税额的计算公式为：

应纳税额＝应税进(出)口货物数量×关税单位税额

③复合税计算方法。复合税是对某种进(出)口货物同时使用从价和从量计征的一种关税计征方法。其应纳税额的计算公式为：

应纳税额＝应税进(出)口货物数量×关税单位税额＋应税进(出)口货物数量×单位完税价格×适用税率

④滑准税计算方法。滑准税是指关税的税率随着进(出)口货物价格的变动而反方向变动

的一种税率形式,即价格越高,税率越低,税率为比例税率。因此,对实行滑准税的进(出)口货物应纳税额的计算方法与从价税的计算方法相同。其应纳税额的计算公式为:

应纳税额=应税进(出)口货物数量×单位完税价格×滑准税税率

(十二)印花税

1. 印花税的含义

印花税是对经济活动和经济交往中书立、领受、使用的应税经济凭证征收的一种税。因纳税人主要是通过在应税凭证上粘贴印花税票来完成纳税义务,故名印花税。

2. 印花税的纳税人

印花税的纳税人,是指在中国境内书立、领受、使用税法所列举凭证的单位和个人。

根据书立、领受、使用应税凭证的不同,纳税人可分为立合同人、立账簿人、立据人、领受人和使用人等。

3. 印花税的征税范围

我国经济活动中发生的经济凭证种类繁多,数量巨大,现行印花税采取正列举形式,只对《印花税暂行条例》列举的凭证征收,没有列举的凭证不征税。列举的凭证分为五类,即经济合同、产权转移书据、营业账簿以及权利、许可证照和经财政部门确定征税的其他凭证。

(十三)契税

1. 契税的含义

契税,是指国家在土地、房屋权属转移时,按照当事人双方签订的合同(契约),以及所确定价格的一定比例,向权属承受人征收的一种税。

2. 契税的纳税人

契税的纳税人,是指在我国境内承受土地、房屋权属转移的单位和个人。

契税由权属的承受人缴纳。这里所说的"承受",是指以受让、购买、受赠、交换等方式取得土地、房屋权属的行为。

转让房地产权属行为的转让方和承受方的纳税情况一览表见表7-11。

表7-11　　转让房地产权属行为的转让方和承受方的纳税情况一览表

转让方	承受方
(1)增值税(销售不动产、转让土地使用权) (2)城市维护建设税和教育费附加及地方教育附加 (3)印花税(产权转移书据) (4)土地增值税 (5)企业所得税(或个人所得税)	(1)印花税(产权转移书据) (2)契税

3. 契税的征税范围

契税以在我国境内转移土地、房屋权属的行为作为征税对象。土地、房屋权属未发生转移的,不征收契税。

契税的征税范围主要包括:(1)国有土地使用权出让。(2)土地使用权转让。(3)房屋买卖。(4)房屋赠与。(5)房屋交换。

4. 契税的税率

契税采用比例税率,并实行3%~5%的幅度税率。具体税率由各省、自治区、直辖市人民政府在幅度税率规定范围内，按照本地区的实际情况确定，以适应不同地区纳税人的负担水平和调控房地产交易的市场价格。

提示：个人购买90平方米及以下普通住房，且该住房属于家庭唯一住房的，契税税率暂统一为1%。

5. 契税的计税依据

按照土地、房屋权属转移的形式、定价方法的不同，契税的计税依据确定如下：

(1)国有土地使用权出让、土地使用权出售、房屋买卖，以成交价格作为计税依据。

(2)土地使用权赠与、房屋赠与，由征收机关参照土地使用权出售、房屋买卖的市场价格核定。

(3)土地使用权交换、房屋交换，以交换土地使用权、房屋的价格差额为计税依据。

(4)以划拨方式取得土地使用权，经批准转让房地产时应补缴的契税，以补缴的土地使用权出让费用或土地收益作为计税依据。

6. 契税应纳税额的计算

契税应纳税额依照省、自治区、直辖市人民政府确定的适用税率和税法规定的计税依据计算征收。其计算公式为：

$$\text{应纳税额}=\text{计税依据}\times\text{税率}$$

(十四)车船税

1. 车船税的含义

车船税，是指对在中国境内车船管理部门登记的车辆、船舶依法征收的一种税。

2. 车船税的纳税人

车船税的纳税人，是指在中华人民共和国境内属于税法规定的车辆、船舶(以下简称“车船”)的所有人或者管理人。

从事机动车第三者责任强制保险业务的保险机构为机动车车船税的扣缴义务人。

提示：外商投资企业、外国企业、华侨、外籍人员和港、澳、台同胞，也属于车船税的纳税人。

3. 车船税的征收范围

车船税的征收范围是指在中华人民共和国境内属于车船税法所规定的应税车辆和船舶，具体包括：

(1)依法应当在车船登记管理部门登记的机动车辆和船舶；

(2)依法不需要在车船登记管理部门登记的在单位内部场所行驶或者作业的机动车辆和船舶。

4. 车船税的税目

车船税的税目分为五大类，包括乘用车、商用车、其他车辆、摩托车和船舶。

提示：纯电动乘用车和燃料电池乘用车不属于车船税的征收范围，对其不征收车船税。

5. 车船税的税率

车船税采用定额税率，又称固定税额。根据《中华人民共和国车船税法》的规定，对应税车船实行有幅度的定额税率，即对各类车船分别规定一个最低到最高限度的年税额。

6. 车船税的计税依据

车船税以车船的计税单位数量为计税依据。《车船税法》按车船的种类和性能，分别确定每辆、整备质量每吨、净吨位每吨和艇身长度每米为计税单位。其具体如下：

(1)乘用车、商用客车和摩托车，以辆数为计税依据。

(2)商用货车、专用作业车和轮式专用机械车,以整备质量吨位数为计税依据。

(3)机动船舶、非机动驳船、拖船,以净吨位数为计税依据。

(4)游艇以艇身长度为计税依据。

(十五)车辆购置税

1. 车辆购置税的含义

车辆购置税,是对在中国境内购置规定车辆的单位和个人征收的一种税。就其性质而言,属于直接税的范畴,它由车辆购置附加费演变而来。《中华人民共和国车辆购置税法》于2018年12月29日第十三届全国人民代表大会常务委员会第七次会议通过。

2. 车辆购置税基本法律

(1)车辆购置税的征收范围。

在中华人民共和国境内购置汽车、有轨电车、汽车挂车、排气量超过150毫升的摩托车(以下统称应税车辆)的单位和个人,为车辆购置税的纳税人,应当依照规定缴纳车辆购置税。

(2)车辆购置税的纳税人。

在我国境内购置规定的车辆(以下简称应税车辆)的单位和个人,为车辆购置税的纳税人。

购置,包括购买、进口、自产、受赠、获奖或者以其他方式取得并自用应税车辆的行为。

提示:“单位”,包括国有企业、集体企业、私营企业、股份制企业、外商投资企业、外国企业以及其他企业、事业单位、社会团体、国家机关、部队以及其他单位;“个人”,包括个体工商户以及其他个人。

(3)车辆购置税税收优惠。

下列车辆免征车辆购置税:

①依照法律规定应当予以免税的外国驻华使馆、领事馆和国际组织驻华机构及其有关人员自用的车辆;

②中国人民解放军和中国人民武装警察部队列入装备订货计划的车辆;

③悬挂应急救援专用号牌的国家综合性消防救援车辆;

④设有固定装置的非运输专用作业车辆;

⑤城市公交企业购置的公共汽电车辆。

根据国民经济和社会发展的需要,国务院可以规定减征或者其他免征车辆购置税的情形,报全国人民代表大会常务委员会备案。

(4)车辆购置税税率。

车辆购置税采用10%的比例税率。

3. 车辆购置税的计税依据

车辆购置税的计税依据为应税车辆的计税价格。计税价格根据不同情况,按照下列规定确定:

(1)纳税人购买自用的应税车辆的计税价格,为纳税人购买应税车辆而支付给销售者的全部价款和价外费用,不包括增值税税款。

注意:价外费用是指销售方价外向购买方收取的基金、集资费、违约金(延期付款利息)和手续费、包装费、储存费、优质费、运输装卸费、保管费以及其他各种性质的价外收费,但不包括销售方代办保险等而向购买方收取的保险费,以及向购买方收取的代购买方缴纳的车辆购置税、车辆牌照费。

(2)纳税人进口自用的应税车辆的计税价格的计算公式为:

计税价格＝关税完税价格＋关税＋消费税

(3)纳税人自产、受赠、获奖或者以其他方式取得并自用的应税车辆的计税价格，由主管税务机关参照国家税务总局规定的最低计税价格核定。

提示：最低计税价格是指国家税务总局依据机动车生产企业或者经销商提供的车辆价格信息，参照市场平均交易价格核定的车辆购置税计税价格。

(4)纳税人购买自用或者进口自用应税车辆，申报的计税价格低于同类型应税车辆的最低计税价格，又无正当理由的，计税价格为国家税务总局核定的最低计税价格。

(5)国家税务总局未核定最低计税价格的车辆，计税价格为纳税人提供的有效价格证明注明的价格。有效价格证明注明的价格明显偏低的，主管税务机关有权核定应税车辆的计税价格。

4. 车辆购置税应纳税额的计算

车辆购置税实行从价定率的方法计算应纳税额。计算公式如下：

应纳税额＝计税依据×税率

进口应税车辆应纳税额＝(关税完税价格＋关税＋消费税)×税率

提示：纳税人购买自用应税车辆的计税价格，为纳税人实际支付给销售者的全部价款，不包括增值税税款。

(十六)环境保护税

1. 环境保护税的含义

《中华人民共和国环境保护税法》(以下简称《环境保护税法》)于2016年12月25日第十二届全国人民代表大会常务委员会第二十五次会议上获得表决通过，并于2018年1月1日起施行。

《环境保护税法》是党的十八届三中全会提出“落实税收法定原则”要求后，全国人大常委会审议通过的第一部单行税法，也是我国第一部专门体现“绿色税制”、推进生态文明建设的单行税法。本法的总体思路是由“费”改“税”即按照“税负平移”原则，实现排污费制度向环境税制度的平稳转移。

实行环境保护费改税，有利于解决排污费制度存在的执法刚性不足、地方政府干预等问题，有利于提高纳税人的环保意识和遵从度，强化企业治污减排的责任，有利于构建促进经济结构调整、发展方式转变的绿色税制体系，有利于规范政府分配秩序，优化财政收入结构，强化预算约束。

视频

环保税法1月1日起实施　排污费成历史

2. 纳税人

自2018年1月1日起，在中华人民共和国领域和中华人民共和国管辖的其他海域，直接向环境排放应税污染物的企事业单位和其他生产经营者为环境保护税的纳税人，应当依《环境保护税法》的规定缴纳环境保护税。

依照《环境保护税法》规定征收环境保护税的，不再征收排污费。

3. 征税对象

环境保护税的征税对象为应税污染物。应税污染物是指《环境保护税法》所附“环境保护税税目税额表”“应税污染物和当量值表”规定的大气污染物、水污染物、固体废物和噪声。

有下列情形之一的，不属于直接向环境排放污染物，不缴纳相应污染物的环境保护税：企事业单位和其他生产经营者向依法设立的污水集中处理、生活垃圾集中处理场所排放应税污染物的；企事业单位和其他生产经营者在符合国家和地方环境保护标准的设施、场所贮存或者处置固体废物的。

依法设立的城乡污水集中处理、生活垃圾集中处理场所超过国家和地方规定的排放标准向环境排放应税污染物的，应当缴纳环境保护税。企事业单位和其他生产经营者贮存或者处置固体废物不符合国家和地方环境保护标准的，应当缴纳环境保护税。

4. 税目与税率

环境保护税采用定额税率。环境保护税税目税额表见表 7—12。

表 7—12　　环境保护税税目税额表

税目		计税单位	税额
大气污染物		每污染当量	1.2～12 元
水污染物		每污染当量	1.4～14 元
固体废物	煤矸石	每吨	5 元
	尾矿	每吨	15 元
	危险废物	每吨	1 000 元
	冶炼渣、粉煤灰、炉渣、其他固体废物（含半固态、液态物）	每吨	25 元
噪声	工业噪声	超标 1～3 分贝	每月 350 元
		超标 4～6 分贝	每月 700 元
		超标 7～9 分贝	每月 1 400 元
		超标 10～12 分贝	每月 2 800 元
		超标 13～15 分贝	每月 5 600 元
		超标 16 分贝以上	每月 11 200 元

备注事项：

(1)一个单位边界上有多处噪声超标，根据最高一处超标声级计算应纳税额；当沿边界长度超过 100 米有两处以上噪声超标，按照两个单位计算应纳税额。

(2)一个单位有不同地点作业场所的，应当分别计算应纳税额，合并计征。

(3)昼夜均超标的环境噪声，昼夜分别计算应纳税额，累计计征。

(4)声源一个月内超标不足 15 天的，减半计算应纳税额。

(5)夜间频繁突发和夜间偶然突发厂界超标噪声，按等效声级和峰值噪声两种指标中超标分贝值高的一项计算应纳税额。

三、税制改革

税收制度是我国财政改革的重要方面。1980 年以前，我国只对国有企业征收工商税，对集体企业征收工商税和工商所得税。除此之外，只对个人征收少量的城市地产税、车船使用牌照税和屠宰税。这种税制实际上是单一的货物税制，是统收统支财政体制的产物。改革开放以来，中国税收制度适应经济体制的变革，经历了两次较大的改革，已由单一货物税制逐步转向以流转税和所得税为主体、其他一系列税种相配合的复合税制。

从 1983 年到 1984 年通过了两步“利改税”，完成了第一次税制改革。从 1984 年开始，我国进行了以适应社会主义市场经济体制为目标的第二次税制改革。两步利改税的实施，虽然已初步建立起适应市场经济要求的税制体系，但并没有带来税收机制的转变。1994年的税制改革放弃了原有那种以“外延式”调整为主的旧思路。其基本内容可以概括为：按照公正、透明、效率优先原则，调整了流转税制，建立以增值税为主体、消费税与营业税为辅的流转税调节体系，为市场机制运行创造了税收环境；归并和统一所得税制；开征了土地增值税，以适应房地产业的发展；改革了税收征管体制，实行了中央税和地方税分开征收，两条线垂直管理体制。经过这次改革，我国初步完成了从计划经济向市场经济税收体制的转变，使税收体制步入了法制化的轨道，从而促进了财政收入的稳定增长。

进入2006年，税制改革进一步推进，主要内容有：

(1)在全国范围内取消农业税，并完成相关的法律调整工作。积极跟踪取消农业税政策后各地的贯彻落实情况，研究取消农业税对农村经济社会产生的影响；积极研究全面免征农业税后面临的城乡税制统一等问题，巩固农村税费改革成果，推进农村综合改革；积极研究耕地占用税、契税征管职能向地税部门划转的管理体制调整方案；积极落实取消烟叶特产税的替代措施。

(2)在及时总结东北地区部分行业实行增值税转型改革试点经验的基础上，研究完善试点办法，进一步把试点推向深入，认真总结经验，研究修订《增值税条例》，为在全国范围实施消费型增值税改革做好各项准备工作。

(3)实施消费税制改革，认真做好汽车、摩托车、护肤护发品等税目、税率以及征收办法等调整的贯彻落实工作，积极跟踪对部分资源消耗品和高消费商品征收消费税的实施效果，充分发挥消费税的调控功能。2006年4月1日，消费税制改革方案已顺利实施。

(4)实施个人所得税工薪所得费用扣除标准的调整方案，切实减轻中低收入者的税负，增加居民收入。继续研究完善个人所得税制度，推进加强税收征管和建立高效征管体系的工作。

(5)推进企业所得税两法合并改革，进一步研究和完善企业所得税法草案，积极研究提出企业计税工资、公益性捐赠税收政策调整意见，围绕企业所得税改革中的重大政策问题，重点开展法人问题、公益组织问题、税前扣除项目及标准问题、优惠政策清理与完善等相关专题方案研究工作。

(6)研究制定物业税改革的实转方案，完成包括征收范围、纳税人、计税依据、税率、减免税等税制要素的设计。

(7)推进资源税改革，研究资源税的改革方案。

(8)出台实施新的车船税、耕地占用税暂行条例，积极做好车船税、耕地占用税相关配套制度的改革工作。

为加强土地调控，国务院在2006年的最后一天发布决定，对1988年制定的《城镇土地使用税暂行条例》进行修改。从2007年元旦起，中国的城镇土地使用税在1988年规定的基础上提高两倍，同时，外商投资企业和外国企业也要开始缴纳土地使用税。修改后的城镇土地使用税每平方米年税额从1988年的0.5～10元提高到1.5～30元。其中，大城市为1.5～30元，中等城市为1.2～24元，小城市为0.9～18元，县城、建制镇、工矿区为0.6～12元。此外，修改后的《城镇土地使用税暂行条例》还将城镇土地使用税的征收范围扩大到外商投资企业和外国企业。

为统一税政、简化税制，国务院常务会议于2006年12月27日决定对现行《车船使用牌照税暂行条例》和《中华人民共和国车船使用税暂行条例》进行修改合并，制定《中华人民共和国车船税暂行条例》，自 2007 年 1 月 1 日起施行。这次修订，在车船税适用范围、税收性质、税目税额、减免税范围和征管等几个方面进行了完善。与原车船使用牌照税和车船使用税相比，车辆的税额低限维持不变，高限提高了 1 倍左右；船舶的最低税额每净吨增加 1.8 元，最高税额每净吨增加 1 元，且对捕捞和养殖渔船给予免税优惠。

为了加快转变经济发展方式，大力发展第三产业，尤其是现代服务业，推进经济结构调整，完善增值税抵扣链条，我国从 2012 年 1 月 1 日起在上海市交通运输业和部分现代服务业开展营业税改征增值税试点。2013 年 8 月 1 日，"营改增"已推广到全国试行。从 2014 年 1 月 1 日起，进一步将铁路运输和邮政服务业纳入营业税改征增值税试点；自 2014 年 6 月 1 日起，将电信业纳入营业税改征增值税试点范围。2016 年 5 月 1 日全面完成"营改增"改革，减轻了第三产业税收负担，促进了服务业发展；此外，税费改革的新亮点：2019 年 4 月 1 日增值税改革新政实施，从 4 月 1 日起，我国下调增值税税率，制造业增值税税率从 16%降到 13%，交通运输、基础电信、农产品的增值税税率由 10%下调至 9%，经过预算，一年可以减税约 2 400 亿元；2019 年个人所得税的免征额从 3 500 元提升到 5 000 元，新加了一些专项扣除项目，主要包括子女教育支出、继续教育支出、大病医疗支出、住房租金支出、住房贷款利息支出、赡养老人支出六个项目，这些费用都会在税前扣除。

视频

个人所得税下降

四、农村税费改革

中华人民共和国成立后，农业税在相当长时期内一直是国家财政的重要来源。1958 年，全国人大常委会颁布实施《中华人民共和国农业税条例》，统一了全国农业税制度，并一直延续到 2005 年。

由于长期以来形成的农村税费制度和征收办法不尽合理，农民负担重、收取税费不规范，有些地方和部门不顾国家三令五申，随意向农民伸手，面向农民的各种收费、集资、罚款和摊派项目多、数额大；有些地方虚报农民收入，超标准提取村提留和乡统筹费，强迫农民以资代劳；有些地方违反国家规定，按田亩或人头平摊征收农业特产税和屠宰税；有些部门要求基层进行的各种名目的达标升级活动屡禁不止，所需资金最后摊派到农民身上；有些地方基层干部采取非法手段强行向农民收钱收物，造成不良影响，严重侵害了农民的物质利益和民主权利，挫伤了农民的生产积极性，伤害了农民对党和政府的感情，影响了农村社会稳定。对于这些问题，必须通过深化改革，从根本上加以解决。为增加农民收入，对农业和农村经济结构进行战略性调整，开辟农民增收的新途径和新领域，我国政府从保护农村生产力，实现农村经济持续发展和社会稳定的战略高度，采取对农民多给予、少索取，整个国民收入分配在较长的时间内向农民倾斜的政策，要求抓好减轻农民负担工作，让农民得到更多的实惠。

为了探索建立规范的农村税费制度，从根本上减轻农民负担的有效办法，2000 年 3 月 2 日，中共中央、国务院以中发〔2000〕7 号文件发布了《关于进行农村税费改革试点工作的通知》，决定开展农村税费改革试点工作。

农村税费改革试点的主要内容是：取消乡统筹费、农村教育集资等专门面向农民征收的行政事业性收费和政府性基金、集资；取消屠宰税；取消统一规定的劳动积累工和义务工；调整农业税和农业特产税政策；改革村提留征收使用办法。

2005 年 12 月 29 日，十届全国人大常委会第十九次会议通过了废止农业税条例的决定草案，延续了 2 600 多年的农业税在中国画上了句号。被称为德政之举的这项改革，充分体现了我国政府对广大农民的关爱、对农村繁荣的关心、对农业发展的关注，是解决“三农”问题的重大战略性举措。取消农业税，完善和规范了国家与农民的利益关系，可以更好地维护9亿农民的根本利益，促进城乡居民共同富裕，实现更大范围、更高水平的小康。取消农业税，不仅能降低农业生产经营成本，提高农业效益和农产品市场竞争力，而且能够调动种粮农民的积极性，增强粮食综合生产能力，维护国家粮食安全，同时也将把农业农村发展纳入整个现代化进程，让亿万农民共享现代化成果。取消农业税，增加农民收入，使亿万农民的潜在购买意愿转化为巨大的现实消费需求，将进一步提高农村的消费水平，从而拉动整个经济的持续增长，盘活国民经济的全局。全面取消农业税，实行工业反哺农业，城市支持农村和多予、少取、放活的方针，加大各级政府对农业和农村增加投入的力度，让公共财政的阳光更大范围地覆盖农村，能够充分调动广大农民的积极性，保证社会主义新农村建设始终有力、有序、有效地推进。

到2005年，全国免征农业税的省份已有28个，河北、山东、云南3个省也有210个县(市)免征了农业税。农民负担得到了大幅度减轻，2006年全面取消农业税后，与农村税费改革前的1999年相比，农民每年减负总额超过1 000亿元，人均减负120元左右，9亿农民得到很大实惠。

为实现建设社会主义新农村的战略任务，中央政府提出“三农”工作将继续坚持“多予、少取、放活”的方针，2006年起，国家明确了“三个高于”的原则：财政支农资金的增量要高于上年；国债和预算内建设资金用于农村建设的比重要高于上年；直接用于改善农村生产生活条件的资金总量要高于上年。同时，我国政府提出贯彻“放活”的方针，即搞活农村市场，促进农民增收。从财政角度来说，就是要为农业结构调整、农村建设和农民增收，创造一个宽松的政策和体制环境。主要思路和措施是：支持国有农场、国有林场、水管单位改革，推动深化粮食、棉花等大宗农产品流通体制改革；支持农民发展各类专业合作经济组织，提高农民进入市场的组织化、社会化程度；推动农村土地制度改革和劳动力就业管理制度改革，支持农村金融体制改革，促进城乡统一要素市场的发育；支持积极探索和发展多种形式并存的农业保险制度。

应知考核

一、单项选择题

1. 税收的“三性”是一个完整的统一体，(　　)是税收的核心特征。

A. 合法性　　B. 固定性　　C. 无偿性　　D. 强制性

2. “纳税人必须依法纳税，征税机关必须依法征税”，这是税收(　　)的要求。

A. 合法性　　B. 固定性　　C. 无偿性　　D. 强制性

3. 以商品或服务的流转额为征税对象征收的一种税叫(　　)。

A. 所得税　　B. 流转税　　C. 间接税　　D. 增值税

4. 以下税种中，主要对生产经营者的利润和个人纯收入发挥调节作用的税种是(　　)。

A. 所得税　　B. 流转税　　C. 行为税　　D. 资源税

5. 按(　　)的不同，税收可分为从量税、从价税和复合税。

A. 征税对象　　B. 税负能否转嫁

C. 计税依据　　D. 税收管理与使用权限

二、多项选择题

1. 下列税种中,由海关负责征收的有( )。

A. 关税　B. 船舶吨税

C. 进口环节的增值税和消费税　D. 房产税

2. 下列各项中具有间接税特征的有( )。

A. 增值税　B. 企业所得税　C. 消费税　D. 关税

3. 下列税种中,属于行为税的有( )。

A. 印花税　B. 城市维护建设税　C. 车辆购置税　D. 船舶吨税

4. 下列税种中,属于中央税的有( )。

A. 关税　B. 消费税　C. 车辆购置税　D. 增值税

5. 假设某税种的税率为10%,张三的应税收入为999元,李四的应税收入为1 001元。当起征点为1 000元时,下列说法正确的有( )。

A. 张三应纳税额为0元　B. 李四应纳税额为100.1元

C. 李四应纳税额为0.1元　D. 张三应纳税额为99.9元

三、判断题

1. 税收的客体是国家。( )
2. 纳税人、征税对象、税率是构成税收制度的三个最基本的要素。( )
3. 商品交换是税负转嫁的基础。( )
4. 纯电动乘用车和燃料电池乘用车属于车船税的征税范围,对其征车船税。( )
5.《中华人民共和国环境保护税法》于2016年12月25日起施行。( )

四、简述题

1. 简述税收的含义和职能。
2. 简述税收体系与分类。
3. 简述我国现行税收的原则。
4. 简述税制构成要素的内容。
5. 简述影响税负转嫁和归宿的因素。

应会考核

■观念应用

【背景资料】

树立纳税意识

材料一:发达国家有这样一句名言:“在我们这里,除享受阳光和空气外都要纳税。”我国宪法规定:“中华人民共和国公民有依照法律纳税的义务。”某年9月,A市国税局开展了“依法诚信纳税　共建和谐社会”的税收宣传活动。

材料二:读图,回答问题。

(1)顾客为什么要发票？

(2)商家“优惠税钱”属于什么行为？

图 1

【考核要求】

根据材料一，回答：作为一名普通公民，我们应该如何为国家的税收作出自己的贡献？

根据材料二，回答方框内的问题。

■技能应用

财政与税收收入

材料一：我国中央和地方税收收入及财政支出比重(2013 年度)。

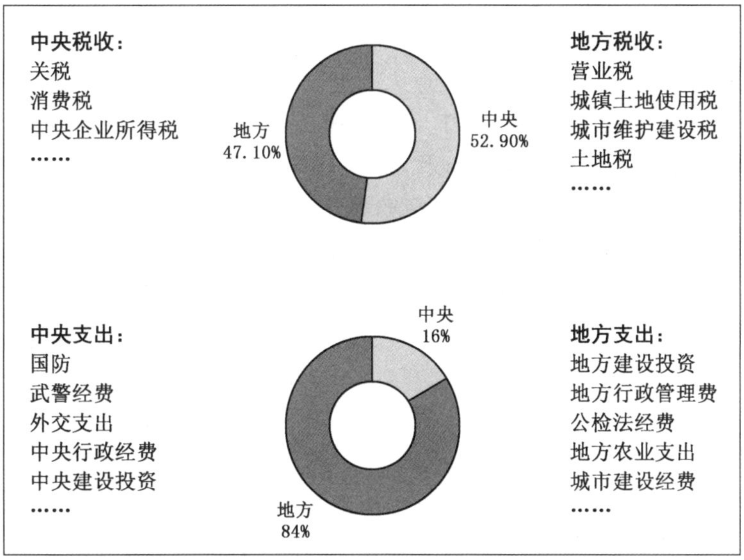

注：2013 年全国税收总收入为 12.9 万亿元。截至 2013 年底，全国各级政府共计负债 20.6 万亿元。

图 2

材料二：图 3 为拉弗曲线，该曲线大体上解释了税收收入与税率的关系。

【技能要求】

(1)从材料一中概括我国财政运行中存在的问题，并分别用数据予以证明。

(2)为解决地方债务问题，国家某课题组为政府提交了三套方案。

方案 A：提高税率，增加税收种类。

方案 B：厉行节约，严格控制新债。

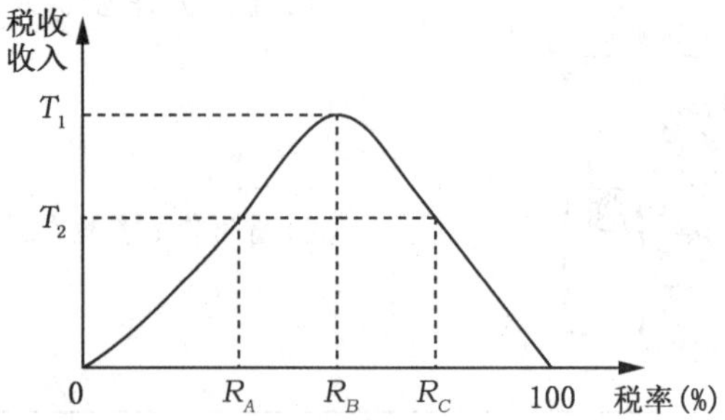

图3

方案C:加印钞票,减少民生支出。

在上述三个方案中选择两个不恰当的方案,并运用材料二的信息以及经济生活知识,分别说明实施这两个方案的后果。

■案例分析

【案例情境】

税费改革——车辆购置税

材料一:《车辆购置税法》在第十三届全国人民代表大会常务委员会第七次会议上通过,自2019年7月1日起施行。第四条明确,车辆购置税的税率为10%。

要点如下:(1)《车辆购置税法》自2019年7月1日起施行。2000年10月22日国务院公布的《车辆购置税暂行条例》同时废止,这意味着我国车辆购置税正式进入税法体系。《车辆购置税暂行条例》已经实行18年之久,终于即将退出历史舞台。(2)车辆购置税实行一次性征收。购置已征车辆购置税的车辆,不再征收车辆购置税。(3)车辆购置税的税率为10%。(4)车辆购置税的应纳税额按照应税车辆的计税价格乘以税率计算。纳税人购买自用应税车辆的计税价格,为纳税人实际支付给销售者的全部价款,不包括增值税税款。(5)在境内购置汽车、有轨电车、汽车挂车、排气量超过150毫升的摩托车(以下统称应税车辆)的单位和个人,为车辆购置税的纳税人,应当依照本法规定缴纳车辆购置税。(6)5种车辆免征车辆购置税:(一)依照法律规定应当予以免税的外国驻华使馆、领事馆和国际组织驻华机构及其有关人员自用的车辆;(二)中国人民解放军和中国人民武装警察部队列入装备订货计划的车辆;(三)悬挂应急救援专用号牌的国家综合性消防救援车辆;(四)设有固定装置的非运输专用作业车辆;(五)城市公交企业购置的公共汽电车辆。(7)车辆购置税由税务机关负责征收。纳税人应当在向公安机关交通管理部门办理车辆注册登记前缴纳车辆购置税。注意:新的车辆购置税法实施之后,车主在购买新车时,就必须一次性缴纳。(8)车辆购置税的纳税义务发生时间为纳税人购置应税车辆的当日。纳税人应当自纳税义务发生之日起六十日内申报缴纳车辆购置税。

材料二:目前,我国市场经济的法制体系尚待完善;地方保护主义、违法实行优惠政策、垄断经营等情况依然存在;市场主体违反法律不讲诚信、制假售假、不正当竞争等现象尚未根除……只有彻底解决目前存在的这些问题,建立良好的市场秩序,才能充分发挥市场在资源配置中的决定性作用。要实现这一目标需要多管齐下,其中,法治建设无疑是关键。党的十八届四中全会提出全面推进依法治国,将为目标的实现提供强大的推动力。

【分析要求】

(1)结合材料一,运用相关知识,分析免征车辆购置税的经济意义。

(2)结合材料二,运用相关知识,为我国良好的市场秩序的形成提出合理化的建议。

项目实训

【实训内容】

税收是国家治理的基础和重要支柱，在社会经济生活中发挥着巨大的作用。

材料一：党的十八届三中全会通过的《中共中央关于全面深化改革若干重大问题的决定》强调落实“税收法定原则”，2015年3月，十二届全国人大三次会议表决通过新修订的《中华人民共和国立法法》，明确“税种的设立，税率的确定和税收征收管理等税收基本制度”只能由法律规定。

材料二：2019年2月14日，《国务院办公厅关于有效发挥政府性融资担保基金作用切实支持小微企业和“三农”发展的指导意见》（国办发〔2019〕6号），强调要重视、强化财税的正向激励作用，加大对小微企业的奖补支持力度。中央财政要对扩大实体经济领域小微企业融资担保业务规模、降低小微企业融资担保费率等工作成效明显的地方予以奖补激励。有条件的地方可对单户担保金额500万元及以下、平均担保费率不超过1%的担保业务给予适当的担保费补贴，提升融资担保机构可持续经营能力。

【实训目标】

培养学生分析问题和解决问题的能力。

【实训组织】

以学习小组为单位，

(1)依据材料一，结合材料和所学税收知识，说明我国为什么要坚持税收法定原则。

(2)依据材料二，结合材料和所学经济知识，分析当前对小微企业实施税收优惠的理由。

【实训成果】

(1)考核和评价采用报告资料展示和学生讨论相结合的方式。

(2)评分采用学生和教师共同评价的方式，填写实训报告。

<table>
<tr><td colspan="3" align="center">实训报告</td></tr>
<tr><td>项目实训班级：</td><td>项目小组：</td><td>项目组成员：</td></tr>
<tr><td>实训时间：　年　月　日</td><td>实训地点：</td><td>实训成绩：</td></tr>
<tr><td colspan="3">实训目的：

</td></tr>
<tr><td colspan="3">实训步骤：

</td></tr>
<tr><td colspan="3">实训结果：

</td></tr>
<tr><td colspan="3">实训感言：

</td></tr>
</table>

项目八

非税收入

○ **知识目标：**

理解：非税收入的含义、非税收入与税收收入的比较、非税收入的功能。

熟知：公共收费的类型、行政事业性收费管理存在的问题与对策、行政事业性收费的特点和分类。

掌握：公共定价的含义、功能、公共产品定价的方法、国有资产收入、国有企业亏损补贴。

○ **技能目标：**

能够掌握非税收入的基本知识、基本原理，学会运用本项目的知识解决现实基本问题，并具备分析非税收入的能力。

○ **素质目标：**

运用所学的非税收入知识研究相关案例，培养和提高学生在特定业务情境中分析问题与决策设计的能力；结合行业规范或标准，强化学生的职业道德素质。

○ **项目引例：**

财政收入结构的变化

我国自从 1984 年财税体制改革以来，税收收入快速增长，已经成为财政收入的主要来源，并形成税收收入、国有企业上缴利润、政府基金收入、行政事业性收费、国有资产转让或出租收入、国有土地使用权出让收入、彩票公益金等多种财政收入形式并存的格局。到财政部、国家税务总局网站查找 1994 年以来各年财政收入、税收收入的数据，并计算税收收入所占比重，分析税收在财政收入中的地位，可以更深入地了解税收收入增长与经济发展的关系，对财政收入的结构有更清楚的认识。

讨论：

如何看待有些地方非税收入比例较高这一现象？它会产生怎样的后果？

○ **知识精讲：**

任务一　非税收入概述

一、非税收入

（一）非税收入的含义

非税收入是指除税收和政府债务收入以外的财政收入，是由各级政府、国家机关、事业单位、代行政府职能的社会团体及其他组织依法利用政府权力、政府信誉、国家资源、国有资产或提供特定公共服务、准公共服务取得的财政资金。

(二)非税收入的范围

1. 政府性基金收入

政府性基金收入是指各级政府及其所属部门根据法律、行政法规和中共中央、国务院有关文件的规定,为支持某项公共事业发展,向公民、法人和其他组织无偿征收的具有专项用途的财政资金。

2. 专项收入

专项收入是指具有特定来源,按照特定目的建立并规定有专门用途的收入,包括排污费收入、水资源费收入、教育费附加收入、矿产资源补偿费收入、内河航道养护费收入等。

3. 彩票资金收入

彩票资金收入是政府为支持社会公益事业发展,通过发行彩票筹集的专项财政资金。

4. 行政事业性收费收入

行政事业性收费收入是指国家机关、事业单位、代行政府职能的社会团体及其他组织根据法律、行政法规、地方性法规等有关规定,依照国务院规定的程序批准,在向公民、法人提供特定服务的过程中,按照成本补偿和非营利原则向特定服务对象收取的费用。

5. 罚没收入

罚没收入是指国家司法机关、依法具有行政处罚权的国家行政机关、法律法规授权的具有管理公共事务职能的组织等依据法律、法规和规章规定,对公民、法人或者其他组织实施处罚所取得的罚款、没收的违法所得、没收的非法财物及其变价收入等。

6. 国有资本经营收入

国有资本经营收入是政府非税收入的重要组成部分,包括国有资本分享的企业税后利润,国有股股利、红利、股息,企业国有产权(股权)出售、拍卖、转让收益和依法由国有资本享有的其他收益。

7. 国有资源有偿使用收入

国有资源有偿使用收入包括土地出让收入,新增建设用地土地有偿使用费,海域使用金,探矿权和采矿权使用费及价款收入,场地和矿区使用费收入,出租汽车经营权、公共交通线路经营权、汽车号牌使用权等有偿出让取得的收入,政府举办的广播电视机构占用国家无线电频率资源取得的广告收入,以及利用其他国有资源取得的收入。

8. 国有资产有偿使用收入

国有资产有偿使用收入包括国家机关、实行公务员管理的事业单位、代行政府职能的社会团体以及其他组织的固定资产和无形资产出租、出售、出让、转让等取得的收入,世界文化遗产保护范围内实行特许经营项目的有偿出让收入和世界文化遗产的门票收入,利用政府投资建设的城市道路和公共场地设置停车泊位取得的收入,以及利用其他国有资产取得的收入。

9. 以政府名义接受的捐赠收入

以政府名义接受的捐赠收入是指以各级政府、国家机关、实行公务员管理的事业单位、代行政府职能的社会团体以及其他组织名义接受的非定向捐赠货币收入,不包括定向捐赠货币收入、实物捐赠收入以及以不实行公务员管理的事业单位、不代行政府职能的社会团体、企业、个人或者其他民间组织名义接受的捐赠收入。

10. 主管部门集中收入

主管部门集中收入主要指国家机关、实行公务员管理的事业单位、代行政府职能的社会团体及其他组织集中所属事业单位收入。

11. 政府财政资金产生的利息收入

政府财政资金产生的利息收入是指税收和非税收入产生的利息收入，按照中国人民银行规定计息，统一纳入政府非税收入管理范围。

二、非税收入与税收的联系和区别

(一)非税收入与税收的联系

非税收入与税收作为财政收入的两种形式，有很多共同特点，主要表现为：非税收入与税收的主体都是行政主体，即政府及其授权机构。非税收入与政府在行政、经济领域的垄断力有关。非税收入与税收在本质上都是政府参与社会产品价值的分配和再分配，并影响着国民收入分配的格局。非税收入与税收都是政府实现其职能的重要财力来源。税收是为了保证国家机器正常运转、满足社会公共需要和实施经济调控的主要手段；非税收入在很大程度上体现着各公共部门的职能、权力和利益。

(二)非税收入与税收的区别

1. 执行主体不同

税收一般是通过立法确定的，是由税务机关、财政机关和海关按照国家规定的分管范围，依照税法的规定代表政府征收的，在时效上有一定的稳定性；非税收入却是由政府行政、司法机关以及某些被授予行政管理职权的企事业单位收取的。除部分法律、法规有规定的外，大量的非税收入是由政府行政部门或者事业单位以政策或行政决定收取的，在时效上一般不够稳定。

2. 收入性质不同

税收是政府凭借政治权力，强制地取得财政收入的一种手段，是无偿的；非税收入则是政府行政部门或者事业单位因为向社会提供了特定的服务而收取的，是有偿取得的收入，是采取“谁受益，谁付费”的办法来征收的，体现了受益原则和受益与付费的对应关系。

3. 款项使用的方法和用途不同

税收在征收范围和征收对象上具有普遍适用性，纳税人缴纳的各种税款，列入中央或地方预算统一安排，用于满足社会公共需要；而大多数的非税收入只适用于某些特定的对象和特定区域，所收资金的使用一般要受指定用途和征收范围的限制，纳入预算后一般也有指定用途。

4. 依据原则不同

税收的征收兼顾公平与效率两方面功能；收费作为财政收入的补充形式，则主要强调效率功能。

三、公共收费的类型

(一)按收费的性质不同，分为规费和使用费

1. 规费

规费是公共部门向居民或企业提供某种特定服务或实施行政管理所收取的手续费和工本费。规费通常包括行政规费和司法规费两类。

行政规费，是公共部门各种行政活动的收费，名目繁多、范围广泛，一般包括内务规费(如户籍规费)、外事规费(如护照费)、经济规费(如商标登记费、商品检验费、度量衡鉴定费)、教育规费(如毕业证书费)以及其他行政规费(如注册会计师、律师、医师等执照费)。

司法规费又可分为两类:(1)诉讼规费,如民事诉讼费、刑事诉讼费;(2)非诉讼规费,如结婚登记费、出生登记费、财产转让登记费、继承登记费和遗产管理登记费等。

2. 使用费

使用费是政府根据既定标准,向享受政府所提供的特定公共产品或服务的使用者收取的费用。使用费按照使用者的受益程度来分配,收费的标准一般通过特定的程序制定,通常低于该种产品或劳务的平均成本,如公路使用费、公共交通的车票、公园门票费、水费、电费、煤气费、教育收费、使用体育设施收费、到公共医院看病收费等。使用费的目的主要在于提高政府提供的公共设施的使用效率或避免公共产品的拥挤问题。

(二)按收费的主体不同,分为行政性收费、事业性收费与经营性收费

1. 行政性收费

行政性收费是指政府行政部门在履行职能、进行社会与经济管理时依法收取的费用。政府机关提供的服务种类繁多,但并非都要收取费用。只有当政府提供的服务能给某人或单位带来某种特定的权益时,如证明一种权利或身份等,才予以收费。行政性收费包括管理性收费、惩罚性收费、资源性收费。

2. 事业性收费

事业性收费是指政府授权实行事业管理的单位向服务对象收取的费用,其实质是对劳务服务的部分补偿,如学校、医院、科研单位、文化馆、体育馆、图书馆、剧院、出版社等单位向服务对象收取的费用。事业性收费对象与服务对象是统一的,征收单位不能向未享受其服务的单位或个人收取费用。

3. 经营性收费

经营性收费是国有企事业单位向社会提供劳务时按市场原则所收取的费用。

(三)按收费的经济效应不同,分为限制性收费、准入性收费与校正性收费

1. 限制性收费

限制性收费是指政府针对自然垄断行业边际成本递减、边际成本低于平均成本的特点,为提高社会净得益,由政府直接提供或委托经营,按公共定价方法定价所收取的费用。

2. 准入性收费

准入性收费是指政府从社会管理的角度出发,对某些行业往往实行必要的市场准入制度,通过颁发或拍卖许可证而收取的费用。准入性收费,一方面可以将一些资源使用效益不高的经营者排除在外;另一方面也可以规范经营行为,如资源开发许可、建筑许可、烟草专卖许可等。

3. 校正性收费

校正性收费是指政府针对外部不经济行为而收取的公共收费,一般按照社会治理外部负效应所需成本来核定收取。校正性收费可以迫使企业将这部分惩罚性收费打入生产成本,从而校正社会成本和私人成本的差异,使生产者负担起其真实的活动成本,能有效地遏制外部不经济行为,使生产达到适度规模。

(四)按公共收费的层次不同,分为中央政府收费和地方政府收费

中央政府收费是指由中央政府统管的全国性收费。

地方政府收费是指由地方各级政府统管的收费。地方政府收费又分为省级政府收费、地市级政府收费、县级政府收费和乡镇政府收费。

四、非税收入的功能

(一)分配功能

非税收入的分配功能是指非税收入通过改变国民收入分配格局为政府筹集财政收入的固有能力。其目的在于弥补税收分配功能的局限。非税收入的分配功能各有分工、相互协调、相辅相成,共同完成资金筹集和资源配置任务。

(二)调节功能

一般来说,非税收入的调节功能具体体现在以下几个方面:

1. 提高资源配置效率的功能

对可以收取使用费的准公共产品,政府如果不收费,则社会成员对其的需求就会增大到边际收益为零的数量,这对社会而言会导致严重的效率损失。因为政府提供准公共产品也是要花费成本的,且边际成本递增,按照“帕累托标准”的要求,资源配置达到边际收益和边际成本相等时才是有效率的,而在准公共产品的边际收益为零时,边际成本是大于边际收益的,这意味着资源配置量过多、产量过大而导致了效率损失。如果政府按照边际收益和边际成本相等的原则确定收费标准,则可实现资源配置的帕累托最优。即便政府有意识地要增加低收入者的消费量,从而提高社会福利水平,适当收取一定的费用(该收费标准低于边际收益和边际成本相等时的收费标准)也比政府免费提供要有效率。比如,在卫生方面,按服务成本的一定比例收取一定的费用,与完全免费医疗相比,会大大减少一些不必要的对药品和医疗服务的需求。

2. 公平收入分配的功能

从理论上讲,公共产品或准公共产品由政府通过“税收—财政支出”机制向消费者提供,使低收入者和高收入者都消费到这些产品,有助于公平收入分配。但是,在现实经济生活中,有些低收入者却可能消费不到这些产品,或者不如高收入者消费的数量大、收益程度高,这就大大制约了该机制公平收入分配功能的实现。比如,政府对高等教育给予财政拨款或补助,降低学校的收费标准,或者实行高等教育免费,则得到好处的只能是那些已经完成中等教育和能够通过大学入学考试的学生,而这些学生大部分来自富裕家庭。这说明“税收—财政支出”机制在公平收入分配方面的确存在一定的局限性。如果收入征集标准和方法不能合理界定,则非税收入也很难公平收入分配,比如,政府通过向生产者提供补贴降低水、电价格,收益多的很可能是那些城市里的用水、用电大户,这包括大量的高收入者,而低收入者却由于水、电消费量少而得到较少的好处。因此,非税收入公平分配功能的实现必须与确定合适的收入征集方式结合起来。比如,政府如果规定水的消费在规定限额以内,可以免费,而超过规定用量则按平均成本收费,就可以很好地达到公平收入分配的效果。

3. 避免和减轻“拥挤”的功能

如果政府提供的某种准公共产品面临拥挤问题,则社会福利水平就会因此而降低。此时,政府通过收取一定数量的使用费将有助于避免和减轻拥挤。比如,某公园如果游客数量超过1 000人就会出现拥挤,则1 000人就是该公园的拥挤点。如果在不收费的情况下,游客的数量不超过1 000人,则政府就可不收费。但若超过1 000人,政府则应通过收费来解决拥挤问题。显然,政府收费并不是为了弥补修建公园的成本开支,而仅仅是为了解决公园使用过程中的拥挤问题,因而收费标准的确定就应该以恰好能把游客的人数控制在1 000人为宜。收费标准过低,游客人数大大超过拥挤点,会使每位游客的消费质量都降低,从而使拥挤的边际成本大于消费的边际收益，由此而导致的效率损失表明社会福利最大化未能实现；而收费标准过高，固然解决了拥挤问题，但由于游客过少，而使公园这种公共设施的利用率下降，出现了资源闲置，此时消费的边际收益大于拥挤的边际成本，由此而导致的效率损失表明社会福利最大化也未能实现。因此，要保证非税收入避免或减轻拥挤功能的顺利实现，关键是要解决好收费的标准问题。

任务二　行政事业性收费

一、行政事业性收费概述

(一)行政性收费的含义和特点

1. 行政性收费的含义

行政性收费是指政府机关及其授权单位在行使政府管理职能中依法收取的费用，实质是国家意志和权威的一种经济体现。

2. 行政性收费的特点

(1)强制性和稳定性。行政性收费是国家意志和权威的经济体现，而国家的意志和权威又集中通过有关的法律、法规表现出来。因此，行政性收费必须以拥有立法权的省级以及以上人大或人大常委会所颁布的各种法律，或省级以上人民政府颁布的各种行政法规为收费依据。因此，通过依法收费，既体现和维护了国家的意志和权威，又有利于规范和约束收费行为。

(2)行政性。行政性收费的主体是政府机关及其授权单位，即除政府行政、司法机关以及某些被授予行政管理职权的企事业单位外，任何单位都不得进行行政性收费。

(3)不等价性。行政性收费是收费主体在行使行政管理职能中依法产生的，收费的目的是为了实现政府的行政管理，这就决定了行政性收费主体与收费对象之间通过收费与缴费联结起来的关系，主要是管理与被管理的行政关系，而不是等价交换的经济关系。有效地实施行政管理职能是行政性收费主体的首要任务，其收费是为实现行政管理目标，而不是为了补偿收费主体行使行政管理所耗费的管理成本，这种补偿只居于次要的地位。

(二)事业性收费的含义和特点

1. 事业性收费的含义

事业性收费是指非营利的政府事业单位及其类似机构在社会公共服务中依照有关政策规定收取的费用，其实质是对服务性劳动的部分补偿。

2. 事业性收费的特点

(1)公益性。政府举办各项事业，在于维持社会的存在和再生产的正常运转，因为必须以社会为单位，由社会来提供公共服务。这种服务具有以下三个特点：①只有社会出面组织实施才能实现；②私人部门或企业部门不愿意干而又为社会存在和发展所必需；③只有以社会为主体来实施才能有效地协调全体社会成员的利益。由政府投资或拨款兴建的承担社会公共服务的事业单位，经营目标必须服从社会所规定的公共目标，经营的首要原则是社会公益而不是经济利益。事业性收费涉及国家的政治、经济、文化教育等各个方面，直接关系到人民群众的切身利益和身心健康，其制定依据具有强烈的政策性。

(2)非营利性与补偿性。事业性收费的非营利性，主要表现为政府有意识地将收费标准约束在保本或略有微利的水平上，从而使事业性收费成为不足值的收费。对于享受到事业服务的消费者来说，不足值的收费体现了政府的福利优惠；对于提供事业服务的单位来说，其服务价值的补偿，一方面有赖于收费的收入，不足值部分则有赖于财政的资助。事业服务的补偿性，要求事业服务应遵循价值规律，讲求经济核算和等价交换，但事业服务的公益性则要求事业服务应服从公共利益，不能追求完全的等价交换。

(三)行政性收费与事业性收费的区别

1. 收费的目的不同

行政性收费是政府行政部门行使其职能，进行社会与经济管理时依法收取的费用，出于“以费促管”或“以权取利”多重目的；而事业性收费是政府授权实行事业管理的单位向服务对象收取的费用，是出于公益性目的而对劳务服务的部分补偿。

2. 收费主体与对象间关系不同

行政性收费的目的是为了实现政府的行政管理，这就决定了行政性收费主体与收费对象之间通过收费与缴费联结起来的关系，主要是管理与被管理的行政关系，而不是等价交换的经济关系。而事业性收费则不然，事业性收费主体与收费对象之间通过收费与缴费形式联结起来的关系，是一种服务与被服务的平等经济关系。

3. 收费标准不同

行政性收费与事业性收费的收费主体与对象间关系的不同，决定了两者的收费标准不同。行政性收费标准的制定出于“以费促管”或“以权取利”多重目的，不与管理的成本以及补偿直接挂钩；事业性收费标准的制定，除了考虑政策性因素外，还要考虑到经济的补偿，做到收费的补偿性和政策性的良好结合。当两者发生矛盾时，则必须坚持补偿性服从政策性的原则。

二、行政事业性收费的分类

(一)行政性收费的分类

按收费部门划分行政性收费类别，是现行物价、财政部门对行政性收费分类管理的主要方法。

1. 管理型收费

管理型收费是一种以经济性调节为手段，以履行收费主体的行政管理职能为目的的“以费促管”型的收费。根据管理目标的不同，管理型收费又可分为以下形式：

(1)证照性收费。证照性收费是指行政主体在管理活动中为甄别、界定、认证、许可被管理人的某方面事实、行为或身份特征，而通过颁发证照形式所收取的费用，如各种许可证费、证书执照费、登记注册费等。

(2)规范性收费。规范性收费是指行政主体为统一规范社会经济运行的某方面秩序，而统一印刷、制作各种发票、单据、表格、账簿等所收取的费用。此类收费存在的依据应是出于社会统一规范的目的，以及财政无此项专项拨款，收费标准也应严格控制在印刷工本费之内。

(3)惯例性收费。惯例性收费是指行政主体参照国际惯例或对等原则向公民、法人所收取的费用，如护照、签证、海关报单等涉外活动的收费。此类收费及其收取标准一般参照国际惯例或对等原则而定，旨在体现国家的主权和尊严，并不与其管理费用支出的大小挂钩。

(4)界定性收费。界定性收费是指行政主体为界定公民、法人的合法权益及各种公共资源权属所收取的费用，如各类仲裁费、土地管理费、无线电频率占用费等。界定性收费应该从有利于维护人们的合法权益、保证资源合理使用出发，按放弃或损失该权益或资源的机会成本来核定收费。

(5)惩罚性收费。惩罚性收费是指行政主体运用经济手段校正“负外部效应”、制止某些有害社会的行为而收取的费用,如排污费、各种罚没款等。此类收费旨在调整私人成本与社会成本的差距,故其收费标准理论上可按治理成本即社会边际成本与私人边际成本之差来核定。

2. 财政型收费

财政型收费属于一种弥补政府财力不足的行政性收费。它是以行政干预为手段实现经济调节目的的一种“以权取利”型的收费。根据目前实际的情况,财政型收费大体分为补偿性收费和集资性收费两大类。

(1)补偿性收费。补偿性收费是收费主体为弥补行政经费的不足,经批准以管理费、手续费等形式向被管理者收取的费用,如劳动用工管理费、公路运输管理费、集贸市场管理费等。当前,这类收费应严格控制,要以财政确无拨款或极少拨款以及收费主体与收费对象间有较固定、正常的管理关系为依据,其收费标准应根据财政拨款缺口的大小而定。

(2)集资性收费。集资性收费是指政府通过集资方式兴办某项事业而向社会或特定受益对象所收取的费用,如公路养路费、机场建设费及各种基金、附加等。这类收费往往是针对一些特定事业或项目设置的,这些事业或项目对于整个社会的发展具有重要作用,但由于政府财力不足,于是经批准,通过收费方式来集资解决。

(二)事业性收费的分类

1. 补偿性收费

补偿性收费是指以补偿服务成本为基本要求的事业性收费。这类收费在确定立项依据和收费标准时侧重于补偿因素,大体根据服务成本的高低来核定收费标准,政策性要求则是通过个别开支项目不计或少计成本来实现的。属于补偿性收费的项目,或是涉及面较小、关系国计民生不大的项目;或是收费对象有较多选择余地、具有竞争机制约束的项目;或是收费对象虽无选择,但通过缴费可以获得社会的确认和许可,从而能获得更多经济效益的项目,如咨询费、培训费、代理费等。

2. 公益性收费

公益性收费是指在考虑补偿因素的同时适当兼顾政策因素的事业性收费。这类收费在审定立项依据时,既要考虑服务成本,又要兼顾政策因素,收费标准一般可按略低于服务成本的原则核定,即收费对象负担大头,政府负担小头。属于公益性收费的项目一般为政府兴办的社会公益事业单位,如普通高中及大学学费、环卫收费、防疫检疫收费等。通过收费标准略低于服务成本,体现其公益性质,服务成本中收费不足的部分,则通过财政拨款来弥补。

3. 福利性收费

福利性收费是指在主要考虑政策因素的同时适当考虑补偿因素的事业性收费。这类收费在审定立项依据和收费标准时,侧重于政策约束,适当兼顾服务成本的补偿,按照政府负担大头、收费对象负担小头的原则进行核定。属于福利性收费的项目一般为政府兴办的社会福利事业单位及政府政策规定的低收费项目,如医疗收费、计划生育收费、九年制义务教育收费、师范教育收费等,有些项目甚至免费,如小学、初中的学费,或在某些“老、少、边、穷”地区免费,如卫生防疫,以体现政府的福利政策。

三、行政事业性收费管理存在的问题与对策

(一)行政事业性收费管理存在的问题

1. 地方财政困难

一些部门收费项目多、标准高，甚至出现乱收费现象，除自身原因外，也与地方税源不足、机构臃肿、人员超编、财政无法承担公职人员的工资和福利待遇有关。一些部门甚至存在给执法执收单位层层下达收费和罚款任务的现象。

2. 受利益驱使

一些行政机关（包括有行政职能的其他机构）出于部门利益，往往以改善职工待遇和办公条件为由，互相攀比，从而不顾大局和群众利益进行乱收费，甚至利用社团组织和中介机构的名义变着法子收费。

视频

国家取消 33 项行政事业性收费

3. 管理体制存在缺陷

目前，行政事业性收费实行中央和省两级审批，价格、财政部门双重管理。收费立项审批以财政部门为主，收费标准审批以价格部门为主。在收费管理上还没有一套完整、统一的法律法规，规范行政事业性收费缺乏必要的法律依据。

4. 监管力度不够

一些乱收费现象之所以屡纠屡犯，与执法部门监管不力有关。各级政府为治理乱收费现象出台了许多切实可行的制度措施，但在贯彻执行中，由于监督不到位、查处不严格，发现问题以清退为主，很少对单位和个人进行责任追究，使这些强有力的措施没有充分发挥作用。

（二）加强行政事业性收费管理的措施

1. 加强行政事业性收费管理，真正规范收费项目

（1）逐步取消一批不合理的收费项目。对合法不合理的或既不合法又不合理的，或虽合法但已不能适应目前经济形势的需要，甚至会阻碍社会进步的收费管理规定、收费项目、标准等，则应坚决予以取消。

（2）逐步调整一批不规范的收费项目。对以按费率收费的，改为按定额收费，定额标准要从低确定；对一些有上下限幅度的收费，应缩小幅度范围或按下限收费；对有些收费频次过多的收费要通过减少频次来减少收费数额。比如，年检收费要改变每年年检、每年收费的做法，可适当延长年检年限；对重叠、重复、交叉、相近的收费项目，应用“合并同类项”或确定一个主要部门收费的办法加以解决。

（3）逐步推进一批收费项目实行税改。把具有税收特点的政府收费项目或基金、附加等，逐步改为税收，如对一些与税的征收范围相同、内容相近，计费方法相同或相似的，要尽快合并或改为税等。

2. 加快行政审批制度改革，着力削减行政事业性收费项目

行政事业性收费工作需要不断加以改革，其基本方向为：

（1）加快行政审批制度的改革，进一步清理和确认非行政许可审批制度，规范审批程序，减少审批环节，实现非行政许可审批的法定化和标准化，以削减历年递增的行政事业性收费；

（2）严格执行行政事业性收费收支两条线的管理制度，剪除职能部门行政行为与部门利益相结合的利益链。

3. 加大对乱收费的查处力度，严格规范收费行为

（1）要加强规范收费工作的考核。将规范收费工作纳入各级政府、各部门、各单位年度工作考核之中，并与该地领导、该单位负责人的政绩评定、升迁晋级等相挂钩，用完善的机制来杜绝乱收费行为的发生。

（2）要不断加大对乱收费的经济惩罚力度。对违反收费政策法规、自立项目、擅自扩大收费范围、擅自提高收费标准的单位或个人要依法严惩。同时，要加大对乱收费的社会监督和纪

律处分，对典型案例进行公开曝光。

4. 完善财务管理制度，不断规范行政事业性收费工作

行政事业性收费执收单位要按照“收费许可证”规定的收费项目、收费标准、收费范围进行合理收费，同时进一步健全和完善单位内部财务管理制度，规范工作秩序。

任务三　公共定价理论

一、公共定价的含义

公共定价，是指政府相关管理部门通过一定的程序和规则制定提供公共产品的价格和收费标准，即公共产品价格和收费标准的确定。

从定价政策来看，公共定价实际上包括两个方面：(1)纯公共定价，即政府直接制定自然垄断行业（如通信和交通等公用事业和煤、石油、原子能、钢铁等基本品行业）的价格；(2)管制定价或价格管制，即政府规定竞争性管制行业（如金融、农业、教育和保健等行业）的价格。政府通过公共定价法，目的不仅在于提高整个社会资源的配置效率，而且更重要的是使这些物品和服务得到最有效的使用，提高财政支出的效益。

二、公共定价的功能

(一)改进资源配置效率

在现实经济生活中，完全竞争的市场结构几乎不存在，垄断现象随处可见。垄断会产生效率损失，因为垄断者面临的是一条向下倾斜的需求曲线，按照边际收益等于边际成本的原则来定价，虽然能实现利润最大化目标，但会给社会带来效率损失。

如图 8—1 所示，纵、横轴分别为价格和产量，平均成本曲线和边际成本曲线均向右下方倾斜，且边际成本曲线低于平均成本曲线。如果由企业自主定价，为了追求利润最大化，企业必然确定价格为 P_0，产量为 Q_0，从而产生 ABC 面积的效率损失。

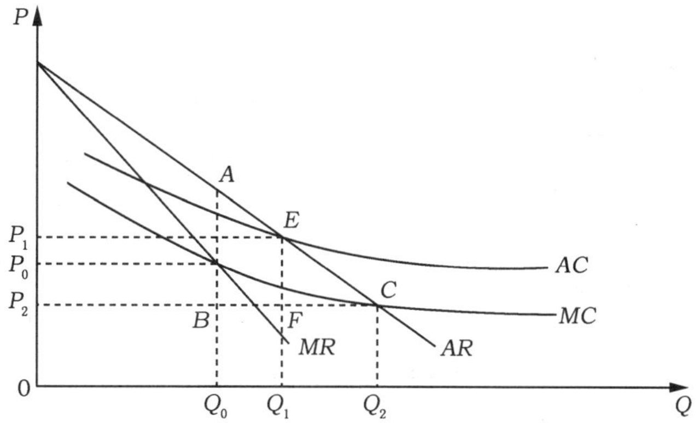

图 8—1　公共定价与资源配置

为了减少或避免效率损失，由公共部门依据平均成本定价法，把价格确定为 P_1，这时产量相应地变为 Q_1，效率损失为 EFC 的面积（$\triangle EFC < \triangle ABC$）；也可依据边际成本定价法，把价格确定为 P_2，这时产量相应地变为 Q_2，效率损失为零。

不过按边际成本定价，企业会亏损，为了弥补亏损，公共部门要增加税收，而征税本身也会造成效率损失。因此，自然垄断行业的公共定价要在平均成本定价法和边际成本定价法之间权衡。

（二）促进市场稳定

在某些行业，由于其产品的特殊性，市场价格和产量很不稳定，如农业虽是竞争性行业，但农产品市场极不稳定。这是因为农产品从开始生产到完成产出周期较长，其间生产规模难以改变；同时，当期产量决定当期价格，当期价格又决定下期产量，在供求弹性既定的情况下，就会形成特定的蛛网市场（Cobweb Market）。

为了消除市场的不稳定性，需要采取政府规制政策。

如果供给弹性小于需求弹性，价格和产量的波动越来越小，最后自发地趋向均衡水平，这种市场称为收敛型蛛网市场，如图 8—2 所示。

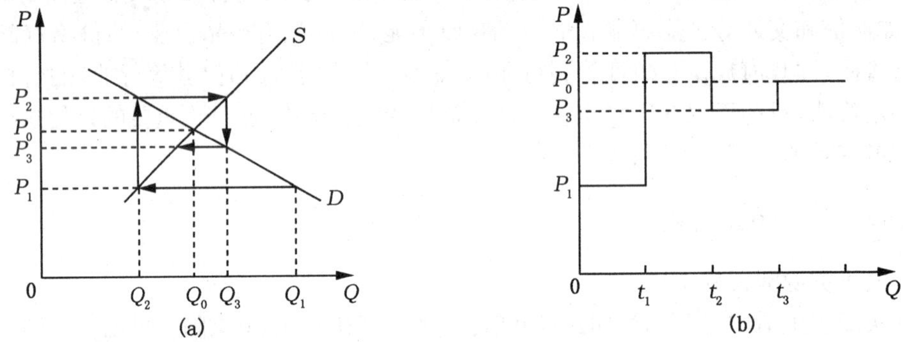

图 8—2　收敛型蛛网市场

如果供给弹性大于需求弹性，价格和产量的波动越来越大，最后越来越偏离均衡水平，这种市场称为发散型蛛网市场，如图 8—3 所示。

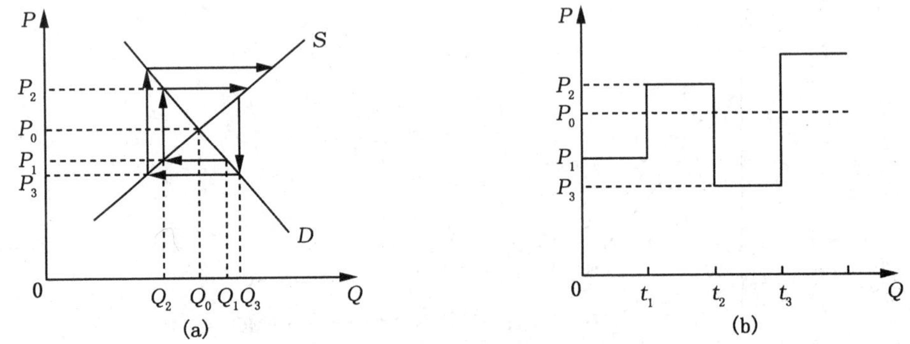

图 8—3　发散型蛛网市场

如果供给弹性等于需求弹性，价格和产量的波动始终相同，既不趋向均衡水平，也不偏离均衡水平，这种市场称为封闭（震荡）型蛛网市场，如图 8—4 所示。

公共部门利用公共定价稳定市场，首先要找到这种产品的长期均衡价格，据此定价，并根据短期供给量的波动做出相应的调整。

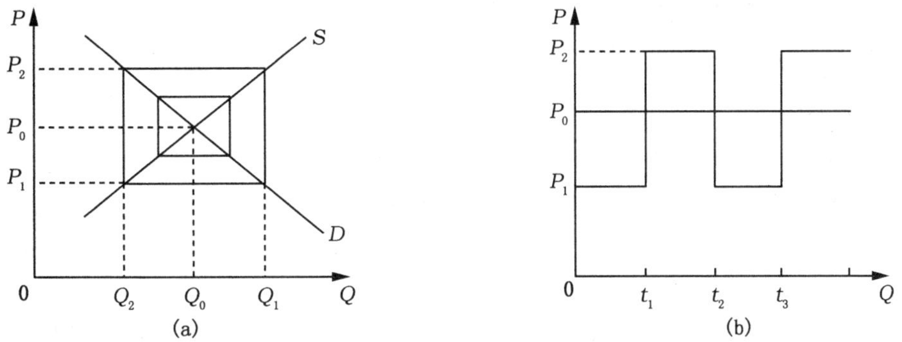

图 8—4　封闭型蛛网市场

(三)协调收入分配

公共定价对于收入分配的调节作用是通过价格差别实现的。所谓价格差别(Price Discrimination),是指在同一时期具有相同平均成本的同类商品,对不同的买主采取不同的价格。

根据收入的边际效用递减规律,对低收入者消费较多的必需品规定较低的价格,使其以同等的收入购买到更多的商品与劳务;对高收入者消费较多的奢侈品规定较高的价格,使其以同等的收入购买到较少的商品与劳务。

如图 8—5 所示,纵、横轴分别为奢侈品和必需品,图(a)说明的是高收入者的情况,AB 为初始时的预算线,E 为均衡点。如果政府通过公共定价把奢侈品的价格提高 1 倍,但适当降低必需品的价格,则新的预算线变为 $A'B'$,它与无差异曲线相切于 E_1 点。公共定价使高收入者的实际收入减少了。图(b)说明的是低收入者的情况,AB 为初始时的预算线,E_2 为均衡点。如果政府通过公共定价把奢侈品的价格提高一倍,但适当降低必需品的价格,则新的预算线变为 $A'B'$,它与无差异曲线相切于 E_1 点。公共定价使低收入者的实际收入增加了。

必须指出,与征税和补贴相比较,公共定价在调节收入分配过程中没有充分实现效率目标。

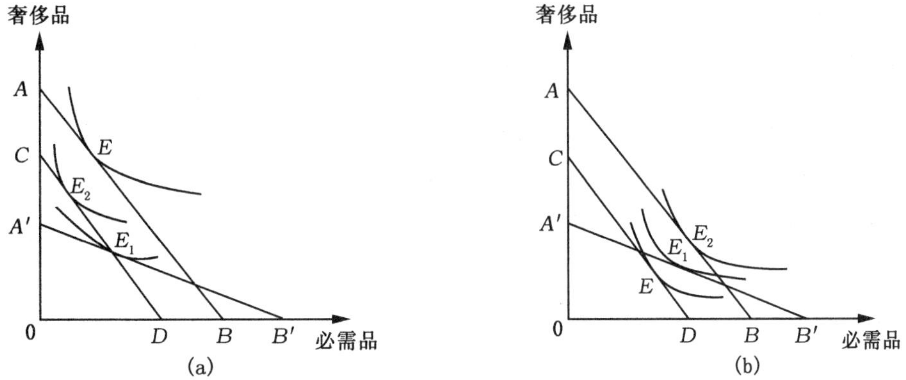

图 8—5　公共定价与收入分配

在图(a)中,若对高收入者征收所得税,则新的预算线变为 CD,它与无差异曲线相切于 E_2 点。可见,同样是减少高收入者的实际收入,公共定价比所得税造成更大的福利损失。

在图(b)中,若对低收入者发放补贴,则新的预算线变为 CD,它与无差异曲线相切于 E

点。可见，同样是增加低收入者的实际收入，公共定价比补贴造成更大的福利损失。

三、公共定价的方法

（一）二部定价法

二部定价法由两种要素构成定价体系：（1）与使用量无关的按月或按年支付的“基本费”；（2）按使用量支付的“从量费”。因此，二部定价是定额定价和从量定价二者合一的定价体系，也是反映成本结构的定价体系。由于二部定价法中“基本费”是不管使用量的多少而收取的固定费，所以有助于企业财务的稳定；由于二部定价法具有“以收支平衡为条件实现经济福利最大化”的性质，现在几乎所有受管制的行业（特别是电力、城市煤气、自来水、电话等自然垄断行业）都普遍采用这种定价方法。

（二）平均成本定价法

平均成本定价法是指政府在保持企业收支平衡的情况下，采取尽可能使经济福利最大化的定价方式。从理论上看，按公共产品的边际成本定价是最理想的定价方式，但这种定价方式会使企业长期处于亏损状态，必须依靠财政补贴维持运行，长此以往，很难保证企业按质按量地提供公共产品。因此，在成本递减行业，为了使企业基本保持收支平衡，公共定价或管制定价一般采取按高于边际成本的平均成本定价。

（三）负荷定价法

负荷定价法是根据不同时间段或时期的需要制定不同的价格。在电力、煤气、自来水、电话等行业，按需求的季节、月份、时区的高峰和非高峰的不同，有系统地制定不同的价格，以平衡需求状况。在需求处于最高峰时，收费最高；而处于低谷时，收费最低。

【同步案例 8－1】　　　　水价上涨带来的思考

目前各地水价确实已经“涨”声四起。从 2010 年 1 月 1 日起广州自来水全面涨价，4 月 1 日，南京上调水价后，无锡、扬州、常州等地水价上调方案也提上日程；4 月 27 日，上海发改委举行居民用水价格听证会，5 月 6 日，沈阳物价局召开调整自来水价格和污水处理费征收标准听证会；总的来说，水价上调在全国大部分城市已经是大势所趋。

案例精析 8－1

讨论：

（1）结合上述材料，从经济生活角度说明此次水价上调的原因。

（2）面对成本价格的上涨，供水企业健康发展不能一味依靠涨价。运用经济与生活知识，为供水企业的发展提几条合理化建议。

任务四　国有资产管理

一、国有资产概述

（一）国有资产的含义

国有资产是法律上确定为国家所有并能为国家提供经济和社会效益的各种经济资源的总

和，即属于国家所有的一切财产和财产权利的总称。

(二)国有资产的分类

视频

国资管理
公开透明

1. 经营性国有资产和非经营性国有资产

经营性国有资产是指以保值为基础，以增值为目的，直接投入企业用于生产经营活动的国有资产。

非经营性国有资产是指不直接参与商品生产和流通，由国家机关、军队、社会团体、文化教育和科研机构等行政事业单位占有使用的国有资产。非经营性国有资产不具有保值增值的特点，是国家履行行政管理职能和社会管理职能的物质基础。

2. 有形资产和无形资产

有形资产是指具有价值形态和实物形态的资产，如房屋、建筑物、机器设备及各种自然资源等。

无形资产是指不具有实物形态而有经济价值形态的资产，主要有政府信誉、特许权和版权等专利权。

3. 资源性国有资产和开发利用形成的国有资产

资源性国有资产是指在人们现有的认识和科技水平条件下，通过开发利用能给人们带来经济价值的国有自然资源。根据宪法规定，除属于集体所有的森林、草原、荒地、滩涂外，其余自然资源都属于国家所有，一般包括土地资源、矿产资源、森林资源、水资源、草原资源和野生动物资源等。

开发利用形成的国有资产是指国家通过加工、改制、开发利用形成的国有资产，一般包括房屋建筑物、机器设备、器具、工具、技术和知识产权等。

4. 境内国有资产和境外国有资产

境内国有资产是指在一国国境范围内的国有资产，是一国国有资产的主体。

境外国有资产是指一国拥有的在国境范围以外的国有资产。

二、国有资产收入

(一)国有资产收入的含义

国有资产收入是指国家凭借其所拥有的资产产权取得的财政收入，即经营和使用国有资产的企业、事业单位和个人交给资产所有者——国家的一部分收入。国家在这里是以国有资产所有者的代表而不是以社会管理者的身份取得收入。

(二)国有资产收入的形式

1. 经营性国有资产收入

经营性国有资产收入主要包括企业上缴的利润、租金、股利和国有资产产权转让收入等。

(1)利润。利润是我国国有资产收益的一般上缴形式，主要适用于国家直接经营和实行承包经营的国有企业。

(2)租金。在实行租赁经营方式下，国家在一定时期内让渡了国有资产的使用权和经营权，必然要求承租者对国家的这种让渡给予价值补偿。这种价值补偿量的多少取决于出租国有资产的价值、收益能力和出租国有资产的供求状况等因素。

(3)股利。股利是国家作为股东，凭借其持有的股份参与股份制企业利润分配取得的收入。股利包括股息和红利两部分。

(4)国有资产产权转让收入。国有资产产权转让收入既包括国家通过国有资产产权转让、出售、拍卖、兼并等方式取得的产权转让收入，也包括国家通过国有资产使用权转让取得的收入，如特许垄断经营收取的特许权使用费、土地使用费、国家资金贷款取得的利息收入以及其他使用权转让收益。

2. 行政事业单位的国有资产收入

行政事业单位国有资产收入的形式主要有事业收入、行政事业单位国有资产的转让收入、事业单位的投资性收入等。

3. 资源性国有资产收入

资源性国有资产收入主要包括矿产资源管理收入、水资源管理收入、土地资源管理收入、海洋资源管理收入、草原资源管理收入、河流航道使用费收入、森林采伐管理收入及其他资源管理收入等。

三、国有企业亏损补贴

国有企业在生产经营中如果收不抵支就会出现亏损。产生亏损的原因有很多，但总的来说，无非是两个方面的原因：(1)执行国家的有关经济政策造成的，称为政策性亏损；(2)由于企业自身经营管理不善造成的，称为经营性亏损。这两种亏损的性质不同，相应的亏损弥补方法也有所区别。

(一)政策性亏损的弥补

政策性亏损不是企业主观原因造成的，根据社会经济职能的履行由社会共同支付费用的原则，应由国家财政予以补贴。政策性亏损补贴一般由财政部门会同相关主管部门，根据有关政策规定，核定补贴范围、补贴形式和确定实施补贴时间。

补贴的形式分为定额补贴和计划补贴两种。定额补贴是按产品核定单位亏损补贴额，再乘以销量来确定补贴总数。计划补贴是按计划核定的亏损总额给予补贴。无论哪种方法都需要财政部门认真核定，并编制年度国有企业政策性亏损补贴计划。对核批到企业的亏损补贴，一般都实行“亏损补贴包干，超额不补，减亏分成或全部留用”的办法，以促进企业挖掘内部潜力，减少亏损，提高国有资产经营收益。

(二)经营性亏损的处理

对国有企业的经营性亏损，国家财政原则上不予补贴，由国有企业自负盈亏。国有资产管理部门应以积极的态度对待企业出现的经营性亏损，及时帮助企业具体分析出现经营性亏损的原因，分别不同情况，采取相应的措施，改善企业经营管理，扭亏为盈。对确属于国家宏观调控需要、遇到暂时经营困难的，国家可适当给予追加投资，帮助企业解决实际困难。对处于竞争性行业或国有经济退出部门的企业，因经营不善发生亏损，可采取转让、拍卖直至破产等形式，实现国有资本的退出和国有资源的优化配置。

应知考核

一、单项选择题

1. 下列不属于公共定价方法的是(　　)。

A. 负荷定价　　B. 平均成本定价　　C. 二部定价　　D. 一次定价

2. 下列费用属于补偿性收费的是(　　)。

A. 排污费　　B. 公路管理费　　C. 过路过桥费　　D. 机场建设费

3. 下列项目中属于使用费的是(　　)。

A. 律师执照费　　B. 商标登记费

C. 出生登记费　　D. 公园门票收费

4. 下列政府收费项目中，属于使用费的项目是(　　)。

A. 高速公路通行费　　B. 工商执照费

C. 药品生产许可证费　　D. 护照费

5. 罚款是政府的一种(　　)。

A. 专项筹集性收费　　B. 事业服务性收费

C. 行政管理性收费　　D. 行为特许性收费

二、多项选择题

1. 政府非税收入中包括(　　)。

A. 公共债务收入　B. 社会保险基金　C. 专项收入　D. 彩票资金收入

2. 非税收入与税收的区别有(　　)。

A. 执行主体不同　　B. 收入性质不同

C. 款项使用的方法和用途不同　　D. 依据原则不同

3. 按收费的主体不同分为(　　)。

A. 行政性收费　B. 事业性收费　C. 经营性收费　D. 非经营性收费

4. 非税收入的调节功能具体体现在(　　)。

A. 提高资源配置效率的功能　　B. 公平收入分配的功能

C. 避免和减轻“拥挤”的功能　　D. 以上都对

5. 事业性收费分为(　　)。

A. 补偿性收费　B. 公益性收费　C. 福利性收费　D. 规范性收费

三、判断题

1. 负荷定价法是指政府在保持企业收支平衡的情况下，采取尽可能使经济福利最大化的定价方式。(　　)

2. 所谓公共定价，是指政府提供的大量满足私人需要的“市场性物品(包括服务)”的价格的确定。(　　)

3. 过桥费属于补偿性收费，而公路运输管理费属于集资性收费。(　　)

4. 规费是行政单位对违规和不法行为予以的惩戒。(　　)

5. 事业性收费是指非营利的事业单位及其类似机构在社会公共服务中依照有关政策规定收取的费用。(　　)

四、简述题

1. 简述非税收入与税收的联系和区别。

2. 简述非税收入的功能。

3. 简述行政性收费与事业性收费的区别。

4. 简述公共定价的功能和方法。

5. 简述国有企业亏损补贴的方法。

应会考核

■观念应用

【背景资料】

“高房价”与“房价回落”

“高房价”是近些年来人们一直所关注的焦点。房价不断提高主要是由于一方面土地、建筑材料、劳动力成本的不断上升及房产质量的不断提高所致,另一方面又受人们的生活水平不断提高、国家政策及其他多种因素的影响。但近年来,以房贷新政为转折点,全国一些房价涨幅过快的城市出现了调整性回落,各楼盘的优惠幅度不断加大,新推出的楼盘价格也逐渐趋向合理。

【考核要求】

(1)结合材料分析哪些因素推动了房价的不断上涨。

(2)如果房价回落,则它对人们的生活和房地产企业会有哪些影响?

■技能应用

政府与房价

材料一:

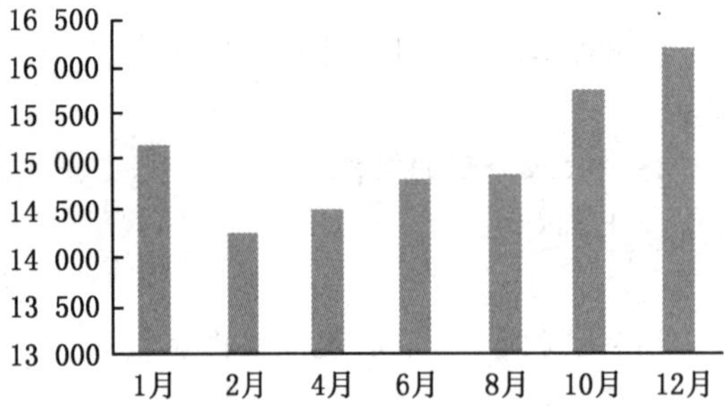

图1 某市2018年商品房平均价格走势图(单位:元/平方米)

图2 房价与收入

材料二:根据国务院相关要求,各地要根据当地的经济发展目标、人均可支配收入增长速度和居民住房支付能力,合理确定本地区年度新建住房价格控制目标,大规模实施保障安居工程,支持居民自住性住房消费。

【技能要求】

(1)材料一中的走势图和漫画,分别反映了什么经济现象?

(2)请分析影响居民住房消费水平的因素并提出政府控制房价的做法。

■案例分析

【案例情境】

国有资产管理体制的方向

1998年8月,国务院决定成立国家国有资产管理局,以行使对中华人民共和国境内外全部国有资产的管理职能。

1993年11月,中共中央十四届三中全会通过《中共中央关于建立社会主义市场经济体制若干问题的决定》,明确对国有资产实行国家统一所有、政府分级监督、企业自主经营的体制。这意味着在政企分开之外,首次提出了政资分开的含义。

1993年以后,深圳、上海等地开始进行国有资产管理体制的探索。

1998年,在国务院机构改革过程中,国家国有资产管理局被撤销后并入财政部。在同一次机构改革中,机械、化工、内贸、煤炭等15个以主管行业内企业为主要职能的专业经济部门被改组为隶属于国家经贸委的"局",并明确不再直接管理企业。

2001年2月,国家经贸委下属九个国家局被撤销。

2002年11月,十六大报告指出,"在坚持国家所有的前提下,充分发挥中央和地方的积极性。国家要制定法律法规,建立中央政府和地方政府分别代表国家履行出资人职责,享有所有者权益,权利、义务和责任相统一,管资产和管人、管事相结合的国有资产管理体制"。

2019年4月28日,《国务院关于印发改革国有资本授权经营体制方案的通知》(国发〔2019〕9号)公布,其中提到:分类开展授权放权,具体包括:(1)国有资本投资、运营公司。授权放权内容主要包括战略规划和主业管理、选人用人和股权激励、工资总额和重大财务事项管理等,也可根据企业的实际情况增加其他方面授权放权内容。(2)其他商业类企业和公益类企业。对未纳入国有资本投资、运营公司试点的其他商业类企业和公益类企业,要充分落实企业的经营自主权,出资人代表机构主要对集团公司层面实施监管或依据股权关系参与公司治理,不干预集团公司以下各级企业生产经营具体事项。对其中已完成公司制改制、董事会建设较规范的企业,要逐步落实董事会职权,维护董事会依法行使重大决策、选人用人、薪酬分配等权利。

【分析要求】

根据上述资料,请分析国有资产管理体制的方向。

项目实训

【实训内容】

信息技术的快速发展推动"大数据时代"的到来,大数据具有数据体量大、类型多、处理快、价值高等特征。人们借助互联网、云计算等先进技术手段,多视角、全方位地挖掘数据,梳理、分析相关信息,为生产和生活服务。

大数据正在成为政府改革和转型的技术支撑,甲市民政局用大数据核对17.4万保障房申请户的户籍人口、住房等海量信息,很快检出1.7万不符合条件的申请户。乙市整合卫星、气象、交通、市政等方面的信息数据,合理调配公安、消防、城管等方面的力量,协同应对一场百年未遇的台风和暴雨,避免了生命财产的巨大损失。

【实训目标】

培养学生分析问题和解决问题的能力。

【实训组织】

以学习小组为单位:

(1)结合材料和所学知识分析大数据对提高政府公共服务能力的作用。

(2)大数据促进了认识的发展,运用创新推动思维发展的哲学知识加以说明。

【实训成果】

(1)考核和评价采用报告资料展示和学生讨论相结合的方式。

(2)评分采用学生和教师共同评价的方式,填写实训报告。

实训报告		
项目实训班级：	项目小组：	项目组成员：
实训时间：　　年　　月　　日	实训地点：	实训成绩：
实训目的：		
实训步骤：		
实训结果：		
实训感言：		

第四篇・财政管理理论

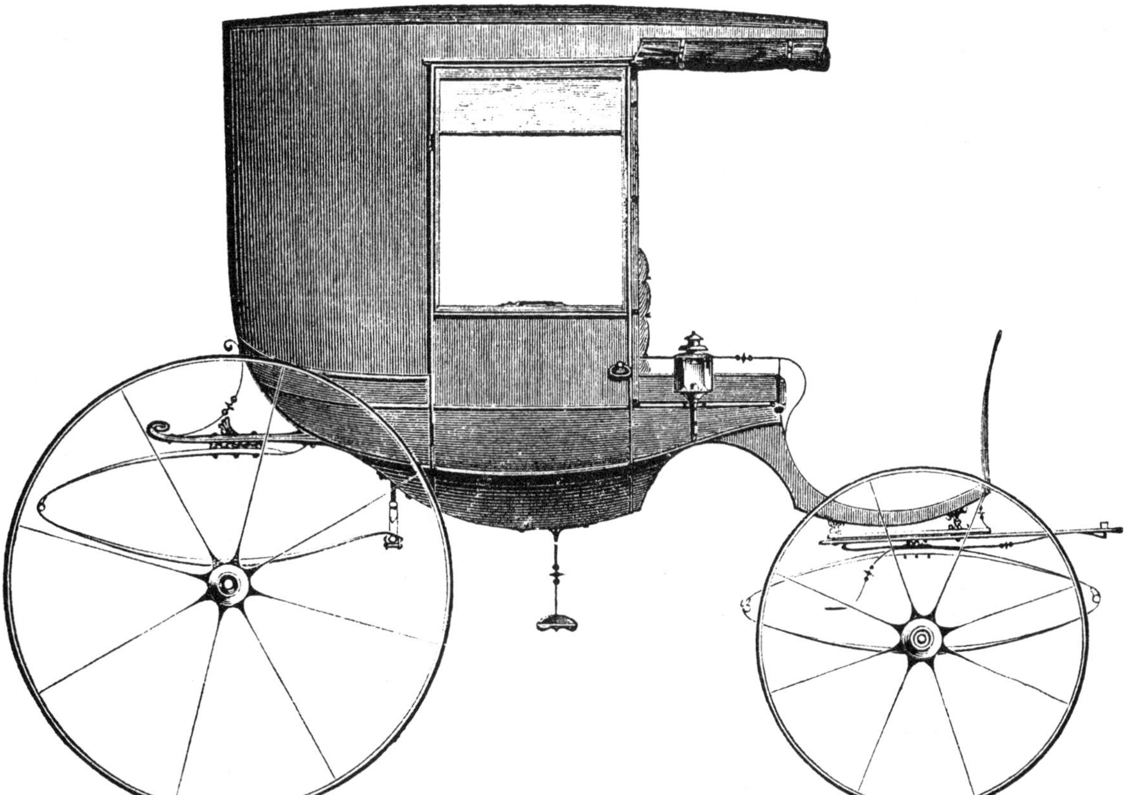

第四部 · [illegible]

项目九

公债理论

○ **知识目标：**

理解：公债、公债规模、公债市场的含义；公债市场的功能、公债现货市场和期货市场。

熟知：公债的分类、公债的承受能力和偿付能力、公债的发行与管理。

掌握：公债与财政；公债经济效应；国外公债。

○ **技能目标：**

能够掌握公债的基本知识、基本原理，学会运用本项目的知识解决现实的基本问题，并具备分析现实的公债市场环境的能力。

○ **素质目标：**

运用所学的公债知识研究相关案例，培养和提高学生在特定业务情境中分析问题与决策设计的能力；结合行业规范或标准，强化学生的职业道德素质。

○ **项目引例：**

公债的规模

2013年12月30日，我国审计署公布了全国政府性债务审计结果。公告显示，截至2013年6月底，全国各级政府负有偿还责任的债务206 988.65亿元，负有担保责任的债务29 256.49亿元，可能承担一定救助责任的债务66 504.56亿元。其中，截至2012年年底，全国政府负有偿还责任的债务余额与当年GDP(518 942亿元)的比率为36.74%；全国政府负有偿还责任债务的债务率(年末债务余额与当年政府综合财力的比率)为105.66%；全国政府负有偿还责任债务的逾期债务率为5.38%，除去应付未付款项形成的逾期债务后，逾期债务率为1.01%；政府负有担保责任的债务、可能承担一定救助责任的债务的逾期债务率分别为1.61%和1.97%，均处于较低水平。截至2012年年底，有3个省级、99个市级、195个县级、3 465个乡镇政府负有偿还责任债务的债务率高于100%。

讨论：

(1)如何理解我国1998年以来债务规模的扩大？

(2)一国债务规模多少为宜？有哪些判断指标？根据经验指标判断我国目前的债务风险如何。

○ **知识精讲：**

任务一 公债基础概述

一、公债的含义

公债是指国家或政府以债务人的身份，采取信用的方式，向国内外取得的一种债务。它是国家财政收入的一种特殊形式，是调节经济的一种重要手段。但公债与税收等收入形式不同，它具有自愿、有偿、灵活的特点。公债与公司债券、金融债券都属于债券。在我国，国家信用主要采取以下几种形式：(1)国家对内发行公债或其他政府债券；(2)国家在国外发行或推销公债；(3)国家财政向国家银行借款；(4)国家向国外借款和对国外贷款；(5)一部分财政支出以信用方式加以运用，如财政资金用作经济建设方面的贷款等。

世界上许多国家的中央政府与地方政府都有权发行公债。(1)中央政府发行的公债，称为“国债”，它是中央政府借以筹措财政资金的重要方式，其收入列入中央政府预算，资金的使用调度权归中央政府。(2)地方政府发行的公债，称为地方公债，它是地方政府为筹措财政收入而发行的，其收入列入地方政府预算，资金的使用调度权归属地方。我国预算法规定地方政府无权发行公债。

二、公债的特征

公债作为国家取得财政收入的一种形式，与其他财政收入形式相比，有其明显的特征。

(一)有偿性

有偿性，是指通过发行公债筹集的财政资金，政府必须作为债务如期偿还。除此之外，还要按事先规定的条件向认购者支付一定数额的利息。在这里，政府是以债务人的身份，以国家的信誉为担保而举借债务的。而通过税收取得的财政资金，政府既不需要偿还，也不需要向纳税人付出任何代价。

(二)自愿性

自愿性，是指公债的发行或认购建立在认购者自愿承购的基础上。认购者买与不买，购买多少，完全由认购者自己根据个人或单位情况自主决定，国家并不能指派具体的承购人。此时，是否充当承购人须以自愿为前提，进而在购买数量、利率高低及何时兑现等方面，承购者均有选择的相对自由(相对指限制于公债品种设计的范围内)，而税收的课征以政府的政治权力为依托，政府征税就要以国家的法律、法令的形式加以规定，并依法强制征收，任何个人或单位都必须依法纳税，否则就要受到法律的制裁，因而强制性是税收的形式特征之一。

(三)灵活性

灵活性，是指公债发行与否以及发行多少，一般完全由政府根据国家财政资金的丰裕程度灵活加以确定，而不通过法律形式预先加以规定。这是公债所具有的一个非常重要的特征，形成与税收的固定性的明显区别。税收的取得只能按照法律规定的税种、税率来征收，不能随意改变，收入的多少取决于经济发展的状况，如果出现自然灾害、战争等事件，不仅满足不了国家急需大量资金的要求，还将受经济发展水平的制约，减少税收收入。

公债的有偿性、自愿性和灵活性是统一的整体，缺一不可。只有同时具备三个特征，才能构成公债。

三、公债的产生与发展

(一)公债的产生

公债最早产生于公元5～7世纪的地中海沿岸一些国家。中世纪以后,地中海沿岸的意大利城市热那亚、威尼斯等地,由于其优越的地理位置,成了世界商业中心。与商业的发展相适应,信用制度也迅速发展起来。在中世纪以前的奴隶社会末期由高利贷者发展起来的银行,由于利息率太高,无法满足商人低利率贷款的要求,威尼斯和热那亚的商人首创了信用组合。这种信用组合又逐步演变为后来的划拨银行,一种比高利贷先进的专门从事信用的行业便应运而生。与此同时,由于封建制国家的职能有所扩大,加上财政管理不善,入不敷出,所以财政收支矛盾加剧。于是,划拨银行便以高出一般的利率贷款给国家,这样,就产生了公债。到16～17世纪,手工工场向机器大工厂过渡,社会劳动生产率大大提高,加上海上贸易和殖民地战争,商人和高利贷者从国内外获得了大批货币财富。这批积累起来的货币资本超过了工场手工业生产发展的需要,在大量多余资本找不到理想投资场所时,资本所有者便把闲置的货币资本投放到能保证获得高收入的公债上。同时,国家通过举债的实践,认为用发行公债的办法来解决财政困难要比增加税收容易得多,因此,公债很快在欧洲资本主义各国得到广泛的发展。

公债虽然很早以前就产生了,但只是到资本主义社会才得到迅猛的发展。而且,公债作为政府筹集财政资金的重要形式以及发展经济的重要杠杆,已经成为当今世界各国财政不可缺少的组成部分。政府财政收不抵支是公债产生的必要条件,而闲置资本的存在则为公债产生提供了可能性。

(二)公债的发展

公债的产生,对资产阶级极为有利。资本主义商品经济的发展是公债强有力的经济基础,同时,公债往往又是同国家财政困难相联系的。因此,公债虽然早在中世纪就已经产生,但是公债的急速增长是在资本主义财政形成以后的两次世界大战期间。两次世界大战期间,参战各国军费迅速增长,税收已远远不能满足战争需要,于是公债成了筹集军费的重要途径,资本主义各国的公债总额猛增。

到20世纪70年代,资本主义世界各国奉行凯恩斯主义的赤字财政政策。根据凯恩斯的理论,增加政府开支,削减联邦税收,虽然会出现财政赤字,但整个社会的有效需求提高后,可以刺激、推动经济的发展。而弥补财政赤字的有效办法是发行公债。因此,公债增长的速度越来越快,资本主义国家公债的发行达到了空前的规模。以发行公债较早的美国为例,1800年,公债总额只有0.83亿美元,1930年,上升到162亿美元,1980年,达到9 302亿美元,到1984年,又猛增到15 723亿美元,截至1986年,美国累计公债总额达20 082亿美元。

我国公债最早出现在清朝末年。我国第一次发行的国内公债是1898年清王朝发行的“昭信股票”,总额为1 100万两银子。1911年,清王朝又发行一次公债。北洋军阀时代和国民党时期政府也多次发行公债。旧中国的公债基本上属于资本主义公债的类型,但带有半封建半殖民地的色彩。

新中国刚成立时发行的一分钱公债

中华人民共和国成立以来,我国先后多次发行公债:1950年发行了人民胜利折实公债,1954～1958年连续5年发行国家经济建设公债,1981年至今每年都发行公债。图9—1为1958年国家经济建设公债券面。

图 9—1 1958 年国家经济建设公债券面

四、公债的分类

(一)按照公债的发行地域分类,可以将公债分为国内公债和国外公债

1. 国内公债

国内公债是指本国政府以债务人的身份向本国境内的居民或单位所发行的公债。

2. 国外公债

国家在国外发行的公债称为国外公债。

(二)按照公债的本位分类,可以将公债分为货币公债和实物公债

1. 货币公债

货币公债是以货币为本位发行的公债。按照货币的种类,又可以进一步将货币公债分为本币公债和外币公债。本币公债是以公债发行国本国的货币为本位的一种货币公债。例如,我国政府曾向国内所发行的国库券就属于本币公债。外币公债则是以某种外国货币为本位发行的一种货币公债。国外公债的发行,通常以债权国的货币或在国际上被当作世界货币的货币为本位。但是,本币公债与国内公债之间、外币公债与国外公债之间的对应关系并不是绝对的。在一定条件下,本币公债与国外公债、外币公债与国内公债之间是相互交叉的。

货币公债是商品货币经济的产物。只有在商品货币经济发展达到一定水平时,货币公债才能产生和发展。货币公债具有债务收入来源的普遍性和简便性等特征。因此,在市场经济条件下,各国发行的公债大多是以货币为本位的。

货币公债也具有难以克服的缺陷。在纸币流通制度下，当货币币值变动幅度较大时，同一货币数额的公债所代表的实际价值在发行日和还本付息日期间会产生很大的价差，特别是在货币贬值或通货膨胀较严重时，公债的债权人往往会因此遭受经济损失，因而不愿意承购公债。为了解决这个问题，有些国家政府发行实物公债。

2. 实物公债

实物公债是以实物为本位的公债。按照确定本位的具体方法，实物公债又可以进一步分为直接以实物为本位的公债和间接以实物为本位的公债，前者如1949年我国广东北江革命根据地北江第一支队所发行的“胜利公债”，该种公债直接以稻谷为本位，分为50、100和500斤三种，年利二分。直接以实物为本位所发行的公债，其计量比较简便，因为这种公债的本位往往是一种实物。但其适应性较差，特别是农产品，区域性较强，如我国北方玉米和小麦较普遍，南方则多种植水稻。因此，若仅以水稻为本位，该公债恐怕难以在全国发行。间接以实物为本位的公债也称折实公债。我国于1950年所发行的“人民胜利折实公债”就是一种折实公债。当时我国政府发行这种公债的经济背景是：国内战争尚未完全结束，社会经济混乱，物价不稳，通货膨胀严重。“人民胜利折实公债”的单位确定为“分”，每分所值，以当时上海、天津、汉口、西安、广州、重庆六城市大米（天津为小米）3公斤、面粉0.75公斤、白细布4市尺、煤炭8公斤的批发价格，用加权平均法计算，由中国人民银行每半月公布一次牌价。发行这种公债，避免了币值波动的干扰，维护了债权人的经济利益，因而也维护了国家公债的信誉。同直接以实物为本位的公债相比，折实公债的适用范围较广。同货币公债相比，实物公债具有债值稳定、债值较高的优点，但实物公债的适应性较差。

（三）根据偿还期限，国债一般可分为短期公债、中期公债和长期公债

1. 短期公债

短期公债的期限一般在1年以内，主要是为了调剂国库资金周转的临时性余缺，并具有较大的流动性。

2. 中期公债

中期公债的偿还期限为1至10年（包含1年但不含10年），因其偿还时间较长而可以使国家对债务资金的使用相对稳定。

3. 长期公债

长期公债的期限在10年以上（含10年），可以使政府在更长时期内支配财力，但持有者的收益将受到币值和物价的影响。

应该指出的是，上述划分不是绝对的，也不是唯一的划分方法。首先，从时间上看，由于在不同的时期内，政治、经济环境不同，相应地对公债期限的划分也有所不同。在第二次世界大战以前，通常将5年内到期的公债称为短期公债，将偿还期在25年以上的公债称为长期公债，而将偿还期为5～25年之间的公债称为中期公债。第二次世界大战以后，公债还本付息的期限大为缩短，因而在对公债期限的分类上也发生了相应的变化，一般采取1年以下者为短期公债，1～10年者为中期公债，10年以上者为长期公债的划分方法。近年来，在资本主义世界，公债的还本付息期限有越来越短的趋势。因此，可以推测，各国在对公债期限的分类方面，必然会相应地做进一步调整，以利于国家对债务实施更有效的管理。其次，从国别上来看，世界各国对公债期限的分类方法不尽相同，如日本通常将偿还期为1年以上的公债都称为长期公债。

（四）按照公债的应募条件的不同性质，可以将公债分为强制公债和自由公债

1. 强制公债

强制公债是指在发行公债时，凡符合政府规定的应募条件者均必须购买公债。按照强制公债的具体推销办法，又可以进一步区分为直接强制公债和间接强制公债。直接强制公债是指依政府预先确定的条件直接强行摊派到应募者头上的公债，如按应募者财产的多少强行摊派等。间接强制公债是指政府以公债代替现金，用以支付薪金或购买物品。从债务人(政府)的动机来看，往往是在国家经济处于异常时期，或发生经济危机时期，政府在短期内无法通过推销自由公债增加财政收入，因而便凭借其政治权力推销强制性公债。政府在确定了应募条件以后，符合条件者，无论是否愿意，都必须购买或接受强制公债，不得拒绝。

就强制公债的强制性来看，它接近于税收，因为税收的主要特点之一就是它具有强制性，特别是在资本主义发展的早期，在19世纪乃至第二次世界大战以前，资本主义国家普遍将发行强制公债作为解决政府财政收入不足的一个重要手段。但从强制性公债的性质来看，虽然它不具有自由认购、自由买卖与自由转让的特点，但是，它仍然具有有偿性，债务期满后，政府仍然要还本付息，政府同强制公债应募者之间的关系仍然是债务人和债权人之间的平等关系，而不是政府与纳税人之间的不平等关系。因此，不应当将强制公债和税收等同起来。

从应债环境或债权人来看，强制公债的发行往往还与应债环境较差，或与人们(公司、个人)应债的潜在能力较低有关，政府之所以要发行强制公债，往往也是由于社会依自愿原则难以完全吸收政府所发行的公债。因此，政府为了解决国家财政之需而不得不采取强制手段发行公债。一旦应债环境有了相当程度的改善，政府就不会轻易发行强制公债。在现代资本主义国家中，基本上形成了以中央银行为中心的比较完善的金融体系，同时，政府公债也以其信誉可靠、利率较高，甚至对政府公债的债权人予以优惠等便利条件，进而成为投资者的低风险、高收益(债息收入)的有利投资领域。因此，自由公债便取代强制公债，成为政府筹集财政资金和调节经济的一个重要手段。

2. 自由公债

自由公债是指政府在发行时不附带任何应募条件，而由企业或居民自由认购的公债。它是现代世界各国公债的普遍形式。

真正意义上的自由公债，一般是指政府在金融市场上出售的公债。一般来说，政府对这种公债不施加任何强制手段或附带条件，从性质上看，政府所处的借贷地位与一般企业或个人并不完全相同。其主要原因有二：其一，政府拥有任何企业、个人和社会团体没有的政治权力，在公债方面，政府的这种至高无上的政治权力表现在许多方面，如政府可以给它的债权人以一定的税收优惠，还可以给予公债债权人以某种非公债投资的便利等；其二，政府的经济实力雄厚，因而其债信是非常高的。一般来说，除非政治上的原因，政府是不会因为负债而破产的。政府的经济实力主要体现在政府拥有的征税权力上。因此，对于投资者来说，政府债券是一种非常有吸引力的资产，同非政府债券相比，它具有风险小、利率优厚等特点。也正因为如此，现在世界各国大多发行自由公债而很少发行强制公债。

(五)按照公债的流动特点分类，公债可分为上市公债和非上市公债两类

1. 上市公债

上市公债是指可以在市场上公开买卖的公债。其基本特征是自由认购、自由买卖，即投资者除了在公债的发行市场上按规定购买公债以外，还可以在证券交易所或其他合法的证券交易市场按行市买卖公债，其行市或价格由该证券(公债)的供求关系状况决定。虽然可以将上市公债理解为既可以在发行市场上公开发售，又可以在流通市场上自由买卖的公债，但是，上市公债的主要特点及其与不上市公债的区别主要在于后者。

上市公债的另一个重要特征是它在流通市场上的价格是随行就市的，是随着市场利率和币值以及供求关系的变化而波动，投机因素在其流通过程中起着十分重要的作用，因而为金融资产交易提供了获利机会。

2. 非上市公债

非上市公债是指不能在市场上公开买卖的公债。有些非上市公债是在发行市场上公开发售的，但发行完毕后，直到债务期满，政府并不允许这类公债上市流通转让。因此，非上市公债与上市公债的主要区别在于前者不允许在流通市场上自由买卖、转让。

从各国的实践来看，非上市公债一般还具有利息率较高、债务期限较长的特点。除了向公众发行以外，非上市公债还包括政府特别发行的公债，即政府专门向由政府管理的金融组织发行的特别债券。这种债券的买卖双方只限于政府和由政府管理的金融组织，而不允许在市场上公开进行多头买卖。所以，这种由政府特别发行的债券实际上也属于非上市债券。

(六)按照公债的发行主体分类，可以将公债分为中央政府发行的国债、政府关系债和地方政府债券

1. 中央政府发行的国债

中央政府发行的国债，包括用于融通国库资金、弥补预算资金不足的国库券和以扶持社会经济发展为目的而发行的各种专项债券。

2. 政府关系债

政府关系债，指由政府某些特许机构或特殊法人发行的主要用于铁路、交通、基础设施、中小企业发展、技术开发等特定公共项目的债券。

3. 地方政府债券

地方政府债券，即各级地方政府为筹集地方建设性投资所需资金而发行的债券。

(七)按照公债的形态分类，可以将公债分为附息债(剪息债)和贴现债

1. 附息债

附息债指券面上附有息票，在规定的时期以息票兑换的形式支付利息的债券，其中又分为发行利率固定不变的附息债券和发行利率随市场利率浮动的利率债券。

2. 贴现债

贴现债券面上不附有息票，而是采用低于面额的价格发行，发行价格与偿还金额之差即为利息。

(八)按照有无担保分类，可以将公债分为政府担保债和非政府担保债

1. 政府担保费

政府担保债主要适用于以公共设施、技术开发和政策扶持目标相一致的政府关系债和地方政府债券。

2. 非政府担保债

本利的支付由政府作担保的公债叫政府担保债；反之，为非政府担保债。

(九)按照是否记名分类，可以将公债分为现货债与注册债(登记债)

1. 现货债

现货债是指公债债券本身是权利化了的纸制物，一般为不记名债券。

2. 注册债

注册债是指按照一定的法律规定，在注册机关准备的注册簿上记上公债债权人的姓名及权利等内容，由注册机关定期向债权人发放利息收据，在本利支付场所进行支付，其转让也是由公债债权人向注册机关提出申请转移手续来进行，注册债同时也是记名债。

(十)按照募集方式分类，可以将公债分为公募债券和私募债券

1. 公募债券

公募债券指以不特定的多数投资者为对象广泛募集的债券。

2. 私募债券

私募债券指发行时不面向一般投资者，而仅向与发行人有特定关系的投资者募集，又称“缘故债券”。

除此以外，我们还可以从其他角度进行分类：按照公债有无担保划分，可以将公债分为有担保公债和无担保公债；按照公债交款方式划分，可以将公债分为分期付款公债和一次性付款公债；按照公债债务收入的用途划分，可以将公债分为生产性公债和非生产性公债等。依照不同标准，从不同的角度对公债进行分类具有重要意义。每一类公债都有其特点；同时，每一种分类都不是绝对的，其中大部分可以相互交叉，因而可以有不同的组合。政府在发行公债时，可以选择不同组合，以适应不同的需要，提高公债的发行和管理效率。记账式国债，又称无纸化国债，购买国债时银行不再提供任何实物、纸张单据给购买者，而是在其账户上记上一笔。这种记录债权人姓名、金额等事项，以账簿方式发行的国债就是记账式国债，在现代金融条件下多以电子账户为依托，因不必经过印刷、运输、保管券面等环节，所以发行成本较低，效率较高。

五、公债的功能

从财政角度看，公债是财政收入的补充形式，是弥补赤字、解决财政困难的有效手段，是筹集建设资金的较好方法。当国家财政一时支出大于收入、遇有临时急需时，发行公债比较简捷，可济急需。从长远看，公债还是筹集建设资金的较好形式。一些投资大、建设周期长、见效慢的项目，如能源、交通等重点建设，往往需要政府积极介入。

从经济的角度看，公债是政府调控经济的重要政策工具。(1)调节积累与消费，促进两者比例关系合理化。公债采用信用的方式，只是获得了一定时期内资金的使用权，没有改变资金的所有权，适当发行公债，可以使二者的比例关系趋于正常。(2)调节投资结构，促进产业结构优化。(3)调节金融市场，维持经济稳定。公债是一种金融资产、一种有价证券，公债市场可以成为间接调节金融市场的政策工具；调节社会总需求，促进社会总供给与总需求在总量和结构上的平衡。

六、公债市场

(一)公债市场的含义

公债市场是证券市场的重要组成部分，它是政府债券以及人们对既发债券进行转让、买卖和交易的场所。

公债市场通常由发行市场(一级市场)和流通市场(二级市场)组成。公债一级市场和二级市场是紧密联系、相互依存的。一级市场是二级市场的基础和前提，只有具备了一定规模和质量的发行市场，二级市场的交易才有可能进行。同时，二级市场又能促进一级市场的发展，二级市场为一级市场所发行的债券提供了变现的场所，从而增强了投资者的投资热情，有利于新债券的发行。

(二)公债市场的功能

(1)公债市场为政府的发行和交易提供了有效的渠道。(2)公债市场可以进一步引导资金流向,实现资源要素的优化配置。(3)公债市场是传播和获取经济信息的重要场所。(4)公债市场还能够为社会闲置资金提供良好的投资场所。由于政府债券风险小、投资收益回报稳定,成为投资者青睐的理想对象。(5)公债作为财政政策工具,公债市场具有顺利实现公债发行和偿还的功能。(6)公债作为金融政策工具,公债市场具有调节社会资金运行和提高社会资金效率的功能。

(三)公债现货市场和期货市场

1. 公债现货市场

公债现货交易是指交易双方在成交后立即实行交割,或在极短的期限内办理交割的一种交易方式。现货交易是买卖双方谈妥一笔交易,马上办理交割,当场钱货两清。当然,除了当日交割之外,还有次日交割等交易种类,都属于现货交易的内容。

现货交易的特点包括:成交和交割是同时进行的;现货交易是实物交易,没有对冲;现货交易在交割时,买方必须支付现款,所以又称为现金现货交易;现货交易主要是一种投资行为,一般不列入投机范围。

2. 公债期货市场

公债期货交易是以标准化的公债交易合约为标的的金融商品,是公债期货的买卖双方通过交易所,约定在未来特定的交易日,按照约定的价格和数量交收对象债券的交易方式。公债期货市场就是买卖公债期货合约的交易场所。

公债期货交易与现货交易相比具有显著的特点:交易的对象是期货合约,而不是现实的债券;对冲交易多,实物交割少;交易者众多,市场活跃,流通性好;采用有形市场形式,实行押金制度。

【同步案例9－1】积极发挥财政职能　推进公债市场健康发展

案例精析
9—1

近年来,财政部对推行公债活动市场化改革进行了多方面的努力。在努力推进公债发行市场化改革方面:

(1)努力提高公债透明度,目前已经做到凭证式公债、记账式基准期限公债和主要券种年度发行计划的公布。

(2)组建公债承销团。实施了银行间市场承销团制度并在记账式、凭证式公债发行中全面引入,财政部还将组建统一的记账式公债承销团。

(3)采用了招标发行公债。现阶段,记账式公债全部通过招标方式发行,并根据市场发展的需要推出了混合式招标方式,同时实施公债预发行制度。

(4)丰富公债品种。目前我国已有多种长、中、短期公债,并已开始发行基准利率公债。同时,财政部正在研究公债品种丰富的问题,包括储蓄公债和定向公债。随着公债余额管理的实施,财政部还将大力发行短期公债。

(5)努力推动市场统一,增加跨市场公债发行。自2002年起,财政部加大跨市场公债发行力度。2005年,实现了全部记账式公债跨市场发行。

在进行公债流通市场创新方面,①实施公债净价交易,以剔除应计利息对公债收益率的影响,保证公债利息免税政策的实施。②开展公债柜台发行与交易试点工作,推出公债买断式回购业务，财政部还将研究建立公债做市商制度，以构建多层次的市场框架，为进一步提高公债市场的流动性服务。③提高跨市场公债转托管效率。④提前赎回未到期公债。随着经验的积累，更加市场化的一些方式也会加以运用。应当说，财政部在促进公债市场发展方面的作用是十分显著的。

讨论：为什么财政部应在公债市场化发展中起作用？

任务二 公债关系理论

公债从产生起就与财政赤字紧密相连。公债发行、偿还的整个运行过程，都与国家财政收支、财政赤字有着密切的联系。

一、公债与财政收入

公债的作用首先是弥补财政赤字，此外，还可以筹集建设资金，调节经济运行，主要是调节货币流通量。现实生活中，国家发行公债可以用于弥补赤字，也可以用于固定资产投资等专项用途，还可以用于偿还到期的公债。公债是国家进行宏观调控的重要工具之一，我国从1998年以来通过发行长期建设国债筹集了大量的建设资金，扩大了市场投资规模，拉动了国内需求，克服了亚洲金融风暴带来的困难，保持了国民经济的稳步发展。虽然公债需要还本付息，会加重以后年度的财政负担，但运用得当则可以推动经济快速、稳定、协调发展，用明天的钱办今天的事，经济发展了，税收自然会增加，对于以后的财政平衡也是非常有利的。

从广义上来说，公债也是财政收入的一部分，但在许多市场经济国家中，一般不把公债列为正常收入看待。公债和税收都是市场经济体制下组织财政收入的手段，但公债和税收还是有一定区别的。

1. 税收是公债的信用基础

公债是政府根据需要创造出来的金融商品，其所包含的价值，是以财政税收作为担保的，即国家在公债发行时所承诺的公债价值，在兑现时以财政税收作为物质保证。只要国家继续存在，购买公债的投资者肯定可以获得稳定的收益。正因为公债有财政税收作为信用基础，公债才能成为有价证券市场中最具安全性的“金边债券”。

2. 公债是财政收入重要的补充

公债最初就是因为税收不能满足财政支出需求而产生的，现在公债已成为世界上大多数国家政府除税收之外筹集财政资金的重要渠道。在现代财政中，公债作为税收的补充，主要表现在两个方面：①补充税收数量的不足。随着政府的社会和经济活动领域不断扩大，税收不能满足支出需要已成为大多数实行市场经济制度国家普遍存在的现象，若靠增加税种或提高税率来扩大收入规模，则会对经济发展产生抑制作用，不利于促进国民经济的增长。因此，向国内居民举借债务，成为大多数国家财政弥补税收不足最常用的方法。②弥补税收在调节收入分配结构方面的不足。税收具有强制性和无偿性。税法的制定要通过比较严格的立法程序，一旦确定，就不宜经常更改和变动。因此，税法一旦通过立法程序得以确定，对收入分配格局的影响将在比较长的时期内保持稳定，对于时刻都处于变动之中的市场收入分配格局的调节作用有局限性。公债则可以根据需要随时发行，而且可以专门针对特殊的对象发行定向公债，在调节分配结构时比较灵活，弥补了税收在调节收入分配结构方面的局限性。

3. 税收具有强制性,而公债一般是自由认购的

虽然公债也有强制公债,但强制公债一般是在战争时期及其他紧急情况下才发行的,正常情况下,公债一般采用自由认购的方式。

4. 税收具有无偿性,而公债是有偿的

国家征税,无须承担偿还义务,而公债属于借贷性质,国家要承担还本付息的责任。因此,从财政成本效益来看,税收优于公债,这是公债在财政收入形式中只能作为辅助手段的一个原因。

二、公债与财政支出

(一)财政支出规模直接影响公债的发行规模

公债作为弥补财政收支差额的重要手段,其规模大小受财政支出的影响很大,因为作为财政收入主体的税收,其规模主要取决于经济规模、增长速度和税收制度三项因素。这三项因素的可预见性相对较强,年度与年度之间的变化比较容易把握,而支出的可变性比较大,不可预见的因素也较多,年度与年度之间的变化很大,常常超过收入规模。因此,支出的扩大往往意味着公债当年发行规模的扩大。公债的发行规模与财政支出规模呈正相关。

(二)现有的公债规模将影响将来的财政支出规模

一方面,公债发行规模的扩大,意味着可供财政支配的资金增多,为扩大财政支出创造了条件;另一方面,财政发行的公债是有偿的,是未来财政收入的预支,到期必须还本付息。因此,当期的发行规模必然会影响到将来的财政支出。从大多数国家的实践来看,往往是财政支出规模的扩大导致了公债发行规模的扩大,而公债发行规模的扩大又把财政支出提升到一个新的台阶,形成财政支出和公债发行规模相互推动、共同扩张的局面。

(三)财政支出结构影响公债的结构

发行什么种类的公债,主要取决于用于财政支出的具体用途。若是用于生产建设性投资,则应发行中长期公债;若是为了解决临时性的资金周转需要,则可以发行1年期以内的短期公债。支出需求是多样性的,公债结构也应该是长、中、短期相结合的,公债的灵活性能充分满足支出多样性的需求。另外,为了适应现实经济生活中的通货膨胀现象,在公债的利率结构方面也需要加以调整,即处理好固定利率的公债和浮动利率的公债之间的比重问题。浮动利率公债的发行有利于减少投资者和筹资者双方的风险,通货膨胀率上升,浮动利率跟着上调,有利于投资者获利;反之,通货膨胀率下降,浮动利率下调,有利于减轻财政支出的负担。

三、公债与财政赤字

(一)财政赤字是发行公债的重要原因

财政赤字就是财政年度中出现了财政支出大于财政收入的差额,公债的发行就是为了弥补这个差额。弥补财政赤字的办法虽然很多,如增加税收、压缩财政开支等,但是,增加税收、压缩财政支出都很困难,而用公债来弥补财政赤字是一种最方便、最灵活、最有效的手段,因此,世界各国通常都用发行公债的方法来弥补财政赤字。财政赤字是公债发行的重要原因,反过来,发行公债引起的利息支付又会加大财政赤字,因此,财政赤字与公债有着互相促进、互为因果的关系。

筹集财政资金、弥补财政赤字是公债的初始职能。在现代经济生活中,公债还被许多国家作为调节经济的杠杆,如用以调节市场货币流通量、稳定经济等。因此,出于调节经济的目的

而发行的公债，并非财政赤字所致。所以，财政赤字是发行公债的重要原因，但不是唯一的原因。

（二）公债是弥补财政赤字的理想方式

公债的发行及时、灵活、方便，是弥补财政赤字的理想方式。首先，用发行公债筹集财政资金，较课税来得及时、迅速，而且什么时间发行，主动权掌握在国家手中。其次，根据财政收支不同性质的矛盾，以及财政支出的不同需要，国家可以发行形式多样的公债。例如，为弥补财政季节性收支差额，可发行短期公债；为弥补年度财政收支差额，可发行中期公债；为解决国家重点建设项目的资金不足，可发行长期建设公债；为偿还旧债，可发行新债等。

许多资本主义国家都由银行以“创造信用”的方式来承购公债。这样，公债的发行就会导致货币供应量的增加，从而成为财政赤字到通货膨胀的中间过渡。诚然，若公债发行量适度，公债发行对象主要为个人，即通过公债形式把居民个人手中的闲置货币集中起来，则不会增加货币供应量。

（三）平衡国际收支

任何国家在与其他国家及国际组织、机构的经济贸易往来中，如收入不足以抵充支出，就会出现国际收支逆差，这将影响该国的货币汇率和经济实力，除了动用外汇储备之外，最有效、最迅速地扭转局面的办法就是对外发行公债，用以平衡国际收支。

任务三　公债规模理论

一、公债规模的含义

公债规模通常是指年末公债余额，而年末公债余额是由两部分构成的：一部分是以前年度发行的至本年末尚未偿还的部分；另一部分是本年度新发行的至年末尚未偿还的部分。公债规模的大小并不仅仅是一个绝对量的表现，还受多种因素的影响和制约。

（一）政治因素

影响公债规模的首要因素是国家需要资金的多少。国家需要的资金量大，发行量就大；反之，发行量则小。当前不举借公债的国家很少，但发行规模上却有很大差异。这不仅和各个国家的财政状况有直接关系，还取决于该国奉行的公债政策，即适度偏小、以偿还能力为限，还是越多越好、以满足需要为宜。其次是政治局势。剔除强制发行的因素，人们对政府的信赖程度，特别是政治局势是否安定，是承购者自愿购买公债的重要原因。

（二）经济因素

社会经济发展水平的高低决定了国家运用公债政策的程度。只有商品经济的发展达到一定的水平，社会物质财富才会有相当的积累；国民生活普遍富足，社会游资充斥，国家才有可能大规模举借债务。也只有经济发展了，各种金融机构才可能发挥其助国举债的功能。公债规模的大小主要取决于公债的承受能力和偿付能力。

二、公债的承受能力

（一）中央财政的承受能力

公债发行与财政收支的关系最为直接，也最为密切。首先，发行公债一般是为了弥补某一时期的财政赤字，保证一定规模的财政支出，从而满足经济增长的资金需求；其次，偿还公债也主要依靠以后年度的财政收入偿还。衡量公债发行主体承受力的主要指标是公债依存度和公债偿债率。

1. 公债依存度

公债依存度是指财政年度内公债发行数额占财政支出总额的比率，计算公式为：

公债依存度＝年度公债发行额÷年度财政支出总额×100%

这一指标反映了财政支出中有多少是依靠发行公债来筹措的。当公债发行量过大、依存度过高时，表明财政支出过分依赖债务收入，财政处于脆弱状态，并会对财政的未来发展构成潜在威胁。这是因为公债收入是一种有偿性的收入，国家财政支出主要应当依赖于税收，债务收入只能作为一种补充性收入。因此，公债规模的合理与否可以根据这一指标来判断。

2. 公债偿债率

一般以一定财政年度的还本付息额与财政收入的比值作为公债的偿债率指标，计算公式为：

公债偿债率＝年底还本付息额÷年度财政收入总额×100%

视频

中国政府债务率低于国际警戒线

偿债资金可能来源于预算收入划出的部分、公债资金投资创造的收益或借新债还旧债，但最终都是来源于财政收入。这一指标反映了中央政府偿还公债的能力。偿债资金的来源主要有：(1)增加税收；(2)发行货币；(3)动用历年结余；(4)借新债还旧债。偿债能力越强，对公债的承受能力也就越大。因此，公债流量与公债的偿债能力有着直接的关系。

(二)公债发行对象的承受能力

首先，应考虑整个国民经济的承受能力，举借公债实质上是一种社会再分配，它直接或间接地取走了可用于社会再生产的资金。如果举债过多，就会影响正常的分配与再分配，对经济和社会的发展造成危害。其次，应考虑公债购买者的承受能力。我国公债的购买者主要是个人、企事业单位以及各类金融机构，他们各自的承受能力是确定公债合理规模的重要依据。衡量公债发行对象承受能力的指标有很多，其中最主要的指标是国民经济承担率，该指标从宏观上反映了整个国民经济的债务承担能力。国民经济承担率是当年公债余额占当年国内生产总值的比重，用公式表示为：

国民经济承担率＝当年公债余额÷当年国内生产总值×100%

当年公债余额占当年国内生产总值的比重越大，则国民经济的债务承受能力越弱。

三、公债的偿付能力

确定公债发行量还必须考虑公债的偿付能力，最为重要的是考虑公债承受能力与公债偿付能力的对比状况。通常认为，当公债负担持续几年小于偿债能力时，公债负担便是安全的；而在持续出现公债负担大于或者等于偿债能力的现象时，就应缩小公债规模。

偿债能力是国家财政在一定时期可以用于偿还公债本息的能力。它虽然与国家经济发展水平和财政收入规模有直接的联系，但决定偿付能力的只是中央财政收入中扣除一般支出后的部分，这是因为国家财政只能支配国民收入中的一部分，偿付公债只能从国家财政收入中支付。再进一步分析，一个国家的财政收入必须用于满足社会一般公共需要和其他方面的需求，不可能全部用于偿还债务。如果将满足社会一般公共需要和其他方面需要的支出称为财政一般支出，则从国家职能上讲，这些一般支出在一定时期必定有一个最低的极限值；财政支出若低于该极限值，国家财政将无法行使其应有的职能。因此，公债的最大偿付能力就是国家财政收入中扣除最低限度的一般支出后的财力。

四、公债的发行与管理

(一)公债期限长短的配套

期限长短不等的公债,对于债权人和债务人的利益是不同的。一般情况下,发行长期公债对于政府比较有利,长期公债偿还期限长,政府除每年付息外,在短期内不需筹措还本资金,因而不致增加财政负担。但是,在严重通货膨胀的情况下,债券期限越长,公债贬值的程度就越大,债券持有者的损失就越大。若政府发行长期公债时能考虑到通货膨胀的因素,在还本付息时采取一些弥补措施,那么,利率较高的长期公债对于购买者还是有吸引力的。短期公债具有流动性大、风险小、发行容易的特点。因此,债券期限长短的合理配套以及债权人与债务人利益的有机统一就能使公债的发行经常化。

在进行公债期限结构选择的同时,还必须结合公债利率结构的分析。公债期限结构选定的目标是:公债期限长短的配套能够满足财政支出的需要;而公债利率结构的选择是,既能满足财政的“公债利息成本最低”的要求,又能使公债顺利发行。

1. 预期利率的变动与公债期限长短的选择

如果人们预期利率将上升,那么债券购买者就不会倾向于购买长期债券;而对于公债的发行者来说,则希望能在利率上升前借到钱。如预期利率将上升,公债发行者则应该选择多发行长期公债,因为公债的利率在发行时就已经确定,公债到期时,虽然市场利率上升,但公债的偿还付息仍可按原定较低的利率支付。同理,如果人们预期利率下降,债券购买者就会倾向于购买长期公债,而对于公债发行者来说,这时不宜多发行长期公债,应以发行短期公债为好。因此,对于公债管理者来说,必须结合预期市场利率的变动来选择公债的期限。

2. 预期通货膨胀率的变动与公债期限长短的选择

如果预期通货膨胀率上升,公债购买者在选择长期公债时就会很谨慎,一般倾向于选择短期公债,所以对于公债发行者来说,在制定长期公债利率时必须考虑预期通货膨胀率上升的因素,否则公债难以推销。如果预期通货膨胀率保持稳定,则不会对公债利率结构产生影响。实际上,长期公债与短期公债各有利弊,无论是对于公债的发行部门还是对于公债的持有者,一个期限长短混合、配套合理的公债结构,肯定优于期限单一的公债结构。

(二)公债发行价格的确定

一般来讲,公债发行有平价、溢价、折价三种不同形式。采取何种发行价格形式,除了公债期限这一既定条件外,关键还取决于公债票面利率和市场利率的差异。公债发行价格的计算公式为:

$$发行价格=(票面金额+票面金额\times发行利率\times期限)\div(1+市场利率\times期限)$$

1. 平价发行

平价发行是指公债的发行价格与公债票面金额相等。政府按票面金额取得收入,到期按票面金额还本,公债发行收入与偿还本金支出相等。在市场化发行情况下,当市场利率与公债票面利率不一致时,平价发行会使发行者承担高利率成本,出现公债销售不畅。

2. 溢价发行

溢价发行是指公债发行价格高于公债票面金额。政府按票面金额的溢价取得收入,到期按票面金额还本,公债发行收入高于偿还本金的支出。公债之所以能够溢价发行,是因为公债票面利率定得较高,超过市场利率。于是,公债就成为供不应求的投资品,这样其发行价格可望提高，直至其收益率与市场利率基本一致为止。

3. 折价发行

折价发行是指公债发行价格低于公债票面金额。政府按票面金额的折价取得收入，到期按票面金额还本，公债发行收入低于偿还本金的支出。折价发行，可能是由于一开始公债票面利率定得太低，引起公债销售不畅，于是降低发行价格才能完成发行任务。

(三)公债的发行方式

公债可以采用公募和私募两种方式发行。公募是指中央财政向不特定的社会公众公开发行公债。私募是指中央财政不公开发行公债，只是向少数投资者发行。这些少数投资者通常是资产雄厚的大金融机构、大企业。私募受发行对象的限制，公债推销虽然数额不大，但购买者集中，一次性购买量较大。当政府需要通过公债将某些特定主体的国民收入集中到财政手中时，用私募方式最为有效。现代经济国家大多采取公募方式，因为它体现了开放性和市场性原则，通过众多投资者的市场选择，达到对社会资金的合理配置，为公债良性循环创造了条件。

公募发行方式又分为直接公募发行和间接公募发行。直接公募发行是指中央财政直接向投资者推销公债，但其发行成本较高，只有在公债品种比较单一时适用。间接公募发行就是通过金融中介机构参与推销公债，具体有承购包销、公开招标、公开拍卖等。

1. 承购包销

承购包销是指中央财政和承购包销团签订承购包销合同销售公债，由承销人向投资者分销，未能售出的余额由承销人自行认购。这种方法通过承销合同确定发行者和承销人的权利和义务，两者具有平等的关系，承销团承担推销的风险。政府与承购包销团协商决定发行价格，讨价还价的结果往往是一个接近市场供求状况的利率水平。承购包销团在确定承销份额上，可采用固定份额和变动份额两种。固定份额方法适用于金融体制比较稳定的情况，承销人对自己应承担的份额心中有数，有利于及早安排资金。变动份额方法适用于金融体制变动较大的情况，承销人可根据情况灵活变动资金。

2. 公开招标

公开招标是由发行人提出含有公债发行条件和所需费用的标的，向投标人发标，投标人直接竞价，然后发行人根据竞价结果发行公债。公开招标方式确定的价格或利率是由市场供求状况决定的，体现了市场公平竞争原则。

根据所竞标的的不同，公开招标分为价格招标和利率招标。价格招标是指公债的利率与票面价格之间的联系固定不变，投标人根据固定利率对未来金融市场利率变化的预期加以投标，投标价格可低于面值，也可高于面值。招标人将投标结果按其价格高低排列确定中标者，依次配售，售完为止。若中标者的认购额超过了预定发行规模，则按比例配售。所有中标者根据各自不同的投标价格购买公债，这种方式称为“第一价格招标”，最有把握中标的是报价最高的投标人，但容易产生垄断招标；反之，所有中标者都按统一价格购买公债，这种方式称为“第二价格招标”，最有把握中标的仍是报价最高的投标人，但其认购价格接近市场价格水平，削弱了少数投标人垄断市场的可能性。利率招标即发行人只确定发行规模和票面价格，发行利率由投资者投标确定。发行人以投标人报出的最高利率作为公债的发行利率，从报出的最低利率开始依次选定投资认购额，直至售完预定发行数额。如果中标人以某一利率中标，其认购额超过了预定发行规模，则按比例配售。利率招标对所有中标人都按统一利率发行。

3. 公开拍卖

公开拍卖是指在拍卖市场上按照例行的经营性拍卖方法和程序，由发行人公开向投资者拍卖国债。公开拍卖完全由市场决定公债的发行价格和利率。目前,大多数发达国家皆采用这种方式。根据叫卖顺序的不同,公开拍卖分为公开叫卖升序排列和公开叫卖降序排列。公开叫卖升序排列是指拍卖人按照不断上升的价格顺序向一组投标人招标,在拍卖过程中,当报出第一价格时,有关投标人报出其认购数额,招标人公布全部需求数量,然后不断提高价格,继续公布各个价格的需求数量,直到全部需求小于招标数额为止。当达到这一点时,招标人可以确认前次价格是完成全部发行的最高价格。公开叫卖降序排列是指拍卖人按不断降低的价格顺序报价,公债以逐渐降低的价格出售,直到全部需求小于招标数额为止。公开拍卖方式能使信息交流更为畅通,投标人易于知道国债的公认价值,避免成功投标人总是吃亏的不正常现象。

(四)公债的偿还

发行的公债到期以后就要还本,同时还要支付利息。各国一般通过制定公债偿还制度对公债的偿还以及与偿还相关的各个方面做出具体的规定,以保证公债的正常运行。

公债的偿还是指近期偿还公债本金与支付利息。其中,还本通常是政府按照债券面额偿还;付息则是按期、按条件支付。公债的偿还方式主要有以下几种:

1. 一次偿还法

它是指政府对定期发行的公债,在债券到期后一次还本付息的方法。

2. 购销偿还法

它是指政府按市场价格在公债流通市场上买入公债而销售债务的方法。实践中,这种方法多以短期的上市公债为主。

3. 调换偿还法

它是指政府发行新公债来换回公债持有者手中的旧公债而注销债务的方法。对于政府而言,它的债务数量并没有减少,只是债务期限延长了而已。对于投资者而言,其债权人的地位未变,增加的只是新债权。

4. 比例偿还法

它是指政府在公债的偿还期内,对所有公债债券号码进行抽签确定的每年按一定比例轮流分次偿还的方法。

(五)公债种类的配套

不同种类的公债有各自不同的特点,种类齐全的公债,能把社会上各种性质的闲散资金吸引到公债市场上来,既能满足各种闲散资金的投资需要,又能满足财政的需要。

从我国目前的情况来看,公债品种比较单一,公债的流通市场不够活跃。公债的品种与公债的流通市场有密切的关系,如果公债的品种单一,公债的流通市场也就不兴旺。而公债的二级流通市场与公债的一级发行市场也有密切的关系。要使公债的发行长期化、正常化,就必须建立一个发达的流通市场,而在发达的流通市场中,须有品种较多的公债。因此,对于公债管理者来说,必须要研究市场中各种资金的性质,结合财政的需要,发行品种多样的公债,为使流通市场健全发达而提供品种多样的金融商品。

(六)公债使用方向的控制

为了使公债的发行能正常、持久地进行,使公债真正地成为国家筹集资金、加快建设的手段之一,必须明确国家债务收入的使用方向,严格债务收入的使用。因此,在财政预算上,应将债务收入单列,专款专用,明确投资方向,以收定支。同时,对投资项目进行科学的测算,严格考核其经济效益,有偿使用,有借有还、谁借谁还,做到以债养债,以减轻公债还本付息所带来的财政负担。

(七)公债的市场运行机制

1. 完善一级市场发行体系

根据目前公债市场发展的实际情况，形成一个科学、合理的公债期限结构，实行长中短结合，既能满足投资者的多种需要，也有利于公债发行任务的顺利完成。

在发行时间上要改变目前公债发行的不确定性。要借鉴国际惯例，根据中央预算的资金需要，提早发布阶段性的公债发行时间表，使之步入更规范化的轨道，便于各类投资者及早调动资金。

要根据机构投资者的布局和现状，建立一个相对固定的承销团制度，进一步明确承销机构的权利和义务，鼓励承销机构建立自己的分销网络，从而形成和建立起相对稳定的公债发行机制。同时，要进一步探索并采取多种市场化的发行方式。公债发行的原则及未来的方向是进行市场化，但要根据我国现状，探索多种渠道与形式。

2. 理顺二级市场的框架体系

把银行间债券交易场所发展成机构间的场外交易市场，按照规范的场外交易规则进行交易，可以提高公债的流动性；拓展二级市场的参与主体，任何投资者都可以通过中央公债登记公司的托管结算系统参与公债投资，在货币市场与资本市场之间搭建一条以公债为媒介的渠道，可以为社会资金的流动性提供保证，也便于央行货币政策顺畅地传递。参与广泛、流动性强的公债二级市场可以为中央政府低成本、高效率地发行公债提供最可靠的保障。

充分利用现有交易所的交易网络，引导一些中小投资者购买公债，稳定、规范并促进交易所的公债交易，使之成为一个零售性的场内交易市场。

在上述场外、场内市场发展的基础上，建立统一的公债托管结算系统，有利于确保公债市场乃至整个金融市场的安全、高效运行，也有利于建立公债发行市场的良性循环机制。

任务四　公债经济效应

一、公债对财政收支的影响

(一)公债对财政收入的影响

1. 公债对当年财政收入的影响

财政为了满足政府实现其职能的需要，必须拥有一定量的财政资金。一般来说，政府正常的财政收入主要是税收，如果当年正常的财政收入能够满足当年正常的财政支出的需要，就无须寻求其他途径增加资金。如果当年正常的财政收入不能够满足当年正常的财政支出的需要，就需要寻求其他途径增加资金。这样，公债就成为政府增加财政收入的手段之一。政府举借公债的直接经济效应是形成政府当年财政收入的增量。

2. 公债对今后年度财政收入的影响

公债形成当年财政收入的增量，这是一种直接影响，对于今后年度财政收入就不存在这种直接影响，因为作为债务收入不能直接计入今后年度的财政收入中。其实从经济运行的角度看，通过公债收入的使用，这种影响还是存在的。

(二)公债对财政支出的影响

1. 公债对当年财政支出的影响

公债对当年财政支出的影响表现在两个方面：一是直接影响；二是间接影响。

(1)所谓直接影响，是指由于公债发行而使得财政当年债务的还本付息支出增加。如果公债发行是短期的，在发行当年就必须偿还，这样，公债发行在形成当年财政收入增量的同时，也形成当年财政支出增量。如果还要考虑公债的利息支出，公债形成的财政支出增量还将大于财政收入增量。

(2)所谓间接影响，是指由于公债发行使得财政当年债务支出以外的其他支出增加。政府支出的日益膨胀是现代社会发展的一个明显趋势，要满足这种倾向，在税收约束较强的情况下，公债就必然成为扩张支出的主要来源。这就是政府举借公债具有间接扩大支出的作用。

2. 公债对今后年度财政支出的影响

公债对今后年度财政支出的直接影响是指公债增加了今后年度的财政偿债支出。由于公债大部分是一年以上的中、长期债务，这就使今后年度财政支出产生一个增量，即对该公债的还本付息。这种增量取决于公债的发行额、利率和期限。

公债对今后年度财政支出的间接影响是指由于公债发行而使得财政在今后年度债务支出以外的其他支出增加。这种影响的基础在于财政支出的许多项目具有单向刚性。因为财政支出增加与扩大容易，而减少与压缩财政支出却比较困难。

二、公债对货币供给的影响

(一)公债发行对货币供给的影响

1. 中央银行承购公债的货币效应

中央银行作为货币发行的银行、银行的银行和政府的银行，在国家货币政策中起着关键的作用。中央银行由于其特殊地位与职能，在货币供给方面充当着控制闸门的角色。

在1993年之前，我国一直存在着财政部向人民银行透支的做法，尽管在定义上不是中央银行直接承购公债，但对货币供给的影响是一样的，可以视同中央银行直接承购公债。政府发行公债由中央银行直接承购，等于央行向财政部提供信用而创造了货币，一般对货币供给起着扩张效应。央行直接承购公债增加其资产项目，同时财政存款又是央行的负债项目，这样央行的资产负债项目等额增加。如果财政把这笔货币资金拨付给部门、企业及个人，就使商业银行的存款增加，货币供给量扩大。考虑商业银行具有扩张信用和创造派生存款的机制，即使有存款准备金制度，货币供给量也可能扩大许多倍。

2. 商业银行承购公债的货币效应

商业银行承购公债的目的是为了持有一定量的流动资产，因为政府债券信誉高，规模大，在市场上的变现能力较强。如果商业银行现金资产不足，就可以随时通过出售公债来补充准备金。同时，持有公债也符合营利性要求，能够获得一定的利息收益或转让的价格差收益。

商业银行承购公债的货币效应是看商业银行购买公债资金的来源，主要有两个方面：(1)收回已发放的贷款，这样，收回贷款压缩货币供给量与购买公债使财政扩大货币供给量的效果是一致的，一般不改变货币供给量。(2)动用超额准备金购买公债，政府运用公债资金，结果会扩大货币供给量。商业银行用超额准备金购买公债，是把潜在的货币扩张能力作了现实的释放。当然，商业银行还可以向中央银行再贷款来购买公债，结果仍然是扩大了货币供给量。

3. 非银行部门承购公债的货币效应

非银行部门的范围广泛，包括企事业单位、投资基金、机构投资者、个人投资者等。它们投资公债的目的可能各不相同，投资公债的品种也不一样，但是，把它们看成是同质的经济主体，其购买公债的货币效应就可能是一致的。

作为非银行部门，它们购买公债的资金来源不外乎是存款和现金，甚至两者兼有。购买公债后，这些现金与存款转化为财政部在中央银行的存款，减少货币供给量。政府运用公债后，进行一些支出拨付，又增加商业银行的存款，增加货币供给量。如果不考虑货币购买力转移中货币结构的变化，即现金与存款比例的改变，一般来说，最终将不改变社会的货币供给量。

（二）公债流通对货币供给的影响

公债在其期限之内进行流通，对货币供给会产生一定的影响。

1. 公债在同类主体之间转让的货币效应

公债在同类主体之间转让有两种情况：一是公债在非银行部门之间的转让；二是公债在商业银行之间的转让。

公债在非银行部门之间的转让是一种常见的公债交易形式，如在我国证券交易所的公债市场上，大量的参与者都是非银行部门，它们相互之间通过证券交易所进行公债的现货交易和其他方式交易，只是一种货币购买力的转移，一般不会影响货币供给的扩大或缩小。

对于公债在商业银行之间的买卖，商业银行购买公债的资金来源主要是收回已发放的贷款和动用超额准备金。利用前者购买不会改变货币供给量；利用超额准备金购买，通过相互之间的转移，最终会扩张货币供给量。

2. 公债在异类主体之间转让的货币效应

公债在不同类主体之间转让有三种情况：(1)公债在商业银行与非银行部门之间的转让；(2)公债在中央银行与商业银行之间的转让；(3)公债在中央银行与非银行部门之间的转让。

（三）公债偿还对货币供给的影响

1. 以税偿债的货币效应

政府征税，纳税人在商业银行的存款就会减少，社会上的货币数量减少。同时，政府在央行的财政存款增加。可以说，纳税人资金作为税款流向政府的影响，实际上是社会存款货币转变为央行的基础货币，是一种收缩效应。

2. 借新债还旧债的货币效应

在此先不考虑政府运用发行公债收入的扩张效应。如果政府举借新债与偿还旧债的对象是一致的，相当于公债的直接调换，不影响货币供给量。如果新债的发行对象是非银行部门，偿还的旧债是商业银行或央行，结果是减少货币供给量。如果新债的发行对象是商业银行，偿还的旧债是非银行部门或央行，结果对货币供给的影响是中性或潜在的投放能力得到现实释放。如果新债的发行对象是央行，偿还的旧债是非银行部门或商业银行，结果是扩大货币供给量。

任务五 国外公债理论

一、国外公债的含义

国外公债就是国家在国外举借的各种债务，包括借自外国政府、金融组织、个人的借款以及在国外发行、摊销的公债。国家在举借外债时以债务人的身份出现，国家权力在外债中是不起作用的。外债不同于内债。举借外债，可以把本来属于国外的物资和劳务暂时转归国内使用，等于增加了国内的收入。但外债还本付息是国内物资和劳务的净输出。

国外公债和利用外资并不是同一含义。国外公债属于国家信用范围。利用外资是指吸收国外各种资金用于本国建设的分配方式,包括国家信用、银行信用、商业信用和吸收外国投资在内。可见,国外公债是利用外资的一种方式。利用外资的范围要比国外公债广得多。

二、外债的形式

(一)政府贷款

政府贷款是双边政府之间发生的借贷行为。这种贷款带有援助的性质,利率一般较低,有的甚至是无息贷款,贷款的期限也比较长。

(二)国际金融机构贷款

国际金融机构对其成员国发放的贷款,贷款条件比较优惠,如低息或无息、贷款期限长等。但根据各金融机构设立的不同目的和具体规定,贷款的数量和使用方向受到严格的限制。世界性的金融机构主要有世界银行、国际开发协会、国际货币基金组织等。我国是这些金融机构的成员国之一,到目前为止已经多次接受这些组织的贷款。

(三)出口信贷

出口信贷是一些国家为鼓励出口,责成银行办理的出口贷款。由于银行在办理出口信贷时负有较大的风险,为了保障银行和出口商的利益,一般都采用出口信贷国家担保制度,即由出口商交纳一定的费用,国家给予担保,到期若贷款收不回来,则由国家负责赔偿。我国在对外贸易中,可以利用一些国家出口信贷的方式取得外债,主要方式有两种:一种是卖方信贷;另一种是买方信贷。

1. 卖方信贷,即由出口方银行向出口方提供的信贷

这是银行资助出口厂商向外国进口厂商提供延期付款,以促进和扩大商品出口的一种方式。这样我国在向国外厂商购买机器设备时,就可采取分期付款的办法——一般只需先交纳合同金额的15%～20%作为定金,其余80%～85%的货款要在出口厂商交货完毕或在工厂开工投产以后才陆续支付。但出口商运用卖方信贷出口商品时,其价格一般比市价要高。

2. 买方信贷,即出口方银行直接向进口方提供的信贷

这种贷款的利率一般较低,但用途受到严格的限制,只能用于购买债权国的商品。买方信贷除了进口方需向出口厂商预付合同金额的15%～20%的定金以外,其余货款则由进口方与出口方银行签订贷款合同,以即期付款的方式将货款付给出口厂商,然后由进口方按与银行签订的期限,将贷款和利息归还给出口方银行。

(四)补偿贸易

补偿贸易是在购进国外机器、设备、技术时不付款,而用投产以后的产品清偿债务。若进口设备不生产有形产品,则可以用其他产品代替。通过补偿贸易借款时,往往同时签订归还合同。以补偿贸易方式获得的贷款利息一般比较低。

(五)向外国银行借入自由外汇

向国外银行借入自由外汇,一般用途不作限制,但按市场利率办理,利率较高。目前的欧洲货币市场是世界上最大的国际借贷市场。

(六)在国外发行债券

国家直接到国外市场上发行债券,由外国政府、企业及个人自愿认购。运用这种方式举借外债,具有期限长、利率低的优点,但不易筹集到大额款项。经过批准,国际信托投资公司或国内大型企业也可以在国外发行投资证券或股票,以吸收外资,这同样属于发行债券的形式。

三、外债规模的控制

外债的数量界限主要由偿债能力决定。世界银行设想用一套指标来衡量发展中国家的债务负担高低，实际上也就是要确定外债的数量界限。

世界银行提出了四项指标：(1)债务额与国民生产总值之比；(2)债务额与出口额之比；(3)偿债额与出口额之比；(4)利息支付额与出口额之比。这四个指标的临界值是根据经验设定的。如果某个国家的四项指标均达到临界值的60%，则该国被认为债务负担中等；若已经超过临界值，则该国被认为债务负担沉重；低于60%，则被视为债务负担较轻。这里的临界值是根据一组最近陷入偿债困难国家的1988年各项指标的非加权平均数来确定的。

各指标临界值为：(1)债务额与国民生产总值之比为50%；(2)债务额与出口额之比为25%；(3)偿债额与出口额之比，即人们通常所说的偿债率为20%；(4)利息支付额与出口额之比为20%。

其中使用最多也最直接的指标作为债务承受能力的两道警戒线指标，如上提及的(1)和(2)两项指标。但是，这种从现实经济生活中提炼数量界限的做法，尽管十分必要，却不能简单地用平均数的办法来确定。从动态来看，一个国家外债的适度规模是由该国国民经济发展的许多经济因素之间的相互关系客观决定的。

四、外债的还本付息

对外债还本付息的管理包括货币选择、利息计算、偿还方式、资金安排等方面的内容。外债还本付息所采取的货币可以是债权国的通货，也可以是债务国的通货，还可以是第三国的通货，这取决于贷款协定如何确定。外债利息的计算方法与国内公债的计算方法有所不同。外债利息一般采用复利方式，即经过一定期间(如1年)，将所生利息加入本金再计利息，逐期滚算。外债的偿还方式多种多样，有到期一次清偿的；有逐年付息，本金一次清偿的；有分期归还本息的，每期归还的本金有的数额相等，有的不等，但大多数是采用分期偿还的方式。外债还本付息的资金来源分统借统还和统借自还两种。凡是由国家财政、政府部门以及政府指定的机构统一借入，用于计划内重点建设项目的借款，其还本付息由国家财政部门统一安排，列入国家决算。统一借入，根据重点建设规划转贷给用款单位使用的借款，到期后由用款单位负责偿付本息。这包括财政部负责的世界银行项目贷款、商务部负责的政府双边贷款、中国人民银行负责的亚洲开发银行贷款等。从政府既负责借入，又负责偿还本息的系统负债关系上讲，严格意义上的政府外债，应当指政府“统借统还外债”。

应知考核

一、单项选择题

1. 公债是指(　　)。

A. 中央政府与地方政府的债务总额　　B. 一国政府债务

C. 国债　　D. 所有公共部门的债务

2. 中期公债是指(　　)。

A. 3～5年的公债　　B. 2年以上5年以下的公债

C. 1年以上10年以下的公债　　D. 以上都不对

3. 公债依存度是指(　　)。

A. 当年公债发行额占当年财政收入的比重

B. 当年公债累计余额占当年财政支出的比重

C. 当年公债发行额占当年财政支出的比重

D. 当年公债累计余额占当年 GDP 的比重

4. 公债的偿债率是指(　　)。

A. 累计还本付息额占国民收入的比重

B. 当年还本付息额占当年国民收入的比重

C. 当年还本付息额占当年财政收入的比重

D. 当年还本付息额占偿债资金的比重

5. 主要用于铁路、交通、基础设施、中小企业发展、技术开发等特定公共项目的债券是(　　)。

A. 国内公债　B. 国外公债　C. 政府关系债　D. 项目债券

二、多项选择题

1. 公债的特点是(　　)。

A. 有偿性　B. 固定性　C. 自愿性　D. 期限性

2. 按不同的债务契约形式,公债可以分为(　　)。

A. 公债券　B. 记账式债券　C. 记名式债券　D. 合同型借款

3. 公债的发行价格有(　　)。

A. 平价发行　B. 溢价发行　C. 折价发行　D. 以上都不对

4. 偿付公债的资金来源主要有(　　)。

A. 预算结余　B. 政府行政性收费　C. 税收　D. 政府投资收益

5. 外债的形式有(　　)。

A. 政府贷款　B. 国际金融机构贷款

C. 出口信贷　D. 补偿贸易

三、判断题

1. 我国预算法规定地方政府无权发行公债。(　　)

2. 中期公债通常是指 1 年以上 10 年以下的公债。(　　)

3. 当一国没有财政赤字时,公债也就无用武之地。(　　)

4. 公债负担率是指当年公债发行额占当年财政支出的比重。(　　)

5. 社会公众购买公债一般没有货币效应。(　　)

四、简述题

1. 简述公债的含义和特征。

2. 简述公债的功能。

3. 简述公债市场的含义和功能。

4. 简述公债对财政收支的影响。

5. 简述国外公债的含义及外债的形式。

应会考核

■观念应用

【背景资料】

我国使用公债资金建设1 600多个社区服务中心

新华网大连8月1日电(记者傅兴宇)国家发改委社会发展司司长李守信说，全国社区服务设施公债资金建设项目试点工作自2003年开始以来，已有59个项目、1 606个社区服务中心列入计划并开始建设，到年底将有大部分社区服务中心投入使用。

李守信1日在大连召开的全国社区服务设施公债资金建设项目经验交流会上谈到，这是我国首次使用公债资金建设社区服务设施。中央和地方政府一共投入资金14亿元，受惠社区居民有5 300多万人，同时提供服务性就业岗位28.7万个。由于在社区服务中心建设过程中坚持满足群众需求，中央和地方政府各部门密切协调，把社区建设当作社会稳定和谐的着力点和着眼点，公债社区建设项目总体进展不错，管理很好。辽宁大连、江苏苏州和河南新乡等城市通过公债资金投入，一些社区综合服务能力、软件和硬件建设能力都有很大提高，尤其是在帮助下岗失业人员就业和解决困难群众生活方面发挥了很好的作用。

李守信指出，加强社区服务设施建设仍要提高认识，认真规划，充分了解社区群众的需求，坚决消除社区行政化和追求社区服务营利两种不良倾向，使社区服务中心真正成为方便和服务群众生活、有效行使政府公共服务职能的地方。

【考核要求】

为什么我国公债资金使用的方向要发生变化？变化的方向正确吗？

■技能应用

材料一：政府性债务

表1　　**全国政府性债务规模情况表**　　单位：亿元

年　度	政府层级	政府负有偿还责任的债务(政府债务，下同)	政府或有债务	
			政府负有担保责任的债务	政府可能承担一定救助责任的债务
2012年度	中央	94 376.72	2 835.71	21 621.16
	地方	96 281.87	24 871.29	37 705.16
	合计	190 658.59	27 707.00	59 326.32
2013年6月底	中央	98 129.48	2 600.72	23 110.84
	地方	108 859.17	26 622.77	43 393.72
	合计	206 988.65	29 223.49	66 504.56

注：2012年底全国政府性债务的总负债率为39.43%，低于国际通常使用的60%的负债率控制标准参考值。

材料二：按照《中华人民共和国审计法》规定和《国务院办公厅关于做好全国政府性债务审计工作的通知》要求，审计署于2013年8月至9月组织全国审计机关5.44万名审计人员，按照“见人、见账、见物，逐笔、逐项审核”的原则，对中央、31个省和5个计划单列市、391个市、2 778个县、33 091个乡的政府性债务情况进行了全面审计，并于2013年12月30日向社会公告审计结果。

材料三：从债务资金投向看，截至2013年6月底，地方政府性债务余额支出投向情况如下：在已支出的政府负有偿还责任的债务101 188.77亿元中，用于市政建设项目支出37 935.06亿元、土地收储项目支出16 892.67亿元、交通运输实施建设项目支出13 943.06亿元、保障性住房项目支出6 851.71亿元、教科文卫项目支出4 878.77亿元、农林水利项目支出4 085.97亿元、生态建设项目支出3 218.89亿元、工业和能源项目支出1 227.07亿元。这些基础性、公益性项目的支出总计890 332.2亿元，占87.98%。

【技能要求】

(1)指出材料一反映的经济信息。

(2)结合材料二，运用“权力的行使：需要监督”的知识分析审计机关监督政府性债务的必要性。

(3)面对人均将近2万元的政府性债务，有人说：“既无内债，也无外债，一身轻是最理想的财政收支状态。”结合材料三，运用“国家财政”的知识说明政府合理举债对经济发展的作用。

■案例分析

【案例情境】

波多黎各无力偿还公债

[人民网北京2015年6月30日讯]据BBC报道，波多黎各总督杭德罗·贾西亚·帕迪拉(Alejandro Garcia Padilla)29日表示，这个美国在海外的自治领地政府无力偿还高达720亿美元的公债，并可能在与议会就寻求解决方案举行紧急磋商前“违约”。贾西亚在全国电视讲话中表示，他将寻求颁令暂停还款，并组成小组对债务进行重组。

波多黎各自2006年起就陷入经济衰退。波多黎各议会星期二(6月30日)将就98亿美元的预算案进行投票。该预算案将削减6.74亿美元开支，并节支15亿美元用于偿还债务。

贾西亚总督在讲话中呼吁美国国会准许负债累累的波多黎各政府申请破产，并将偿付欠债的时间推迟数年。贾西亚在电视讲话中警告说，即使我们增加收入并削减开支，由于债务沉重，而且问题较大，有关做法不会解决任何问题。

根据美国破产法案，波多黎各目前无法重组债务。据路透社报道，美国白宫29日表示，将敦促国会修改法案，允许波多黎各宣布破产。

作为美国海外的自治领地，波多黎各居民都是美国公民，却没有与美国其他州或市一样的地位。这意味着波多黎各不能像2013年密歇根州的底特律一样，透过申请破产保护来进行债务重整。波多黎各的债务状况令人联想起希腊的债务危机。希腊总理齐普拉斯28日亦发表电视讲话，宣布希腊银行将停止对外营业，并实行资本管制。

【分析要求】

根据上述资料，请分析是什么原因造成波多黎各无力偿还720亿美元公债。

项目实训

【实训内容】

学生自愿组成小组，模拟公债购买和偿还情况。

【实训目标】

培养学生分析问题和解决问题的能力；体验公债购买和偿还过程。

【实训组织】

学生自愿组成小组，成员为7个人，每个人扮演不同的角色，体验不同的购买和偿还过程。

【实训成果】

(1)考核和评价采用报告资料展示和学生讨论相结合的方式。

(2)评分采用学生和教师共同评价的方式，填写实训报告。

实训报告		
项目实训班级：	项目小组：	项目组成员：
实训时间：　年　月　日	实训地点：	实训成绩：
实训目的：		
实训步骤：		
实训结果：		
实训感言：		

项目十

政府预算

○ **知识目标：**

理解：政府预算的含义、组成。

熟知：政府预算形式；我国预算形式的改革和发展。

掌握：政府预算程序；财政平衡理论；财政管理改革。

○ **技能目标：**

能够掌握政府预算的基本知识、基本原理；具备解读和分析我国政府预算的能力；能够结合我国的实际分析政府预算的现实意义。

○ **素质目标：**

运用所学的政府预算知识研究相关案例，培养和提高学生在特定业务情境中分析问题与决策设计的能力；结合行业规范或标准，强化学生的职业道德素质。

○ **项目引例：**

预算编制与绩效评价

一些地方财政部门在布置下一年度预算编制的通知中规定：及时收回"三公"经费、会议费和培训费等一般性支出结余结转资金。对本级预算安排形成的"三公"经费、会议费和培训费等一般性支出结余结转资金，在预算安排的第二年1月份启动全面清理工作，全部收回总预算。这样做究竟是鼓励节约资金还是鼓励想方设法把钱花光？怎样建立奖惩制度，提高财政支出的使用绩效？

某预算部门编制预算时提出开展全市市民博爱每月1元捐活动，安排工作经费20多万元，包括策划宣传、爱心卡、媒体宣传等，有人对这一活动的成本效益比提出质疑。与此类似的是，一些政府部门项目支出中安排的活动很多，有些并没有让群众受益，纯粹是没事找事。尽管近几年都在开展财政支出绩效评价试点，但各部门并不认真对待，效果还不显著。

讨论：

如何更科学地使用财政资金？为什么绩效评价工作遇到阻力？具体是什么阻力？说说自己的看法。

○ **知识精讲：**

任务一　政府预算组成

一、政府预算的含义

政府预算是社会经济发展到一定历史阶段的产物，起源于封建社会和资本主义社会交替时期的英国。当时，英国新兴的资产阶级为了夺取财政大权，向政府提出国家的各项财政收支必须事先编制计划并由有新兴资产阶级代表参加的议会审查批准后才能执行，经过长期斗争这一要求得以实现。这种有一定法律形式和法律保证的政府年度财政收支计划，就是最早出现的政府预算。

政府预算是经过法定程序编制和批准的政府年度基本财政收支计划，是政府进行财政分配和财政宏观调控的重要手段。政府预算收支活动制约着政府活动的范围和方向，它规定了政府主要财力的来源、结构和方向，体现了国家发展国民经济和各项社会事业的方针、政策。政府预算收支的有效期限即预算编制和执行所依据的法定界限，称之为预算年度或财政年度。我国预算年度的期限为当年的 1 月 1 日至 12 月 31 日。按照法定程序，在每个预算年度开始以前，由财政部门估算的政府年度财政收支计划的预计数称为预算草案；政府预算草案经过立法机关审查批准以后，才能成为具有法律效力的政府预算。

二、政府预算的组成

政府预算按政府级次分为中央政府预算和地方政府预算，按照《中华人民共和国预算法》，实行一级政府一级预算，全国设立五级预算，分别是中央，省、自治区、直辖市，设区的市、自治州，县、自治县、不设区的市、市辖区，乡、民族乡、镇。

(1)中央政府预算是指经法定程序批准的中央政府的预算收支计划。中央政府预算是中央政府履行职能的基本财力保证，主要表现为中央政府的预算收支活动，在政府预算管理体系中居于主导地位。

(2)地方政府预算是指经法定程序批准的地方各级政府的财政收支计划的统称，包括省级及省级以下共四级预算。地方政府预算负有组织本地区财政收支的重要任务，是保证地方政府职能实施的财力保证，并在政府预算管理体系中居于基础性地位。地方总预算由各省(直辖市、自治区)总预算汇总而成。

按照预算收支管理的范围和要求，各级预算分为总预算、部门预算与单位预算。部门预算是政府预算的基础，基层预算单位是部门预算的基础。

(1)总预算指各级政府本级和汇总的下级政府的财政收支计划。

(2)部门预算指各主管部门汇总编制的本系统的财政收支计划，由本部门所属各单位的预算组成。本部门是指与本级政府财政部门直接发生预算拨款关系的地方国家机关、军队、政党组织和社会团体。

(3)单位预算指列入部门预算的国家机关、社会团体和其他行政事业单位的财政收支计划。单位预算是由事业行政单位根据事业发展计划和行政任务编制的，并经过规定程序批准的年度财务收支计划，反映单位与财政部门之间的资金领拨关系。

根据经费领拨关系，中国各级政府的单位预算分为一级单位预算、二级单位预算和基层单位预算。

(1)一级预算单位是与同级政府总预算直接发生预算资金缴拨款关系的单位；如果一级预算单位之下还有被管辖的下级单位，则该一级预算单位又称为主管预算单位。

(2)二级预算单位是与主管预算单位发生预算资金缴拨款关系，下面还有所属预算单位的单位。

基层预算单位是与二级预算单位或主管预算单位发生预算资金缴拨款关系的单位。

三、政府预算形式

随着政府职能范围的扩大，财政活动内容的增多，预算的形式、方法也复杂多样，出现了多种预算形式。

（一）根据预算编制的形式范围不同，分为单式预算和复式预算

1. 单式预算

单式预算是将预算年度内全部的财政收入与财政支出汇编在一个预算内，形成一个收支项目安排对照表，而不区分各项财政收支的经济性质的预算形式。单式预算能从整体上反映某一年度财政收支的状况，便于了解政府财政的全貌，也便于立法机关审批和社会公众了解，但是它不利于政府对复杂的财政活动进行深入分析和管理。在第二次世界大战前，世界上大多数国家都采用单式预算的组织形式。

2. 复式预算

复式预算是将预算年度内的全部财政收支按收入来源和支出性质的不同，分别编成两个或两个以上的预算，从而形成两个或两个以上的收支对照表。

复式预算的形式大体分两种：

(1)双重预算，即按经济性质把财政收支分别编入经常预算和资本预算。经常预算反映政府在一般行政上的经常收支，而资本预算反映政府的资本投资和国家信用。这是复式预算的典型形式。

(2)多重预算，即由一个主预算和若干个子预算组成，如日本的中央预算包括一般会计预算、特别会计预算和政府有关机构预算，此外还有一个财政投融资预算（属预算外）。目前，大多数西方国家以及不少发展中国家都实行复式预算。

复式预算是随着政府职能范围的扩大和政府预算功能的变化，在单式预算的基础上演化而来的。

编制复式预算的优点：(1)便于考核预算资金的来源和用途；(2)有利于分析预算收支对社会需求的影响。

编制复式预算的缺点：(1)由于把国家信用收入作为资本预算的正常收入项目，这就使得资本预算不论整个预算的收支状况如何总是平衡的。这就很容易地使资本预算成为财政赤字的隐蔽所。(2)经常预算支出的资金来源主要是税收收入。西方国家的税收收入在整个预算收入中占很大比重，这样容易掩盖支出浪费的现象。(3)把预算分为经常预算和资本预算两个部分，还会给预算编制方面带来一些困难，如经常预算和资本预算科目的划分标准就很难统一等。

（二）根据预算内容和关系的不同划分，分为总预算和单位预算

1. 总预算

总预算是基于各级政府汇总的本级政府预算和下级政府预算所编制的预算。

2. 单位预算

单位预算是各级政府机关、社会团体、事业单位的经费预算和国有企业的财务收支计划。

（三）根据财政预算组成环节的层次不同划分，分为中央预算和地方预算

1. 中央预算

中央预算由中央各部门（含直属单位）的预算组成。

2. 地方预算

地方预算由各省、自治区、直辖市总预算组成。

(四)根据财政预算编制期限长短的不同,分为年度预算和中长期预算

1. 年度预算

政府预算通常按年度编制,即年度预算。预算年度是编制和执行国家预算的起止期限,通常为1年。世界各国主要采用历年制,即从1月1日到12月31日,以中国、法国等国为代表。有些国家采用跨年制:英国、日本等国是从4月1日到次年3月31日;澳大利亚等国是从7月1日到次年6月30日;美国等国从10月1日到次年9月30日。

2. 中长期预算

中长期预算是从较长时期来考察预算收支是否平衡,现在世界上许多国家在编制年度预算之外再编制不同形式的中长期预算,从3年、5年到更长时间。

(五)按项目是否考虑经济效果分类,分为项目预算、绩效预算和计划项目预算

1. 项目预算

项目预算是指只反映项目的用途和支出金额,而不考虑其支出经济效果的预算。

2. 绩效预算

绩效预算是20世纪50年代初,由美国胡佛委员会建议,在联邦预算中推行的一种预算形式。所谓绩效预算,就是以项目的绩效为目的、以成本为基础编制和管理的预算。在编制绩效预算时,要求政府各部门先制订有关的事业计划或工程规则,计算出每项施政计划的成本和效益,然后择优把项目列入预算。在绩效预算执行后,要用对比计划和实际、本期和前期成本效益的方法,考核行政部门使用预算资金的每项工作或业务的绩效。因此,绩效预算又称成本预算或部门预算。

绩效预算以成本的观念来衡量工作成果,对于监督和控制财政支出、防止浪费有积极作用。但对有些部门支出的成本效益的评估难以操作,如国防部门的“绩效”支出。

3. 计划项目预算

计划项目预算是在绩效预算的基础上,依据国家确定的目标,着重按项目安排和运用定量分析方法编制的预算。

实行计划项目预算的基本步骤是:(1)按政府确定的目标划分项目;(2)确定完成目标所必需的资源,对选定的项目配置资源,在此基础上确定这部分资源的费用。

计划项目预算的优点主要是:(1)可以把预算中安排的项目和政府的中、长期计划相结合,做到长计划短安排,有利于政府活动的开展。(2)由于在选择和安排项目的过程中,重视成本效益,因而要求依据各项资料进行经济分析和评估,并通过项目之间的比较,来降低各个项目的费用和提高财政资金的使用效果。(3)考虑到许多项目往往是跨年度的,按项目安排预算,可以根据发展变化情况,对目标、计划和预算进行调整。其缺点是成本效益分析不能覆盖所有预算项目,且预算编制复杂,推行困难。

“绩效预算”和“计划预算”都是着眼于预算支出的成本效益分析的预算。不同的是绩效预算侧重于预算评估,其重点放在一个预算年度上。而计划项目预算侧重于计划的制订,它把政府活动规划结合起来考虑,属于滚动式预算。

(六)按预算方法不同,分为零基预算和增量预算

1. 零基预算

零基预算是对每一年(或每一项目)预算收支的规模进行重新审查和安排,而不考虑基期的实际支出水平,即以零为起点而编制的预算。这种方法强调从头开始,从根本上分析研究所有项目(包括原有的和新的)和每一项目的全部支出(包括已支出和未支出)的成本和效益,在此基础上确定其预算收支数。

零基预算的优点是没有现成的框框,不受现行预算执行情况的约束,能够充分发挥各级管理人员的积极性和创造性,促进各级预算单位精打细算。同时,使政府可以根据需要确定优先安排的项目,减轻政府为满足不断增加的财政支出而增税或扩大债务的压力。其缺点是工作量大,需要较多高素质的管理人员。

2. 增量预算

增量预算是指财政收支计划指标在以前财政年度的基础上,按新的财政年度的经济发展情况进行调整后确定的预算。由于增量预算有前期的基础和参考,工作量减少且比较合理,各国主要采用此预算方法。

四、我国预算形式的改革和发展

中华人民共和国成立以来,我国预算长期采取单式预算的编制方法。随着经济体制改革的深入发展,1991 年 3 月,七届四次全国人民代表大会通过的《国民经济和社会发展十年规划和第八个五年计划纲要》中明确规定,“八五”期间我国预算实行复式预算制, 在 1992 年中央和省(市)级预算开始按复式预算形式编制。其模式是,将各项预算收支按其不同的来源和资金的性质,划分为经常性预算和建设性预算两部分。其中将以管理者身份取得的一般收入和用于维护政府活动的经常费用,保障国家安全稳定,发展科学、教育、卫生等各项事业以及用于人民生活方面的支出,列为经常性预算;将以资产所有者身份取得的收入,以及政府特定用于建设方面的某些收入和直接用于国家建设方面的支出,列为建设性预算。1994 年国家又作了进一步的完善,1995 年颁布的《中华人民共和国预算法实施条例》中明确规定:各项政府预算按照复式预算编制,分为政府公共预算、国有资产经营预算、社会保障预算和其他预算。

我国实行复式预算是适应经济体制改革需要和强化政府预算管理的必然后果。为了进一步提高我国的预算管理水平,我们应当吸取西方国家的一些预算制度的优点,不断完善我国的复式预算制。

任务二 政府预算程序

一、时间及依据

政府预算编制的组织程序按“两上两下”即“自下而上、自上而下、两上两下、上下结合”的方式进行,大致过程如下:(1)单位、部门提出概算;(2)下达预算收支指标;(3)编制汇总预算;(4)审批预算。

根据部门预算改革的要求,国务院于每年 7 月份向省、自治区、直辖市政府和中央各部门下达编制下一年度预算草案的指示,提出编制预算草案的原则和要求。

各级政府编制年度预算草案的依据:(1)法律、法规;(2)国民经济和社会发展计划、财政中长期计划以及有关的财政经济政策;(3)本级政府的预算管理职权和预算管理体制确定的预算收支范围;(4)上一年度预算执行情况和本年度预算收支变化因素;(5)上级政府对编制本年度预算草案的指示和要求。

各部门、各单位编制年度预算草案的依据:(1)法律、法规;(2)本级政府的指示和要求以及本级政府财政部门的部署；(3)本部门、本单位的职责、任务和事业发展计划；(4)本部门、本单位的定员定额标准；(5)本部门、本单位上一年度预算执行情况和本年度预算收支变化因素。

中央预算草案经全国人民代表大会批准后，为当年中央预算。财政部应当自全国人民代表大会批准中央预算之日起 30 日内，批复中央各部门预算；中央各部门应当自财政部批复本部门预算之日起 15 日内，批复所属各单位预算。

地方各级政府预算草案经本级人民代表大会批准后，为当年本级政府预算。县级以上地方各级政府的财政部门应当自本级人民代表大会批准本级政府预算之日起 30 日内，批复本级各部门预算。地方各部门应当自本级财政部门批复本部门预算之日起 15 日内，批复所属各单位预算。

二、预算编制

(一)预算收支内容

国家预算由预算收入和预算支出组成。

预算收入划分为中央预算收入、地方预算收入、中央和地方预算共享收入。预算收入包括：(1)税收收入；(2)依照规定应当上缴的国有资产收益；(3)专项收入；(4)其他收入。

视频

2018 年财政收入增速放缓，更大规模减税降费可期

预算支出划分为中央预算支出和地方预算支出。预算支出包括：(1)经济建设支出；(2)教育、科学、文化、卫生、体育等事业发展支出；(3)国家管理费用支出；(4)国防支出；(5)各项补贴支出；(6)其他支出。

“经济建设支出”，包括用于经济建设的基本建设投资支出、支持企业的挖潜改造支出、拨付的企业流动资金支出、拨付的生产性贷款贴息支出、专项建设基金支出、支持农业生产支出以及其他经济建设支出。

“事业发展支出”，是指用于教育、科学、文化、卫生、体育、工业、交通、商业、农业、林业、环境保护、水利、气象等方面事业的支出，具体包括公益性基本建设支出、设备购置支出、人员费用支出、业务费用支出以及其他事业发展支出。

(二)预算编制内容

中央预算的编制内容包括：(1)本级预算收入和支出；(2)上一年度结余用于本年度安排的支出；(3)返还或者补助地方的支出；(4)地方上解的收入。

中央财政本年度举借的国内外债务和还本付息数额应当在本级预算中单独列示。

地方各级政府预算的编制内容包括：(1)本级预算收入和支出；(2)上一年度结余用于本年度安排的支出；(3)上级返还或者补助的收入；(4)返还或者补助下级的支出；(5)上解上级的支出；(6)下级上解的收入。

三、部门预算编制流程

1. 中央部门预算的总流程

中央各部门编制、汇总和上报本部门的预算建议数；财政部业务司局按照其管理职能分别对部门预算建议数进行审核，并下达预算控制数；各部门根据预算控制数编制预算，上报财政部；财政部再对部门预算数进行审核汇总，报送国务院审定后报送全国人大批准；根据全国人大批准的预算，由财政部统一批复给各部门。

2. 部门编报预算的流程

部门或单位在编报预算的过程中通过利用“中央部门预算编报子系统”，编制和上报部门预算建议数，根据预算控制数编制和上报部门预算数。

3. 财政部审核和上报预算的流程

财政部在管理部门预算的过程中根据现行管理职能将部门预算拆分给各业务司局；各业务司局在自己的权限范围内审核各部门预算数据，给各部门下达部门预算控制限额；根据全国人大批准后的中央预算，预算司向各部门批复预算。

4. 财政部批复预算的流程

全国人大批准中央预算后，财政部在一个月之内将预算批复到各部门。

政府预算的执行指经过法定程序批准的预算的具体实施过程，包括组织预算收入和拨付预算资金等内容。预算的执行原则是“统一领导，分级管理”。各级预算由本级政府组织执行，具体工作由本级财政部门负责。执行机关有财政部门、税务部门、中国人民银行、海关等。

四、预算执行

政府财政部门负责预算执行的具体工作，主要任务是：

(1)研究落实财政税收政策的措施，支持经济和社会的健康发展；

(2)制定组织预算收入和管理预算支出的制度和办法；

(3)督促各预算收入征收部门、各预算缴款单位完成预算收入任务；

(4)根据年度支出预算和季度用款计划，合理调度、拨付预算资金，监督检查各部门、各单位管好用好预算资金，节减开支，提高效率；

(5)指导和监督各部门、各单位建立健全财务制度和会计核算体系，按照规定使用预算资金；

(6)编报、汇总分期的预算收支执行数字，分析预算收支执行情况，定期向本级政府和上一级政府财政部门报告预算执行情况，并提出增收节支的建议；

(7)协调预算收入征收部门、国库和其他有关部门的业务工作。

政府财政部门应当加强对预算拨款的管理，并遵循下列原则：

(1)按照预算拨款，即按照批准的年度预算和用款计划拨款，不得办理无预算、无用款计划，超预算、超计划的拨款，不得擅自改变支出用途；

(2)按照规定的预算级次和程序拨款，即根据用款单位的申请，按照用款单位的预算级次和审定的用款计划，按期核拨，不得越级办理预算拨款。

(3)按照进度拨款，即根据各用款单位的实际用款进度和国库库款情况拨付资金。

五、政府决算

政府决算是经法定程序批准的年度预算执行结果的会计报告，目的是总结和评价全年的预算收支活动，为过去一年预算收支的执行和管理提供信息。它对回顾一年来的预算执行过程起到关键作用，同时可以总结经验教训，弥补预算建立和执行环节的不足。

中国政府决算管理主要由以下几个环节构成：(1)政府决算的部署；(2)年终清理和结账；(3)政府决算的编制；(4)政府决算的审查和批准。

财政部应在每年的第四季度部署编制决算草案的原则、要求、方法和报送期限，制发中央各部门决算、地方决算及其他有关决算的报表格式，布置编制决算的工作。县级以上地方政府财政部门根据财政部的部署，部署编制本级政府各部门和下级政府决算草案的原则、要求、方法和报送期限，制发本级政府各部门决算、下级政府决算及其他有关决算的报表格式。地方政府财政部门根据上级政府财政部门的部署，制定本行政区域决算草案和本级各部门决算草案的具体编制办法。各部门根据本级政府财政部门的部署，制定所属各单位决算草案的具体编制办法。

政府财政部门、各部门、各单位在每一预算年度终了时，应当清理核实全年的预算收入、支出数字和往来款项，做好决算数字的对账工作，不得把本年度的收入和支出转为下年度的收入和支出，不得把下年度的收入和支出列为本年度的收入和支出；不得把预算内的收入和支出转为预算之外，不得随意把预算外收入和支出转为预算之内。决算各项数字应当以经核实的基层单位汇总的会计数字为准，不得以估计数字替代，不得弄虚作假。

各单位应当按照主管部门的布置，认真编制本单位的决算草案，在规定期限内上报。各部门在审核汇总所属各单位决算草案的基础上，连同本部门自身的决算收入和支出数字，汇编成本部门决算草案并附决算草案详细说明，经部门行政领导签章后，在规定期限内报本级政府财政部门审核。

财政部应当根据中央各部门决算草案汇总编制中央决算草案，报国务院审定后，由国务院提请全国人民代表大会常务委员会审查和批准。全国人大常委会一般在每年 6 月底的例会上审议中央决算草案。县级以上地方各级政府财政部门根据本级各部门决算草案汇总编制本级决算草案，报本级政府审定后，由本级政府提请本级人民代表大会常务委员会审查和批准。乡、民族乡、镇政府根据财政部门提供的年度预算收入和支出的执行结果，编制本级决算草案，提请本级人民代表大会审查和批准。

按照预算法及其实施条例的规定，县级以上各级政府决算草案经本级人民代表大会常务委员会批准后，本级政府财政部门应当自批准之日起 20 日内向本级各部门批复决算。各部门应当自本级政府财政部门批复本部门决算之日起 15 日内向所属各单位批复决算。县级以上地方各级政府应当自本级人民代表大会常务委员会批准本级政府决算之日起 30 日内，将本级政府决算及下一级政府上报备案的决算汇总，报上一级政府备案。

任务三　财政平衡理论

一、财政平衡的含义

财政平衡是指在预算年度内政府预算收入与预算支出在总量上的对比关系。其对比结果有三种情况：收大于支，出现结余；支大于收，出现赤字；收等于支，绝对平衡。编制的政府预算作为一种平衡表，收入与支出是恒等的，就经济内容分析，收支绝对相等在理论上是成立的，而实际上是不存在的。现实中的财政平衡，常见的是预算结余和预算赤字，因此，财政平衡不过是一种理想状态，作为预算编制和执行的参照系。

二、财政平衡的计算口径

财政平衡的计算口径实际上就是计算财政的结余或者赤字的口径，通常有以下两种：

第一口径：

财政赤字或结余＝(经常收入＋债务收入)－(经常支出＋债务支出)

第二口径：

财政赤字或结余=经常收入-经常支出

两种计算公式的主要区别在于债务收入和债务还本付息支出是否计入算式中。第一种口径中,债务收入和债务还本付息支出列入算式中;第二种口径中,债务收入和债务还本付息支出没有列入算式中。

三、财政平衡与社会供求平衡

(一)财政平衡与社会供求总量平衡

在国民经济核算中,社会总供求的总量平衡恒等式如下:

(消费)C+(储蓄)S+(税收)T+(进口额)M=(消费)C+(投资)I+(政府支出)G+(出口额)X

恒等式左边代表总供给的收入流量,右边代表总需求的支出流量。因此,恒等式可表述为:

收入流量=支出流量

从恒等式中可以看出,由于政府行为所引起的所有收入和支出,都融入社会收入总流量和社会支出总流量,从而构成了社会总供给与社会总需求的重要组成部分。财政收支的平衡状态,必然影响社会总供求的平衡状态。当 T>G 时,出现财政结余,使社会总供给大于社会总需求;反之,当 T<G 时,出现财政赤字,使社会总需求大于社会总供给。如果财政赤字过大,又没有合适的弥补方式,就会造成需求的过分扩张,导致通货膨胀,从而影响社会经济生活的正常秩序。

根据上述恒等式,可以推导出财政结余或赤字的预算恒等式:

(税收)T-(政府支出)G=[(投资)I -(储蓄)S]+[(出口额)X-(进口额)M]

即:

财政结余或赤字=投资、储蓄账户的结余或赤字+贸易账户的结余或赤字

通过分析财政平衡与社会总供求的关系可以得出以下结论:首先,财政平衡是社会总供求平衡中的一个组成部分,必须从国民经济的整体平衡来研究财政平衡。就财政本身研究财政平衡难以得出全面的结论。其次,国民经济整体平衡的目标是社会总需求的大体平衡,财政平衡是其中的一个局部平衡,就社会总需求平衡而言,财政平衡本身不是目的,而是一种手段。最后,公式中的消费、投资、储蓄、进出口属于个人和企业行为,是通过市场实现的,而财政收支属于政府行为,因此,财政收支平衡是政府进行宏观调控的手段。政府通过财政收支平衡可以直接调控社会总需求,间接调控社会总供给。

(二)财政平衡与社会总供求结构平衡

从实物形态的角度分析,财政平衡与社会总供求之间存在着结构上的平衡问题,即各种收入流量所代表的物资可供量的构成与各种支出流量所形成的对使用价值的不同需求的配比关系问题。在构成社会总供给的物资可供量中,既包括生产资料供给,也包括消费资料供给;同样,在构成社会总需求的使用价值的不同需求中,既包括生产资料需求,也包括消费资料需求。社会总供求之间不但要总量平衡,而且要结构平衡。

财政平衡中的收入流量代表了可供政府支配使用的生产资料和消费资料,支出流量代表政府形成的对生产资料和消费资料的需求,二者之间的供给结构和需求结构应该是对应的;否则,就会影响社会总供求结构的平衡。

对于社会总供求的结构不平衡,政府可以通过财政手段进行调控。对经济结构中的供大于求的部分,一方面采用提高税率手段限制供给量,另一方面采用增加政府补贴、扩大政府投

资等手段刺激需求；对于经济结构中需求大于供给的部分，采用增加政府投资、降低税率等手段，增加有效供给。

任务四　财政管理改革

一、部门预算改革

部门预算是部门依据国家有关政策规定及其职能的需要，审核、汇总所属基层预算单位的预算和本部门机关的经费预算，经财政部门审核后提交立法机关批准的涵盖本部门各项收支的财政计划。

部门预算相对于传统的功能预算而言，发生了如下变化：(1)扩大了预算的编制范围，有利于提高预算的综合性；(2)一个部门一个预算；(3)克服了代编预算的方式，提高了准确性；(4)建立新预算管理机制。

编制部门预算要求统一预算分配权，为此，财政部的内设机构及其职能也相应进行了重新设计。(1)由预算司作为统一管理预算的部门；(2)改变了原来按经费性质设置机构的做法，基本上做到了一个部门归口财政部的一个业务司；(3)统一了国有企业资产和财务管理，统一预算内外资金管理，编制综合预算，使预算编制、执行和监督相对分离，初步建立起分工合理、责任明确、相互制约的运行机制；(4)调整了预算批复的主体，由财政部预算司统一批复预算；(5)有利于及时批复预算。

1999 年 9 月 20 日，财政部以财预字〔1999〕464 号文下发了《关于改进 2000 年中央预算编制的通知》，从 2000 年起选择农业部、科技部、教育部、劳动与社会保障部四个部门，作为报送部门预算的试点单位，拉开了部门预算改革的序幕。2001 年起，各地方也开始在一些部门试点编制部门预算。到 2004 年，全国各省级部门基本上都实行了部门预算。

为深化部门预算改革，财政部又推进了支出预算管理改革及强化预算基础管理两项基础工作。支出预算管理改革包括：

(一)基本支出预算管理

(1)完善行政单位定员定额标准。根据中央部门履行职能情况、有关政策调整等因素，提出完善现行定员定额标准体系的思路，提高预算编制的规范性和准确性。对符合定员定额管理条件的事业单位，在总结试点经验的基础上做好相关制度、标准的制定工作。

(2)推进实物费用定额试点工作。制定和完善实物费用定额标准，扩大试点部门，加快实现实物定额由“虚转”向“实转”的转变，建立定员定额与实物费用定额相结合的定额标准体系。

(3)做好事业单位改革工作。按照事业单位体制改革的总体部署，积极研究事业单位经费的供给范围和供给方式，将符合条件的事业单位逐步纳入定员定额试点范围。

(二)项目支出预算管理

(1)加强对经常性专项业务费的管理。选择一些符合条件的经常性专项业务费项目，明确界定其支出范围，并制定出相应的管理办法，切实加强对此类项目的预算管理。

(2)积极探索项目支出预算滚动管理的合理途径。按照中央本级项目支出管理办法的规定，项目支出预算采取项目库管理方式，项目库分为中央部门项目库和财政部项目库。下一步将研究如何将部门上报但未批复项目、部门预算执行中申请追加的项目与项目库有机对接，做到既严格控制执行中的追加，又保证预算编制、执行追加审核标准的统一、规范，维护预算的严肃性和权威性。

(3)强化预算基础管理。为完善财政管理,加强财政监督,提高资金使用效率,促进行政工作任务的完成和事业的发展,财政部于2001年印发了《中央部门项目支出预算管理试行办法》,规定编制项目支出预算的基本办法,适用于中央级行政事业单位由行政事业费开支的项目,主要包括大型修缮、大型会议和其他行政事业性项目;通过项目库的设立,规范大额支出的申请及列入预算的程序,规定必须经过科学论证,以确保资金用在刀刃上。2006年财政部又根据基本支出改革的进展情况,对基本支出管理办法进行修订,进一步完善"e财网"指标管理系统,建立中央行政事业人员的基础数据库,进一步加强结余资金管理,按照《中央部门预算财政拨款结余资金管理暂行规定》的要求,真正做到将部门项目预算安排和结余资金清理使用情况相结合,提高预算编制的准确性。在不断细化项目支出预算的同时,切实提高包括横向分配预算资金在内的预算资金年初到位率。通过压缩年初代编预算规模,减少执行中的追加事项。同时,加强对执行中追加预算的审批。对部门在预算执行中提出的追加申请,要严格控制和审批。对年初代编预算,执行中追加的项目,应符合年初代编的项目范畴要求。

二、国库集中收付制度改革

在改革前,中国的财政性资金缴库和拨付方式,是通过征收机关和预算单位设立多重账户分散进行的。这种在传统体制下形成的运作方式,越来越不适应社会主义市场经济体制下公共财政的发展要求。其主要弊端是:重复和分散设置账户,导致财政资金活动透明度不高,不利于对其实施有效管理和全面监督;财政收支信息反馈迟缓,难以及时为预算编制、执行分析和宏观经济调控提供准确依据;财政资金入库时间延滞,收入退库不规范,大量资金经常滞留在预算单位,降低了使用效率;财政资金使用缺乏事前监督,截留、挤占、挪用等问题时有发生,甚至出现腐败现象。因此,必须对现行财政国库管理制度进行改革,逐步建立和完善以国库单一账户体系为基础、资金缴拨以国库集中收付为主要形式的财政国库管理制度。

财政国库管理制度改革的指导思想是:按照社会主义市场经济体制下公共财政的发展要求,借鉴国际通行做法和成功经验,结合中国的具体国情,建立和完善以国库单一账户体系为基础、资金缴拨以国库集中收付为主要形式的财政国库管理制度,进一步加强财政监督,提高资金使用效率,更好地发挥财政在宏观调控中的作用。

财政国库管理制度改革的主要内容是:按照财政国库管理制度的基本发展要求,建立国库单一账户体系,所有财政性资金都纳入国库单一账户体系管理,收入直接缴入国库或财政专户,支出通过国库单一账户体系支付到商品和劳务供应者或用款单位。国库单一账户体系包括:财政部门在中国人民银行开设的国库单一账户、按资金使用性质在商业银行开设的零余额账户、在商业银行为预算单位开设的零余额账户、在商业银行开设的预算外资金财政专户、在商业银行为预算单位开设的小额现金账户和特殊过渡性专户。建立国库单一账户体系后,相应取消各类收入过渡性账户。预算单位的财政性资金逐步全部纳入国库单一账户管理。在建立健全现代化银行支付系统和财政管理信息系统的基础上,逐步实现由国库单一账户核算所有财政性资金的收入和支出,并通过各部门在商业银行的零余额账户处理日常支付和清算业务。

在规范财政性账户开设的同时,规范收入收缴程序和支出拨付程序。财政收入的收缴分为直接缴库和集中汇缴。财政支出总体上分为购买性支出和转移性支出,根据支付管理需要具体分为:工资支出,即预算单位的工资性支出;购买支出,即预算单位除工资支出、零星支出之外购买服务、货物、工程项目等的支出；零星支出，即预算单位购买支出中的日常小额部分，除《政府采购品目分类表》所列品目以外的支出，或列入《政府采购品目分类表》所列品目，但未达到规定数额的支出；转移支出，即拨付给预算单位或下级财政部门，未指明具体用途的支出，包括拨付企业补贴和未指明具体用途的资金、中央对地方的一般性转移支付等。按照不同的支付主体，对不同类型的支出，分别实行财政直接支付和财政授权支付。

建立以国库单一账户体系为基础、资金缴拨以国库集中收付为主要形式的财政国库管理制度，是对财政资金的账户设置和收支缴拨方式的根本性变革，是一项十分庞大和复杂的系统工程。改革方案的实施，不仅涉及改变现行预算编制方法和修订一系列相关法律法规，建立健全银行清算系统、财政管理信息系统、财政国库支付执行机构等必需的配套设施，而且涉及改变传统观念、摆脱旧的管理方式的束缚。这项改革对加强财政管理监督，提高资金使用效率，从源头上防范腐败，具有重要意义。

为逐步建立以国库单一账户体系为基础、资金缴拨以国库集中收付为主要形式的财政国库管理制度，加强财政管理监督，提高资金使用效率，2001 年，中国政府批准了财政部等部门制定的《财政国库管理制度改革方案》，要求在“十五”期间全面推行财政国库管理制度改革。

按照这一要求，中央部门于 2001 年 8 月开始实施改革，至 2004 年年底，140 个中央部门实行了国库集中支付改革，47 个中央部门纳入了非税收入收缴改革实施范围。而地方上，国库集中收付制度改革的力度也在不断加大，推进速度明显加快，绝大多数省本级迅速实施了改革，并将改革向地市县推进。

截至 2012 年年底，中央 166 个部门及所属 1.5 万多个基层预算单位，全国 36 个省（自治区、直辖市、计划单列市）、51 万多个地方预算单位实行了国库集中支付制度改革，资金支付范围涵盖公共财政预算、政府性基金和国有资本经营预算。在此基础上，不断完善预算执行动态监控运行机制。预算执行动态监控是指在国库集中支付制度改革基础上，通过动态监控系统，对与国库集中支付资金相关的信息进行监测、判断、核实、处理，及时纠正预算执行偏差，保障财政资金安全、规范、有效运行，以达到纠偏、警示、威慑目的的预算执行监管工作。截至 2012 年年底，中央财政国库动态监控范围已涵盖 166 个部门及所属 1.5 万多个基层预算单位，地方 35 个省（自治区、直辖市、计划单列市）本级及部分市县级财政部门建立了预算执行动态监控机制。

为严格控制公务活动开支，2007 年 5 月，财政部、中国人民银行联合召开了全国公务卡应用推广工作会议，并于 6 月份印发了《中央预算单位公务卡管理暂行办法》，启动了中央和地方公务卡改革试点工作。改革试点进展顺利，并取得了初步成效。公务卡是指行政事业单位工作人员持有的，主要用于日常公务支出和财务报销业务的信用卡。在这之后，各级预算单位全面推行公务卡改革试点，积极扩大公务卡结算范围，具备刷卡条件的，必须使用公务卡，其中出差购买机票、定点饭店公务消费，都要使用公务卡结算，否则，财务不予报销。

推行公务卡改革，是深化预算制度改革、加强公共财政管理的必然要求，是方便预算单位用款、提高财务管理水平的重要举措，是提高政府支出透明度、加强惩防体系建设的制度创新。坚持改革有利于完善现代财政国库管理制度、有利于加强财政动态监控、有利于方便预算单位用款三个改革原则；规范“银行授信额度，个人持卡支付，单位报销还款，财政实时监控”四个操作环节。截至 2012 年年底，绝大多数中央部门及所属 1 万多个中央基层预算单位，全国 36 个省（自治区、直辖市、计划单列市）38 万多个地方预算单位实行了公务卡制度改革。可以预计，随着改革措施的逐步到位，行政管理经费约束机制将得到进一步完善。

三、预算外资金“收支两条线”改革

预算外资金是指各地区、各部门，全民所有制企业、事业、行政单位根据国家财政、财务制度的规定收取、提留和安排使用，不纳入国家预算管理的资金。1996年，《国务院关于加强预算外资金管理的决定》中明确指出，预算外资金是财政性资金，并规定财政部门在银行设立预算外资金专户，实行收支两条线管理。

“收支两条线”管理是针对预算外资金管理的一项改革，其核心内容是将财政性收支纳入预算管理范围，形成完整、统一的各级预算，提高法制化管理和监督水平。对合理、合法的预算外收入，不再自收自缴，实行收缴分离，纳入预算或实行财政专户管理。取消各执收单位自行开设和管理的过渡收入账户，改为由财政部门委托的代理银行开设预算外资金财政汇缴专户，只用于预算外收入的收缴，不得用于执收单位的支出。对于支出，实行收支脱钩，即执收单位的收费和罚没收入不再与其支出安排挂钩，单独编制支出预算，由财政部门通过正常途径安排。财政部2001年11月15日发布了《关于深化收支两条线改革进一步加强财政管理的意见》，在对部分部门的预算外收入纳入预算或实行收支脱钩管理的基础上，总结经验，逐步扩大试点范围，重点研究解决预算外资金的管理问题。对实行收支脱钩管理的部门原用预算外资金安排的支出，中央财政将根据其履行职能的基本需要准确核定，并通过财政拨款予以保障。

2010年6月1日，财政部决定，从2011年1月1日起，将按预算外资金管理的收入（不含教育收费，以下简称预算外收入）全部纳入预算管理。至此，“预算外资金”这一提法成为历史。这一改革是我国预算管理制度改革进程中的一个重要里程碑，意义重大，既规范了政府资金的分配秩序，保证了预算的完整，又有利于减少乱收费、乱罚款和乱摊派等不良现象，从源头上治理腐败，而且强化了对财政资金的管理，有利于加强人民代表大会和社会各界对财政资金的监督。

四、政府采购制度改革

政府采购制度是指各级政府为了开展日常政务活动和为公众提供公共服务，以公开招标、投标为主要方式从市场上为政府部门或所属公共部门购买商品、工程和服务的一种制度。政府采购制度作为财政制度的一个重要组成部分，在国外已经有相当长的历史，英国在1782年设立文具公用局，美国在1778年的《宪法》中就有了政府采购的条款。政府采购制度在各国的经济管理中有着十分重要的地位，目前发达国家和地区的政府采购占GDP的比率较高，一般为10%～20%，如美国为20%，欧盟为15%～20%，日本为10%，东南亚国家大体在5%。政府采购制度具有公开性、公平性和竞争性的特征。公开竞争是政府采购制度的基石，它体现了公平的原则，通过竞争，政府能买到具有最佳价格和性能的物品和劳务，节约财政资金，使公民缴纳的税收产生最大的效益，同时又体现了效率原则。

（一）实施政府采购制度的现实意义

我国目前正处在社会主义市场经济逐步建立的转轨时期，建立和完善政府采购制度具有十分重要的现实意义。

1. 建立政府采购制度是市场经济体制的内在要求

市场经济讲求效益原则，要求使社会资源得到有效的合理配置。建立政府采购制度要保证政府的采购行为实现效益最大化，同时在公平竞争的市场中进行，增加政府行为的透明度。我国社会主义市场经济的不断发展，为政府采购制度的建立提供了良好的外部环境；同时，政府是国内最大的单一消费者，政府采购的数量、品种和频率，对整个国民经济发展有着直接的影响。建立政府采购制度，使政府行为规范化、法制化，既能较好地发挥政府的职能作用，又能弥补市场机制本身的缺陷。

2. 建立政府采购制度是提高财政资金使用效率的需要

政府采购大多以招标的方式进行，增加了采购的透明度，通常可以在保证质量的前提下以最低价格成交。这一方面节约了财政资金，另一方面由于实行政府采购的基础工作是要对各财政拨款的行政事业单位的现有资产存量进行摸底清查，建立资产档案，各单位无权自行调剂、报废和变卖，既可保证国有资产的安全性，又可避免重复购置，以节约财政资金。

3. 建立政府采购制度是改革财政支出方式的需要

建立政府采购制度通过改革财政支出方式，对部分财政购买性支出实现价值管理和实物管理相结合，能够更好地监督、控制财政资金的使用。政府采购是由政府委托专职部门实施的，专职部门根据政府各职能部门、事业单位的实际情况，对其所需的办公用品、车辆设备购置与维护、工程项目、会议用品及服务统一购买，据实发放，由过去单一的资金拨付制改为资金管理与实物管理相结合的财政支出制度，强化了财政监督管理力度，使政府资源得到合理配置。

4. 建立政府采购制度是防止产生腐败的需要

建立政府采购制度，增加了政府采购行为的透明度，从根本上杜绝了分散采购、自由采购中的不法行为，如以权谋私、吃回扣、请客送礼等，在保证采购质量、堵住财政资金流失的渠道的同时，又能从制度上杜绝腐败行为的产生。

5. 建立政府采购制度是实现与国际接轨的需要

我国是 WTO 成员方，必须向其他成员方开放政府采购市场。另外，我国政府于 1996 年向 APEC(亚太经济合作组织)提交的单边协议计划，明确最迟于 2020 年与各 APEC 成员方对等开放政府采购市场。为此，必须建立政府采购制度，做好足够的准备，为对外开放政府采购市场积累经验，培养人才。

(二)实施政府采购制度的必要条件

1. 专门的机构及人员

从各国的经验看，一般把财政部门作为政府采购中的一个重要管理机构。其职责主要有：制定政府采购法规或指南，管理招标事务，制定支出政策，管理和协调采购委员会的工作等。由于政府采购是一项专业性、系统性较强的工作，因而要由一批专门的人才来执行。

2. 明确规范的采购原则

一般建立政府采购制度的国家都把货币价值最大化，公开、公平竞争，透明度，效率，防止腐败等作为政府采购普遍遵循的原则。

3. 法定的采购程序

采取招标方式或者非招标方式，要视采购对象的数量、金额或特点而定。但无论采取哪种方式，都要遵循严格的法定程序。

4. 权威的仲裁机构

仲裁的主要内容是招投标和履约双方在一些程序、协议条款和运作方式上产生的各种疑义。

(三)政府采购的范围、方式和程序

1. 政府采购的范围

政府采购的范围较广，内容庞杂。一般按政府采购对象的性质将其内容分为三大类，即货物、工程和劳务。(1)货物包括原料产品、设备和器具,(2)工程包括建造房屋,兴修水利,改造环境、交通设施和铺设地下水管等,(3)服务包括专业服务、技术服务、资讯服务、营运服务、维修、培训、会务等。

2. 政府采购的方式

政府采购的方式包括公开招标、邀请招标、竞争性谈判、单一来源采购、询价等,其中,公开招标是最基本的方式,即邀请所有潜在的供应商参加投标,采购部门通过事先确定并公布的标准从所有投标者中评出中标供应商,并与之签订采购合同的一种采购方式。

3. 政府采购的程序

政府采购的程序一般包括三个阶段,即(1)确定采购要求;(2)签订采购合同;(3)执行采购合同。

(四)改革进程

我国的政府采购制度是在社会主义市场经济的大背景下逐步发展起来的。自 1996 年以来,我国的政府采购制度改革经历了研究探索、试点初创、全面试点、全面实施四个阶段,采购范围和规模不断扩大,经济效益和社会效益大幅提高,法律框架基本形成,管采分离(采购管理机构与操作机构分离)的管理体制初步建立,调控经济和社会发展的政策功能逐步显现。1996～1997 年为研究探索阶段,财政部提出了把推行政府采购制度作为我国财政支出改革方向的政策建议,上海市、河北省、深圳市等地开展了试点工作;1998～1999 年为试点初创阶段,财政部制定发布了《政府采购管理暂行办法》;2000～2002 年为全面试点阶段,财政部在国库司内设立了政府采购管理处,2002 年全国政府采购规模突破了 1 000 亿元;2003 年至今为全面实施阶段,2003 年 1 月 1 日,《中华人民共和国政府采购法》正式实施,标志着政府采购制度改革试点工作结束,进入了全面实施阶段。

十几年来,全国政府采购规模增长迅速。1998 年仅为 31 亿元, 2013 年全国政府采购金额为 16 381.1 亿元,比 2012 年增加 2 403.4 亿元,增长了 17.2%。政府采购规模占全国财政支出和 GDP 的比重分别为 11.7%和 2.9%。2013 年,政府集中采购规模为 10 750.2 亿元,占采购总规模的 65.6%。与上年相比,分散采购的比重略有上升。各级财政部门和集中采购机构通过调整集中采购目录、推进批量集中采购以及改进协议供货方式等措施,进一步优化集中采购模式,有效解决了原协议供货采购存在的"质次价高"等问题。"十一五"时期,我国政府采购规模持续扩大,经济效益显著提高,政府采购实施范围从传统的货物类采购向工程类、服务类采购扩展。货物类采购从通用类货物向专用类延伸,服务类采购从传统的专业服务快速扩展到公共服务、服务外包等新型服务领域,工程类采购也逐步纳入了政府采购管理范围。同时,政府采购资金构成从财政性资金逐步向单位自筹资金、BOT 项目市场融资等方面扩展。与财政支出结构调整相适应,采购活动也逐步涵盖一些公益性强、关系民生的支出项目。在此基础上,我国政府采购活动规范化水平得到显著提升[①]。

【同步案例 10－1】　　减少政府采购的腐败现象

政府招标采购制度是目前世界公认的最为合理的公共财政支出制度,美国 1761 年就颁布了《政府采购法》,英国政府也于 1782 年设立了专门负责政府采购的文具公用局。其后,许多国家纷纷效仿。我国 1996 年开始试行政府采购制度,

案例精析

10－1

① 王珅.2010 年全国政府采购规模达 8 422 亿元[N]. 中国政府采购报，2011－05－26。

目前已被中央和地方各级政府广泛采用。实行政府采购是我国财政支出管理的一项重要改革，对市场经济的发展具有多重积极意义。政府采购在我国受到特别重视的一个关键原因在于，这项制度有望解决前一段普遍存在却一直无法有效遏制的公共支出中决策或经办人员收受回扣现象。因此，政府采购被称为从源头上防止腐败的"阳光采购"。

然而，近年来，社会上对曾经寄予厚望的"阳光采购"不乏失望之声。有的批评政府采购仍然存在暗箱操作，只是更换了操作主体；有的批评政府采购是"变许多人的分散腐败为少数人的集中腐败"等。

讨论：如何减少政府采购中腐败现象的产生？

应知考核

一、单项选择题

1. 我国预算年度的起始期限为(　　)。

A. 当年的1月1日至12月31日

B. 当年的4月1日至次年的3月31日

C. 当年的10月1日至次年的9月30日

D. 当年的7月1日至次年的6月30日

2. 我国预算草案在当年3月份之前确定，预算编审的组织程序按照(　　)的方式进行。

A. 自上而下、自下而上、两下两上、上下结合

B. 自下而上、自上而下、两上两下、上下结合

C. 自上而下、自下而上、一下一上、上下结合

D. 自下而上、自上而下、两上两下、上下分离

3. 我国的国家金库由(　　)代理。

A. 中国人民银行　　B. 中国人民建设银行

C. 财政局　　D. 税务局

4. 政府预算是政府的(　　)财政收支计划。

A. 多年度　　B. 年度　　C. 季度　　D. 月度

5. 目前，大多数西方国家以及不少发展中国家都实行(　　)。

A. 零基预算　　B. 增量预算　　C. 单式预算　　D. 复式预算

二、多项选择题

1. 预算收入包括(　　)。

A. 税收收入　　B. 国有资产收益　　C. 专项收入　　D. 其他收入

2. 预算支出包括(　　)。

A. 经济建设支出

B. 教育、科学、文化、卫生、体育等事业发展支出

C. 国家管理费用支出

D. 国防支出

3. 根据预算编制的形式范围不同，财政预算分为(　　)。

A. 单式预算　　B. 复式预算　　C. 总预算　　D. 单位预算

4. 按预算方法不同，财政预算分为(　　)。

A. 零基预算　　B. 增量预算　　C. 单式预算　　D. 复式预算

5. 政府采购需要的条件包括(　　)。

A. 专门的机构及人员　　B. 明确、规范的采购原则

C. 法定的采购程序　　D. 权威的仲裁机构

三、判断题

1. 目前，世界上大多数国家实行多级预算。(　　)
2. 复式预算是把全部财政收支按经济性质分别列入两个或两个以上的表格中。(　　)
3. 中国的政府预算体系由四级预算组成。(　　)
4. 中国的预算年度采用跨年制。(　　)
5. 预算草案最终要由国务院审查批准才具有法律效力。(　　)

四、简述题

1. 简述财政预算的组成。
2. 简述财政预算的形式和原则。
3. 简述财政预算的程序。
4. 简述财政国库管理制度改革的主要内容。
5. 简述实施政府采购制度的现实意义。

应会考核

■观念应用

【背景资料】

公共财政预算收支

2018 年 4 月 16 日，W 省财政厅信息显示，一季度，W 省公共财政预算收入 1 148.8 亿元，增长 11.6%；财政预算支出 1 243.9 亿元，增长 14.9%。在各项支出中，一般支出控制严格，重点支出保障有力，财政支持经济发展及结构调整的力度不断加大。全省将财政资金优先安排各类重点、民生项目，相关支出实现快速增长。一季度，全省各类民生项目支出达到 712.5 亿元，占财政支出的比重达到 57.3%；全省教育、文化体育与传媒、社会保障和就业、住房保障支出分别增长 20.6%、50.6%、17.2%、111.4%；全省科学技术、节能环保、农业等支出分别增长 35.6%、46.4%、35.8%，均高于全省公共财政预算支出增幅，财政支出的公共性、公益性特征越来越明显。

【考核要求】

结合材料中 W 省财政收支的情况，对财政的作用加以说明。

■技能应用

表 1　　**2018 年中央财政预算**　　单位：亿元

项　目	2017 年执行数	2018 年预算数	预算数为上年执行数的百分比
国防支出	10 236.50	11 069.51	108.1

续表

项　目	2017 年执行数	2018 年预算数	预算数为上年执行数的百分比
公共安全支出	1 886.75	1 991.10	105.5
教育支出	1 606.21	1 711.22	106.5
科学技术支出	2 829.61	3 114.84	110.1
社会保障和就业支出	1 087.64	1 180.16	108.5
医疗卫生与计划生育支出	134.47	209.05	155.5
节能环保支出	354.04	376.44	106.3
农林水支出	527.06	587.26	111.4
交通运输支出	1 159.65	1 240.48	107.0
资源勘探信息等支出	379.97	291.88	76.8
商业服务业等支出	55.44	94.65	170.7
国土海洋气象等支出	303.84	323.70	106.5
住房保障支出	422.35	444.07	105.1
中央一般公共预算支出	95 177.29	103 310.00	108.5

【技能要求】

(1)财政收入是财政支出的保证,影响财政收入的因素是什么?

(2)结合 2018 年中央财政预算,分析财政在国民经济发展中的作用。

■案例分析

【案例情境】

国有资本收益上缴公共财政

材料一:根据十八届三中全会决定和《中共中央、国务院关于深化国有企业改革的指导意见》有关要求,提高国有资本收益上缴一般公共预算比例,2020 年提高到 30%,更多用于保障和改善民生。截至 2018 年,已累计调入一般公共预算 2 556 亿元,其中,2018 年调入资金 754 亿元,调入比例为 25%。为了落实十八届三中全会精神,2019 年继续加大调入力度,调入比例提高到 28%,调入规模达到 970 亿元。今后,财政部将按照中央文件精神,继续研究调入一般公共预算比例问题,更多用于保障和改善民生。

材料二:近年来,随着文化市场不断发展,一些地方抓住文化产业发展机遇,发掘自身独特的历史文化资源,通过市场运作成功地打造旅游文化品牌。但也有一些地方政府盲目开发的做法却屡见不鲜,如:号称 300 亿元的中华文化标志城,最初声势浩大,最后落寂收场;无视历史事实,凭空臆造“历史人物”,搞旅游开发,把文学作品中虚构的人物作为“文化名人”来开发等,盲目搞文化旅游的做法,并没有得到消费者和市场的认可。

【分析要求】

(1)结合材料一,分析说明提高国有资本收益上缴公共财政比例做法的合理性。

(2)结合材料二,分析说明地方政府应如何正确开发文化资源,发展文化产业。

项目实训

【实训内容】

阅读材料，完成下列要求。

财政对社会经济发展具有巨大作用，财政预算的编制和管理受到社会各界的关注。

材料一：2014 年重新修订的《中华人民共和国预算法》规定，“经人民代表大会批准的预算，非经法定程序，不得调整，各级政府、各部门、各单位的支出必须以经批准的预算为依据，未列入预算的不得支出”。

为贯彻落实依法治国精神，按照新修订的预算法，国务院出台了《关于深化预算管理制度改革的决定》，财政部发布了《关于进一步加强财政支出预算执行管理的通知》，地方各级政府为预算法的落实进行了积极的探索。

材料二：2017 年，我国 GDP 增速为 6.8%，2018 年为 6.6%，2019 年，我国 GDP 增长目标调低为 6.3%。面对经济下行的压力，2019 年政府工作报告对积极的财政政策做了加力增效的部署，其中，2019 年财政预算拟安排财政赤字 2.76 万亿元，比上年增加 3 800 亿元，赤字率从上年的 2.6%提高到 2.8%。（财政赤字率指财政赤字与 GDP 之比。国际上财政赤字率的安全警戒线为 3%。）

【实训目标】

培养学生分析问题和解决问题的能力。

【实训组织】

以学习小组为单位：

(1)结合材料一和所学财政知识，说明政府应该如何强化预算管理。

(2)结合材料二和所学经济知识，分析现阶段我国增加财政赤字的合理性，并说明应该如何用好财政资金。

【实训成果】

(1)考核和评价采用报告资料展示和学生讨论相结合的方式。

(2)评分采用学生和教师共同评价的方式，填写实训报告。

实训报告		
项目实训班级：	项目小组：	项目组成员：
实训时间：　　年　　月　　日	实训地点：	实训成绩：
实训目的：		
实训步骤：		
实训结果：		
实训感言：		

项目十一

财政政策

○ **知识目标:**

理解:财政政策的含义、类型、目标、功能。

熟知:财政政策工具的含义及作用方式;财政政策的调控原理;政府间转移支付。

掌握:财政管理体制的含义及构成;现行财政管理体制;财政政策配合;不同阶段财政政策的实践。

○ **技能目标:**

能够掌握财政政策的基本知识、基本原理;解读我国的宏观财政政策;能够结合我国的实际分析我国财政政策实践在每个阶段的现实意义。

○ **素质目标:**

运用所学的财政政策知识研究相关案例,培养和提高学生在特定业务情境中分析问题与决策设计的能力;结合行业规范或标准,强化学生的职业道德素质。

○ **项目引例:**

财税改革列为首要任务,积极的财政政策再延续

自 2011 年起,中国告别"积极的财政政策和适度宽松的货币政策"组合,转而实施"积极的财政政策和稳健的货币政策"。2014 年,这一政策组合第四次写入预算报告。

2014 年全国财政收入 139 530 亿元,增长 8%;全国财政支出 153 037 亿元,增长 9.5%。相比上年全国财政收入(执行数据)增长 10.1%,支出增长 10.9%,有一定程度的下调。这也反映出中央政府对于积极的财政政策的理解不在于扩大财政规模,而更偏重结构性调整。

政策组合延续,从形式上看,2014 年的预算报告较往年有两处明显的改动。

一是在"2013 年中央和地方预算执行情况"部分,首次增加了"落实全国人大预算决议情况"内容;二是"2014 年中央和地方预算草案"部分,一改历年先报财政收支数据的传统写法,开篇先讲"2014 年财税改革工作重点",继而介绍"2014 年财税政策",之后才是"2014 年收支预算"。

改革力度加大,相比财政政策的延续,更让人关注的是正在加速推进的财税体制改革。

党的十八届三中全会在部署未来改革时着重强调了财税体制改革的重要性,并将财政上升到国家治理的基础和重要支柱地位,而这些在 2014 年财政预算报告中得到详细的体现。

全国人大代表、中国社科院副院长李扬注意到财政预算报告结构的变化:"2014 年预算报告改变了编写结构,在部署 2014 年财政工作时,将财税改革任务放在首位,突出了 2014 年改革的重要性。"

"中国改革的难点在于制度,改革就需要打破旧制度,建立新制度。"李扬说。距离 2020 年改革要取得决定性成果还有 7 年时间,2014 年和 2015 年两年将是我国财税体制改革任务最繁重的时期。

讨论：

财政政策有哪些执行工具？中国的财政政策在不同时期都采用何种财政政策？

○ **知识精讲：**

任务一　财政政策目标

一、财政政策的含义

财政政策作为政府宏观调控经济的重要手段，是为政府的经济发展目标服务的，是政府调节经济的一系列手段和措施的总称。在市场经济中，政府调控在市场失灵领域发挥着重要作用，为市场经济的正常运转提供保障。

二、财政政策的类型

（一）根据财政政策对经济的不同影响，可将其分为扩张性财政政策、紧缩性财政政策和中性财政政策

（1）扩张性财政政策是指通过财政分配活动来增加和刺激社会的总需求。扩张性财政政策的作用机理是通过减税和增加财政支出规模来扩大社会的投资需求和消费需求。扩张性财政政策的目的是提升经济，拉动经济增长，它通过减少税收、扩大财政支出和赤字来实行。

（2）紧缩性财政政策是指通过财政分配活动来减少和抑制总需求。在经济繁荣时期，国民收入高于充分就业的均衡水平，存在过度需求，这时政府通常采取紧缩性的财政政策，增加政府税收和减少政府支出。紧缩性财政政策的目的是收缩经济，避免经济过热，它通过增加税收、减少财政支出来实行。

（3）中性财政政策是指财政的分配活动对社会总需求的影响比较温和，财政收支总量在原有基础上只作小幅度调整，而主要对收入结构或支出结构作适度调整，对总需求既不产生扩张性效应，也不产生紧缩性效应的政策，在维持社会总供求对比的既定格局条件下，保持社会总供求的同步增长。中性财政政策的目的是维持经济稳定，对经济发展起中性作用，它通过维持财政收支平衡来实行。

（二）按照财政政策实施手段的不同，可将其分为国家预算、税收、公债、财政投资、财政补贴、公共支出等方面的财政政策

（1）国家预算。

国家预算是国家通过预算形式加以运用的财政政策工具。运用国家预算实现财政政策目标是通过以下几方面进行的：确定预算收支规模和收支差额；调整和变动预算支出结构；预算本身的设计与编制方式，如复式预算较单式预算更能明确反映和贯彻财政政策目标，更具有政策工具的特征。

（2）税收。

税收调节具有广泛性、整体性等特点。其调节可以通过调整税种、征税范围、税率、税收优惠措施等，从而影响生产者或消费者改变生产或消费行为。

（3）公债。

公债作为组织财政收入的一种辅助手段，其“金边债务”的特点使得其在调节经济活动、实现政策目标方面起着其他手段不能替代的作用，可以调节国民收入使用结构及流通中的货币量。

(4)财政投资。

国家安排的财政预算内投资具有针对性强、作用直接、政策性强等特点。财政投资在国民收入分配格局中已发生重大变化，投资主体多元化、投资决策分散化，对协调全社会的资金使用、提高资金的总体使用效率具有特别重要的意义，将直接增加社会总需求，影响产业结构。

(5)财政补贴。

财政补贴是与价格、工资等分配手段相配合发生作用的，具有调节灵活的特点。

(6)公共支出。

公共支出是国家在预算中安排的行政、国防、社会事业等支出的总称。公共支出对国民经济和社会发展有着长期的、潜在的重要作用且支出刚性较强，可以调节生产和消费、产业结构、收入分配等，对经济和社会全局构成重大影响。

(三)根据财政政策对调节经济周期的作用，可分为自动稳定和相机抉择的财政政策

(1)自动稳定的财政政策本身具有内在的调节功能，能够根据经济波动情况，无须借助外力而自动地发挥稳定作用。财政政策的自动稳定性主要表现在两个方面：一是税收的自动稳定效应；二是公共支出的自动稳定效应。税收的自动稳定效应表现为通过税收增加，收紧政策；税收减少，扩张政策。公共支出的自动稳定效应表现为公共支出扩大，扩张政策；公共支出减少，紧缩政策。

(2)相机抉择的财政政策分为扩张性财政政策、紧缩性财政政策和中性财政政策三类，是政府有意识地利用财政政策工具根据经济形势进行调节的行为。

三、财政政策的目标

财政政策的目标主要有经济增长、充分就业、物价稳定、国际收支平衡。

(一)经济增长

经济增长通常是指在一个较长的时间跨度上，一个国家人均产出(或人均收入)水平的持续增加。经济增长率的高低体现了一个国家或地区在一定时期内经济总量的增长速度，也是衡量一个国家或地区总体经济实力增长速度的标志。经济增长通常用国内生产总值增长率指标来度量。一般来说，发展中国家年经济增长率在3%以内为低速增长，4%～6%为中速增长，大于6%为高速增长。

(二)充分就业

充分就业一是指有劳动能力并愿意工作的社会成员都能获得就业机会；二是指在岗的劳动者在法定工作时间内能够得到充分、有效的利用，不存在“隐性失业”(指员工被减少薪水、无薪休假、缩减工时、削减福利等弹性工作安排)。充分就业的衡量指标是失业率。失业率的高低是判断总供给和总需求是否平衡的主要标准之一。一般来说，失业率在4%以下，就被认为经济体系已达到充分就业水准。

(三)物价稳定

稳定物价(又称“稳定币值”)，就是要抑制住通货膨胀、避免通货紧缩、维持币值的稳定。稳定物价衡量指标是物价上涨率或通货膨胀率。政府调控所要达到的稳定物价的目标，主要是防止和克服物价在短期内的大幅波动和严重的通货膨胀。通行的标准是，物价年上涨率在2%以下为稳定，3%～5%为平和，一旦超过5%，则预示着经济总量和经济结构可能失调，需要采取措施加以控制，而达到两位数时，治理通货膨胀就要成为压倒一切的任务。

(四)国际收支平衡

国际收支平衡,是指一国国际收支净额即净出口与净资本流出的差额为零,即国际收支净额=净出口-净资本流出=0。

一般来说,顺差意味着该国的外汇收入超过支出,外汇收入增加,意味着国内市场的货币供应量增加。同时,顺差也意味着商品量的输出大于商品量的输入,相对地减少了国内市场的商品量供给;反之,逆差意味着该国的外汇支出超过收入,外汇收入减少,意味着国内市场的货币供给量减少。同时,逆差也意味着商品量的输入大于商品量的输出,相对地增加了国内市场的商品量供给。

就中国实际来看,在国际收支中一直处于顺差地位,这对经济发展有积极和消极两方面的影响:(1)积极方面是可以促进经济增长,保证企业利润;(2)消极方面是在国际市场上会引起以美国为首的国家不满,同时中国经济发展不平衡加剧了内需不足。

四、财政政策的功能

在不同的经济发展阶段,财政政策的功能是不完全相同的。但随着生产力水平的提高和经济的发展,财政政策的功能也在进一步增强,主要表现在以下三个方面:

(一)导向功能

导向功能是指在特定的政策目标下,政府通过运用各种财政政策工具,引导经济主体的行为,从而使国民经济向预定政策目标靠近。财政政策首先要配合国民经济总体政策和各部门、各行业政策,提出明确的政策目标,其次要通过制定特定的财政政策措施来引导人们的经济行为和国民经济的发展方向。

(二)协调功能

协调功能是指根据国家预定的目标或者针对经济生活中导致偏离目标的经济行为,政府通过运用财政政策工具进行调节,使之有利于目标的实现。财政政策的协调功能源于财政的本质属性和基本职能。

(三)控制功能

控制功能是指对经济生活中一些不利于社会经济发展的因素,通过财政政策手段对之进行有效的控制,从而使经济目标实现。市场机制是经济组织的有效方式之一,但也存在很大的负面影响,并不能完全依靠市场对经济进行调节,特别是宏观经济领域中的问题,如经济过热、财政赤字、贸易赤字等,都需要国家制定有关政策,通过运用财政政策工具对之进行有效的控制,进而实现政府对整个国民经济发展的控制。

任务二 财政政策工具

一、财政政策工具的含义及作用方式

财政政策是政府宏观调控的重要手段,主要通过预算、税收、补贴、投资、公债、转移支付等工具,发挥优化资源配置、调节收入分配、稳定经济等方面的功能。

财政政策工具,也称为财政政策手段,是指国家为实现一定的财政政策目标而采取的措施。财政政策工具包括国家预算、税收、公债、财政投资、财政补贴、公共支出等。其各自的作用方式如图 11-1 所示。

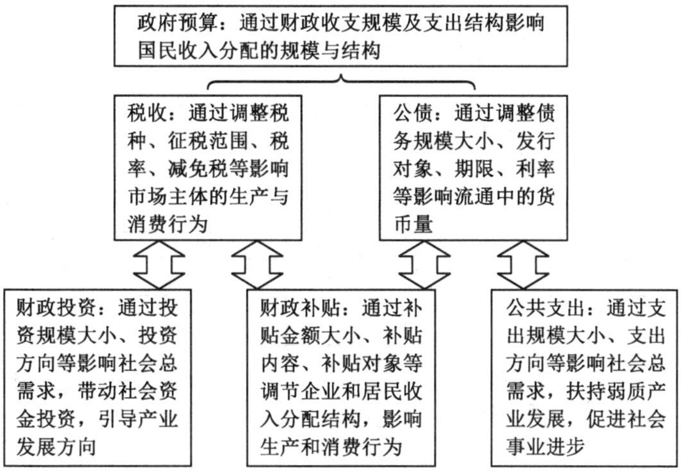

图 11—1　财政政策工具

二、财政政策的调控原理

财政政策综合运用了各种财政工具，发挥稳定经济、优化资源配置、调节收入分配等方面的职能作用。改革开放以前，我国也运用预算、税收、财政支出、补贴、公债等工具调节经济发展，但没有形成完整的财政政策。在 1992 年明确社会主义市场经济总目标后，中国政府积极借鉴国际有益经验，注重立足本国实际，自觉运用多种政策手段调控经济，探索和积累了一些有益经验。

财政政策的运用并不是直接干预经济发展。政府实施宏观调控必须尊重市场经济的原则和规律，充分发挥市场机制配置资源的基础性作用，调控的目的主要是弥补市场机制的不足或失灵。在实践中，我国逐步由采用行政手段干预经济转向通过产业政策、财政政策、货币政策等经济手段进行间接调节，改变了直接干预的方式。从调控工具看，每一种财政工具都有着不同的特点、不同的作用方式，它们之间不同的政策组合具有不同的效果。财政政策调控经济的经济学原理，具体如图 11—2 所示。

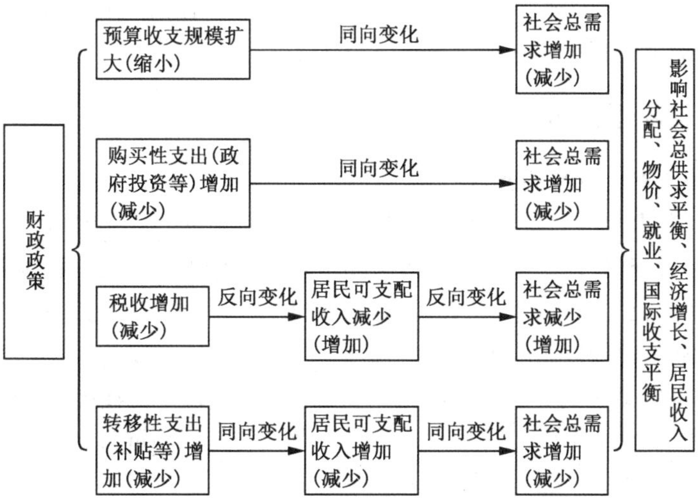

图 11—2　财政政策调控原理

针对不同的经济环境、不同时期的财政政策目标，可以采取不同的政策类型。图 11－3 形象地表现了财政政策类型及相应的政策工具、政策目标。

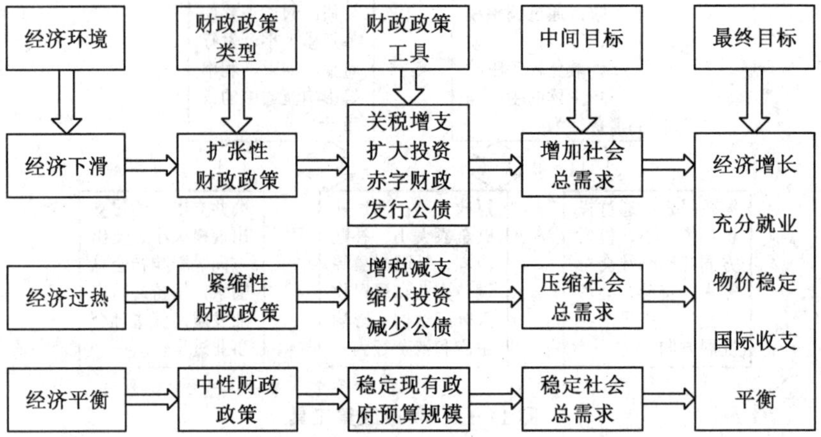

图 11－3　财政政策类型及相应的政策工具、政策目标

任务三　财政管理体制

一、财政管理体制的含义及构成

财政管理体制，简称财政体制，指的是处理国家各级政权之间、国家与企事业单位之间、国家与居民之间财权财力分配关系的组织制度。它包含政府预算管理体制、税收管理体制、企业财务管理体制、基建财务管理体制和行政事业财务管理体制等。其中，预算管理体制是指在中央与地方政府之间以及地方各级政府之间规定预算收支范围和预算管理职权的一项根本制度，它的实质是处理预算资金分配和管理上的集权与分权、集中与分散的关系问题。由于预算管理体制关系到中央财政和地方财政在财政管理中的权利，是整个财政管理体制的核心，所以政府历次公布的财政管理体制，其基本内容都是中央与地方在财政管理中的权利与义务的关系。因此，通常也把预算管理体制称为财政管理体制。

二、现行财政管理体制

(一)分税制的含义和改革的背景

分税制是在划分事权的基础上，按税种划分中央与地方的财政预算收入，合理确定中央与地方的财权财力，以正确处理中央与地方政府间财政预算分配关系的一种预算管理体制。

中华人民共和国成立以来，我国财政管理体制进行了多次调整与改革。进入 20 世纪 80 年代，我国加快了财政管理体制改革的步伐，以放权让利为中心的改革，改变了计划经济体制下以高度集中、统收统支为基本特征的财政管理体制，扩大了地方财政的自主权，调动了地方各级政府的积极性，保证了国民经济持续发展和改革开放的顺利进行。

1988 年起实行的财政大包干体制，适应了当时社会经济发展的需要。但它毕竟不是一种科学、合理、规范的办法，仍然保持着计划经济的基本框架，不适应建立社会主义市场经济体制的要求，其缺陷随着社会经济的发展和改革的深入日渐显露出来。财政包干体制的缺陷主要表现在：

1. 削弱了中央财政的宏观调控能力

财政包干的最大问题就是把地方政府应上缴中央的收入包死，地方增加的收入中，除按规定比例上缴中央外，其余全部留给地方，中央财政收入的增长缺乏弹性。

2. 强化了地方利益机制

财政包干刺激了地方发展高税利企业，在一定程度上助长了地区封锁和盲目建设，不利于国家产业结构的调整和资源的合理配置。

3. 弱化了效率优先、兼顾公平的原则

财政包干体制类型多，不规范，不能很好地体现效率优先、兼顾公平的原则，这与建立社会主义市场经济体制的要求不相适应。

1992 年起，我国在部分地区实行了分税制财政管理体制的试点。在对分税制地区总结经验的基础上，1993 年国务院决定从 1994 年 1 月 1 日起在全国全面实行分税制财政管理体制。

（二）分税制改革的基本内容

1. 中央与地方事权和支出的划分

（1）中央预算主要承担国家安全、外交和中央国家机关运转所需的费用，调整社会经济结构、协调地区经济发展的政策支出，以及由中央直接管理的事业发展支出，具体包括中央行政管理费、国防费、外交和援助支出以及中央统管的基本建设支出等。

（2）地方预算主要承担本地区政权机关运转所需支出，以及本地区经济、事业发展所需支出，具体包括：地方行政管理费，部分武警经费，民兵事业费，公检法支出，地方文化、教育、卫生等各项事业费，城市维护和建设经费，地方统筹发展的基本建设投资，地方企业的技术改造和新产品试制费，支农支出，价格补贴及其他支出。

2. 中央与地方收入的划分

根据中央和地方的事权划分情况，按照财权与事权相统一的原则，将税种划分为中央收入、地方收入和中央地方共享收入。将有利于国家权益、实施宏观调控所必需的税种划分为中央固定收入，将适合于地方征管的税种划分为地方固定收入，将同经济发展直接相关的主要税种划分为中央与地方共享收入。具体划分情况如下：

（1）中央固定收入包括关税，海关代征的增值税和消费税，消费税，中央企业所得税，地方银行、外资银行及非银行金融企业所得税，各银行总行、保险总公司等部门集中缴纳的收入（包括所得税、利润和城市维护建设税），中央企业上缴利润等，外资企业出口退税（除 1993 年地方已经负担的 20%部分列入地方上缴中央基数外，以后发生的出口退税全部由中央预算负担）。

（2）地方固定收入包括地方企业所得税（不含地方银行、外资银行及非银行金融企业所得税），地方企业上缴利润，个人所得税，城镇土地使用税，城市维护建设税（不含铁道部门、各银行总行、各保险总公司集中缴纳的部分），房产税，车船税，印花税，耕地占用税，契税，遗产税和赠与税（尚未开征），土地增值税，国有土地有偿使用收入等。

（3）中央与地方共享收入包括增值税、资源税、证券交易税。增值税中央分享 75%，地方分享 25%；资源税按不同资源品种划分，海洋石油资源税作为中央收入，其他资源税作为地方收入；证券交易税，原规定中央与地方各分享 50%，后调整为中央与地方“八二”分享。

视频

经济增长和国家财力实现双赢

根据形势的变化，2002 年 1 月 1 日起，取消按企业隶属关系划分企业所得税收入的分配办法，除铁路运输、国家邮政、中国工商银行、中国农业银行、中国银行、中国建设银行、国家开发银行、中国农业发展银行、中国进出口银行以及海洋石油天然气企业缴纳的所得税作为中央收入外，其他企业所得税和个人所得税收入由中央与地方按比例分享。以 2001 年为基期，基数内的收入全归地方，2002 年企业所得税增量中央、地方各分享 50%，2003 年所得税增量中央分享 60%，地方分享 40%，以后年度另行规定，具体见表 11－1。

表 11－1　　中央与地方收入的划分

中央固定收入	中央与地方共享收入	地方固定收入
(1)关税 (2)海关代征的消费税和增值税 (3)消费税 (4)铁道部门、各银行总行、各保险总公司等集中缴纳的收入(包括所得税利润和城市维护建设税) (5)中央企业上缴利润 (6)车辆购置税 (7)证券交易(印花)税	(1)增值税(中央 50%、地方 50%) (2)资源税(海洋石油资源税归中央，其余归地方) (3)企业所得税(中央 60%、地方 40%) (4)个人所得税(中央 60%、地方 40%)	(1)城镇土地使用税 (2)固定资产投资方向调节税 (3)城乡维护建设税(不含各银行总行、各保险总公司等集中缴纳的部分) (4)房产税 (5)车船税 (6)印花税 (7)契税 (8)土地增值税 (9)耕地占用税 (10)环境保护税 (11)国有土地有偿使用收入

注：全面推行“营改增”改革后，增值税分享比例由原来的中央 75%、地方 25%改为五五分成，自 2018 年 1 月 1 日起施行的环境保护税列为地方收入。

资料来源：根据财政部网站资料编制。

3. 中央对地方税收返还数额的确定

现行分税制还建立了中央对地方税收的返还制度。税收返还额以 1993 年为基期核定。按照 1993 年地方实际收入以及税制改革后中央与地方收入的划分情况，核定 1993 年中央从地方净上划的收入数额(即消费税＋75%的增值税－中央下划收入)，并以此作为中央对地方的税收返还基数，以保证 1993 年地方既得利益。

1993 年以后，税收返还额在 1993 年基数上逐年递增，递增率先是按全国增值税和消费税增长率的 1∶0.3 系数确定，后为了调动地方政府发展生产，增加财源的积极性，促进增值税和消费税的合理增长，改为按各地区增值税和消费税增长率的 1∶0.3 确定，即本地区增值税和消费税每增长 1%，中央对地区的税收返还额增长 0.3%。其计算公式为：

1994 年税收返还额＝1993 年核定净上划中央收入×(1＋1994 年本地区增值税和消费税比上年增长率×0.3)

以后年度税收返还额＝上年税收返还收入×(1＋当年本地区增值税和消费税比上年增长率×0.3)

对 1994 年以后上划中央收入达不到 1993 年基数的，应相应扣减返还数额。

三、分税制改革存在的问题及完善思路

(一)现行分税制存在的问题

1. 中央与地方事权划分不清晰

现行分税制将财力作为改革的重点，在改革方案中未对事权划分进行必要调整，使改革未

能全面触动旧体制的根基，进而引起其自身运行中的一些问题：

(1)分税制运行之初基本维持了旧体制下政府间的事权范围，并且保留了按行政隶属关系划分企业所得税归属和财政支出范围的做法，还固化了本该逐渐淡化的政企关系，这显然不利于经济体制改革目标的顺利实现。

(2)政府事权包括社会管理权和经济管理权，现行分税制在社会管理权的划分上是基本清楚的，但对经济管理权的划分不够明确，也不够科学、合理。这一方面表现在前述按行政隶属关系划分经济管理权有违市场规律的要求；另一方面则表现在只是将地方政府视为单一的利益主体，忽视其作为一级政府所应有的调控责任和权利，使地方政府在此次改革中获得应有的调控手段和财力基础较少。

(3)现行分税制在运行中仍存在中央出政策、地方出资金的情况，反映出中央与地方之间的事权划分仍然是模糊交叉的，财权和事权仍不统一，这就不利于分税制分级财政管理的实施与完善。

2. 中央与地方收入划分尚不够科学

分税制改革尽管采取分税的办法来划分中央与地方的收入，但在确定企业所得税归属时，仍保留了按企业行政隶属关系划分的做法，即中央企业的所得税归属中央收入，地方企业的所得税归属地方收入。这种做法从利益关系上固化了企业与各级政府间的行政隶属关系，不利于资源优化配置和现代企业制度的建立，并由此产生了以下几方面的负面效应：

(1)强化了旧体制下形成的地方保护主义倾向。同级企业所得税归属同级政府，资源跨隶属关系流动便意味着税源和收入的转移，如果这种转移不利于地方政府征收所得税，自然也就很难得到它们的支持，这就为资源合理流动设置了行政障碍。

(2)强化了国有资产地方政府所有的观念，有违国有资产国家统一所有的原则，也不利于国有资产的科学管理。

(3)在一定程度上保留了地方政府盲目发展高利产业的利益机制，不利于产业结构的优化调整。

3. 地方税体系不健全

现行分税制尽管在地方税体系建设上迈出了重要步伐，但离地方税体系的目标模式尚有较大的差距，主要表现在：

(1)地方税主体税种缺位，规模过小，难以支撑地方财政运行局面。尽管从形式上看划归地方的税种不少，但大多是税源零星分散、征收难度大的税种，真正能形成规模的税种不多，因而难以满足地方政府的财政需要。

(2)地方税税权较小，地方政府难以利用必要的税收管理权来调节本地经济，并实施本级财政管理。

4. 转移支付制度不规范

中央对地方的转移支付制度已初步建立起来，但受改革阶段性等因素的影响，这一制度尚存在一些不规范、不科学的问题。

(1)转移支付方式不规范。目前转移支付是以税收返还的方式进行的，地方从中央获取的税收返还额主要取决于其基期年既得收入数额。这种方式保留了原有的利益分配格局和地区间收入水平悬殊的状况，难以发挥转移支付调节地区间收入差距的功能。

(2)现行税收返还数额的确定仍未完全摆脱基数法，尽管一些地区采取了不同程度、不同形式的因素法，但还很不成熟，有待于进一步完善。

(3)现行税收返还制度尚难体现中央的宏观调控意图,对地方政府行为倾向的调节作用有限。

(二)完善现行分税制的基本思路

1. 按照市场经济的要求合理划分各级政府的事权,为划分财权提供科学、可靠的依据

(1)要按照社会主义市场经济的要求对政府事权和企业事权合理定位,推进政府机构改革,尽快转变政府职能,将政府事权范围控制在市场失效的领域和宏观经济层次。

(2)要按照区域性原则和受益性原则来划分各级政府间的事权,即按区域性原则明确各级政府管理本地区社会事务、提供区域性公共产品的责任和权利;按受益范围确定各级政府的经济管理事权,将区域性的基础设施建设、产业结构调整及其他与本地区相关的宏观经济管理事权划归地方政府。

(3)进一步落实地方政府统筹本地区社会经济发展的权利,凡是需由地方政府开发的事业,都应由地方政府自行规划和决策。

2. 按照分级财政管理的要求划分税种

税种划分应体现以下原则要求:

(1)主体税种合理配置原则,即按照分级财政管理的需要,将那些有利于中央履行职能的税种划为中央税,将有利于地方事权顺利实现的税种划为地方税,使中央税体系和地方税体系都有能支撑本级财政局面的主体税种。

(2)责任与受益对等原则,即根据公共服务的区域性和受益范围来规定税种归属。将受益于中央政府提供服务的税源划归中央,受益于地方政府提供服务的税源划归地方。这样做有利于财权与事权的相互对应,使各级政府有相应的财力条件履行职能。

(3)经济分权原则,即在划分税种时,应尽量以经济因素为依据,淡化乃至消除行政隶属关系对税种的影响,以适应市场经济的一般要求,实现政企分离和资源的合理流动。

3. 加强地方税建设,形成与地方政府职能相适应的地方税体系

(1)实行分税制后,中央财政收入增加,其中一部分收入通过转移支付的办法返还地方。现行体制的税收返还是以1993年为基数确定收支标准,尚未摆脱旧体制的束缚。要建立科学的转移支付制度,首先要完善地方税税种结构,形成规模合理、功能齐全的地方税税种体系。

(2)要合理分配税权,形成与国家政权结构相统一、有利于分级财政管理的税权结构。

(3)要加强地方税法制建设,推进地方税征管制度,形成高效、科学、严密的地方税征管体系。

4. 建设科学的转移支付制度

首先,要完善转移支付额的确定办法,用因素法来取代基数法;其次,要完善转移支付方式,既要采用一般性补助方式,又要有针对性地采用专项补助方式,以充分发挥转移支付的调节功能。

四、政府间转移支付

(一)政府间转移支付的含义

政府间转移支付是指一个国家的各级政府之间在既定的职责、支出责任和税收划分框架下财政资金的无偿性转移,在各级政府之间形成的财力缴补关系。

(二)政府间转移支付的类型

政府间转移支付可以分为财力性转移支付和专项转移支付两大类。

1. 财力性转移支付

财力性转移支付又称一般性转移支付、无条件拨款或均衡补助，是根据地区均等化目标加以设计，其目的在于促进基本公共服务的地区均等化，所以有时又称为均等化补助。

财力性转移支付可以弥补地方政府一般性财力不足，地方政府对于它的使用拥有较大的自主权，有利于地方政府实现范围广泛的政策目标和普遍改善地方居民的福利水平。

2. 专项转移支付

专项转移支付又称专项拨款或专项补助，是指上级政府要求下级政府必须达到一定的标准，按照上级规定的项目和用途使用资金，才可得到拨款。专项转移支付可进一步区分为非配套补助和配套补助两种形式，前者不要求接受方提供配套资金，后者要求接受方提供一定比例的配套资金。

任务四　财政政策实践

一、财政政策配合

在现代宏观经济调控中，财政政策与货币政策被称为政府的左右手，因而财政政策与货币政策的协调配合就显得格外重要。

（一）货币政策的基本理论

1. 货币政策的类型

货币政策是指国家为实现特定的宏观经济目标而制定的货币供应和货币流通组织管理的基本准则。它是由信贷政策、利率政策和汇率政策等构成的有机整体的政策体系。一般从总量调节出发，同财政政策的分类相似，货币政策的基本类型包括扩张性货币政策、紧缩性货币政策和中性货币政策三种。

(1)扩张性货币政策。扩张性货币政策也称膨胀性货币政策，是指货币供应量超过经济运行过程对货币的实际需要量，对总需求增长有刺激性作用的货币政策。

(2)紧缩性货币政策。紧缩性货币政策是指货币供应量小于货币的实际需要量，对总需求增长有抑制作用的货币政策。

(3)中性货币政策。中性货币政策是指货币供应量大体等于货币需要量，对社会总需求与总供给的对比状况基本不产生影响的货币政策。

2. 货币政策的目标

货币政策目标是指中央银行制定和实施某项货币政策所要达到的特定的经济目标，也是货币政策所要达到的最终目标，主要包括终极目标和中间目标。

(1)终极目标是指中央银行实行一定的货币政策在未来时期要达到的最终目的。货币政策的实质是正确处理经济发展与稳定货币的关系，各国央行货币政策的终极目标主要是稳定物价、促进经济增长、实现充分就业和国际收支平衡。货币政策在经济发展中要同时满足上述四项目标的要求，事实上是不可能的，所以各国都以其中一项作为主要目标。经济发展比较快速稳健的国家，都将稳定物价作为货币政策的首要目标或唯一目标。1990 年，新西兰率先提出，货币政策应以控制通货膨胀为唯一目标，其后有美国、英国、加拿大和澳大利亚等 10 多个国家接受了控制通货膨胀的货币政策。

(2)中间目标是指中央银行为实现其货币政策的终极目标而设置的可供观测和调控指标

的目标。主要有货币供给量和利率，在一定条件下，信贷量和汇率等也可充当中介指标。其货币供应量是中央银行重要的货币政策操作目标，它的变化也反映了中央银行货币政策的变化，对企业生产经营、金融市场，尤其是证券市场的运行和居民个人的投资行为有重大的影响。当货币供应不足时，市场商品价格下跌、生产减少、投资乏力、经济紧缩；当货币供应过量时，其结果刚好相反。当然，上述所言不足或过量都是有限度的，否则货币供应量极易成为通货紧缩或通货膨胀的源泉。

3. 货币政策的工具

西方国家一般将法定存款准备金率、再贴现比率和公开市场业务作为国家控制货币供应量的货币政策工具，俗称货币政策的“三大法宝”。

(1)法定存款准备金率是指各金融机构要将吸收的存款缴存中央银行时依据的比率，中央银行通过调整存款准备金率来调整商业银行的贷款规模和派生存款规模。

视频

存款准备金率全面降 1 个点

(2)再贴现比率是指商业银行向中央银行办理再贴现时使用的比率。中央银行通过调整再贴现比率来调整商业银行的贷款规模。

(3)公开市场业务是指中央银行通过在金融市场上公开买卖有价证券控制货币供应量和利率的政策行为，是多数发达国家中央银行控制货币供给量的重要工具。

目前，我国中央银行的货币政策工具主要包括：(1)中央银行对商业银行(专业银行)的贷款；(2)存款准备金制度，即专业银行将吸收的存款按一定的比例缴存中央银行；(3)利率，即中央银行根据资金松紧情况确定调高或调低利率；(4)公开市场业务，即中央银行通过买进或卖出有价证券，吞吐基础货币，调节货币供应量的活动。

(二)财政政策与货币政策的关系

党的十九大报告明确提出了“创新和完善宏观调控，发挥国家发展规划的战略导向作用，健全财政、货币、产业、区域等经济政策协调机制”的要求。在市场经济体制下，财政政策与货币政策是国家对国民经济进行宏观调控最主要的手段，其目标总体上是一致的，但也有明显的差异。这就决定了它们在宏观经济调控中必须注意协调配合，才能有效地调控经济的良性运行和均衡发展。

1. 财政政策与货币政策的共性

财政政策与货币政策有着诸多的共同点，它们在目标、管理、环节和运行等方面存在着内在联系。

(1)目标的统一性。财政政策与货币政策都属于为实现宏观经济目标所采取的经济政策，它们的调控总体目标是统一的，即促进经济增长、保持物价稳定、实现充分就业和促进收支平衡。

(2)管理的影响性。财政政策直接影响着财政收入和财政支出，其结果是节余。赤字或基本平衡，对社会总需求具有重大的影响；货币政策直接影响着货币供应量和信贷投放量，是社会总需求的动态反映。

(3)环节的分配性。财政和货币都属于再生产过程中的分配环节，体现再分配的不同层次。在不兑现信用货币的情况下，会出现超越当年国民收入再分配的结果，从而导致货币超量发行，或是在社会总供给过剩或相对过剩时可能出现支出紧缩、银行借贷、货币供给过少，以致出现社会总需求不足的现象。

(4)运行的联系性。在经济运行方面，社会资金、货币流通的统一性和货币资金在各部门之间的相互流动性，使财政、信贷和货币发行具有不可分割的内在联系，如果任一方发生变化都会引起其他方面的变化，最终引起社会总需求和总供给的变化。

2. 财政政策与货币政策的差异

财政政策与货币政策既有共同之处，又有一定的区别。其区别包括实施主体、作用机制、运用方式、调节重点、使用工具、调节范围和政策时滞等方面的差异。

(1)实施主体的差异。财政政策是由政府财政部门具体实施，而货币政策则由中央银行具体实施。尽管某些西方国家的中央银行在名义上归属财政部领导，但大多数国家的货币政策则由中央银行独立操作的。

(2)作用机制的差异。财政政策更多地偏重于公平，其主要责任是直接参与国民收入分配并将集中起来的国民收入在全社会范围内进行再分配，从收支上影响社会总需求的形成。而货币政策则更多地偏重于效率，其主要责任是通过信贷规模的伸缩来影响消费需求和投资需求，进而引导资源流向效益好的领域。

(3)运用方式的差异。财政政策可由政府通过直接控制和调节来实现，要控制总需求可通过提高税率、增加财政收入、压缩财政支出等方式实施。而货币政策是中央银行运用各种调节手段影响商业银行的行为，商业银行则相应调整对企业和居民的贷款规模，从而影响社会需求。因此，货币政策运用的间接性较强，财政政策运用的直接性较强。

(4)调节重点的差异。财政政策调节直接作用于社会经济结构，间接作用于供需总量平衡，主要通过扩大或缩小支出规模达到增加或抑制社会总需求的目的。而货币政策调节则直接作用于经济总量，间接作用于经济结构，主要通过货币投放和再贷款等措施控制基础货币量，实现对社会总需求的直接调节。

(5)使用工具的差异。财政政策与货币政策在调控经济运行的工具方面有着较大的不同，如财政政策工具主要包括财政体制、税收制度、收费政策、公共预算、政府公债、财政补贴和财政贴息等。而货币政策工具主要包括货币供应量、存款准备金、利率、再贴现率和公开市场操作等。

(6)调节范围的差异。财政政策的调节范围较为广泛，其调节范围包括经济领域和非经济领域。而货币政策的调节范围基本限于经济领域，其他领域则是次要的，如缩小收入分配差距方面，财政政策可利用累进税率和财政补贴等手段来发挥作用，货币政策则无能为力，甚至货币政策的利息机制还在一定程度上扩大这种差距。

(7) 政策时滞的差异。财政政策从确定到实施的过程较为复杂，外部时滞较短，对经济所产生的作用较为直接，如调整税率时企业的收支状况就会立即发生变化。而货币政策运用较为方便，外部时滞较长对经济目标起间接调控作用。

(三) 财政政策与货币政策的优劣

1. 财政政策与货币政策的优势

财政政策的优势相对于货币政策而言，主要表现在：在调节公平分配、结构调整、经济增长、资源配置和充分就业等方面，作用更显突出；在弥补市场缺陷上，对私人不愿投资(如各类公益事业)和不适合投资(如自然垄断行业)的领域，能更有效地调整和优化经济结构，发挥优化资源配置的功能；通过税收优惠、转移支付等能更有效地调整和优化经济结构，促进区域经济协调发展；通过财政收支的变化直接影响社会总需求，运用财政补贴等手段可实现政府的特殊调控；财政支出可直接刺激消费和投资，且具有手段多、力度大和见效快等优点。

货币政策的优势相对于财政政策而言，主要表现在：货币政策有利于稳定物价和平衡国际收支，尤其在经济体制转轨时期更显突出；通过货币供求总量的调整，能够保持社会经济总供给与总需求的基本平衡；通过存贷款基准利率、法定存款准备金率和再贴现率，对调节物价总水平的作用突出；通过利率调整可调节国民的消费与储蓄，如通过高利率鼓励储蓄、低利率刺激消费和投资的需求；货币政策的操作是一种经济行为，对经济的调节作用比较平缓，有利于发挥市场机制作用，且具有灵活性等优点。

综上所述，从宏观调控的财政政策与货币政策两个主要手段来看，财政政策在公平分配、结构调整、经济增长、资源配置和充分就业等方面较货币政策更有优势，而货币政策的优势在于稳定物价和平衡国际收支。

2. 财政政策与货币政策的缺陷

财政政策的缺陷相对于货币政策而言，主要表现在：财政政策对社会总需求的调节不如货币政策直接，前者一般只是改变总量中的比例和分布，后者则直接作用于总量；对经济的调节作用容易对市场机制形成冲击，震动较大，不易形成"微调"的效果；财政政策的作用过程主要是经济干预，不是靠经济行为主体的竞争、市场供求关系和市场机制，因而对提高资金的使用效率缺少刺激；财政政策的制定是经济决策和政策决策的过程，需要经过一定的法定程序，实行起来灵活性较小。

货币政策的缺陷相对于财政政策而言，主要表现在：货币政策难以解决国民收入分配不公的问题；在弥补市场机制的缺陷和推动各部门经济的协调发展等方面，不如财政政策直接和有效，如货币政策对推动那些私人不愿投资和不适合投资的事业发展的作用不如财政政策明显或直接；由于货币政策存在传导环节多、时间长，易受各种因素的干扰等情况，在调整经济结构和促进区域经济协调发展方面难以直接、有效地发挥作用，特别是在国民经济结构严重失衡的情况下，单靠货币政策难以有效地解决问题。

（四）财政政策与货币政策的配合

1. 财政政策与货币政策配合的基本方式

财政政策与货币政策各自具有的优势和缺陷，以及存在的共性和差异，决定了两大宏观经济政策在制定和实施中的互补性。两大政策目标如果不能协调配合，必然会造成政策效果的相悖，导致宏观经济运行失控。总体上说，两者协调配合的模式有多种，从实践上可概括为以下六种方式：

（1）"双积极"结合的政策

"双积极"结合的政策即指积极的财政政策与积极的货币政策的有机结合。积极的财政政策主要通过减税和扩大财政支出规模来增加社会总需求，积极的货币政策主要通过降低法定存款准备金率、利率等工具来扩大信用规模和增加货币供应量。在社会总需求严重不足、生产能力难以保障和生产资源大量闲置的情况下，宜选择该种政策组合方式，从而刺激需求、增加投资、扩大就业。但应注意其调控的力度，如果过大或过猛可能会带来严重的通货膨胀。我国 1998 年和 2008 年采取了该政策方式。

（2）"双紧缩"结合的政策

"双紧缩"结合政策即指紧缩财政政策与紧缩货币政策的有机结合。紧缩财政政策主要通过增加税收、削减财政支出减少消费和投资，抑制社会总需求；紧缩货币政策主要通过提高法定存款准备金率等来增加储蓄，以减少货币的供应量，抑制社会投资和消费需求。财政政策和货币政策"双紧缩"结合的政策方式用来治理需求膨胀与通货膨胀，但如果调控力度过大或过猛，也可能造成通货膨胀、经济停滞甚至滑坡等问题。我国 1985 年采取了该政策方式。

(3)“双稳健”结合的政策

“双稳健”结合的政策即指中性财政政策与中性货币政策的有机结合。该方式强调两大政策工具的稳健取向，财政政策主要保持财政收支的基本平衡或增量平衡，货币政策则力图保证货币供应量或利率的稳定。这种“双稳健”政策的重点在于掌握财政政策与货币政策调控的力度，该紧则紧，该松则松，手段灵活搭配，有机组合，主要适用于社会总供求基本均衡、经济运行比较平稳而经济结构调整成为主要任务的情况。但由于经济波动是市场经济发展的客观规律，所以一旦经济运行发生变化，就应对“双稳健”结合的政策方式及时做出调整。我国在连续实施 7 年“双积极”结合的政策后于 2004 年采取了该政策方式。

(4)“松与紧”结合的政策

“松与紧” 结合的政策即指在财政政策与货币政策运用上采取一松一紧或紧松的有机结合。其政策内容主要包括：(1)积极财政政策和紧缩货币政策，前者可刺激需求、有效克服经济萧条的问题，后者可避免过高的通货膨胀，但长期运用该政策组合会累积大量的财政赤字；(2)紧缩财政政策和积极货币政策，前者可抑制社会总需求、防止经济过热、控制通货膨胀，后者可保持经济的适度增长。财政政策与货币政策“松与紧”结合的政策方式，适用于在控制通货膨胀的同时保持适度经济增长的情况。我国于 1979 年采取了该政策方式。

(5)“适当积极”的政策

“适当积极”的政策即指积极财政政策与稳健货币政策的有机结合。我国针对东南亚金融危机的冲击和国内发生严重的自然灾害，以及国民经济运行中呈现出投资需求、消费需求和出口需求不足的情况下，1998 年实施了该政策方式。从实施的效果看，基本上实现了扩大内需、拉动经济增长等预期目标。

(6)“适度从紧”的政策

“适度从紧”的政策即指紧缩货币政策与稳健财政政策的有机结合，重点是把握财政政策与货币政策的调控力度，该紧则紧，该松则松，将其政策工具灵活搭配、有机组合。“适度从紧”的政策方式宜于在总需求过旺、经济结构不合理、财政赤字过大和通胀居高不下的情况下采用。我国于 1996 年及“九五”“十一五”时期采取了该政策方式，旨在抑制通货膨胀。

2. 财政政策与货币政策配合的简要分析

从上述几种政策组合可以看出，所谓的“松”或“紧”实际上是指财政政策与货币政策在资金供应上的“松”或“紧”。即凡是使社会资金供应增加的措施，如减税、增加财政支出、降低法定存款准备金率与利率、扩大信贷支出等，都属于积极政策措施；反之，都属于紧缩政策措施。

具体采取何种政策组合，则取决于国家宏观经济运行状况及政府所要达到的政策目标。一般而言，如果社会总需求明显小于总供给，就应采取积极政策措施，以扩大社会总需求；反之，则采取紧缩政策措施，以抑制社会总需求的增长。

此外，还应看到，财政政策与货币政策对总供给也有着积极的调节作用，在社会总需求大于总供给的情况下，既可用紧缩政策来抑制总需求，也可通过积极政策来促进总供给的增长。因此，财政政策与货币政策在实际运用中应根据经济状况适时进行协调，这样才能达到有效调控国民经济运行的目的。

二、不同阶段财政政策的实践

(一)1993～1997 年实施的从紧财政政策

1993～1997 年，我国政府为应对经济过热和通货膨胀，实施了适度从紧的财政政策，即紧缩性财政政策，实现了反周期调节的预期目标，促进了经济的稳定增长。这是我国社会主义市场经济体制建设中首次有效运用财政政策进行宏观调控的成功范例，也标志着政府宏观调控方式从行政手段为主向经济手段为主的重大转变，财政政策开始成为保障宏观经济稳定、促进经济协调发展的重要调控工具。

1. 适度从紧财政政策的实施背景

由于投资需求过度扩张，生产资料价格迅速攀升，国内生产总值增长率连续五个季度在两位数以上(如图 11—4 所示)，超出了我国经济增长的正常范围。

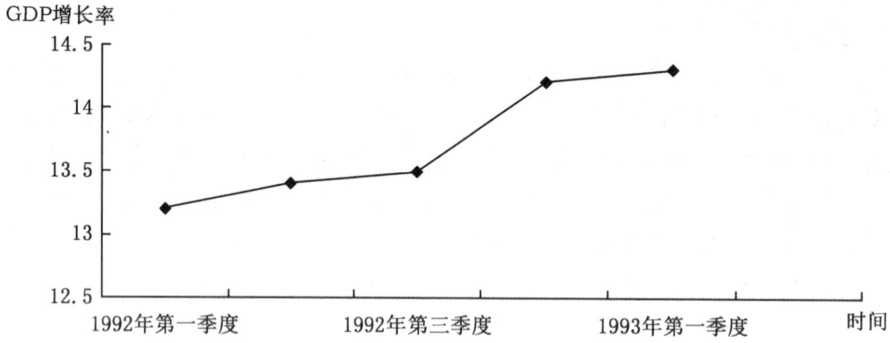

资料来源：中国经济信息网数据库。

图 11—4 1992～1993 年第一季度 GDP 增长率

1993～1996 年，我国宏观调控的着力点是控制通货膨胀，主要表现在以下三个方面：(1)四个"热"——房地产热、开发区热、集资热和股票热。(2)四个"紧张"——交通运输紧张、能源紧张、原材料紧张和资金紧张。(3)一个"乱"——经济秩序混乱，特别是金融秩序混乱。表 11—2 显示了 1991～1995 年我国各种物价总指数的变化情况。

表 11—2　　1991～1995 年我国各种物价的总指数(上年＝100)

年份	商品零售价格总指数	居民消费价格总指数
1991	102.9	103.4
1992	105.4	106.4
1993	113.2	114.7
1994	121.7	124.1
1995	114.8	117.1

资料来源：国家统计局网站。

2. 适度从紧财政政策的内容和特点

财政部门采取了一系列的措施，具体包括：

(1)通过适当压缩财政开支逐步减少财政赤字，控制固定资产投资规模和社会集团购买力，采取有效措施促进增加有效供给，缩小社会供求总量的差额；

(2)通过税制改革，调整税种结构和税率，严格控制税收减免，清理到期的税收优惠政策，进一步规范分配秩序；

(3)实行分税制财政管理体制改革，提高中央财政收入占全国财政收入的比重，增强中央财政的宏观调控能力；

(4)整顿财经秩序，健全规章制度，强化财税监管，加大执法力度，大力打击逃税骗税和设"小金库"等违法违纪行为，加强对预算外资金使用情况的监督检查；

(5)支持汇率改革，实行以市场供求为基础的、单一的、有管理的浮动汇率制，完善出口退税制度，促进外贸出口增长。

3. 适度从紧财政政策的成效

在货币政策的配合下，1996 年国民经济成功实现了"软着陆"，既有效地抑制了通货膨胀，挤压了过热经济的泡沫成分，又保持了经济的快速增长。1996 年国内生产总值增长 9.6%，物价指数比上年增长 6.1%，形成了"高增长、低通胀"的良好局面。对此，国际上的评价是非常高的，说中国避免了一次经济灾难。在这一时期财政投资和税收是财政调控的重要杠杆。

(二)1998～2004 年实行积极的财政政策

积极的财政政策在类型上属于扩张性的财政政策，是在特定时期采取的应对经济下滑的宏观调控政策。

自 1997 年 7 月起，爆发了一场始于泰国后迅速扩散到整个东南亚并波及世界的东南亚金融危机，东南亚许多国家和地区的汇市、股市轮番暴跌，金融系统乃至整个社会经济受到严重创伤。1997 年 7 月至 1998 年 1 月仅半年时间，东南亚绝大多数国家和地区的货币贬值幅度高达 30%～50%，最高的印尼盾贬值达 70%以上。同期，这些国家和地区的股市跌幅达 30%～60%。据估算，在这次金融危机中，仅汇市、股市下跌对东南亚国家和地区造成的经济损失就达 1 000 亿美元以上。受汇市、股市暴跌影响，这些国家和地区出现了严重的经济衰退。

1998 年，由于亚洲金融危机的影响，加上国内商品供求矛盾逐步由卖方市场转向买方市场，需求不足的问题成为主要矛盾。经济增长明显受到需求不足的制约，实际上就是通货紧缩。1997 年以前，中国经济面临的最大问题是通货膨胀，因此没有治理通货紧缩的经验。在国际上，也是治理通货膨胀的经验比较多，一般都是采取"关水龙头"的做法，包括控制银行货币投放量、提高利率、控制财政支出等。对于治理通货紧缩，最关键的是扩大需求，使社会总供给与社会总需求趋向平衡。为此，党中央、国务院果断决策，及时调整宏观调控政策，由"适度从紧""稳中求进"转向了"扩大内需"，实施了积极的财政政策，实质上就是扩张的财政政策，主要是通过发行长期建设国债、增加财政赤字、扩大政府支出，特别是增加投资性支出等来扩大需求，拉动经济增长。其中，国债、税收和投资是财政调控的重要杠杆，主要措施包括：

1. 发行长期建设国债，带动全社会固定资产投资

1998～2004 年累计发行 9 100 亿元的长期建设国债，集中力量建成了一批关系国民经济发展全局的重大基础设施项目，同时带动社会投资特别是民间资本的跟进。

2. 调整税收政策，刺激需求增长

对涉及投资、消费及进出口的税收政策及时作了相应的调整，分别实行了对符合国家产业政策的技术改造项目的国产设备投资按 40%的比例抵免企业所得税，对国家鼓励发展的外商投资项目和国内投资项目的进口设备在规定的范围内免征关税和进口环节增值税，停征固定资产投资方向调节税，恢复征收居民储蓄存款利息个人所得税，分 3 年将金融保险企业营业税税率由 8%降至 5%，以及多次提高出口货物增值税退税率等政策措施。

3. 调整收入分配政策，改善居民消费心理预期

连续四次调整机关事业单位职工工资，建立艰苦边远地区津贴制度，实施机关事业单位年

终奖金制度。同时,增加社会保障投入,提高社会保障水平。

4. 规范收费制度,减轻社会负担,推动、扩大消费

1998 年以来,取消行政事业收费项目 1 805 项,共减轻社会负担 1 417 亿元;农村税费改革不断深化,农民负担明显减轻。

5. 支持国民经济战略性调整,促进国有企业改革和产业结构优化

在稳健的货币政策的配合下,积极的财政政策基本完成了预期的宏观调控目标:加强了基础设施建设,调整了经济结构,促进了企业技术改造,提高了居民的收入,更重要的是拉动了经济增长。国债投资每年拉动 GDP 增长 1.5～2 个百分点,平均每年拉动 1.8 个百分点,从单一的投资拉动到扩大投资和刺激消费并重,使我们掌握和积累了应对通货紧缩趋势的经验。这一时期,中国经济增长速度基本上保持在 7%～9%之间,又一次实现了国民经济“软着陆”,从而避免了中国经济的大起大落。

(三)2005 年开始实施的稳健财政政策

从 2003 年开始,我国的宏观经济运行出现了一些新的情况。2003 年第一季度 GDP 增长速度达 9.9%,全年为 9.1%。2004 年第一季度 GDP 增长速度为 9.8%,第二季度为 9.6%,第三季度为 9.1%,第四季度为 9.5%,全年为 9.5%。同时,从 2003 年开始,物价也走出通货紧缩的阴影,由负增长变成正增长。2004 年,居民消费价格总水平上涨 3.9%。这些数据说明,我国经济走出了通货紧缩的阴影,经济增长进入新一轮周期的上升阶段,呈现出加速发展的态势,但同时存在经济结构不合理、经济增长方式粗放等问题。(1)如钢铁、冶金、房地产、建材等行业发展太快,出现了局部过热现象;(2)经济社会发展中还有能源、交通、农业、教育、公共卫生、社会保障等许多薄弱环节亟待加强。党中央、国务院很敏锐地看到了宏观经济运行中存在的问题,从 2003 年起,及时采取了一系列的宏观调控政策,初步消除了经济发展中的不稳定、不健康因素,避免经济出现大的波动。但一些深层次问题还没有完全解决,主要是粮食增产和农民增收的机制尚不完善、固定资产投资反弹压力大、能源和运输“瓶颈”约束依然突出等。

积极的财政政策的实质是扩张性的财政政策,当通货膨胀逐渐成为影响宏观经济发展的压力时,继续实施这一政策,不仅不利于控制固定资产投资的过快增长,而且易于形成逆向调节;不仅不利于减缓通货膨胀的趋势,而且易于加剧投资与消费比例失调程度,加大经济健康运行的风险和阻力。因此,积极的财政政策应当适时转向。再加上当时投资规模很大,社会资金较多,也有条件调整财政政策的取向。另外,我国经济并非全面过热,农业、教育、公共卫生、社会保障等许多薄弱环节还亟待加强,而且没有强烈信号表明近期会发生高通货膨胀,因此,积极的财政政策不宜一下子转向紧缩的财政政策。在这种情况下,中央提出从 2005 年起实行稳健的财政政策。

实行稳健的财政政策的核心是松紧适度,着力协调,放眼长远。具体来说,要注重把握“控制赤字,调整结构,推进改革,增收节支”十六个字。

(1)控制赤字,就是适当减少财政赤字,适当减少长期建设公债发行规模,中央财政赤字规模大体保持在 3 000 亿元左右。同时随着 GDP 的不断扩大,财政赤字占 GDP 的比重也会不断下降。继续保持一定的赤字规模和长期建设公债规模,是坚持“发展是党执政兴国的第一要务”的要求,也是保持一定宏观调控能力的需要。这样做的必要性是:第一,政策需要保持相对的连续性,公债项目的投资建设有个周期,在建、未完工程尚需后续投入。在经济高速增长和部分行业、项目对公债资金依赖较大的时候,刹车过猛会对经济造成较大的负面冲击。第二,

按照“五个统筹”的要求，确实有许多“短腿”的事情要做，保持一定的赤字规模，有利于集中一些资源，用于增加农业、教育、公共卫生、社会保障、生态环境等公共领域的投入。第三，保持一定的调控能力，有利于主动地应对国际国内各种复杂的形势。

(2)调整结构，就是要进一步按照科学发展观和公共财政的要求，着力调整财政支出结构和公债资金投向结构。资金安排上要区别对待，有保有压，有促有控。对与经济过热有关的、直接用于一般竞争性领域的“越位”投入，要退出来、压下来；对属于公共财政范畴的，涉及财政“缺位或不到位”的，如需要加强的农业、就业和社会保障、环境和生态建设、公共卫生、教育、科技等经济社会发展的薄弱环节，不仅要保，还要加大投入和支持的力度，努力促进“五个统筹”和全面协调发展。

(3)推进改革，就是转变主要依靠公债项目投资拉动经济增长的方式，按照既立足当前，又着眼长远的原则，在继续安排部分公债项目投资，整合预算内基本建设投资，保证一定规模中央财政投资的基础上，适当调减公债项目投资规模，腾出一部分财力，用于大力推进体制和制度改革创新，为市场主体和经济发展创造一个相对宽松的财税环境，建立有利于经济自主增长的长效机制。推进改革的内容包括：推进增值税转型改革，推进内外资企业所得税合并，改革和完善农业税费制度，完善出口退税制度；大力支持推进教育、社会保障、医疗卫生、收入分配四项改革，以进一步鼓励和扩大消费。

(4)增收节支，就是在总体税负不增或略减税负的基础上，严格依法征税，确保财政收入稳定增长，同时严格控制支出增长，在切实提高财政资金的使用效率上花大力气，下大功夫。①依法加强税收征管，堵塞各种漏洞，切实做到应收尽收。依法清理和规范税收优惠政策，严格控制减免税。②严格控制一般性支出，保证重点支出需要，各项财政支出都要精打细算。③在继续深化预算管理制度改革的基础上，积极探索建立财政资金绩效评价制度，加强监督检查，严格管理，坚决制止铺张浪费、花钱大手大脚的行为，把该花的钱花好、管好、用好，切实提高财政资金使用的规范性、安全性和有效性，通过提高财政资金的使用效率来替代一定的财政资金的增量需要。④科学使用预算执行中的超收，一般不能做刚性支出和投资安排。

视频

2019年实施大规模减税降费

(四)2008年年末起实行的积极的财政政策

1. 政策转向的背景

起点：美国房地产市场上的次级按揭贷款危机。这是一场发生在美国，因次级抵押贷款机构破产、投资基金被迫关闭、股市剧烈震荡引起的风暴。它致使全球主要金融市场隐约出现流动性不足危机。美国“次贷危机”是从2006年春季开始逐步显现的。2007年8月，席卷美国、欧盟和日本等世界主要金融市场。引起美国次级抵押贷款市场风暴的直接原因是美国的利率上升和住房市场持续降温。次级抵押贷款是指一些贷款机构向信用程度较差和收入不高的借款人提供的贷款。利息上升，导致还款压力增大，很多本来信用不好的用户感觉还款压力大，出现违约的可能，对银行贷款的收回造成严重影响。美国次贷危机的成因及发展如图11－5所示，美国次贷危机的形成过程如图11－6所示。

发展：2006年年底开始出现美国次贷危机的苗头，从苗头发生、问题累积到危机确认，特别是到贝尔斯登、美林证券、花旗银行和汇丰银行等国际金融机构对外宣布数以百亿美元的次贷危机损失。进入2008年，由美国次贷危机引发的全球性金融危机愈演愈烈，并开始对全球实体经济造成严重影响。

对全球经济的影响：由于金融衍生品市场牵连广泛，源于美国的金融风险通过各类渠道扩

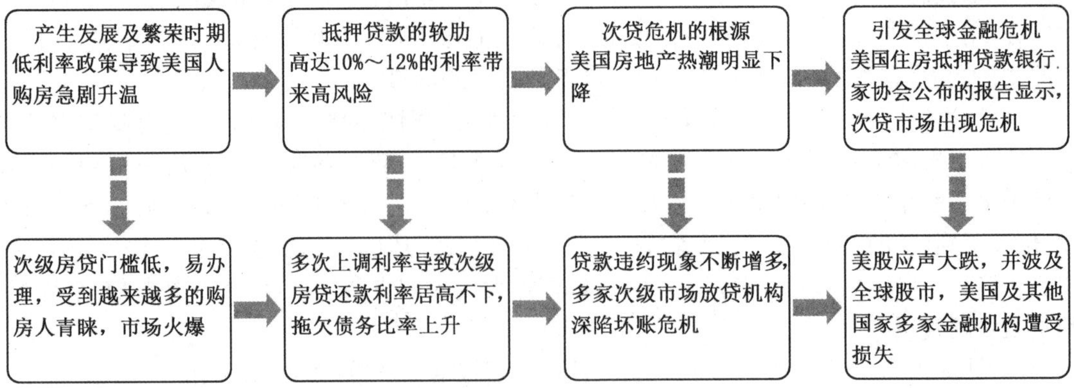

图 11—5 美国次贷危机的成因及发展

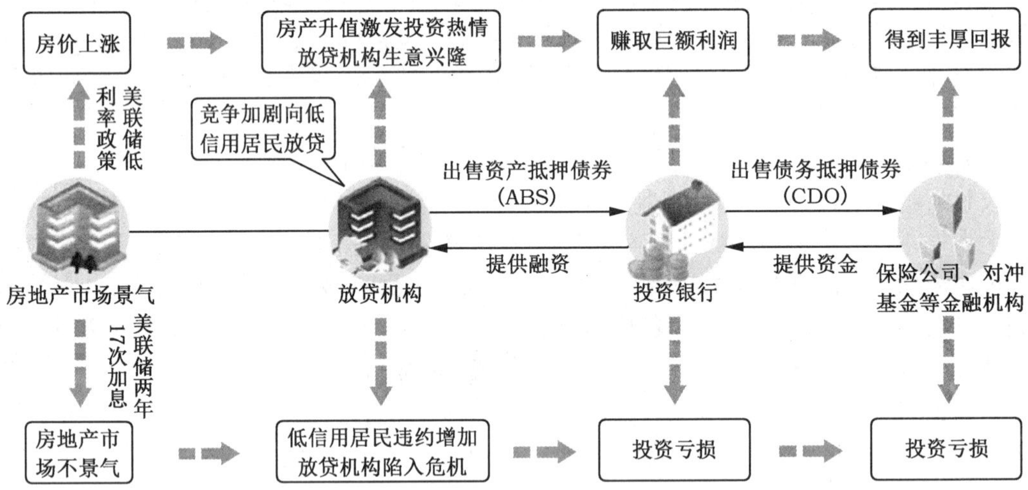

图 11—6 美国次贷危机的形成过程

散到全球。随着信贷急剧紧缩、市场信心迅速恶化，实体经济也受到严重影响，金融危机逐渐转变为全球性经济危机，世界各国的经济都出现不同程度的放缓或衰退，失业率明显上升，结束了自 2002 年开始的经济上行周期。英国 2008 年第三季度 GDP 环比下降 0.5%，是 1992 年以来经济增长首次出现萎缩，成为第一个陷入衰退的主要发达经济体。随着美国金融危机向世界其他地区蔓延，北欧小国冰岛 2008 年 10 月陷入困境。在短短几周时间里，冰岛最大的三家银行相继宣布破产，政府无奈将其收归国有。三大银行的债务总额高达 610 亿美元，是冰岛 GDP 总额的近 12 倍。与此同时，冰岛股市持续暴跌，本币克朗也大幅贬值。由于无力独自应对金融危机，冰岛政府不得不积极寻求外国援助。欧盟、英国和日本都购入了美国的次级债相关证券，许多银行遭受了直接损失，如瑞士银行、英国汇丰控股、法国巴黎银行、法国兴业银行、日本瑞穗集团等。同时，美国房价下跌也使这些国家的房屋价格面临下行风险。欧盟、英国、日本以及中国都与美国有频繁的国际贸易，美国需求的下降和美元的持续贬值给这些国家的出口带来了负面影响。美国次贷危机对美国经济及全球经济的冲击见表 11—3。

表 11－3　　美国次贷危机冲击波

波　次	时　间	典型事件
第一波	2007 年 8～9 月	不少与次贷相关的金融机构破产，美联储和欧洲央行联手救市并降息，美国抵押贷款风险浮出水面
第二波	2007 年年底至 2008 年初	花旗、美林、瑞银等因次级贷款出现巨额亏损，美国政府和六大房贷商提出“救生索计划”
第三波	2008 年 3 月	美第五大投资银行贝尔斯登资产管理公司破产，美联储为 JP 摩根大通银行接管提供融资
第四波	2008 年 7 月	房利美和房地美两大房贷公司因严重亏损陷入困境，迫使美联储和财政部再次“救市”
第五波	2008 年 9 月	雷曼兄弟宣布申请破产保护，美林被迫售予美国银行，美国国际集团融资危机
第六波	2008 年下半年	世界主要经济体经济下滑
第七波	2009～2010 年	欧洲的希腊、爱尔兰等国家陷入债务危机

资料来源：根据媒体报道编写。

对中国的冲击：受国际金融危机的冲击，中国经济和社会的发展面临一系列困难和不确定因素。特别是外部需求明显收缩，部分行业出现产能过剩，部分企业出现经营困难，就业再就业矛盾突出，加上国内经济发展的周期性调整因素的影响，经济增长的下行压力巨大。尽管中国受到的直接冲击相对较小，但对经济增长带来的负面影响也非常明显，2008 年第一季度起经济增速连续五个季度减缓，2008 年第一季度 GDP 增速为 10.6％，2009 年第一季度下滑到 6.2％（见表 11－4）。受金融危机及全球经济减缓的影响，2008 年前三季度中国出口增速回落 4.8 个百分点，净出口对经济增长的拉动比上年同期减少 1.2 个百分点。

表 11－4　　2008～2009 年中国经济增长速度变化情况

时间	2008 年				2009 年			
	一季度	二季度	三季度	四季度	一季度	二季度	三季度	四季度
GDP 增速	10.6％	10.1％	9.0％	6.8％	6.2％	7.9％	9.1％	10.7％

资料来源：国家统计局定期统计信息。

2. 政策实施的具体内容

财政政策转向的经济学分析：长期以来，出口与投资是拉动中国经济增长的主要力量。在外部环境影响下，只有通过增加国内投资、扩大国内消费来保持经济增长，避免经济衰退引起的就业困难、财政收入下降，企业倒闭引发的银行贷款风险、社会动荡等问题的发生。

2008 年 11 月 5 日，中国政府决定实行积极的财政政策和适度宽松的货币政策，出台了更加有利的扩大国内需求的措施，加快民生工程、基础设施、生态环境建设和灾后重建，提高城乡居民特别是低收入群体的收入水平，促进经济平稳较快增长。当日召开的国务院常务会议确定了进一步扩大内需、促进经济增长的十项措施：(1)加快建设保障性安居工程。(2)加快农村基础设施建设。(3)加快铁路、公路和机场等重大基础设施建设。(4)加快医疗卫生、文化教育事业发展。(5)加强生态环境建设。(6)加快自主创新和结构调整。(7)加快地震灾区灾后重建各项工作。(8)提高城乡居民收入。提高下一年粮食最低收购价格，提高农资综合直补、良种补贴、农机具补贴等标准，增加农民收入。提高低收入群体等社保对象的待遇水平，增加城市和农村低保补助，继续提高企业退休人员基本养老金水平和优抚对象生活补助标准。(9)在全国所有地区、所有行业全面实施增值税转型改革，鼓励企业技术改造，减轻企业负担 1 200 亿元。(10)加大金融对经济增长的支持力度。初步匡算，实施上述工程建设，到 2010 年年底约需投资 4 万亿元。为加快建设进度，会议决定，2008 年第四季度先增加安排中央投资 1 000 亿元，2009 年灾后重建基金提前安排 200 亿元，带动地方和社会投资，总规模达到 4 000 亿元。这一重大举措被简称为"四万亿投资计划"。此后，又实施了结构性减税、"家电下乡"，以及鼓励汽车、家电以旧换新等政策措施，以扩大投资和消费；完善出口信贷保险和出口税收政策，适时调整出口退税率等政策，以稳定出口。同时，实施了十大产业调整振兴计划、国家科技重大专项、发展高技术产业集群、加强企业技术改造等政策，以调整优化经济结构；另外，稳定农业发展，促进农民增收，制定实施稳定和扩大就业政策，提高离退休职工的离退休金和养老金，提高最低保障水平和最低工资标准等措施，以改善民生。上述各项调控措施统称为"一揽子计划"。

2009 年起的新一轮积极的财政政策具有下列特点：(1)总结了 1998 年应对亚洲金融危机的积极财政政策的经验，措施更加全面，政府投资力度更大；(2)既着眼于拉动经济增长，又努力兼顾调整经济结构，加快转变经济增长方式；(3)财政政策发挥了主角作用，地位更加突出。需要指出的是："一揽子计划"绝不是单纯的基本建设投资计划，它最直接、最重要的目标是扭转经济增速下滑趋势，保持经济平稳较快增长，其实质和核心是解决制约中国经济发展的结构性问题，加快转变发展方式，全面提升经济发展的质量和水平。

亮点：首先是政府投资充当主角。共计新增中央政府公共投资 1.18 万亿元，其中，2008 年第四季度、2009 年和 2010 年分别新增投资 1 040 亿元、4 875 亿元、5 885 亿元(见表 11－5)。其次是第一次放开地方政府举借公债，2009～2011 年每年由财政部代理发行 2 000 亿元地方政府债券弥补，并列入省级预算管理。再次是实施大规模的减税政策。主要是增值税转型(就是将中国现行的生产型增值税转为消费型增值税，也称作增值税改革或增值税转型改革。在现行的生产型增值税税制下，企业所购买的固定资产所包含的增值税税金，不允许税前扣除；而如果实行消费型增值税，则意味着这部分税金可以在税前抵扣。世界上采用增值税税制的绝大多数市场经济国家，实行的都是消费型增值税。因为它有利于企业进行设备更新改造，因而颇受企业的欢迎)，2009 年这项改革减轻企业税负约 1 233 亿元。最后是实行了赤字财政政策。2009 年起财政赤字大幅增加，国债规模也大幅扩大，具体见表 11－6。

表 11－5　　2008～2011 年中央财政投资金额

年　份	2008	2009	2010	2011
中央财政公共投资额(亿元)	1 521	9 080	9 927	10 710
比上年增长率(%)	13.2	497.0	9.3	7.9

资料来源：财政部 2008～2011 各年预算报告。

表 11－6　　2008～2011 年全国财政赤字

年　份	2008	2009	2010	2011
财政赤字额(亿元)	1 800	9 500	10 000	9 000
占 GDP 比重(%)	0.6	2.98	2.5	2

资料来源：财政部 2008～2011 各年预算报告。

3. 政策成效

总体而言，中国政府应对这一场全球金融危机的影响所采取的措施是空前的，其效果突出表现为“四个一”，具体表现在以下方面：

“一个回升”：生产增速稳步回升。统计显示，经初步核算，2009 年上半年国内生产总值(GDP)同比增长 7.1%。分季度来看，第二季度 GDP 增长 7.9%，增速逐季加快。规模以上工业生产增长更为明显。在工业行业中，大部分行业生产增长加快。

“一个加快”：国内需求增长加快。扩大内需是经济企稳回升的动力和抓手。2009 年上半年，全社会固定资产投资同比增长 33.5%，增速比第一季度加快 4.7 个百分点。同期，社会消费品零售总额增长 15%，其中，商品房、汽车销售分别增长 31.7%和 17.7%，成为内需增长中两个较为突出的亮点。

“一个推进”：经济结构调整积极推进，表现在三个方面：(1)基础设施和基础产业进一步得到加强；(2)装备工业较快回升，2009 年上半年装备工业同比增长 6.7%，比第一季度加快 3 个百分点；(3)区域发展协调性有所增强，中西部地区投资和工业生产增长均明显加快。

“一个改善”：民生继续得到改善。在经济困难的情况下，民生仍得到了进一步改善：(1)就业基本稳定；(2)居民收入增长平稳；(3)社会保障支出进一步增加，2009 年上半年财政用于社会保障和就业的支出同比增长 29.2%，中央财政对城市和农村居民最低生活保障补贴支出分别增长 49.9%和 140%以上。

从性质上看，“一揽子计划”是以应对国际金融危机、促进经济平稳较快发展为主线，统筹兼顾，突出重点，全面实施促进经济平稳较快发展的经济刺激计划，属于扩张性的宏观调控政策。“一揽子计划”实施后，取得了“农民得实惠、企业得市场、政府得民心、经济得发展”的良好效果。

视频

大力实施减税降费保持较高支出强度

(五)进入经济新常态后的财政政策

2013 年年末，我国审视国际国内多方面因素，提出了我国经济进入新常态的判断，表现为以下几个主要特点：(1)经济增长速度从高速增长转为中高速增长；(2)经济结构不断优化升级，第三产业逐步超过第二产业，成为拉动经济增长的主要动力；(3)经济发展的驱动力由要素驱动、投资驱动转向创新驱动。

经济进入新常态的大背景是我国从改革开放以来经历了 30 多年的高速增长，随着劳动力、资源、土地等价格上升，依靠低要素成本驱动的经济发展方式已难以为继，同时，环境污染问题逐步凸显。从国际市场看，全球经济危机的大爆发反映出世界经济进入“大调整”与“大过渡”的时期，以前过多依靠外部需求的出口型发展模式急需转变。

针对上述新形势、新特征，中央提出适应新常态，继续实施积极的财政政策，深入推进供给侧结构性改革，综合运用多种手段去产能、去库存、去杠杆、降成本、补短板，由单纯刺激需求、扩大消费转向同时提高供给体系质量。党的十九大进一步提出我国经济已由高速增长阶段转向高质量发展阶段，进入转变发展方式、优化经济结构、转换增长动力的攻关期。

为此，积极的财政政策也不断地被调整和优化，呈现出与以往扩张性的财政政策不同的特点：

(1)并非单纯拉动需求，而是从供给和需求两个方面综合调控。既拉动有效需求，同时又压减过剩产能，扩大优质增量供给，实现更高水平的供需平衡，具体包括支持农业供给侧改革，提高农产品品质，支持产能严重过剩的煤炭、钢铁、水泥、电解铝、平板玻璃、船舶等行业实施结构调整和产业升级。

(2)加大减税力度。主要是加快推进营业税改革步伐，全面推行“营改增”，累计减税近 2

万亿元。同时,2013～2017 年共取消、免征、停征和减征 1 368 项政府性基金和行政事业性收费,为企业和个人减轻负担 3 690 亿元。

(3)扩大财政支出。继续适度扩大财政支出规模,财政赤字由 2013 年的 1.2 万亿元增加到 2017 年的 2.38 万亿元,赤字率虽然有所上升,但仍控制在 GDP 的 3%以内。加上盘活存量资金,极大地推动了投资和消费,保持经济中高速增长,推动发展向中高端水平迈进。

(4)通过税制改革、预算制度改革促进经济健康发展。将排污费改为环境保护税,创造性地发行置换债券、推广运用政府和社会资本合作模式(PPP)扩大投资资金来源,防范债务和金融风险,严格预算约束,推进支出全过程绩效管理,提高财政资金使用效率。

【同步案例 11-1】 货币政策

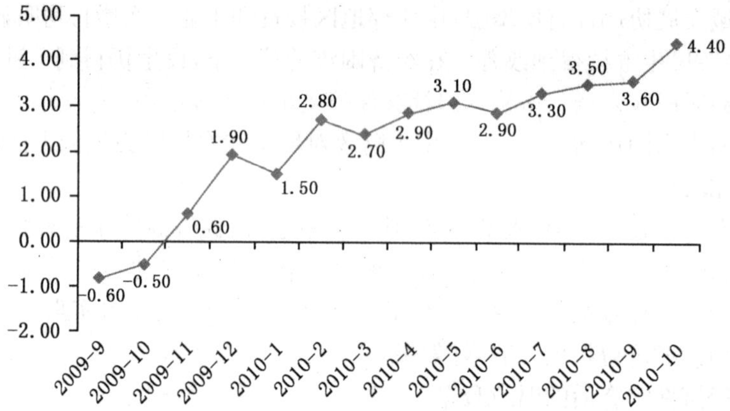

近 1 年多来我国消费者物价指数(CPI)

2010 年存款准备金率调整一览表

次数	时　间	调整前	调整后	调整幅度(单位:百分点)
6	2010 年 12 月 20 日	(大型金融机构)18.00%	18.50%	0.5
		(中小金融机构)14.50%	15.00%	0.5
5	2010 年 11 月 29 日	(大型金融机构)17.50%	18.00%	0.5
		(中小金融机构)14.00%	14.50%	0.5
4	2010 年 11 月 16 日	(大型金融机构)17.00%	17.50%	0.5
		(中小金融机构)13.50%	14.00%	0.5
3	2010 年 5 月 10 日	(大型金融机构)16.50%	17.00%	0.5
		(中小金融机构)13.50%	不调整	—
2	2010 年 2 月 25 日	(大型金融机构)16.00%	16.50%	0.5
		(中小金融机构)13.50%	不调整	—

续表

次数	时　间	调整前	调整后	调整幅度（单位：百分点）
1	2010 年 1 月 18 日	（大型金融机构）15.50%	16.00%	0.5
		（中小金融机构）13.50%	不调整	—

注：存款准备金是指金融机构为保证客户提取存款和资金清算需要而准备的在中央银行的存款，中央银行要求的存款准备金占其存款总额的比例就是存款准备金率。

讨论：

（1）图中反映了哪些经济现象？

（2）表中反映我国采取什么样的货币政策？分析说明图和表间的相互关系。

案例精析
11—1

应知考核

一、单项选择题

1. 下列不属于财政政策目标的是（　　）。

A. 充分就业　　B. 国际收支平衡　C. 物价稳定　　D. 币值稳定

2. 紧缩性财政政策的目的包括（　　）。

A. 增加税收　　B. 减少税收　　C. 扩大财政支出　D. 赤字

3. 政府实行扩张性的财政政策通常需要安排更多的支出，政府增加支出的资金主要来自（　　）。

A. 增加税收　　B. 压缩其他支出　C. 向中央银行借款D. 发行国债

4. 下列不属于扩张性财政政策的是（　　）。

A. 扩大公共投资　　B. 结构性减税

C. 增加农机消费的财政补贴　　D. 降低利率

5. 2014 年，中央经济工作会议确定了要继续坚持“稳中求进”工作总基调，通过宏观经济政策实现“稳增长”“调结构”与“促改革”三大目标。下列调控目标、调控政策、具体措施三者对应最恰当的是（　　）。

①稳中求进——积极的财政政策——扩大营业税改增值税试点

②稳增长——积极的财政政策——保持货币信贷的合理增长

③调结构——稳健的货币政策——扩大企业创新的税收优惠

④促改革——稳健的货币政策——逐步推进人民币汇率市场化

A. ②③　　B. ③④　　C. ③④　　D. ①④

二、多项选择题

1. 货币政策的基本类型包括（　　）。

A. 扩张性的货币政策　　B. 紧缩性的货币政策

C. 中性货币政策　　D. 以上都对

2. 我国中央银行调节市场货币量的三大法宝是（　　）。

A. 存款准备金率　B. 再贴现率　　C. 公开市场业务　D. 再贷款利率

3. 积极的货币政策主要通过( )。

A. 降低法定存款准备金率　　B. 利率

C. 扩大信用规模　　D. 增加货币供应量

4. 财政政策的目标主要有( )。

A. 经济增长　　B. 充分就业　　C. 物价稳定　　D. 国际收支平衡

5. 地方预算主要包括( )。

A. 公检法支出　　B. 地方文化

C. 城市维护和建设经费　　D. 价格补贴

三、判断题

1. 中性财政政策是指财政的分配活动对社会总需求的影响比较温和。 ( )

2. 自动稳定的财政政策本身不具有内在的调节功能。 ( )

3. 经济增长通常用国内生产总值增长率指标来度量。 ( )

4. 充分就业的衡量指标是就业率。 ( )

5. 稳定物价的衡量指标是物价上涨率或通货膨胀率。 ( )

四、简述题

1. 简述财政政策的含义和功能。

2. 简述财政管理体制的含义及构成。

3. 简述分税制改革存在的问题及完善思路。

4. 简述货币政策的含义及工具。

5. 简述财政政策与货币政策的关系。

应会考核

■观念应用

【背景资料】

运用财政政策分析财政的作用

2019 年 1 月 23 日,财政部发布的最新数据显示,2018 年全国一般公共预算收入超过 18 万亿元,比当年年初预算目标高 0.1 个百分点。同时,全国一般公共预算支出突破 22 万亿元,同比增速达到 8.7%。

减税降费是 2018 年积极的财政政策的体现之一。有关部门通过深化增值税改革、实施个人所得税改革、重点支持小微企业和科技研发创新等一系列举措,对激发市场活力、降低企业负担发挥了重要作用,全年减税降费规模约 1.3 万亿元。

除了减税降费,积极的财政政策的另外一个方面就是扩大支出。2018 年,财政部门积极盘活资金存量,加大资金统筹使用力度,及时下达预算和拨付资金,加快地方政府债券发行和使用。全国一般公共预算支出规模突破 22 万亿元。据介绍,2018 年第一季度、上半年和前三季度,全国一般公共预算支出进度分别达到 24.3%、53.2%、77.8%,各节点均超出或接近历年最快进度。

三大攻坚战等重点领域支出得到较好保障。比如,在污染防治方面,全国污染防治支出、自然生态保护支出分别增长29.6%、17.5%。中央财政支持污染防治及生态环境保护的资金约为2 555亿元，增长13.9%，其中，大气、水、土壤污染防治投入力度均为近年来最大。

在一系列政策护航下，2018年，地方债特别是专项债发行明显提速，加之为期3年多的地方政府债务置换节奏有序推进，积极的财政政策更加积极，为地方发展持续提供资金活水。

【考核要求】

上述材料体现了国家财政在社会经济生活中的哪些作用？

■技能应用

材料一：　**“生财为根本，聚财要有度，用财讲效益”**

表1　**2018年我国的财政收支状况**

财政收支	总额(亿元)	同比增长(%)
财政收入	183 352	6.2
财政支出	220 906	8.7

材料二：2012年，我国继续实施积极的财政政策，进一步优化财政支出结构，把更多的财政资源用于改善民生和发展社会事业，增加公共建设支出，更有力地支持农村地区、欠发达地区和民族地区发展经济和改善民生，要更加注重推动经济发展方式转变和经济结构调整，保持经济平稳较快发展。

材料三：财政部数据显示，2018年，全国财政收入183 352亿元，比上年增加11 367.8亿元，增长6.2%。经济增长是财政收入的基础，经济决定财政，财政工作基本是围绕生财、聚财、用财三者进行的。“三财”之道，生财为根本，聚财要有度，用财讲效益。

【技能要求】

(1)结合材料一，简要说明2018年我国的财政收支状况。

(2)根据材料二，分析财政在社会经济生活中有何巨大作用。

(3)结合材料三，分析“生财为根本，聚财要有度，用财讲效益”分别指什么。

■案例分析

【案例情境】

积极的财政政策，推进各项财政工作

材料一：2018年12月19日至21日，中央经济工作会议在北京举行。会议指出，宏观政策要强化逆周期调节，继续实施积极的财政政策和稳健的货币政策，适时预调微调，稳定总需求；积极的财政政策要加力提效，实施更大规模的减税降费，较大幅度地增加地方政府专项债券规模；稳健的货币政策要松紧适度，保持流动性合理、充裕，改善货币政策传导机制，提高直接融资比重，解决好民营企业和小微企业融资难、融资贵问题。社会政策要强化兜底保障功能，实施就业优先政策，确保群众基本生活底线，寓管理于服务之中。

材料二：我国经济运行的主要矛盾仍然是供给侧结构性的，必须坚持以供给侧结构性改革为主线不动摇，更多采取改革的办法，更多运用市场化、法治化的手段，在“巩固、增强、提升、畅通”八个字上下功夫。要巩固“三去一降一补”成果，推动更多产能过剩行业加快出清，降低全社会各类营商成本，加大基础设施等领域补短板力度。要增强微观主体活力，发挥企业和企业家的主观能动性，建立公平、开放、透明的市场规则和法治化营商环境。要提升产业链水平，注重利用技术创新和规模效应形成新的竞争优势，培育和发展新的产业集群。同时，2018年，在减税政策的推进下，我国增值税、企业所得税、个人所得税和进出口环节税的增速水平都呈下降态势，结构性减税的特征突出，效应也在逐步积累和改善。从税制结构来看，由于减税主要围绕着生产和流通环节进行，所以总体表现为间接税增速放缓，直接税增速相对稳定。

【分析要求】

(1)结合材料二，分析说明财政对促进经济社会发展所发挥的作用。

(2)财政作用的发挥与财政收入密切相关，请简要分析影响财政收入的主要因素。

项目实训

【实训内容】

材料一：中国人民银行决定，自2015年12月24日起，下调金融机构人民币贷款和存款基准利率，以进一步降低企业的融资成本。其中，金融机构一年期贷款基准利率下调0.25个百分点至4.35%；一年期存款基准利率下调0.25个百分点至1.5%。

表2　人民币存贷款基准利率下调前后变化情况

类　别	存款基准利率	贷款基准利率
下调前	1.75%	4.6%
下调后	1.5%	4.35%

材料二：2019年1月4日，李克强总理接连考察中国银行、工商银行和建设银行普惠金融部，并在银保监会主持召开座谈会。总理强调，要加大宏观政策逆周期调节的力度，进一步采取减税降费措施，运用好全面降准、定向降准工具，支持民营企业和小微企业融资。紧接着，央行网站发出通知：决定下调金融机构存款准备金率1个百分点，其中，2019年1月15日和1月25日都下调0.5个百分点。同时，2019年第一季度到期的中期借贷便利(MLF)不再续做。

(1)材料一说明国家采用哪种宏观调控手段调控经济？这一政策可能产生怎样的预期效果？

(2)若2018年12月31日在银行存入一年期定期存款10 000元人民币，2019年到期后可以获得多少利息？

【实训目标】

加深学生对财政学的认识和理解，学会运用本项目的知识解决财政学的基本问题，从而提高学生的综合素质。

【实训组织】

将学生分成若干组，每组7人，每组设组长1名，组长负责组织本组成员进行实训，由组长将调查结果书面写成报告，并总结。(注意：教师提出活动前的准备和注意事项。)

【实训成果】

(1)考核和评价采用报告资料展示和学生讨论相结合的方式。

(2)评分采用学生和教师共同评价的方式，填写实训报告。

<table>
<tr><th colspan="3">实训报告</th></tr>
<tr><td>项目实训班级：</td><td>项目小组：</td><td>项目组成员：</td></tr>
<tr><td>实训时间：　　年　　月　　日</td><td>实训地点：</td><td>实训成绩：</td></tr>
<tr><td colspan="3">实训目的：</td></tr>
<tr><td colspan="3">实训步骤：</td></tr>
<tr><td colspan="3">实训结果：</td></tr>
<tr><td colspan="3">实训感言：</td></tr>
</table>

项目十二

国际财政

○ **知识目标:**

理解:国际财政的含义及意义。

熟知:国际财政援助的含义;开展国际财政援助的必要性;国际财政协调的必要性。

掌握:国际财政援助的方式、机制;国家财政协调的内容、机制;国际税收协调。

○ **技能目标:**

能够掌握国际财政的基本知识、基本原理;解读国际财政援助的方式、机制,国际财政协调的内容、机制,开展国际财政援助的必要性;能够结合实际分析国际财政协调的必要性。

○ **素质目标:**

运用所学的国际财政知识研究相关案例,培养和提高学生在特定业务情境中分析问题与决策设计的能力;结合行业规范或标准,强化学生的职业道德素质。

○ **项目引例:**

中国与国际财政援助

我国历来积极地参与对其他国家的国际财政援助,但一直都是扮演援助国的角色。1991年5月,我国的安徽、江苏、河南等地发生了特大洪灾。7月6日,中国政府正式通过联合国系统向国际发出呼吁,寻求援助,这是有史以来我国第一次要求国际社会提供人道主义援助。2008年5月12日,我国四川汶川地区发生特大地震,重灾区涉及40多个县市,人员和财产损失惨重。我国政府通过外交及红十字会等渠道积极寻求国际财政援助,先后有多个国家和地区向我国提供救灾资金。同时,我国政府迅速有力的救灾举措也得到了国际社会的高度赞扬。

讨论:

(1)如何看待中国主动要求和接受国际财政援助的行为?

(2)国际财政援助体现了什么样的国际财政关系?

○ **知识精讲:**

任务一 国际财政概述

一、国际财政的含义及意义

(一)国际财政的含义

国际财政是指国家之间的财政分配关系,包括税收收入的分配、国家间政府资金的转移、全球性公共产品的提供等。它可以归纳为两个方面的内容:(1)提供全球性公共产品形成的超出一国范围的财政分配关系，最典型的有欧盟的出现和发展、国际财政援助的扩大；(2)国家之间利益分割形成的财政分配关系，最典型的是国际税收问题。

(二)研究国际财政的意义

以前，人们一般认为，财政都是与国家紧密联系起来的，财政就是国家财政。但在公共产品理论产生之后，逐步出现了全球性公共产品这一新含义，为财政问题研究开拓了新的领域。越来越多的学者开始关注国际税收协调、国际财政援助等国际财政问题。著名经济学家门德兹、马斯格雷夫、罗森等人都研究了国际财政问题。门德兹在专著《国际财政学》中认为，国际财政体系的建立和运用是一个新的、有潜力的争论问题，事实上国际财政时代已经来临，需要建立国际财政体系，这是因为世界正处于前所未有的关键时期。贫困和疾病吞噬了整个世界，庄稼收成不好以及长期的饥荒，较不发达国家由于人口增加导致经济发展停滞和人民生活质量难以提高，国家财富分布达到前所未有的不平衡，国际性的环境恶化威胁到人类的生存，地球资源面临匮乏的危机。他认为，国际财政同样具有国家财政的三大功能。就资源配置功能而言，国际上同样存在市场失效问题，如全球性公共产品的存在、国际范围的外溢性的存在等，都需要国际财政来解决。马斯格雷夫主要研究了税收协调问题，分析了税收政策从一国范围扩展到国际环境后产生的国家间公平的新问题。罗森指出，开放的贸易制度、航海自由、环境污染的治理、国际贸易的反垄断等问题仅靠一个国家难以解决。

二、对国际财政的理解

一种意见认为凡是国家之间的财政分配关系都属于国际财政问题，另一种意见认为存在全球性公共产品，其提供需要依赖于国际组织或其他机构来进行。那么，争议就随之而来，究竟是否存在高于国家的权力实体，一般来说，联合国只是一个协调组织，还没有凌驾于国家之上的权力，它通过的决议多是依靠各个成员国自觉遵守的，并不具有强制性。也就是说，联合国还没有具备国家的所有政治权力，但现实中确实出现一些全球性的、具有公共产品的部分特性的社会公共需要，比如，国家间的武装冲突需要联合国维和部队的介入，那么联合国提供的就是世界和平或大区域和平这种全球性公共产品。同样，应对全球性气候变化及与之联系的国际环境保护合作行动提供的则是全球性良好的生活环境，国际货币基金组织提供的是国际金融稳定，世界贸易组织提供的是良好的国际贸易环境，这些都可以看作全球性公共产品。从这个意义上说，目前对国际财政的研究还需要继续深入进行。

任务二　国际财政援助

一、国际财政援助的含义

国际财政援助是一国或国家集团对另外一国或国家集团提供的无偿或优惠的有偿货物或资金，用以解决受援国所面临的政治、经济困难或问题，或实现援助国家特定目标的一种手段。国际财政援助一般以主权国家为基本行为主体，从总体构成来看，官方援助仍在国际财政援助中占据绝对的优势。因此，国际财政援助主要是指官方发展援助(ODA)。国际财政援助体系目前由150多个多边机构、33个双边机构(其中22个国家为经济合作与发展组织下属的发展援助委员会即OECD/DAC的成员)、至少10个提供了大量ODA但非DAC成员的政府和正在迅速成长的全球纵向基金会组成。其中，双边援助机构提供了总援助支出的70%，而多边援助机构提供了其余的30%，近年来新的基金也有所增加，最新的包括对抗艾滋病、结核、疟疾的全球基金和千年挑战团体等。

二、开展国际财政援助的必要性

(一)国家间发展不平衡

世界的发展是不平衡的。全球60亿人口中，有10亿人获得了全球80%的收入，还有10多亿人每天的生活费不足1美元。发达国家每年的国防支出是6 000亿美元，农业补贴达3 000亿美元，但它们每年仅提供560亿美元来援助发展中国家。世界上的所有国家都是通过贸易、金融、环境、犯罪、移民、疾病(流行病)等联系起来的。一国的国内问题不可避免地会影响到其他国家。比如，一个国家的内部冲突会产生许多国际问题：疾病的传播、流亡的难民和被中断的贸易。贫穷的发展中国家的人口增长比发达国家快得多，全球60亿人口中10亿人生活在发达国家，50亿人生活在发展中国家，在未来的25年中，将新增20亿人口，其中大部分在发展中国家。然而，发达国家却控制着全球约80%的资源，世界5/6的人口只拥有剩下的20%的资源。发展中国家必须得到充分发展，这样每个人才能生活在稳定、和平的环境中。

(二)天灾人祸等需要国际社会开展援助

自然灾害的发生使一些国家遭受很大打击，仅靠本国的力量难以恢复，这时候依靠国际社会的援助极有必要。如干旱、洪水、地震、海啸、禽流感等灾难性事件对一些发展中国家影响很大，使本来就落后的经济雪上加霜，如果国际社会不伸出援手，那么遭受灾害的国家就可能一蹶不振，有些灾民可能大量涌向邻国，影响国际社会稳定。

另外，债务危机、经济危机等也同样会使一些国家的财政经济状况严重恶化，需要国际社会援助。如亚洲金融危机发生后，泰国、马来西亚、印度尼西亚等国家的经济一落千丈，不仅其本国受到影响，而且影响到世界经济的发展。

三、国际财政援助的方式

财政困难时国际财政援助的方式有捐款、无息贷款、官方发展援助和豁免债务。

(1)捐款是无偿的援助，包括有关国家的自愿捐款、国际组织的无偿援助。

(2)无息贷款是政府间具有援助性质的贷款，但有些发达国家在提供贷款时附加了一些政治或经济条件，如要求改善人权状况、购买援助国的物资等。

(3)官方发展援助是指发达国家或高收入的发展中国家及其所属机构、国际有关组织、社会团体以提供资金等方式，帮助发展中国家发展经济和提高社会福利的具体活动。

(4)豁免债务是指在有些发展中国家由于经济状况较差，难以偿还贷款时，提供贷款的国家主动提出不再要求其偿还贷款，等同于提供无偿援助。

四、国际财政援助机制

财政困难时国际财政援助一般通过国际组织进行，主要有国际货币基金组织、世界银行、经济及社会理事会、联合国开发计划署、粮食计划署、联合国人口基金等。

(一)国际货币基金组织

国际货币基金组织的主要任务是：促进国际货币合作，维持国际汇率的稳定；向成员方提供短期信用以帮助会员方调整和缩短其国际收支不平衡的状况，解决成员方的国际收支困难；

向成员方提供技术援助，派出专家小组帮助成员方制订并实施经济、金融方面的改革计划。近年来，基金组织致力于三方面的工作：加强全球化的金融监管；在特殊情况下为成员方提供紧急救援贷款，以维护成员方金融体系的稳定；帮助低收入的重债务国融入国际经济。

国际货币基金组织只对成员方的政府或政府机构发放贷款，贷款主要用于成员方的国际收支的暂时困难；一般为短期或中期贷款，期限为 3～5 年，长的也不超过 10 年，贷款的额度必须根据成员方向基金组织交纳的份额来决定；基金组织的贷款不管使用什么货币，都按特别提款权来计值和计算利息。

(二)世界银行集团

世界银行集团是由国际复兴开发银行及其下属的国际金融公司、国际开发协会共同组成的。我国于 1980 年加入世界银行。

(1)世界银行贷款的条件：贷款对象必须是成员方政府、政府机构或能获得政府和有关机构担保的公私企业；成员方必须经世界银行的专家认可确实具有偿还能力，才能获得贷款资格；贷款方已无法按合理的条件从其他的渠道获得资金，才可申请贷款；项目贷款必须用于规定的项目，并要接受世界银行专家的监督。

(2)世界银行对贷款的主要规定：贷款的审批程序严格，常常要派专家到借款方进行实地考察、认证；项目的资金一般占项目所需资金的 50%左右，有时甚至高达 70%；贷款的期限一般较长，平均在 10 年左右，项目贷款期限则按项目的建设期长短而定；以美元计值，偿还时也必须偿还美元，万一发生汇率变动，由借款国承担汇率风险；贷款利率参照市场利率，但是一般低于市场利率。

(3)国际开发协会关于贷款的规定：贷款的期限为 35～40 年，并含 10 年宽限期。贷款不计利息，仅对已使用的贷款部分每年征收 0.75%的手续费。目前其贷款对象仅限于根据 1995 年统计的人均国民生产总值低于 905 美元并缺少资金的国家。

(三)联合国开发计划署

联合国开发计划署是联合国技术援助计划的管理机构，1965 年 11 月成立，其前身是 1949 年设立的“技术援助扩大方案”和 1959 年设立的“特别基金”，总部设在美国纽约。该计划署的宗旨是帮助发展中国家加速经济和社会发展，向它们提供系统的、持续不断的援助。

联合国开发计划署的援助项目是无偿的，资金主要来源于各国政府的自愿捐款，由联合国工发组织、联合国粮农组织、联合国技术合作部、世界卫生组织、联合国教科文组织、贸易和发展会议等 30 多个机构承办和具体实施。计划署本身不负责承办援助项目或具体将其付诸实施，它主要是派出专家进行发展项目的可行性考察，担任技术指导或顾问。中国于 1972 年 10 月开始参加该署的活动。

【同步案例 12－1】　中国财政部参加的国际金融组织和国际财政活动

案例精析
12—1

(1)世界银行集团。世界银行集团由国际复兴开发银行、国际开发协会、国际金融公司、多边投资担保机构和解决投资争端国际中心五个成员机构组成。中国于 1980 年恢复了合法席位，截至世界银行 2003 年财政年度，国际复兴开发银行向中国提供了 366 亿美元的低息贷款，国际开发协会向中国提供了 102 亿美元的无息贷款，国际金融公司向中国的非国有部门提供了 12.73 亿美元的贷款和股本投资，多边投资担保机构向中国提供了 7 900 万美元的投资担保。财政部部长出任世界银行集团各成员的中国理事。

(2)亚洲开发银行。成立于1966年的亚洲开发银行是区域性政府间国际开发金融机构。中国于1986年加入亚洲开发银行,并成为其第三大股东。截至2003年底,亚洲开发银行已批准向中国的101个项目贷款约135亿美元。财政部部长出任中国理事。

(3)全球环境基金。全球环境基金是由世界银行暨国际货币基金组织发展委员会部长会议倡议于1991年5月成立的全球性赠款基金,其宗旨是促进环境领域的国际合作,为发展中国家在减缓全球气候变化、保护生物多样性、保护国际水域、保护臭氧层、防止荒漠化和减少持久性有机污染物六个领域开展的具有全球效益的环保活动提供赠款或其他形式的优惠资助。中国是全球环境基金的创始成员国,截至2003年底,中国共有40多个项目获全球环境基金批准,赠款总额约4亿美元。

讨论:参与这些国际财政活动给我国带来哪些益处?

任务三 国际财政协调

一、国际财政协调的必要性

(一)国际贸易和跨国投资的发展

在涉及国际财政关系的诸多经济活动中,对各国财政利益影响最大的是跨国公司的出现和发展。第二次世界大战后,国际经济获得了高度发展,跨国公司大量涌现,从而大大促进了国际税收关系的发展。跨国公司是国际资本流动的产物,它主要以生产资本的形式出现,通过对外直接投资,在其他国家和地区设立分支机构或子公司,从事国际性生产和经营活动。企业投资的国际化,必然带来国际收入分配问题,在这种情况下,任何国家都不可能再放弃对跨国公司的依法征税问题。除了跨国公司组织外,随着各国政府、团体和个人之间的政治、经济、文化艺术交流日益频繁,各种形式的国际收入也日益增加。尤其是20世纪60年代以来,发展中国家纷纷采取利用外资、引进先进技术的战略方针,与发达国家建立了广泛的经济联系,涌现了许多新的经济交往方式。除直接投资外,还有技术转让、来料加工等。国际商品、资本、技术、劳务的大幅度流动和各项交流收益的增加,引起了国际收入分配的复杂化。为了协调各种分配关系,1963年,经济合作与发展组织起草了《关于对所得和财产避免双重征税的协定范本》,联合国专家小组制定了《发达国家与发展中国家间避免双重征税的协定范本》,标志着规范化的国际税收分配关系的形成。由于跨国公司的实力强大,业务遍布几大洲,对其经济业务的监管和税收的征收管理成了各国管理当局的一大难题。一方面,跨国公司通过国际组织及区域经济组织迫使一些国家主要是发展中国家在部分经济主权上做出让步,从而损害了相关国家的财政利益;另一方面,跨国公司利用不断放宽的投资环境,在不同国家间进行物资和资金的转移,从而达到合法避税的目的,也损害了相关国家的财政利益。为此,各国从维护本国利益的角度出发,纷纷采取各种措施堵塞漏洞,加强对各种影响本国税收等利益的经济活动的限制,并寻求通过国际协调来减少合法避税活动对本国财政利益的负面影响。

经济全球化的发展影响到相关国家的财政利益,使国家之间的财政关系日益紧密,财政利益的配置已越出了一国的界限,在国家间进行配置。各项经济政策的制定都必须考虑其国际影响,也需要密切关注国际组织、其他国家的政策对本国经济利益乃至财政利益的影响,从而趋利避害，争取有利于本国的结果。国际贸易、跨国投资的发展促使经济要素在国家间流动，从而也使财政利益在国家间转移。各国如果只考虑本国利益，相互之间钩心斗角，要么采取经济封锁，要么进行恶性竞争，那么其结果只能是两败俱伤；如果各国从长远利益出发，通过国际组织或其他协调机制进行财政利益的国际协调，就可以争取“多赢”的结局。

(二)全球化的挑战

20 世纪 90 年代以来，全球化已成为当今世界不可逆转的发展趋势，它关系到世界各国政府的决策和普通公民的切身利益，其影响日益为国际社会所关注。在经济全球化趋势深入发展的形势下，世界各国既面临着难得的发展机遇，也面临着严峻挑战。世界各国人民普遍希望共享机遇、共应挑战、共同发展。全球化在为各国经济乃至世界经济发展带来巨大利益的同时，也带来了全球发展不平衡问题以及各类社会经济风险与危机因素，对世界经济有序、平衡发展造成冲击。目前，理论界和政治家正在寻求有效解决这些问题的途径，并致力于建立有效的运行机制——充分提供全球公共产品的机制。在此背景下，绝大多数国家都意识到必须加强全方位的国际合作，包括财经领域的国际合作，以积极的态度融入全球化进程，勇敢迎接挑战，为本国经济发展创造良好的国际环境。

(三)保障国际财政利益分配秩序的需要

世界各国都认识到，经济全球化是一个不可逆转的趋势，尽管它对各国的经济主权及财政利益产生了负面影响，但只要国家之间通过谈判加强相互之间的协调与沟通，就可以减轻其负面影响，并借助经济全球化加快本国经济的发展。

国家之间问题的解决需要国家之间的合作和协调。通过财政关系国际协调可以逐步实现全球内税制的融合和财政政策的相互配合，减少成员方之间的财政摩擦及税制异化引起的损失，以最小的成本实现合理的财政收入。财政关系的国际协调是相关国家采取共同措施来处理国际财政关系问题的一种方法，具体表现在国家间债务的协调及国际税收的协调上。在恶性税收竞争中，发展中国家的利益往往受到损害，因为发展中国家所面临的问题是资金短缺、技术落后、基础设施匮乏，这些投资要素的缺陷将导致在税收竞争的博弈中占主导地位的将是作为资本输出国的发达国家。税收优惠还存在种种抵消因素，可能导致巨大的税收收入损失和优惠政策效果落空同时并存的局面。因此，建立对话协商机制、加强国际税收协调对于保障发展中国家的税收权益具有更为重大的实际意义。

面对恶性税收竞争、严重的跨国逃税与避税现象、资本外逃等问题，加强财政关系国际协调成为保障国际财政利益分配秩序的必然选择。

财政关系国际协调主要致力于两个方面的调整：(1)税制；(2)税收征管。

国际税收协调的目标并不是一味地完全遏制国际财政竞争，而是通过协商对话、管理合作的方式合理划分税收等权益，使有关各国公平分享经济全球化的成果。近年来，欧盟、美国等发达国家和地区的税制改革方向正在逐步走向一体化，世界各国的税制结构也逐渐趋同。但是，由于各国的历史、文化、经济背景的差异，双边或多边税制间的摩擦仍将长时间存在，这也为在各国经济存在异质性的条件下加强国际财政协调与合作提供了前提和发展的空间。

财政关系的国际协调机制定位于两个层面：

(1)通过协定调整国家之间税收管辖权与税收分配关系，这种方式没有从根本上改变各国原有的税收立法权及税收管辖权，只是在原有体制基础上的一种协调，用于灵活处理因摩擦而带来的国际税收分配问题；

(2)通过协调达到财政一体化目标，改变各国原有的税率或税制，形成经济共同体，积极推动贸易和投资自由化，这属于较高层次上的财政关系国际协调。

二、国家财政协调的内容

（一）消除成员方财政政策对区域的“溢出负效应”

在一个封闭的经济条件下，一个国家的财政政策的成本与收益可以实现内部化，但在开放条件下，财政政策是有溢出效应的。所谓财政政策的溢出效应，是指一国财政扩张、赤字及债务占GDP的比重扩大，会对自由贸易区的其他成员产生负面影响。

溢出效应主要体现在两个方面：

（1）对于跨国界的资源配置有溢出效应。由于区域内各成员方之间的税种、税率有很大差异，在商品、服务、资本市场日益一体化、自由化的状况下，资本所得税的差异会促使资本流向税率低的地区。而且税率差异会使商品的相对价格发生扭曲，降低资源配置的效率。这样就会导致要素在跨国界的配置上产生负向的溢出效应。

（2）对宏观经济系统的稳定有溢出效应。在一个经济合作区域内，如果某一成员国的财政赤字过大或公债比例提高，就会对整个区域的宏观经济运作产生重大影响。

为了避免溢出效应，要求各国之间进行税率、税制、赤字的协调，克服对要素跨国界配置、宏观经济系统的稳定的负面影响。

（二）区别关税政策，培育新的财源，填补关税“退位”后的空缺

按照贸易自由化和经济联系紧密程度的差异，一般把区域经济一体化分为五种形式：（1）自由贸易区；（2）关税同盟；（3）共同市场；（4）经济联盟；（5）完全的经济一体化。

关税是随着国际贸易的产生和发展而逐渐形成的最古老、最有效、最基本和最重要的调节国际经济关系的工具，关税税率的高低在一定程度上反映了一国市场经济发育的程度。最初，关税是构成一个国家财政收入的重要来源之一。随着社会经济的发展、其他税源的增加，以及国际贸易多边谈判下关税减让的成果显现，关税收入在各国财政收入中的比重已经下降，但仍是各国国家财政收入的一个组成部分。对于经济落后的国家而言，关税收入仍是其财政收入的一个重要来源。削减关税给政府财政收入带来的压力是十分巨大的。

从理论上来说，贸易条件的改善使特定自由贸易区的所有参与国获得了巨大的贸易机会，似乎大家都获得了福利收益，而且这个收益应该大于削减关税所造成的收入流失。但由于经济水平、资源占有、产业结构等条件的不同，这种收益在参与国中分布相当不均，在短时期内或某种环境下有的参与国还可能遭受了福利损失，这样就会影响这些国家参与合作的积极性，甚至为保护本国市场和民族工业而进行抵制。

为此，在降低关税的政策协调方面，需要关注两个问题：

（1）近期内采取区别关税政策。北美自由贸易区的一些做法值得借鉴。美国在北美自由贸易区中处于绝对的主导和支配地位，但它也不能不考虑其他两国，特别是墨西哥的经济利益和承受能力。为此北美自由贸易协定为墨西哥安排了过渡期和差别待遇。在关税减让的第一阶段，墨西哥只需对来自美国的35%的商品取消关税，而美、加对来自墨西哥的80%的商品实行免税。此外，北美自由贸易协定还为墨西哥缺少竞争力的产业部门安排了10～15年的缓冲期，使墨西哥有充分的时间进行结构调整。

（2）各个成员方都必须对现行财政收入结构进行调整，培育新的财源基地，形成新的财政收入增长点，填补关税“退位”后财力的空缺。

(三)实施经济援助,缩小自由贸易区内部发展不平衡的差距

各地区发展不平衡是大多数国家普遍的现象,而市场竞争的结果还会进一步扩大这种发展不平衡,这种地区间收入差距的存在和扩大也会破坏地区间的团结、政治中心的凝聚力和政治的稳定性,它也是建立区域经济合作的最大障碍。

尽管从长期看,自由贸易区的建立有利于区域内各国扩大市场,整合经济资源,增强经济实力,但在短期内贸易自由化将不可避免地冲击经济欠发达国家及地区的经济,造成一定的失业和产业的破坏,从而大大地限制了各成员方相互协调经济政策的余地,不利于自由贸易区内各国的共同发展。因此,在建设自由贸易区的过程中,开展地区减贫方面的财政政策协调与合作是十分必要的。作为一个正在组建中的自由贸易区的各个成员方特别是经济比较发达的成员方,必须重视对落后地区开发、援助的问题。这不仅关系到自由贸易区是否按期建成,还关系到地方政治、经济社会的安全和发展。

欧盟在这方面的成功经验很值得学习。欧盟执委会作为在成员国政府之上的超国家调节机构,来执行对落后地区进行扶助和开发的政策。这个政策的目的是巩固和完善欧盟的内部大市场,加强内部凝聚力,提高欧盟的国际竞争力。这个政策是通过欧洲地区开发基金、欧洲社会基金、欧洲农业保证与指导基金中的指导基金部分,以及渔业指导基金四个结构基金来实施对成员国落后地区和衰退地区的基础设施建设项目、环境建设项目、生产性项目进行有比例的财政投入,帮助这些地区振兴经济和扩大就业。欧盟还于 1993 年设立了团结基金,专门援助收入最低的成员方进行基础设施和环境建设。四种结构基金和团结基金都来源于欧盟的共同财政。1975 年以来,结构基金已资助了 2 000 多个开发项目,有力地促进了落后地区经济的发展,缩小了先进地区与落后地区之间的差距。1994 年以后,共同农业政策的改革使农业价格保证部分支出大大减少,结构基金的支出不断增加,现已经占共同财政预算的 1/3 强。

(四)调整财政支出结构,增加跨国公共产品的供给力度

随着区域经济一体化的深化,公共产品的空间特征正在发生变化,其边界也由一个国家的范围扩大到经济合作的区域。例如,防务、安全、外交政策、环境保护、高等教育、科学研究、交通、通信和能源等作为跨越国界的区域性公共产品已经出现,且还有新的公共产品不断涌现。在欧盟,这些公共产品是由欧盟预算集中供给的。公共产品的外部正效应诱发的“搭便车”行为,使区域内各成员方对于此类公共产品的供给需要进行协调,从而使各成员方加大财政投入,增加这些公共产品的供给力度,保证经济合作的成效。而对地区性公共产品,似乎双边协商效果更好。当前重点关注交通、产业调整、信息、教育、安全等区域性公共产品的供给问题。

三、国际财政协调机制

(一)财政关系的国际协调主体

财政关系的国际协调可以通过国际组织、区域性组织,也可以由各国政府通过相互之间的磋商机制进行。国际组织有联合国、世界贸易组织(WTO)、世界银行(IBRD)、国际货币基金组织(IMF)等,区域性组织有欧盟、经济合作与发展组织(OECD)、亚太合作组织、美洲联盟、非洲联盟、东南亚国家联盟等。

(二)财政关系的国际协调方式

财政关系的国际协调方式有:(1)全球性的国际协调,比如通过 WTO 制定贸易规则,处理由于贸易问题引起的摩擦,调解贸易争端;(2)国家之间的财政协调,如通过签订税收协定协调相互之间的税收制度,消除由于国际重复征税对国际贸易及跨国投资的消极影响;(3)国际财政援助，如由发达国家或国际组织提供无偿援助、豁免发展中国家的债务等。

欧盟财政政策协调是一个较成功的例子，其制度框架归结为两方面：

(1)财政纪律约束，主要体现在两个条约中：一是为了实施经济与货币联盟，欧盟于1991年12月达成了《马斯特里赫特条约》，它为欧盟成员方进入经济与货币联盟第三阶段的财政趋同标准作了安排；二是为追求欧盟预算平衡或盈余的财政目标，欧盟于1997年6月签署了《稳定与增长公约》，它为欧盟成员方进入经济与货币联盟第三阶段后财政状况的约束作了进一步的规定。

(2)财政转移支付。共同财政安排结构基金和团结基金来实施对成员方落后地区和衰退地区的财政转移支付，这种财政分配改变了国民收入在区域上的利益格局，可被视为财政协调的一种方式。

欧盟虽然没有集中统一的财政当局，财政政策仍由各成员方单独执行，但它已经在法制和民主的基础上建立起比较完善的组织机构和决策机制，呈现出高于国际组织，但又低于联邦制的性质和特点。它拥有自己的立法机构与功能，形成了完备的法律，并具备了一定的司法功能与制度，为财政政策协调提供了强大的组织保证。

(三)国际税收协定

国际税收协定也称国际税收条约，是指两个或两个以上的主权国家，为了协调相互间的税收分配关系和处理跨国纳税人征税事务等方面的问题，本着平等的原则，通过协商、谈判等一定程序签订的一种对缔约国各方具有法律效力的书面税收协议。

国际税收协定具有以下几方面的作用：(1)划分征税权，协调国家之间的税收利益；(2)避免国际双重征税，消除跨国纳税人的不合理税收负担；(3)加强国家之间的税务合作，防止国际逃避税；(4)避免税收的国际歧视，保护纳税人的税收利益；(5)促进国际贸易和投资，推动世界经济的发展。国家之间税收协定的签订，可以为从事国际经济活动的跨国纳税人负担合理的税收创造条件，并为引导投资方向提供税收鼓励。

但是，应该看到，国际税收协定对解决国际税收领域中诸多问题的作用仍是有限的，现行国际税收协定对征税权的划分还存在着某些不合理的因素，发达国家在税收利益分配中占据更为有利的地位；由于各国税收管辖权的内涵不一致、实行的外国税收抵免制度不统一等原因，国际双重征税也未能做到完全避免；在防止国际逃税与避税方面，需要各国更为密切的配合。为了更好地解决这些问题，需要有关国家政府继续作出努力。

四、国际税收协调

随着国际贸易、跨国投资的兴起及蓬勃发展，产生了国际税收问题。为了鼓励和促进国际贸易、跨国投资的开展，各国之间就国际税收问题进行了协调，也就是对国家与国家之间的财政分配关系按照互惠互利、协商一致的原则进行磋商和处理，以求得利益的平衡。税收制度的国际协调形式与内容，在不同的条件下是不同的。一般来说，首先，在不要求改变各国税制的前提下，通过谈判缔结双边或多边的国际税收协定，协调因国家间的税制差异而引起的国际重复征税问题，其协调范围仅限于所得税和一般财产税。这就是通常所说的国际税收关系协调。其次，国家间通过谈判达成协议或者根据某种国际性规则确立税制的某种参照模式，在不同程度上实现税制的趋同。最后，实现税制协调的最高级形式是各国税制一体化。

(一)国际税收

国际税收是指两个或两个以上的国家，在对同一跨国纳税人的同一课税对象，分别行使各自的征税权力而形成的征纳关系中所发生的国家之间的权益分配关系。跨国所得的出现和各国确立的对所得课税的制度，是产生国际税收关系的原因。

国际税收的本质是国家与国家之间的税收分配关系。对同一跨国纳税人的同一课税对象征税，就是对同一利益的分割，是在不同国家之间的分配，如一个国家得到的利益多了，另一个国家的利益必然受到影响。例如，为了避免所得的国际重复征税，纳税人的居住国可以放弃对本国居民国外所得的征税权，而由所得的来源国单独行使征税权；或者居住国让来源国优先行使征税权，然后再在来源国征税的基础上对这笔国外所得进行补征。这样，居住国和来源国之间就发生了税收分配关系。又如，跨国公司把一部分利润由税率高的国家转移到税率低的国家，也会影响这两个国家之间的税收分配关系。要减轻纳税人的税收负担，保护跨国纳税人从事国际贸易、跨国投资的积极性，就必须要有两个相关国家的协调和合作，并且需要双方在利益上做出让步，两个国家相互给予优惠待遇，这样才能使问题得到较好的解决。

(二)税收管辖权

1. 税收管辖权的含义

税收管辖权是指一国政府在其主权范围内对税收事务的管辖权力，包括对什么征税、征哪些税、征多少税等。税收管辖权是一个国家主权的重要内容，神圣不可侵犯，由各国独立行使。

2. 税收管辖权的类型

税收管辖权一般包括三种类型，即地域管辖权、公民管辖权和居民管辖权，前者指国家有权对其所属领土全部空间范围的经营活动实施有效的征税权，后两者则指国家有权对其所属的公民和居民收益实施有效的征税权。这样，不同国家和政府便在实施征税权的过程中，很容易产生对同一跨国纳税人的同一课税对象的征税权的交叉与重叠现象，导致国际重复征税问题。尤其是世界上大多数国家为了维护本国的经济利益，都同时实行地域管辖权和居民管辖权，且各国判定居民身份和所得来源地的标准不一致，国际重复征税问题就产生了。

税收管辖权的冲突是造成国际重复征税的基本原因，具体有三种情况：(1)地域管辖权和居民管辖权的重叠；(2)各国对来源地的不同解释造成的地域管辖权的重叠；(3)各国对居民身份标准的不同规定造成的居民税收管辖权的重叠。

(三)国际重复征税

1. 国际重复征税的含义

国际重复征税是指两个或两个以上的国家在同一时期内，对同一纳税人的同一课税对象或税源征收相同或类似的税收。它涉及所得税、财产税、国内商品税三大税类，但主要是指所得税。

所得的国际重复征税是由不同国家的税收管辖权同时叠加在同一所得之上引起的。它加重了纳税人的负担，影响到跨国投资的发展，不利于资本在国家间的流动。因此，必须采取各国能够接受的办法减轻或消除国际重复征税。

国际税收协调解决的是因各国税制差异而产生的国际税收竞争问题，以避免有害的国际税收竞争。国际税收竞争是经济全球化下国际税收关系的一种必然现象。主动参与适度的国际税收竞争，既维护了国家主权，也能在一定程度上促进本国福利水平的提高。但是，过度乃至恶性的税收竞争则是有害的，它会弱化国家税收主权，破坏税收制度的公平性，不利于资源在世界范围内的合理配置。为了避免在经济全球化过程中的有害税收竞争，主权国家之间必须对各自税收制度上的差异以及对跨国纳税人行使各自的税收管辖权所引起的冲突进行协调。

2. 国际重复征税的减除

国际重复征税问题的解决办法有两个：一是相关国家通过签订国际税收协定，约束各自的税收管辖权，以避免两国因对居民身份或所得来源地的制定标准相互冲突而引起国际重复征税；二是实行居民管辖权的国家承认所得来源国的优先征税权，采用免税法、扣除法、低税法、抵免法等避免、消除或缓和国际重复征税。

(1)免税法是指行使居民管辖权的国家，对本国居民来源于国外的所得免税，只对来源于国内的所得征税。实行该方法的指导原则是承认收入来源地管辖权的独占征税权，这就意味着居住国政府完全放弃对来自国外的所得征税的权力，将这种权力留给该笔所得的来源国政府。

(2)扣除法是指居住国政府行使居民税收管辖权时，将纳税人的国内所得和国外所得汇总后，扣除纳税人来源于国外所得所缴纳的外国税额而仅就其余额按居住国政府规定的税率征税的方法。

(3)低税法即居住国政府通过对其居民来源于国外的所得单独制定较低税率的方式来减轻国际重复征税的方法。

(4)抵免法是指居住国政府行使居民税收管辖权时，通过允许纳税人以在国外缴纳的税款冲抵本国汇总国内外所得按本国税率所计征的税额的方法。

(5)税收饶让是指一国对本国纳税人在国外得到减除的那一部分所得税，同样给予抵免待遇，不再按本国规定的税率补征。税收饶让也称饶让抵免，它是税收抵免的延伸或扩展，与税收抵免有着密切的关系。税收饶让一般都要通过双边签订税收协定加以明确规定。准确地说，税收饶让不是一种消除国际重复征税的方法，而是居住国对从事国际经济活动的本国居民采取的一种税收优惠措施。

应知考核

一、单项选择题

1. 国际财政援助体系目前有(   )多个多边机构。

A. 50　　B. 100　　C. 150　　D. 200

2. (   )包括有关国家的自愿捐款、国际组织的无偿援助。

A. 捐款　　B. 无息贷款　　C. 官方发展援助　　D. 豁免债务

3. 世界银行的贷款期限平均在(   )年左右。

A. 5　　B. 10　　C. 15　　D. 20

4. (   )方法的指导原则是承认收入来源地管辖权的独占征税权。

A. 免税法　　B. 扣除法　　C. 低税法　　D. 抵免法

5. 国际货币基金组织一般为短期或中期贷款，期限最长不超过(   )年。

A. 5　　B. 10　　C. 15　　D. 20

二、多项选择题

1. 财政困难的国际财政援助方式有(   )。

A. 捐款　　B. 无息贷款　　C. 官方发展援助　　D. 豁免债务

2. 国际财政援助的国际组织主要有(   )。

A. 国际货币基金组织　　B. 世界银行
C. 经济及社会理事会　　D. 联合国开发计划署
3. 区域经济一体化分为(　　)形式。
A. 自由贸易区　B. 关税同盟　C. 共同市场　D. 经济联盟
4. 财政关系的国际协调方式有(　　)。
A. 全球性的国际协调　　B. 国家之间的财政协调
C. 国际财政援助　　D. 世界贸易组织
5. 税收管辖权一般包括(　　)。
A. 地域管辖权　B. 公民管辖权　C. 居民管辖权　D. 组织管辖权

三、判断题

1. 一般来说,联合国是一个协调组织,具有强制性。　(　　)
2. 国际开发协会关于贷款的规定:贷款的期限为35～40年,并含15年宽限期。　(　　)
3. 财政关系国际协调主要致力于两个方面的调整:一是税制;二是税收征管。　(　　)
4. 国际税收的本质是国家与国家之间的税收分配关系。　(　　)
5. 税收饶让是一种消除国际重复征税的方法。　(　　)

四、简述题

1. 简述国际财政援助的含义和方式。
2. 简述世界银行贷款的条件。
3. 简述国家财政协调的内容。
4. 简述财政关系的国际协调方式。
5. 简述国际重复征税的减除方式。

应会考核

■观念应用

【背景资料】

双重征税引发的思考

到境外去投资做生意如何避免双重征税?在境外任职取得收入却被重复征税该向哪里投诉?在境外不能享受税收协定所规定的优惠政策怎么办?办法的实施有助于帮助企业和个人避免在境外遭遇到不符合税收协定的税收待遇。那么,中国居民在什么情况下可以申请启动相互协商程序呢?

第一,需申请双边预约定价安排的。当一国调增关联企业一方的应税所得时,另一方相关国家应调减该关联企业另一方的应税所得,以避免对调整利润的国际重复征税,这就必须要实施相互协商程序。

第二,对联属企业间业务往来利润调整征税,可能或已经导致不同税收管辖权之间重复征税的。如中国的一企业与×国的一企业为联属企业,为解决由此引发的重复征税,×国应对本该由中国征税的利润进行调整。即×国应调减其已征税的利润,而中国则调增其所征税的利润。或者是对于一方调增的利润,另一方给予抵免。

第三，违背了税收协定无差别待遇条款的规定，可能或已经形成歧视待遇的。税收无差别待遇，又称国民待遇，是指缔约国一方国民(居民)在缔约国另一方负担的税收和有关条件，不应比缔约国另一方国民(居民)在相同情况下负担或可能负担的税收或有关条件不同或比其更重。如果对方国家出于经济打击或贸易保护等理由，违背税收无差别待遇原则，对有关经济活动课以惩罚性税收时，可提出启动相互协商程序。

第四，对常设机构和居民身份的认定，以及常设机构的利润归属和费用扣除存有异议的，在税收协定当中，居民负有无限纳税义务，非居民则只负有有限纳税义务。如居民王先生作为国内一家知名大型公司的高级管理人员，被派往该公司在×国的分公司工作一段时间，负责有关营业销售的管理工作，其工资薪金全部由国内母公司发放，在×国并无其他任何收入。从他刚开始任职后的一个月内，×国的税务部门就要求其申报个人所得税。王先生觉得纳闷，因为根据中国与×国的税收协定规定，只要王先生在×国的居住时间没有超过183天，他是属于非居民，那么他的工资薪金收入是只需在国内申报而不用在×国申报的。但是，王先生向×国的税务部门申述而不被接受，在面临罚款的情况下，只能缴纳了这笔个人所得税。这种情况就可以申请启动相互协商程序。

【考核要求】

分析说明中国居民在什么情况下可以申请启动相互协商程序。

■技能应用

发达国家对贫穷落后国家的援助

各国领导人承诺在2015年年底前，将世界上日均收入不足1美元的人口比例、饥饿人口的比例以及无法获得清洁饮用水的人口比例都降低一半，使全世界的儿童都能完成小学教育，将产妇死亡率降低3/4。就目前发达国家提供援助的情况看，上述目标有可能落空，因为目前全世界80%的资源仍为20%的人所拥有，与此同时，有10亿人每天的生活费用不足1美元，1.15亿适龄儿童不能入学，成千上万的人死于可治愈的疾病。

【技能要求】

英国等西方发达国家对贫困国家的援助是国际共产主义的体现吗?

■案例分析

【案例情境】

反避税

2019年初，普华永道发布了《世界纳税报告》，这是该报告问世13年以来，首次在中国发布，中国税改动作之大、变化之快可见一斑。普华永道对中国税务的研究深度再“加码”，撰写了《中国税收政策回顾与展望》系列刊物，旨在回顾中国年度重大税收政策变化，并分析政策发展趋势。

回顾2018年中国税务改革的进程，可以总结为以下几点：个人所得税改革、税务征收联网、新增税收立法、国地税机构合并、增值税下调、扩大对外开放并积极引入外资。对于投资人和企业主来说，个税改革最大的变化是引入了反避税规则、修订居民/非居民个人的判定标准以及变革个税征管制度。不言而喻，这几项新规打破了原有的税务规划“潜规则”，使海外中国个人持有的离岸公司纷纷沦陷，让拥有海外身份的“全球飞人”企业家不知所措，让大量私营企业补缴税款……中国居民税务规划合法合规的新时代由此开启。

【分析要求】

举例说明跨国企业如何避税。

项目实训

【实训内容】

全球性公共产品

2018 年 5 月 2 日，欧盟委员会发布《欧盟 2021 年至 2027 年财政预算提案》，旨在通过减少农业领域支出和团结基金等方式填补英国“脱欧”后留下的预算空白。根据当天发布的公报，欧盟 2021 年至 2027 年预算总额为 1.135 万亿欧元(1 欧元约合 1.2 美元)，相当于除英国以外的 27 个欧盟成员国国民总收入的 1.11%。

为填补英国“脱欧”后留下的预算空白，欧盟委员会提议将欧盟预算中所占份额最大的两项即农业支出和团结基金各减少约 5%。欧盟委员会还计划通过对不可回收的塑料包装垃圾征税、将碳排放交易收入的 20%纳入欧盟预算等措施增加收入。根据这份预算提案，用于欧盟外部边境管理、移民和难民的支出将从目前的 130 亿欧元增加到 330 亿欧元，研究和创新支出也将增加约 50%。

对于预算增加，很多盟友表示不满，不希望为英国脱欧一事埋单。根据瑞典《本地新闻网》2018 年 5 月 3 日的报道，按照欧盟最新预算提案，瑞典需支付金额预计每年要增加 150 亿克朗左右，以帮助弥补由于英国脱欧而导致的欧盟预算缺口。瑞典对此表示极为不满。财政大臣安德森表示，这是一个不合理的建议，瑞典不能接受。她认为，关于预算的谈判将会非常艰难。目前，法、德两国正在就欧元区改革和英国脱欧等事宜紧密合作，在预算问题上，能与瑞典并肩作战的盟国只有丹麦、奥地利和荷兰等小国。

资料来源：中国驻哥德堡总领馆经商室，2018—05—09。

【实训目标】

加深学生对财政学的认识和理解，学会运用本项目的知识解决财政学的基本问题，从而提高学生的综合素质。

【实训组织】

将学生分成若干组，每组 7 人，每组设组长 1 名，组长负责组织本组成员进行实训，由组长将调查结果写成书面报告，并总结。(注意：教师提出活动前的准备和注意事项。)

【实训成果】

(1)考核和评价采用报告资料展示和学生讨论相结合的方式。

(2)评分采用学生和教师共同评价的方式，填写实训报告。

实训报告		
项目实训班级：	项目小组：	项目组成员：
实训时间：　年　月　日	实训地点：	实训成绩：
实训目的：		
实训步骤：		
实训结果：		
实训感言：		

参考文献

[1]李贺.财政与金融[M].上海:上海财经大学出版社,2017.

[2]蒙丽珍.财政与金融[M].大连:东北财经大学出版社,2018.

[3]王雪云.财政学概论[M].大连:上海财经大学出版社,2018.

[4]王曙光.财政学[M].北京:科学出版社,2018.

[5]陈共.财政学[M].北京:中国人民大学出版社,2017.

[6]李贺.财政学(理论·实务·案例·实训)[M].上海:上海财经大学出版社,2016.

[7]李红霞.财政学[M].北京:中国财政经济出版社,2017.

[8]谭建立,咎志宏.财政学[M].北京:人民邮电出版社,2010.

[9]人力资源和社会保障部,初级、中级经济师财税专业知识与实务[M].北京:中国人事出版社,2018.

[10]宋学红.财政学[M].北京:中国财政经济出版社,2018.

[11]寇铁军.财政学教程[M].大连:东北财经大学出版社,2018.

[12]唐祥来,康锋莉.财政学[M].北京:人民邮电出版社,2017.

[13]袁崇坚.财政学[M].第2版.上海:上海财经大学出版社,2013.

[14]林致远,邓子基.财政学[M].第3版.北京:清华大学出版社,2012.

[15]孙世强,徐全红,赵惠敏.财政学[M].北京:清华大学出版社,2011.

[16]邵学峰.财政学[M].北京:清华大学出版社,2015.

[17]周巧红.新编财政学概论[M].第2版.北京:清华大学出版社,2014.

[18]邓子基.财政学[M].北京:中国人民大学出版社,2018.

[19]盖锐.财政学[M].北京:北京大学出版社,2015.